U0471948

中国人民大学哲学前沿讲座系列·2020

哲学的星空
前沿问题与研究方法

中国人民大学哲学院　组编

臧峰宇　主编

中国人民大学出版社
·北京·

顾问
陈先达　张立文　刘大椿

主编
臧峰宇

副主编
张　霄　聂敏里

编委
（按姓氏音序排列）
曹　刚　雷思温　刘劲杨　刘　玮
刘增光　王宇洁　徐　飞　杨澜洁
原　理　张风雷　张鹏举　张志伟

目 录
CONTENTS

| 001 | 一 对《资本论》进行哲学阅读的困难和门槛
——《资本论》的逻辑对黑格尔《逻辑学》的接纳与澄明 / 张文喜

| 024 | 二 个体改造与乌托邦：斯金纳的"技治术" / 刘永谋

| 055 | 三 哲学与实验：实验哲学的兴起及其哲学意义 / 聂敏里

| 079 | 四 批判性阅读和写作 / 杨武金

| 099 | 五 道家的"自然"观念 / 罗安宪

| 127 | 六 生命复制的双重含义 / 朱锐

| 151 | 七 如何理解罗尔斯的"公平的机会平等" / 王立

| 179 | 八 《民法典》的四大伦理精神 / 曹刚

| 200 | 九 "格义"之广狭二义及其在佛教中国化中的历史作用 / 张风雷

| 228 | 十　中国哲学形上学研究：时间与变化 / 谢林德

| 254 | 十一　身份政治时代的社会正义 / 周濂

| 280 | 十二　霸图天下：先秦法家的历史际遇与价值重估 / 彭新武

| 305 | 十三　从"哲学"到"中国哲学" / 林美茂

| 353 | 十四　晚年恩格斯正义观的实践逻辑 / 臧峰宇

| 392 | 编后记

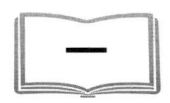

对《资本论》进行哲学阅读的困难和门槛

——《资本论》的逻辑对黑格尔《逻辑学》的接纳与澄明

◎ 张文喜

时间：2020年9月8日 18：00—20：00
地点：中国人民大学公共教学三楼 3102

张文喜，中国人民大学哲学院教授、博士生导师，长江学者特聘教授，中国人民大学杰出学者特聘教授，享受国务院政府特殊津贴。在《中国社会科学》等杂志发表学术论文270余篇，其中被《新华文摘》等杂志转载90余篇，出版专著12部。

这个系列讲座的总标题——"哲学的星空"——起得非常好。今天的我们因为太忙碌于各种事务，所以总是低着头走路，很容易忘记头上灿烂的星空。对于今晚的话题，我有点力不从心的感觉，因为这个话题非常之艰难。我在《哲学研究》2020年第6期发表了一篇文章——《对〈资本论〉进行哲学阅读的困难和门槛》，这篇文章发表之后，我觉得还有很多问题没有解决，所以又堕入其中不能自拔。我们对《资本论》应该进行怎样的哲学阅读？阅读这本著作有哪些困难？阅读的门槛是什么？我们应该以怎样的一种资格读《资本论》？这些问题虽然现在只是以一篇文章的方式呈现出来，但它们已经困扰我30多年了，因为我从事马克思主义哲学研究已经有30多年。要解决这些问题非常艰难，要讲的内容特别多。所以我想最好还是把视角放小一点，从列宁所理解的逻辑学和《资本论》的逻辑之间的关系谈起。从学理的角度来看，《资本论》的确是一门高级的"思想体操"。我今天虽然总体上是按"对《资本论》进行哲学阅读的困难和门槛"的方向来讲，但加了一个副标题，叫"《资本论》的逻辑对黑格尔《逻辑学》的接纳与澄明"。我的问题是：《资本论》的逻辑和黑格尔的《逻辑学》之间究竟存在一种怎样的接纳和排斥的关系？我试图通过两个小时左右的时间来澄清这个问题。

　　为了清楚起见，我把提要先跟大家交代一下。《资本论》的逻辑和黑格尔的《逻辑学》之间的联系，备受关注。在考察它们的关系时，我们首先考虑的是这两部著作的一种逻辑联系。虽然国内学者已经对这方面内容有了非常多的研究或评论，但是我认为这里面依然有一个重要问题没有得到澄清。这个问题就是，《资本论》的逻辑跟黑格尔《逻辑学》的逻辑完全是不同类型的。虽然它们都叫"逻辑"，但它们是大异其趣的逻辑。无论是同学们还是作为学者的我们，平时用词都非常随便，不对"辩证逻辑"和"辩证法"做区分就一股脑地把它们写到文章中去。但是，我从黑格尔的《逻辑学》中发现，《资本论》的逻辑与黑格尔的辩证法及其辩证逻辑有一个明显的区别。黑格尔的《逻辑学》有一套推演的概念系统，在马克思看来，这种概念系统只不过是作为在思维中发生的抽象来看待的精神力量或信念，也就是说，它只不过是在一种概念系统中发生的一种精神力量和信念。那么《资本论》和黑格尔的《逻辑学》之间是什么关系？我们可以把黑格尔的《逻辑学》理解为最具西方形而上学的基本性、抽象性和基础性的著作，但不能把马克思的《资本论》理解为一本先验观念论的和形而上学的著作。如果要简单描述的话，马克思的《资本论》属于实践哲学的范畴，而黑格尔的《逻辑学》应该被划入理论哲学的范畴。那么，实践哲学和理论哲学究竟是什么关系？这有待具体分析。所以今天这个话题，总体上涉及一个非常重要的命题，即理论跟实践的关系、逻辑跟哲学的关系。这是我今天讲座的提要。

＊　＊　＊

为了方便大家理解，我先讲一个案例，或者叫一个"公案"。它的"原告"是马克思，"被告"是马克思主义者和那些非马克思主义者，案由是当前学界热烈讨论的"资本主义是否正义"这样一个重大的问题。马克思认为，对于任何社会制度，只能用大家耳熟能详的生产力决定生产关系的原理来进行说明，不能用所谓的公平正义的原理来说明。假如有人用公平正义的原理来说明资本主义社会制度，他就会陷入二元论的分裂之中。他分裂了马克思整个哲学的本体论基础：一块是辩证法，一块是唯物主义，好像是说，如果唯物主义不够用，就给它加点辩证法，再加点唯物主义；如果辩证法不够用，就加点唯物主义，再加点辩证法；好像我们可以任意制定这个配方一样。这是对马克思哲学的本体论一种分裂性的理解。所以，我认为只能用生产力决定生产关系的原理来说明社会制度。可是我发现，政治哲学界或者哲学界很多人想方设法篡改马克思这个原理，认为一切剥削制度只要符合当时的生产方式就是公平正义的，也就是说，资本主义剥削制度符合今天的生产方式，所以就是公平正义的。他们自认为是从《资本论》中得到这些结论，以为抓住了《资本论》的要义和精髓。但我认为这绝不是马克思的想法。对马克思来说，这些想法是统治阶级为资本主义剥削制度的公平正义做辩护的观点。在资本主义社会，一般社会成员之所以认为这样的观点是正确的，是因为作为统治阶级的资产阶级占据着意识形态的制高点而已，一般的社会成员难以抵御这种主流的意识形态观点，所以只能附和它们。这叫作形势大于人，高于人！马克思恰恰要批判资本主义的"公平正义"。从这个"公案"中，我们看到的是，对《资本论》进行哲学阅读是很重要的，但也是很困难的。我想对那些坚定地相信自己已经读懂《资本论》的人做一个简单的说明：《资本论》是"资本论"，而不是"反资本论"，仅此一点就表明阅读《资本论》是一个疑难的问题。

要读懂《资本论》，关键在于方法。马克思活着的时候，《资本论》的评论者考夫曼曾经恰当地描述了《资本论》所运用的方法。当然，考夫曼只不过是歪打正着地正确地理解了《资本论》的方法，所以马克思很快就把口吻转化为警告，责怪有些人把《资本论》解释成先验观念论的著作，特别是当他们在解读《资本论》第一章时。马克思虽然不是先知，但是，历史时代的发展表明马克思这个预见的正确性，因为在列宁所处的时代，阅读《资本论》的困难已经充分地显现出来，列宁怀疑人们是不是真的读懂了《资本论》。今天的情况更糟糕，因为相对主义的视角盛行，好像有很多视角可以供我们解读《资本论》。在这种情况下，《资本论》变成一本怎么样的著作呢？资本主义社会的结构性危机被一次一次地涂改，这是资本主义一次次自我修复的尝试，很快这种涂改又被涂改掉。所以我们今天看到，解读《资本论》的手段、路径、方法和视野简直是五花八门。《资本论》变成了文学的和心理侦探的作品，这是西方英美学者给我们呈现的阅读《资本论》的途径。所以，《资本论》难懂，不是因为读者缺少理解，而是因为他们不能相互理解，如同读者不理解马克思，马克思也不理解他的读者。我觉得重新审视《资本论》的逻辑跟黑格尔《逻辑学》的联系，也许能够在一定程度上解决这个问题。

所以今天的讲座，真正的主题是《资本论》的逻辑对黑格尔《逻辑学》的接纳程度，以及通过黑格尔的《逻辑学》来透视《资本论》的逻辑。这是一个很大的话题，我想聚焦到更小的三个方面来讲：第一个方面，"对列宁关于《资本论》哲学的论断的再反思"，列宁关于《资本论》的阅读有什么样的论断？对此我需要重新思考；第二个方面，"列宁论断的时代意义"；第三个方面，结论。

* * *

先讲第一个方面的内容：对列宁关于《资本论》哲学的论断的再反思。

列宁关于《资本论》有什么样的哲学论断？在我的阅读范围里，我觉得最重要的论断在于下面这一点。列宁在《哲学笔记》中指出：虽然马克思没有留下逻辑，但他留下《资本论》的逻辑；我们应当充分地利用这种逻辑来解决一些问题，即解决客观事物的发展规律，以及我们作为一种主体去认识这个规律的问题；在《资本论》中，唯物主义的逻辑、辩证法和认识论都应用于同一门科学，即历史科学。这样才能合乎马克思的本意去理解《资本论》。列宁说："虽说马克思没有遗留下'**逻辑**'（大写字母的），但他遗留下《资本论》

的**逻辑**,应当充分地利用这种逻辑来解决这一问题。在《资本论》中,唯物主义的逻辑、辩证法和认识论［不必要三个词:它们是同一个东西］都应用于一门科学,这种唯物主义从黑格尔那里吸取了全部有价值的东西并发展了这些有价值的东西。"①这是列宁关于辩证法、本体论、认识论和逻辑的"四统一"的著名观点。在国内有些学者可能把它们叫作"三统一",我想叫"四统一"更全面一些。

  为什么要把列宁的这段话当作一个特别的引子来说明?因为列宁这段话包含《资本论》的逻辑问题的精华。列宁究竟是怎样建构《资本论》的逻辑的?对这个问题我们要遵循上述的"四统一"来理解。我把这个"四统一"理解为对资本主义自己构成自己道路的一种揭示,以及马克思为了认识资本主义逻辑而付出巨大精力所得来的认识的结果。所以,列宁这个"四统一"的观点,我希望同学们留意一下。没有这个"四统一",我们理解《资本论》可能会产生前面那种精神分裂症的问题以及很多后遗症的问题。我们为什么要透过黑格尔的《逻辑学》来理解《资本论》的逻辑?我想表明一个事实:马克思本人没有留下像黑格尔《逻辑学》那样基础性的、抽象性的形而上学著作,他从来没有讨论过特殊与普遍、现象与本质、偶然与必然这些形而上学的"菜谱"。马克思没有留下德国古典哲学这样大山一般的学术遗产,这引起了列宁的注意和担忧:如果缺少唯物主义辩证法、本体论、认识论和逻辑层次的"哲学"作业,那么马克思自己认为的"我所使用的分析方法至今还没有人在经济问题上运用过"这一点就得不到人们的同情和理解。有很多人根本就不能领会马克思在《资本论》里应用的是新方法。人们很简单地说,马克思应用的是辩证法,但是仔细琢磨一下这个简单说法,牛头能够对得上马嘴吗?所以在这里我们应该对问题有多一层的考量。列

---

  ① 列宁.列宁全集:第55卷.2版.北京:人民出版社,1990:290.

宁的"四统一"观点虽然只是在《哲学笔记》中出现，但是他这个观点是非常重要的，它即使不能够证明其他什么，也至少能指明辩证法是本体论、认识论和逻辑的三位一体。

那么列宁的这个"四统一"究竟对我们有什么样的启发意义？首先我们可以看到人们在阅读《资本论》的时候会出现的一个插曲或者片段，即他们是用经济决定论的眼光去看《资本论》的。我把它理解为一种错谬。这个错谬的缘起是什么？我想在一定意义上这要"怪罪"于列宁。这是因为列宁的"四统一"遗漏或遮蔽了辩证法是否就是辩证逻辑这一重要问题。真可谓人们总在描述一些伟大的作品，但一切描述又都在遮蔽它们。列宁提出了"四统一"这么好的一个观点，但恰恰又忘记了这个重要的问题。但话说回来，我们也不能完全怪列宁，因为列宁是在设想一个理想状态下的读者。我们在前面说读《资本论》需要很多资格，这不是说你拿到了书或者拿到了博士学位就能够读懂这本书，在某种意义上，一个英国工人比一个博士更能够读懂《资本论》。列宁在提出"四统一"时已经表现出一种哲学的诱惑，即他不是在给我们提供一个观点，而是提供一个关于马克思哲学体系的构想。他在试图建构这个哲学体系。这是一个很大的诱惑。我们现在到处都有很多观点，但是你随便抛出一个观点并不就能成为哲学家。还需要建构一个哲学体系，观点不是体系。列宁是在构想马克思哲学体系的诱惑之下来考虑"四统一"问题的，换句话讲，他是在某种总体的视野和观念的指导下来理解自然、理解人类社会中无限的多样性的。大自然五彩缤纷，我们怎样从中提出一种自然哲学？人类社会千奇百怪，我们怎样构造一种社会历史的哲学？这些都是我们从列宁的《哲学笔记》中思考出来的问题。

但是列宁这些思考依然只是一种对信仰的考量，他是对马克思主义有极大信仰的一个学者，同时他也看到了他同时代的人对马克思哲学做了经济决定论的阅读。我们今天已经很清楚了，经济决定论是一种错谬，它只不过是给那些用经济决定论的眼光阅读《资本论》的人一个叙述历史身份的机会。这些人现在已经在大浪淘沙中被放到历史的一边去了。

但是为什么人们会用经济决定论的方式阅读《资本论》？我想其中的原因，在表面上看就是把《资本论》的范畴与黑格尔《逻辑学》的范畴体系对应起来，例如用使用价值、价值和交换价值与黑格尔的有、无、变三段论对应起来。这种互文式的阅读导致的结果就是：如果说《资本论》是对资本主义社会的批判，那么黑格尔的范畴体系就变成了关于这种批判对这个社会发展后的逻辑总结。马克思对当时的资本主义——无论是它的危机还是繁荣——已经有一个基本的逻辑总结，当我们把《资本论》的逻辑范畴与黑格尔《逻辑学》的范畴一一对应起来的时候，马克思就变成了黑格尔加李嘉图。我们这种讨论可能不仅不会让哲学家喜欢，反而会让经济学家反感。为了使我们的讨论更具体，我举个例子：我们把个人与社会制度相比较，谁更伟大？谁更弱势？从唯物主义角度来看，当然是社会制度强势。这个例子是想说明，当我们讨论《资本论》逻辑的时候，我们会看到哲学家看到的资本逻辑与经济学家看到的资本逻辑是显然不同的。在经济学家看来，批判某个资本家或企业老板是一件很痛快的事情，但按照马克思的立场，批判某个资本家很有可能就是在向资本主义制度献媚或者是在给它点赞。经济学家往往把社会制度好与坏的原因归结于某个资本家，以一种个人主义的方式看待社会制度，但是哲学家特别是马克思主义哲学家不会把社会的弊病归咎于某一个人，他们不会给资本主义点赞，但也不会给它涂脂抹粉。马克思说过他不会用玫瑰色去描绘资本家，资本家个人是不能对资本主义剥削制度负责的。他不像有些马克思主义者、分析的马克思主义者以及非马克思主义者那样为资本主义社会点赞。有人居然写出题为"为什么社会主义只是在道德意义上成立"这一类著述。在这些人看来,人类社会自从有了经济生活就有了商品经济,这种完全没有计划的商品经济的从无到有,都具有天赐般的和谐。资本主义的永恒性就是如此流露出来的。所以很多人会从商品经济的因素和价值形式的角度去理解人类历史的开端,这样就会罔顾历史事实。这些人会说,商品经济不是从来就有的嘛!这在某种程度上是一种价值妄语。

这些内容依然跟列宁为什么要利用黑格尔的逻辑学来说明马克思《资本论》的逻辑是相关的。我们刚才带来了某种误解,好像对于人们用经济决定论的眼光来阅读《资本论》这件事,我们应该找黑格尔特别是他的逻辑学算账。当我们脑袋装满了黑格尔的逻辑学以后,就会以这种方式来理解《资本论》的逻辑。所以列宁说:"不钻研和不理解黑格尔的**全部**逻辑学,就不能完全理解马克思的《资本论》,特别是它的第1章。因此,半个世纪以来,没有一个马克思主义者是理解马克思的!!"[①]列宁这些话非常狠,他认为半个世纪以来没有一个马克思主义者是理解马克思的。我们在前面说,马克思没有留下像黑格尔《逻辑学》那样的著作,但列宁在《黑格尔辩证法(逻辑学)的纲要》中直接提出《资本论》就是马克思的《逻辑学》。马克思有辩证法,但是没有一本名叫"辩证法"的著作,他在写《资本论》时感觉需要一部能够跟黑格尔的《逻辑学》相抗衡的辩证法著作,但他没有实现这个想法。按阿尔都塞的说法,马克思写不出来,他无法用特殊与一般、现象与本质、偶然与必然这样一些逻辑范畴去写作他的"辩证法"。如果他要写,他肯定不能用这些

---

① 列宁.列宁全集:第55卷.2版.北京:人民出版社,1990:151.

范畴来写。所以列宁要虚拟地给马克思"补缺",《资本论》就是马克思的《逻辑学》。列宁的这个说法引起了我们的反复讨论。我把这些讨论理解为阅读《资本论》的门槛,这个门槛就是弄懂黑格尔的《逻辑学》。我们只有跨过这个门槛,才能够知道马克思的《资本论》具有怎样的哲学意义。

我们在体会列宁说《资本论》就是马克思的《逻辑学》的时候,需要处理各种不同的逻辑的关系。逻辑学已经有两千多年的历史,各种逻辑的关系纠结丛生,我们在理解这些不同的逻辑的关系时,会遇到很多麻烦。首先是辩证法的逻辑基础。我们的教材通常把它理解为辩证逻辑,这种辩证逻辑是针对亚里士多德的经典逻辑而言的。很多学者把辩证逻辑当作辩证法。因此我们作为马克思主义学者需要解决的问题是:一方面,辩证法与辩证逻辑是什么关系?它们是不是同一个东西,抑或,是不是"不二者"?我想列宁肯定认为是统一的,因为他提出前面我们所说的"四统一"。如果你不同意列宁的"四统一"说,那你就搞分裂吧,这样分析的马克思主义、欧陆激进马克思主义都出来了。假如你同意列宁的"四统一"说,那么你也可以认为整个宇宙是统一的。所以当我们在研究辩证法和辩证逻辑是什么关系的时候,最先要解决的问题是它们是两个东西还是一个东西,如果是一个东西,那么它们统一到哪个东西上去。这个问题逻辑学家不一定清楚,恩格斯这样伟大的哲学家也不清楚,我们读他的《自然辩证法》或《反杜林论》,都找不到期待的答案。另一方面,辩证逻辑研究的东西和逻辑研究的东西究竟有什么不同?在何种意义上不同?我不清楚,研究逻辑学的专家也不清楚,甚至恩格斯都不清楚。列宁只愿意告诉我们,"就本来的意义说,辩**证法是研究对象的本质自身中的矛盾**"[①]。简单来说,辩证法就是研究

---

① 列宁.列宁全集:第55卷.2版.北京:人民出版社,1990:213.

本质矛盾的。所以我们可以得出一个推论，如果用形式逻辑来衡量黑格尔的辩证法，就会产生热昏的胡话。这是两个不同性质的逻辑。如果套用到《资本论》上就是，既然我们认定《资本论》的逻辑是辩证的，那么我们就必然不能用形式逻辑来驳倒辩证的逻辑，不能用那种所谓首尾一贯的形式逻辑来推论《资本论》的逻辑究竟是热昏的胡话，还是悖论。

所以同学们如果有机会，还真的需要了解亚里士多德的经典逻辑是怎样发展到现代逻辑的。对逻辑发展有了基本的了解，我们才能够对马克思《资本论》的精深要义有所掌握。在这里我只能很简短地告诉大家我的认识。所谓经典逻辑，它是建立在"必然地得出"五个字之上的。从前提出发"必然地得出"它的结论。但从"必然地得出"这个角度来讲，逻辑不是辩证法，辩证法不可能根据某个前提"必然地得出"某个结论。我们转一下弯。《资本论》的主题是什么？是资本主义必然灭亡、社会主义必然胜利这"两个必然"。那么这"两个必然"是什么意义上的"必然"？它是辩证逻辑，不是形式逻辑意义上的一种"必然地得出"。辩证逻辑不是逻辑，辩证法不等于辩证逻辑，但它们又并非不相干。黑格尔正是因为看到形式逻辑弊病重生，认为那是小孩子的智商把握的对象，自己作为成人已经理智健全了，所以提出辩证逻辑。总之逻辑与辩证逻辑之间的关系，虽然充满歧义和矛盾，但却还是清楚的。

那么它们之间的关系模糊是由什么引起的？我想重点在于，不同的逻辑有不同的矛盾观。形式逻辑有一套与之相对应的矛盾观，辩证逻辑也有一套与它相对应的矛盾观。从亚里士多德的立场来看，矛盾是一种罪恶。如果一个理论体系是完善和系统的，那么它是不能出现矛盾的，矛盾是像避瘟疫一样哲学家避之唯恐不及的一件事情。但是从黑格尔的立场来看，辩证逻辑是一种不协调的逻辑——

我们姑且不说它是矛盾的逻辑。不协调的逻辑意味着既允许矛盾，又要限制矛盾。所谓允许矛盾，是说不能一概否认矛盾，既要讲和谐，也要讲矛盾。如果不讲矛盾，一个社会的和谐就实属死水一潭了。所以要允许矛盾，要在一定的条件下承认矛盾，只有这样我们才能够解释那些在经典逻辑看来《资本论》所解释不了的现象。所谓限制矛盾，就是指不让矛盾到处扩散，否则事物就崩溃了。所以我们应该把矛盾限制在一定的范围内。所以，马克思《资本论》的逻辑所体现的就是既要允许矛盾，又要限制矛盾，只有用这样一种思维才能真正理解资本主义。我们需要充分注意到人类的认识活动是充满矛盾的。

为了说明这个问题，我想再举个例子。前面已经说到了，谩骂资本家个人是错误的。从马克思的立场来看，我们不需要骂资本家，因为资本家是社会关系的人格化、资本的人格化。那么是不是说骂资本主义社会制度就正确了呢？未必。马克思在《资本论》中也不是以骂资本主义社会制度的方式来写作的。我们痛骂奴隶制，可能能够宣泄高尚的义愤，但是这在马克思主义看来是最容易不过的事情，而且是没有意义的事情。在两千多年以前，采用奴隶制是一个巨大的进步，因为它比原始社会的生产方式更有利于社会生产力的发展和巩固。如果社会生产力不发展、不巩固，就根本没有社会进步。从这个角度来看，采用奴隶制是一种进步。在这个意义上，我们甚至"有理由说：没有古希腊罗马的奴隶制，就没有现代的社会主义"[①]。恩格斯在这里并没有赞美奴隶制，他不会像亚里士多德那样为奴隶制度的合理性做辩护。为什么恩格斯既肯定奴隶制是进步的，同时又认为它是不值得赞美的和野蛮的？从概念上看，这是因为恩格斯遵循黑格尔的客观逻辑和主观逻辑的统一，运用的是辩证思维。

---

① 马克思，恩格斯.马克思恩格斯文集：第9卷.北京：人民出版社，2009：188.

一　对《资本论》进行哲学阅读的困难和门槛

所以一般来说，我们不要认为，马克思的辩证法总是从真的前提出发推导出真的结论。相反，当马克思的辩证法注意到，从真的前提出发得不到真的结论的时候，它就会获得一种比经典逻辑、比黑格尔的辩证逻辑更有意义、更值得探究的任务。为什么从真的前提得不出真的结论？要探讨这个问题，需要把《资本论》和黑格尔的《逻辑学》进行比较。黑格尔的《逻辑学》是用客观存在本身的逻辑来进行矛盾研究，马克思之所以吸取黑格尔这种矛盾研究的优点，是因为黑格尔的辩证法依赖于现实世界的辩证的本体论结构，或者不太严格地说，是因为黑格尔依赖事物发展的客观规律来研究辩证法。所以，我们通常认为，马克思是受黑格尔的启发才深入到社会现实的维度之中，因为黑格尔的逻辑学不是基于有限经验得以可能的人类主观知性结构来呈现客观存在，而是直接展现客观存在本身。黑格尔的辩证法实际上是反对主观思维的，反对康德意义上的或形式逻辑意义上的忽此忽彼、非此即彼的主观思维。黑格尔的哲学是一种要深入到客观现实中去的哲学。可是他深入进去了吗？他的客观现实是什么？马克思说，黑格尔所说的一切都只是发生在思维之中。

这里出现了马克思和黑格尔的区别。黑格尔认为概念是可以脱离人身自行展开活动的，这些概念是幽灵，它会动，但没有身体。这使黑格尔的逻辑学成为最精致的体系。黑格尔的辩证法或《精神现象学》有一个目标，就是要成为一门科学。他认为当时的哲学都不科学，所以他提出要把哲学上升为科学。这是一种可以不管人的有限性的完整的"中心科学"。这是相对于当时的边缘科学来说的，当时的几何学和数学就是一种值得效仿的中心科学。黑格尔的辩证法要达到的目标是，实现一种能够绝对地消解主观逻辑与客观逻辑、认识与对象之间一切裂缝的绝对知识。马克思非常欣赏黑格尔统一了主观逻辑和客观逻辑，所以他曾经是黑格尔辩证法的崇拜者。但马克思与黑格尔的区别在哪里？我愿意这样说，马克思是一个有血有肉、有心有肺的人，所以他在跟随黑格尔一段时间之后，就受够了黑格尔哲学的"精神"折磨，所以他就去走自己的路。从这个时候开始，他对黑格尔的怀疑多于信任，黑格尔的逻辑学也越来越成为马克思的批判目标。这种批判所达到的最远程度是，黑格尔的辩证法体系的载体是"无人身的理性"，而马克思将无产阶级或"普遍的个体"当作辩证法的承担者。很多人发现，马克思的辩证法超越黑格尔的辩证法的地方就在于承担者的不同。

我觉得这些问题也困扰着列宁，要不然他不会说："半个世纪以来，没有一个马克思主义者是理解马克思的！！"列宁用十月革命的实践来讲解辩证法，所以柏林的黑格尔精神跑到莫斯科去了。列宁从黑格尔的《逻辑学》中收获不少，否则我们也不会隔了这么多年还对列宁的观点展开热烈的讨论。列宁的这个说法是有根据的，马克思自己也是这么说的。1858年1月14日，马克思在给恩格斯的信中说："我又把黑格尔的《逻辑学》浏览了一遍，这在材料加工的**方法**上帮了我很大的忙。如果以后再有功夫做这类工作的话，我很愿意用两三个印张把黑格尔所发现、但同时又加以神秘化的方法中所存在的**合理的东西**阐述一番，使一般人都能够理解。"[①]马克思在这里指出，一般人是不理解黑格尔的辩证法的。一般人不理解黑格尔的辩证法不同于列宁不理解黑格尔的辩证法。对于我们来说，黑格尔的《逻辑学》就像一个没有画面、没有声音的屏幕。我们为什么听不见黑格尔的声音呢？那是因为彼此注意力不同。我们和黑格尔同样关注历史、法和国家，但我们关注的是"事物本身的逻辑"，黑格

[①] 马克思，恩格斯.马克思恩格斯全集：第29卷.北京：人民出版社，1972：250.

尔关注的是"逻辑本身的事物"①,这是一种颠倒的关系。黑格尔并不像我们一般人那样说话,当我们不能理解他的话时,我们就感觉他好像没有说话,或者他说的话没有什么意义。他明明看到普鲁士国家的法存在很多矛盾,但他的辩证法偏向了"神庙",偏向维护普鲁士当局的面子。马克思看到黑格尔这个人充满矛盾,他指出黑格尔辩证法的神秘之处,也就是黑格尔讲了一般人不理解的话。当我们知道了黑格尔逻辑学的秘密之后,它的神秘感也就没有了,但如果我们不理解这个秘密,那么黑格尔逻辑学就依然是一个谜。

我们要看到黑格尔逻辑学的确很重要,这不仅是因为它不是陈列在博物馆中的一个过时的东西,它是有生产性的,可以变化,可以丰富我们的思想;而且是因为它给我们的生活设定了最大的挑战,能够帮助我们理解生活中的矛盾。对马克思写作《资本论》来说,黑格尔的逻辑帮了他很大的忙,马克思肯定辩证法能够把直观的和表象的东西"加工"成"概念的产物"这种特殊的作用。离开了黑格尔的辩证法,概念的产物是怎么形成的?我们不能用康德的辩证逻辑,也不能用亚里士多德的形式逻辑或霍克海默的启蒙辩证法来处理这个问题。马克思在写作《资本论》的过程中,原始材料非常丰富和多变,所以需要黑格尔的辩证法来帮忙处理,而且黑格尔辩证法在形式和内容上都适应马克思由于不断进行新的研究而日益扩大的眼界。那么,帮了马克思大忙的辩证法和逻辑是什么关系?这里的"逻辑"显然是对《逻辑学》的精神褫夺,相当于用工具对材料进行加工的过程以及"严谨"、"严密"和"条理"等意思。这里的"逻辑"不完全是黑格尔逻辑学里精神意义上的"逻辑"或逻各斯意义上的逻辑。

---

① 马克思,恩格斯.马克思恩格斯全集:第3卷.2版.北京:人民出版社,2002:22.

这表明如何处理材料是一个关键的问题。在写作《资本论》时，摆在马克思面前的有许多材料，这些材料成山成海，像迷宫一样，它们显然不是由洛克的"白板"组成的，而是以同前人进行论战的形式呈现出来的，处处都潜伏着被资产阶级政治经济学编造者引入迷途的危险，充满了资产阶级的偏见。怎么处理这些材料？我们在研究《资本论》的时候非常明显地感受到处理材料是一个关键问题。马克思的处理方式是，在写作的时候增加批判和历史感，少一些对黑格尔的内在固有理性历史观的顶礼膜拜。马克思的具体做法就是不断努力选取那些具有叙述潜力的部分材料，不让自己掌握的部分材料成为四分五裂的碎片，而是使其成为有着唯物主义辩证法脉络的整体。这是标准，不符合这样的标准的材料就必须放在一边。但并不是随意地放在一边，而是以历史唯物主义的姿态把它放在一边。因此，马克思在写作《资本论》时，已经从黑格尔的学徒的状态中摆脱出来，成为了"师傅"。这样黑格尔的辩证法就不那么神秘了。当黑格尔的逻辑学得到历史唯物主义的改造后，黑格尔就不是同一个黑格尔。

所以，马克思虽然公开承认自己是黑格尔的学生，但他在批判黑格尔时又不需要像尼采和克尔凯郭尔那样采取一种决裂的姿态，像倒洗澡水把小孩也一起倒掉那样抛弃辩证法。在《资本论》第一卷的"第二版跋"中，马克思说他在这一方面是效仿黑格尔的态度的，或者说，有时是用黑格尔的语言"卖弄"的。马克思用了一个词叫"卖弄"。因为语言本身就跟辩证法有关，从古希腊哲学角度来说，辩证法和逻各斯是一体两面的东西，离开了语言，就无法研究逻辑。所以在语言上马克思是"卖弄"黑格尔的辩证法。但我们在读《资本论》时，感觉不到马克思在"卖弄"黑格尔，写作《资本论》的马克思是一个思想的独立者和创造者，他用自己的语言来说话。这

一　对《资本论》进行哲学阅读的困难和门槛

是一个独立学者的标准。所以马克思使用了"浏览一遍"黑格尔的《逻辑学》的说法。"浏览"这个词是说马克思自己写书太忙了，从时间的角度来讲，他的确只能"浏览"一遍黑格尔的《逻辑学》。他看到黑格尔的《逻辑学》在整理材料方面帮了他大忙，所以又觉得黑格尔的《逻辑学》很重要。"浏览"这个词的重点在于，马克思认为不值得花太多时间深究黑格尔的逻辑学。他在青年阶段就对黑格尔进行了讽刺，以短诗的形式说："我给诸位揭示一切，因为我实际上什么都没有讲！"这里的"我"当然指黑格尔。在什么情况下，黑格尔会接受马克思这样的讽刺呢？有两种假设。一种情况是，假设黑格尔很诚实，自己也认为自己说了这么多等于一点也没有说，他接受马克思的批判。马克思批判黑格尔《逻辑学》谈的是神学世界的结构，而不是从世俗经验科学出发的世界。这就像讲天国的事情一样，对于现实世界而言那等于什么都没有讲。这是黑格尔《逻辑学》的抽象性。《资本论》也讲抽象，但它所讲的抽象与黑格尔《逻辑学》中的抽象是有区别的。这里不展开讲。另一种情况是，上述马克思的讽刺，既是针对黑格尔的，其实也是针对我们的。假设我们不能理解黑格尔的深意（他虽然讲的是神学世界的结构，但毕竟还是心里想着凡尘世界和"普渡"我们这些众生的），不懂他的主观逻辑和客观逻辑，那么对我们来说黑格尔实际等于什么都没有讲。我们看黑格尔的《逻辑学》或《小逻辑》，会发现黑格尔喜欢讲一些自相矛盾的话，他总喜欢在判断"S是P"之后，再立即说"S不是P"，结果弄得我们不知道他在讲什么。

　　黑格尔这种表述方式会影响人们对《资本论》的理解。马克思认真地批判说，"人们对《资本论》中应用的方法理解得很差"[1]。我想这也是因为黑格尔的逻辑学。如果我们借用黑格尔的辩证法去理

---

[1] 马克思，恩格斯.马克思恩格斯文集：第5卷.北京：人民出版社，2009：19.

解《资本论》的逻辑，就可能会理解得很差。黑格尔的思想是系统推演出来的新构思，是一个思辨的体系。特别是在语言上，他展示了一种核心的形式的力量，正一反一合的辩证模式就是一个例子。黑格尔这样一种思想表达能力，让他的学生佩服得五体投地，他们认为："只要把一切都归入黑格尔的逻辑范畴，他们就**理解**了一切。"①言下之意是，如果我们身处黑格尔哲学范畴之外，那么我们根本什么都不能理解，只有把一切都放进黑格尔的哲学范畴，我们才能够理解它们。

但黑格尔自己的想法也是经常改变的。比如他在1807年出版《精神现象学》时，有一种初生牛犊不怕虎的勇力，把它算作完整的逻辑体系的第一部著作。但后来《逻辑学》出版以后，对于完整的逻辑体系来说，《精神现象学》已经不再是其第一部著作了。我们为什么感觉不到黑格尔在变化？因为我们缺乏历史感，缺乏马克思所说的那种批判性的力量。马克思写作《资本论》时是独立而有天赋的思想家，但他因为身患疾病，所以有一种焦虑感，担心自己的天赋明天就因疾病被上帝夺走了。他出版《资本论》第一卷后不断地修改，为自己说的话和写的东西达不到被人理解的程度而忧虑。所以我们在阅读这本书时会碰到一个问题，就是无限的表达与有限的理解之间的矛盾，或者说是马克思哲学思想的开放性与他的约束性之间的矛盾。

基本上说，这就是马克思哲学思想的悖论。一方面，他接受黑格尔哲学的塑造。另一方面，无论是《资本论》，还是他的《黑格尔法哲学批判》，我们都可以看到马克思在跟黑格尔进行精神和思想的较量。但这不是今天主流的分析哲学家所说的那种语言行为上的

---

① 马克思，恩格斯.马克思恩格斯选集：第1卷.3版.北京：人民出版社，2012：144.

较量。马克思不讨论特殊与普遍、部分与整体、因果的本质、现实的本质、价值的本质、可能世界的本质等内容。马克思阅读黑格尔《逻辑学》的乐趣与其说在书本身，还不如说是在于通过这本书来破解黑格尔思想的无限可能性、复杂的故事以及黑格尔个人的人格独立性等。在马克思看来，写下两卷本《逻辑学》的黑格尔首先是一个哲学家，而不是逻辑学家。黑格尔在对待他的前辈流传下来的逻辑学时，试图突破它们所谓"研究必然性推理的科学"的局限性，马克思对这一点产生了强烈的共鸣，不过他的《资本论》要强力突破的是黑格尔的辩证逻辑。

这正是马克思、列宁与黑格尔相关联的问题所在。如果我们想辩证地肯定黑格尔逻辑学对理解整个《资本论》的辅助作用，那么不全面地检讨黑格尔逻辑学就恰恰成了不利于理解《资本论》的一个障碍。这里有两方面内容。一方面，黑格尔看到近代人们关于逻辑学的工作越来越虚弱。无论黑格尔还是海德格尔，都说过逻辑学两千多年来都没有进步这一类的话。这种虚弱表现为逻辑学在内容上不能反映时代的变化，不能反映科学的变化，不能反映时代精神的变化。另一方面，黑格尔主动地与逻辑成见进行斗争，但在马克思看来没有起到任何可见的作用。可见的作用也就是指现实的、感性确定性的作用。这是因为黑格尔讲的逻辑实质上就是思维，在他看来逻辑学是"纯粹思维的科学，它以纯粹的知为它的本原，它不是抽象的，而是具体生动的统一"①。这是黑格尔自己给逻辑学下的定义。我觉得黑格尔在这里不太老实，他把逻辑学定义为具体的、统一的和活跃的，而不是抽象的。但一旦掉进黑格尔的逻辑学，我们的思维就不活跃了，因为它没有杂质，太纯粹了，只有光，没有黑暗。所以从马克思的历史唯物主义来看，黑格尔对传统逻辑的改造

---

① 黑格尔.逻辑学：上卷.杨一之，译.北京：商务印书馆，1996：43-44.

并没有成功。黑格尔是从哲学的工作的角度来对逻辑学进行改造的，它不是使思维体现在形式（对马克思而言的"现实"）的规定中，而是使形式（对马克思而言的"现实"）的规定消散于抽象的思想即逻辑范畴之中。黑格尔将自己化身为"逻各斯"，邓晓芒先生在《黑格尔〈精神现象学〉句读》中说，黑格尔把自己变成了上帝，他让自己处于纯抽象的位置，罔顾时代变化给逻辑内容方面带来的变化。对于我们一般读者来说，我们读黑格尔的《逻辑学》会感到在概念戏法的压力下快要喘不过气来，所有具体的内容都淹没在逻辑范畴的世界之中。

因此有人说，黑格尔认为把内容放到形式之中使它们结合起来就可以推进逻辑的发展这个想法是"轻率和天真"的[①]。从现代逻辑发展走向的角度来看，黑格尔这是把逻辑学的发展带到另一个方向去了，即放在了思维形式本身的发展之中。自从马克思获得了历史唯物主义的视野后，他就不再在这个意义上去领黑格尔逻辑学的这份"圣餐"了。马克思《资本论》的逻辑也就是马克思主义对资本主义社会运动的经验基础的理论认识的发展，马克思之所以能够立足于此，是因为他的本体论的根据是现实或者感性的活动。黑格尔的逻辑学经过马克思这么一番"清理"，我们渐渐有一些眉目了。这是黑格尔辩证法可能会倒向正宗的马克思主义的一种道路。

还有另一条道路，即卢卡奇式的黑格尔主义路线。这是黑格尔逻辑学的发展内在地包含着的辩证法的另一种发展前景，这种前景是黑格尔的工作到卢卡奇那里得到了承前启后的转换所达到的。黑格尔的工作也就是通过一种形而上学的语言把"绝对"本身说成名词化的"存在"，这等于承诺了"实体性"与"主体性"在"绝对"那里得到了统一。这个思路是卢卡奇开拓的，我把它叫作来自天庭

---

① 王路.逻辑的观念.北京：商务印书馆，2000：160.

的副歌。唱这首副歌的是卢卡奇，他不再把马克思主义哲学看成德国古典哲学的终结者，认为黑格尔主义还能够发展，将马克思包含在黑格尔主义之后的发展道路上。所以我把它理解为"副歌"。卢卡奇在《历史与阶级意识》中认为，可以什么都不讲，只要讲辩证法，我们就是正宗的马克思主义。卢卡奇对辩证法的发展又做了一次改造，把马克思的辩证法改造成辩证法本身发展的精神序曲，它刚刚拉开序幕。他看到了马克思的辩证法包含着无产阶级主体和客体的统一，于是看到了在他那个时代对黑格尔的精神需求。他按照无产阶级这个榜样来记叙资本主义产生、灭亡之历史救赎的绝对一刻。什么叫"绝对一刻"？例如，生产力决定生产关系，生产关系要适应生产力的发展，"绝对一刻"就是指生产力不适应生产关系的那一绝对时刻。卢卡奇要找的就是这"绝对一刻"，无产阶级的精神序幕在这里拉开了，无产阶级作为资本主义的掘墓人是一种榜样。在卢卡奇这里，黑格尔的精神得到了救赎。卢卡奇了不起的地方就在于他作为西方马克思主义的创始人做了这份工作，在今天看来我们依然可以继续做这份工作，特别是根据卢卡奇的观点，到资本主义社会或社会主义社会的官僚体制和组织结构中展开研究，看看革命的马克思是不是还在这个序曲里面。卢卡奇之所以能够展开无产阶级的精神序曲，就在于他把马克思的辩证法直接送进黑格尔的辩证的逻辑手术室里进行改造，他把黑格尔哲学看成马克思哲学的渊源。

当然，我们并不知道这个过程中究竟发生了什么。今天的工人阶级是一种怎样的状态？移民和难民是不是能够取代无产阶级？这样一些问题我们依然无法说清楚。我们只有一个判断，说卢卡奇关于无产阶级的精神序曲只是一个诗意的构思，用他自己的话来说，这是一个激进的或浪漫主义黑格尔主义的乌托邦。但是无论在什么情况下，黑格尔辩证法的"绝对一刻"已经展现了卢卡奇的企图，他要重新建构马克思的实践本体论。如果没有这个企图，卢卡奇是不可能去继续探索这种无产阶级的精神序曲的。在这里诱惑是普遍存在的，它首先必然来自于黑格尔。亚里士多德最初确立了西方传统哲学中的"实体""质""量""关系"等范畴，这些范畴是对"是"的一种分类的表述。西方传统哲学有一门最基本的学问是关于"是"的学问。黑格尔和卢卡奇都试图对亚里士多德的这门学问进行处理，把它们"辩证"了。黑格尔逻辑学也是从关于"是"的学问出发的，他很清楚，"是"与"不"乃是思辨逻辑研究的基本要素。没有关于"是""不""变"等范畴的建构推演，就没有黑格尔的逻辑学。这样一种逻辑构造，总体还是在于"思辨"这个词，它掌握着"理性整体"。研究逻辑的学者认为，黑格尔关于"是"的学问，"它的解释是思辨的，它的证明也是思辨的，根本不具有逻辑所要求的一步一步的可操作性。因此，黑格尔的推演不是逻辑推演，而是思辨，他的所谓逻辑也就不是真正的逻辑"[①]。它不像形式逻辑那样有三段论。在现代逻辑的研究者看来，黑格尔给逻辑学的发展带来的不良后果，使哲学发展陷入了近乎"欺骗""投机"之类的不正常的繁荣局面。从我们的角度来看，这里有一笔账，它如何算到黑格尔的头上依然是一个问题。

到这里，"对列宁关于《资本论》哲学的论断的再反思"讲完了。由于时间的关系，第二个方面的内容"列宁论断的时代意义"无法展开讨论。我把总体的结论告诉大家。

我们要思考的问题没有结束，结束的只是此刻的讲座。我的结论有三点。第一，在黑格尔逻辑学中，我们固然看到了那种为马克思所发扬光大的必然性历史运动倾向的辩证法，马克思在《资本论》中表明了历史运动有一种必然性或倾向，但黑格尔的辩证法所理解

[①] 王路.逻辑的观念.北京：商务印书馆，2000：173.

的运动不是马克思辩证法意义上的运动,而是抽象的逻辑运动。第二,马克思提出用感性的实践活动去反抗黑格尔在矛盾的影子里制造出来的虚假的运动,感性的实践活动本来就不参与虚假的逻辑运动,就像清醒的人不会跟随自己的影子一样,只有喝醉的人才会把影子当作真身来追逐。第三,马克思哲学的努力在于使资本主义成为自我否定的存在,揭示资本主义自我摧毁的因素。我们可以说,如果没有黑格尔的逻辑学作为重构资本主义的历史发生或现象学发生的场所,马克思所理解的社会进程是很难理解的。这句话有一个最重要的前提:只是为了清洗掉黑格尔逻辑学的非现实性的阴影,我们才会去肯定黑格尔的逻辑学是一种逻辑学。马克思对黑格尔的逻辑学的改造的意义就在于此。

(陈广思整理)

二

个体改造与乌托邦：斯金纳的"技治术"

◎ 刘永谋

时间：2020 年 9 月 15 日 18：00—20：00
地点：中国人民大学公共教学三楼 3102

  刘永谋，中国人民大学哲学院教授、博士生导师。主要研究领域为科技哲学，科学、技术与公共政策，近来聚焦于技术治理理论和大数据、人工智能与智能革命反思。出版《技术的反叛》《行动中的密涅瓦》《福柯的主体解构之旅》等著作 10 余部，发表中、英、俄、德文学术论文 140 余篇。

二 个体改造与乌托邦：斯金纳的"技治术"

我讲的题目是"个体改造与乌托邦：斯金纳的'技治术'"。我选择的是一个前沿问题，之所以说是前沿，是因为我的这项研究在2020年7月才形成一篇论文，还没有发表。我要讲的是：如何用心理学来治理社会。这是当代社会面临的一个问题，显然这个问题范围非常广。我实际上是以一个心理学家——斯金纳——作为一个例子来讲如何用心理学来控制或者说治理现代社会。

首先谈谈我为什么研究斯金纳。我的题目中"技治术"一词的意思是技术治理的技术。我认为哲学归根结底就是人学，因此哲学最根本的问题就是要回答：在当代的历史机遇之下人所面临的境况是怎样的？

如果给我们所生活的这个时代下个定义，会是什么呢？显然，这是一个技术时代，没有人会否定这一点。因此所有的思考如果离开了技术时代，那么肯定是空泛的，不可能真正理解我们所处的时代和历史进程，也很难理解自己，就更谈不上理解所谓的时代精神。对于技术时代的看法，可能大家都有不同的看法，我的理解就是：技术治理很重要。对技术治理进行深入的挖掘，实际上是回答哲学根本问题的一个很好的切入点，这是我研究技术治理的一个原因。

那么，什么是技术治理？大家知道工业革命和电力革命之后，自然科学技术在改造自然方面所发挥出来的巨大威力是有目共睹的。那么作为思想家很容易想到一个问题：这么有效的一个武器，为什么我们仅仅是用于改造自然呢？我们也应该将它用于改造社会，让这个社会更好地运行。这就是技术治理的主旨。我认为，所谓的技术治理是指，在社会运行中，尤其是政治和经济领域，以提高社会运行效率为目标，系统地运用现代科学技术的成果，包括现代科学的原理方法和知识的治理活动。实际上，在思想史上关于如何实施技术治理的思想非常多。当然，大部分人都没有宣称说自己是一个技术主义者。这是为什么呢？

因为这样一个想法在西方社会一经提出就引起了很多争议，受到各种各样的批评。但伴随着这些批评，20世纪七八十年代，尤其是进入21世纪后，技术治理已然成为当代社会的政治运行和公共治理领域的一个基本趋势，我称之为当代社会的技术治理趋势。

现在的智能革命，包括智能技术、大数据、人工智能技术的发展，很显然已经在急速地推进当代社会技术治理的趋势。所以我认为，在这个意义上，当代社会就是一个技术治理社会，简称"技治社会"。所以在过去几年，我集中去研究技术治理理论，目标是从科学技术研究这样一个跨学科的角度重建这样的理论。实际上在全球范围内，现在并没有技术治理的集大成的理论，我想做的就是这样一项工作。

这个问题和中国有什么关系呢？实际上技术治理的思想产生以后，尤其是在20世纪30年代，在美国有一个很著名的技术统治运动（American Technocracy Movement），运动一开始其实就对中国产生了影响。后来在改革开放的40多年中，技术治理的运用在一定程度上对社会的发展也起到了有益的作用。

部分海外学者在讨论中国过去40多年经济发展创造一个奇迹的时候，提出了"中国模式"（China model）的概念，很多人认为中国的发展得益于技治主义（technocracy）的应用，我称之为"技治中国论"。这种观点实际上在西方是很普遍的，也有严重的问题，因为他们认为我们已经背离了社会主义。这样的理论虽然从根本上是错误的，但是它提示了我们所取得的成就与技术治理有关系。如果我们更好地运用技术治理，便能更好地推动中国特色社会主义建设。我想这是"技治中国论"给我们的启示。

所以从这个角度来看，我的技术治理研究其实可以作为科技哲学角度的一种中国研究。中国今天无疑是世界上非常重要的技术大国和工程大国，研究当代中国科技哲学，如果不研究中国的科学技术，讨论中国问题，如果没有这样一个视角，当然就是书斋中的研究。

所以，技术治理研究也是科技哲学视角上的当代中国研究，它的主旨就是：借助科学技术哲学的理论资源去理解当代中国的崛起究竟是怎么回事。

党的十八届三中全会提出国家治理的理念。后来在党的十九届四中全会明确提出我们要把科技用在治理中。新冠肺炎疫情暴发以后，我和美国、德国的哲学家讨论疫情防控的国家治理模式问题，大家的观点并不一样，但是有一点是相同的：疫情中谁的技术治理运用得好，那么它的疫情控制肯定是好的。这是一个共识，包括拉图尔、斯蒂芬·富勒在内，他们都承认这一点。

我们用科学技术来治理社会，不同的科学技术有不同的运用特点。例如，用物理学来治理社会。典型的案例就是斯科特的"高能社会"理论，它讲的是我们从物理学角度看待这个世界，这个社会实际上是一个能量的转化和利用的机器。因此，我们要想科学地运转社会，就必须进行社会测量。也就是说，要了解能量在这个社会当中分布的状况，在各个行业、各种人群、各个地区中能力的状况。然后在这个基础上，能量要实现平衡，包括输出与输入、生产与消费的平衡。在平衡的基础上实现社会的物质财富，这就是物理学的应用。

又如生物学的运用，典型例子是著名的科幻小说家威尔斯的观点。他认为，我们用生物学来控制社会，关键在于提升每一个社会成员的身体和精神状况。也就是说，我们未来的理想社会当中，所有人在身体上、智力上和道德上都是远远优于今天的人，在这个基础上才可能实现社会的高效运转。这就是生物学运用到社会治理的想法。

管理学专家伯恩哈姆——一位很著名的美国左派知识分子——写了一本《管理革命》，实际上是"经理人革命"。他认为，应该用专业的管理知识、管理技术来治理和运行整个社会，组织整个社会的人、财、物，摆脱资本家对企业的控制，把这个权力交给经营者，也就是职业经理人。不仅是企业，包括非政府组织、政府在内的组织应该都由专业的管理人员来负责，要扩展国有经济，融合政治和经济，这是管理学的方案。

纽拉特是逻辑实证主义的著名代表人物，他提出"管理经济社会"，实际上是从管理学、经济学角度给出方案。主要是讲宏观经济。他强调，生产应有更大范围内的中央计划的调节，有规律，而不是那种盲目的市场自发的。然后以经济计划为核心，比如在文化领域和其他领域都实施社会工程，以社会工程不断地改良社会。纽拉特个人的目标是社会主义，当然他主要讲的是民主社会主义的一种，或者叫奥地利马克思主义。

从学科角度的运用来说，技术治理在当代有一个很明显的特点，我称之为"智能治理的综合"。也就是说，在21世纪智能革命的背景之下，我们会以智能技术作为一个基本的平台，综合运用各个学科的治理技术，所以我称之为"智能治理的综合"。

那么这与我们要谈到的心理学有何关系呢？

大家知道心理学产生得很晚，在19世纪末心理学才从哲学中划分出来。心理学的划分实际上是从冯特提出实验心理学，把心理学真正变成一种科学开始的。冯特搞实验心理学的时候，他就强调说我们这个学科不是只在实验室做实验，而是要为社会服务。之后的行为主义大家华生则明确提出，心理学是可以预测和控制人的行为的。

二　个体改造与乌托邦：斯金纳的"技治术"

认知科学时代，心理学在学科范畴上是属于理科，好像跟社会关系不大，但是实际上，心理学从一开始就是要应用于社会的。

那么以心理学为基础的技术治理方案，它最大的特点是什么呢？用心理学的方法干预每个社会个体的情绪和行为，通过一定程度上对其情绪和行为的干预、管理、改造和控制，消除我们认为不利的状态，强化有利的状态，从而实现我们的目标。这是以心理学为基础的技术治理的总体方案和基本特点。

我们首先来看斯金纳的方案。斯金纳开始是研究英国文学的，他在汉密尔顿学院读的是英语文学，在研究文学的过程中他发现一个问题：文学家谈很多人的问题，但实际上他们对人不了解。于是他研究心理学。之后他并没有直接提出一个社会改造方案，而是先搞行为工程，他认为自己的理论是对人的科学反映，是关于人的科学结论。

所以他后来写了乌托邦小说《瓦尔登湖第二》，后来还写了他的成名作《有机体行为》。后面他的一些著作，除了《瓦尔登湖第二》以外，《科学与人类行为》《超越自由与尊严》等都与社会工程有关，也就是如何用心理学来控制社会。在斯金纳看来，心理学是研究包括人在内的所有有机体行为的科学，它就是研究行为的。他说，我研究的是人的行为，其目标是寻找人的行为和环境变量之间的一种函数关系，寻找到这种关系后，就可以操纵各种变量，预测和控制人的行为。这样一种操作和控制人的行为的技术，就称之为行为工程。

斯金纳认为，这种行为工程不应该是零零散散的，而是要对整个社会进行总体设计，即文化设计。于是他设想了《瓦尔登湖第二》一书中描述的这样一个乌托邦社区。他认为这样一个行为社区才能在漫长的历史演化当中真正地生存下来。这是乌托邦社区的一个基本含义。我们看到，斯金纳的方案主要是通过改造和控制社会成员的行为，来实现这样一个技治社会的理念，因此我称之为技术治理的"个体改造路径"。

这就是本文标题"个体改造与乌托邦"的含义。

斯金纳的观点运用了行为科学原理。什么是行为科学呢？我们常这样认为，人的事情有很多是自然科学研究不了的，往往在文学、哲学、宗教中探讨较多。斯金纳的观点与此相反，他认为自然科学是可以解决这个问题的。自然科学可以研究动物，也就可以研究人，动物和人都是一种有机体，所以行为科学就是对有机体的行为模式的一种实验科学研究。

这个行为科学的哲学基础就是行为主义。认识论就是对知识如何理解。他所理解的科学并不是追求真理，而是一种操作主义的科学观。操作主义就是把科学定律等同于一种操作规则，提出定律，并且能够在实验室中去操作，获得一系列的效果，证明它是有效的，这就是科学。至于它是不是真理不重要，科学是一种操作行动，这是斯金纳的观点。

方法论就是说，人的行为和环境中有变量，在因变量和自变量之间寻找关系，也就是要建立和验证函数关系。那么第一步就是观察行为，然后再观察环境中的变量。第二步是建立环境变化和行为变量之间的关系，寻求一致性。第三步就是提出一个行为定义，给出一个科学形式。

所谓实践论，也就是说提出这个观点并不是仅仅满足于思想上的愉悦，而是要去运用，也就是要预测这个有机体会产生什么行为，然后可以引导这些变量去控制行为。所以斯金纳的理论要实践，并且认为这种控制和预测是有好处的。但是这种控制不是随心所欲的，而是要遵循前面的操作定律，不能违反这个定律，这就是行为主义。

二 个体改造与乌托邦：斯金纳的"技治术"

那么这样一种行为主义科学观说明，人是环境的一种产物，特定的环境变量会引发特定的行为，因此观测变量就可以预测行为，改变变量就可以改变行为，控制变量就可以控制行为。但是，行为主义的定则是一种概率定则，也就是说它不是一种机械决定论的，它强调的是概率，也就是说我这个调节可能会让人做这样一个行为的概率提升或者下降，它只能达到这个效果。

这是我们讲的行为主义科学观。它意味着对心灵主义的一种拒斥。心灵主义就是说我们人的行为不是环境主义的，而是内部自主决定的。因为我内心有主动性，我由内部状况来驱动。但是斯金纳认为，所谓这样一个内部驱动、自由意志其实是一个可以还原到外部的变量。比如说你很高兴，可能是因为看到了一只龙虾做熟了，然后就很高兴。高兴实际上表现为瞳孔放大，心跳加快。这样一个行为科学实际上取消了物理实践和心理学实践的二分。只有物理世界，没有心灵世界，对人的行为进行一个完全一致的描述。大家如果了解逻辑实用主义的话，就不会觉得这个观点很奇怪。因此这种观点认为所谓的自由意志、心灵、人格，完全是形而上学的杜撰，要取消它，不取消它，我们的科学就没有办法发展。

这些观点有道理吗？大家可以想想，自由意志说明你的身体里面还有一个"内在人"（inner man）。打个比方，你就是一辆汽车，有个小人在里面驾驶，让你朝右朝左转。它就是你的心灵。如果按斯金纳对心灵的看法，小人身体里面还有没有小人呢？这是回答不了的问题，所以就杜撰了一个"内在人"的概念，所有的解释都在"内在人"上止步，不能再深入了。再深入就属于神学，属于哲学讨论的。他认为这对科学有阻碍，所以要把它抛弃，这就意味着在方法论上对内省的反对。大家知道心理研究传统是内省的，也是研究自己反省。斯金纳说那个东西不靠谱，我们要把它抛弃掉。斯金纳有一个很有名的例子，就是机器人隐喻，也就是说如果你制造一个机器人，这个机器人的行为和你一模一样，他和你的刺激反应一模一样，你怎么分辨他是机器人还是人呢？

即便机器人没有所谓的心灵，没有感觉，没有喜怒哀乐，也分辨不出来。现在的人工智能有一派就是这种思路。

这样的话，按照这套环境主义的理论，人的行为受环境的制约，在行为科学之中的核心概念就在于这样一个相倚性（contingency）概念。这个概念是在实验中，斯金纳经过对动物实验、心理学的研究中提出的。所谓的相倚性指的是有机体对外界环境的刺激作出反应之后，反应的结果或者经验，使得有机体在今后相类似的环境中可能产生相似的反应。

也就是说，这样一个行为和反应是依赖之前行为所产生的刺激，以及与这个行为产生的后果是有关系的。这个行为就是后果选择（selection by the consequences）。如果因一个行为，你得到了一个奖励，那么你的这个行为的重复次数就会增加。这是一种通俗的说法，实际上不能这么讲。粗略地说，如果你某类行为受到了惩罚，这类行为就可能会减少。

相倚性的翻译可能有问题，但是意思很清楚，就是说我们的有机体，包括人的行为是后果的选择。斯金纳在他的晚年归纳了三种后果选择：自然选择、操作选择和文化选择。他认为这三种后果选择就决定了人的大部分行为。

首先来看自然选择，它实际上就是基因主导的，基因突变以后就会出现异常的新的行为模式，这个时候环境会促使你去选择。这种行为模式在环境中有可能传承下去，这就是环境选择。环境选择最典型的是反射，先天性的无条件反射，例如膝跳反射，如果用木锤敲膝盖下面的韧带，脚弹出来与否不由你来控制，这就叫非条件反射或者无条件反射。

其次是操作选择，就是斯金纳所说的相倚性的选择，也就是说，有机体在环境当中生活，它无时无刻不与环境之间互动，在互动过程中就有相倚性，每次行为的后果就会导致这样一个行为产生概率的上升和下降，这就叫作操作选择。

最后是文化选择。文化选择实际上也是建立在相倚性的基础上。斯金纳讲的环境不仅是自然环境，还有社会环境，就是你我他的环境。我是你们的环境，你们也是我的环境。这里的相倚性指向的是对整个社会成员的群体进行文化选择。

这三种选择催生三种人类行为进化方式。应答性条件反射，(respondent conditioning)，也就是巴甫洛夫讲的经典条件反射。另外一个就是斯金纳的操作性选择对应的是条件反射（operate conditioning）。而第三个是文化选择进化。

我们先来讲操作性条件反射，所谓反射就是刺激和反应。反射分成两种，一种是条件反射，另一种是非条件反射，所有的条件反射都要以非条件反射为基础。条件反射实际上是在非条件反射基础上增加了一种刺激，它并没有增加反应。人的行为多数是条件反射，条件反射分成应答性条件反射和操作性条件反射，而操作性条件反射，由于人随时随地与环境有互动，所以数量最多。

应答性条件反射，它是和已有的非条件反射成对出现的。举个例子，巴甫洛夫发现，狗有食物放在嘴巴里，它就分泌唾液，这是一个非条件反射。后来他就发现，如果你每次拿同一个盘子去喂这只狗，或者它吃饭的时候摇铃，这个时候即使不给它食物，它也会分泌唾液，这还是以前分泌唾液的非条件反射。但是它的刺激变了。刺激不是食物，变成了盘子和摇铃，这就是一个新的刺激，能够建立新的经典条件反射，引起原来非条件反射行为的变化，这就是巴甫洛夫的理论核心。

我们接着讲斯金纳的操作性反射。操作性反射和巴甫洛夫的反射有什么不同呢？斯金纳讲的反射实际上更多是自发性的，而巴甫洛夫的反射是诱发性的。也就是说操作性反射除了刺激的反应外，还包括强化。

强化的意思是说，它是引发刺激的一个诱因，能够触发刺激，但是同时也导致后果，也就是刺激会产生一个后果，所以有机体就要分辨刺激和后果，也就是要辨认强化，然后这就是一种主动性。

以"斯金纳箱"为例，如果按一个杠杆就有食物掉下来，这个老鼠开始是不知道的，它是偶然按杠杆，当然它可能没注意到，但是反复几次以后它就注意到了，有食物会掉下来。这就说明老鼠在操作性反射中有一种分辨。它要分辨、预测出按这个东西是否会掉东西，然后吃了这东西，就会产生一种愉悦感，变成一种强化。

这个时候就会产生自发性，这就是巴甫洛夫和斯金纳的区别，但是实际上，斯金纳虽然强调了有机体的自主性，此后仍然遭到了别人的反对。

我们刚才讲的三个反射、三个选择是什么关系？这个例子是斯金纳自己晚年讲的例子，为什么有很多鱼会洄游几千公里，比如说从南美的西岸洄游到中国这边来产卵呢？斯金纳就给了一个解释，这是一个渐变行为，开始它产卵的地方并不是很远，但是那个地方产卵的水文特征挺好。它的产卵行为导致了一种相倚性、一个模式，这个模式就对其他鱼有一个传导性，可称之为模仿。因为这个时候鱼洄游产卵的行为对于其他鱼来说是一个环境，所以这也是相倚性，就是说这条鱼模仿的行为其实也是一个相倚性的结果，鱼A已经变成了鱼B的环境。通过这种模仿行为，其他鱼也学会了这一点。

但是，这时候地壳发生改变，板块发生改变后，这两个产卵地

二 个体改造与乌托邦：斯金纳的"技治术"

和生息地越来越远，它是一个逐渐的过程。这样一个模仿行为逐渐遗传下来，不断改变。

但是，斯金纳认为这样一个模仿行为会继续升级，会朝着条件反射向非条件反射，最后向基因遗传去过渡，通过这样一种不断的选择过程，通过环境的互动选择，最后变成一个基因的选择，这也就是所谓的强化升级。

有关文化选择，斯金纳认为人之所以走向文化进化，是因为人有语言行为，语言也是一种相倚性的结果，语言也是一种行为，这种行为是通过语言环境进行强化的，语言共同体就是一个环境。举个例子，两个原始人在山顶上，一个人负责把石头滚下来，砸死一群路过的水牛，另一个就负责在山下看水牛来了没有，预估要不要扔石头下来。这个时候一个人不能做两件事，这就需要语言。所以他认为语言实际上是一种行为，语言行为是产生于这样一种与他人互为环境的相倚性关系。

语言相倚性和其他相倚性都一样，那么这个语言就产生了文化，文化是所有这些相倚性行为的一个集合体。文化进化就是社会中操作选择的一个总体，这是他的一个观点。以上就是行为科学的原理部分。

我们首先来看斯金纳的行为主义。行为主义和逻辑实证主义之间的关系是紧密的。实际上，斯金纳说自己就是逻辑实证主义在心理学上的应用，大家知道，逻辑实证主义反对形而上学，斯金纳就反对"内在人"。

他讲统一科学，这都是逻辑实用主义的基本主张。实际上，纽拉特等人已经提出了一种理论，即行为主义社会学，那个时候的社会学包罗万象，实际上就是所有对人的社会维度的研究都叫社会学，包括心理、经济、政治、文化。另外还与操作主义有关，这是由物理学家布里奇曼提出来的。刚才讲了一套操作的观念，它实际上把操作者用到了心理学。在这样一个大背景下，它并不是什么奇怪的东西。很多人批评斯金纳行为主义的观念，他在书中专门归纳了20种反对意见，然后对其逐一批驳了，但不见得驳倒了。

有些人说他还原性太强，人和动物不一样。有些人说他把人当成了机器，有些人说他否定了人的创造性，艺术科学多么有创造性。有些人说实验室的实验结果，在社会上不管用。最厉害的批评就是认为斯金纳所做的不是科学。哲学家的批评其实是不管用的，只有科学同行说这个实验有问题，才管用。

接下来介绍加西亚效应。不是说所有动物的行为重复几次，就能学会吗？但是他发现给老鼠喂食物时，过一段时间就给老鼠进行辐射，老鼠受到辐射就想吐。按理说，反复几次，老鼠就应该发现食物不能吃了，会呕吐，但事实上老鼠一次就学会了。第一次操作以后，第二次所有老鼠都发现这个东西不能吃。但是，如果说老鼠吃东西要吐的时候，一边辐射，一边摇铃，不管多少次，老鼠根本就学不会呕吐反射。这就是说相倚性概念的科学性已经成为问题了。但是我认为，这并没有从根本上驳倒斯金纳，用一个实验怎么能够驳倒另外一个实验普遍化的理论呢？

加西亚效应该算是最大的驳斥。我认为，行为主义主张对于人的行为进行科学研究很有积极意义，但科学不能够解决人的所有问题。而要解决人的问题，没有自然科学，这肯定是不行的。大家知道数字人文和数字社会现在是很热门的研究，我们要将一些科学的方法引入人文社会研究，比如哲学研究中，就有实验哲学。

另外，批评者对还原主义的理解是有问题的。实际上，斯金纳的观念并不是绝对还原论的，比如，华生认为可以把所有的行为都还原到化学和物理的反应，但是他并没这样做，他只是提个理念。

二 个体改造与乌托邦：斯金纳的"技治术"

华生主要是讲习惯，他认为行为模式会促成习惯，促成人格。

而斯金纳实际上是向着刺激和反应这个方向发展理论。他并没有说刺激是什么化学物质，实际上它并不是一个完全的还原论，它是在一定程度上的整体论。毫无疑问，如果没有还原论，当然就没有自然科学，科学就是分科之学，你不分哪有什么科学。我刚才说加西亚没有驳倒斯金纳，虽然其科学驳斥是大家公认最有力的。

行为技术的关键是操纵，强化要操纵、控制，先来看如何去操纵，去设置强化、去改变行为。

强化，意味着一个特定行为的频率增加或者降低。实验方法就是，我们去观察各种情况，强化会产生什么反应。观察以后，就可以对这些强化进行设计，并解释和预测强化有机体后其出现强化行为的概率非常高。如果强化停止，这种行为可能就慢慢消退，称之为操作消退，所以强化很重要。

强化分为正强化和负强化。所谓正强化并不等于完全是好的，假如正强化是给予一些东西，而负强化是剥夺或者消除一些东西，也可把呈现负强化而产生的结果叫作惩罚。正强化可能会让人感到愉快，负强化可能让人受到惩罚，但有的时候斯金纳又把惩罚单独作为一类强化，这个不重要，重要的是他提出了强化有的好，有的不好。斯金纳说所谓的文学艺术都是一个强化物，而所谓的人格和自我就是不断强化以后形成的一套固定的行为模式，所以自我不是一个本质的东西。

从这个角度讲，实际上它有一点积极意义。紧接着，他做了一个强化操作表，就是说通过实验来发现不同的强化对于人、动物的强化效果是怎样的。按照这个操作表就可以控制和改造人的行为了。他认为这样一个表可以广泛应用于教育、宗教等很多领域。

如果说人的行为都是可以控制的，大家会有些担心。斯金纳说其实不是要直接控制人，因为人是不可能摆脱环境的，所以控制是不可能完全消除的，不存在所谓的绝对自由，人是相倚性的环境产物。所以他认为没有什么自由意志，人永远都被环境控制，环境控制有自然控制、他人控制、社会控制。

他认为改变人的行为方式有四种，他提出的行为技术只是其中一种。其他的传统方式，比如说纵欲享乐的方式、清教徒的惩罚，其实也利用了斯金纳所说的行为技术，只不过是他们没有用科学方法把它研究出来，但是大家看到行为技术并不是随心所欲操控的，它要根据相倚性来操作，它只能提高它产生的概率，引导出所期望的结果。

他就区分了两类控制。一类是有利的，另一类是有害的，和正负强化相对应。他认为应该做更多有利的控制，杜绝有害的控制。他认为人都摆脱不了控制，但是可以摆脱那些有害的控制。现实意义上真正能够获得的自由，就是努力摆脱那些有害的控制。我们要改变那些负强化，改变那些惩罚，要尽量避免。所以自由行为并不是什么自由意志，而是一种深入的相倚性的趋利避害。

那么如何进行控制呢，前面提到自我控制、控制他人和机构控制。这三个就构成斯金纳的行为工程。

什么是自我控制？人都会改变自己的行为来逃避惩罚，逃避了惩罚，就会强化这种行为，这就是自我控制。简单说就是去做有益的事，躲避有害的事。但是由于自我控制的外部结果一些是自然界提供的，一些是社会提供的，所以自我控制实际上还是与社会控制相关的。虽然是自我控制，实际上还是有社会因素的，所以并不是说自我控制就真的自由了。

斯金纳不太强调人的创造性，他认为创造性、所谓天才，这些归根结底还是一个人类群体对环境的适应行为。那么从这个意义上

二 个体改造与乌托邦：斯金纳的"技治术"

讲，我们就发现自我控制和控制他人实际上很难区分开来，而且它们实施的技术是差不多的。比如说控制操纵人的情绪，逃避厌恶的事情，就通过一些操作性的调节来强化一些行为，比如说自我惩罚。那么这些行为实际上和控制他人的行为是有联系的。比如说在卖衣服柜台前摆个镜子，把镜子摆得越多，衣服卖得越好，没镜子衣服肯定卖不好。

强化控制，比如发工资、行贿、使用药物，这说明自我控制和控制他人是类似的。而在我们的社会控制当中，更多的时候，它是在人与人的互动当中形成控制，或者说是一群人对另一群人的控制，也就是所谓的群体控制，这样一个群体控制，实际上是通过群体所产生的强化，这种效果很好，比单个人的控制要强些。

群体的一个重要特点就是要对成员实施控制，否则群体就散掉了。当然这是斯金纳的观点，一般的群体控制是特殊的机构控制，它是机构来完成的。机构控制判定的是合不合法，合不合规，一般控制判定的是对不对。斯金纳说的机构控制，实际上包括了政府控制，尤其是大部分的强制执行，合法的强制控制大都是由政府实施的。法律实际上就是把政府实施的控制变成条文了，斯金纳是这么理解法律的。除了政府控制，宗教机构、心理机构、教育机构和经济机构的控制都是类似的。尤其是这里的心理技术控制，心理学机构对社会的控制在西方有很多反对的声音，以福柯为代表的一些人写了很多文章批评心理学、精神病学的控制。但是斯金纳认为心理学控制可以是有益的。

他认为政府控制很多都是有害的，这个时候大家就很有负面情绪，社会的心理机构来参与对人的协调，也就是要消除一些负面情绪，斯金纳是这样来证明其工作合理性的。他说我们要用这些控制方式，进行科学研究，运用这些方式来控制社会，造福社会，提高社会的效率。

他就把他的行为原理用在教育上，制造著名的"斯金纳育儿箱"。他的第一个女儿出生以后就被放在育儿箱里边，按照他的行为来设计。他女儿后来顺利地成长为艺术家，但是也没有成为像爱因斯坦那样的天才。我觉得他的女儿既算不上天才，也算不上不正常，算是一个优秀的人，这是我的判断。但是有的人把这个例子作为他的成功标志，有的人觉得是他失败的标志。

那么这样看来，他就认为人的行为可以改造，把所有人的行为都改造了，就可以改造社会，这是他所谓的社会工程，也就是说我们对这个行为的控制不能完全是零散的，要作为一个总体来控制，这就是文化设计。

文化设计的原理，就是首先要了解他对文化的理解。他认为文化是在相倚性的基础上，社会建立起来的习俗习惯和生活方式，及其行为模式的集合体。这些集合体实际上是我们生活在其中的社会环境，文化就是社会环境，而我们的社会个体受到社会环境的制约，并通过社会环境的设计来调节我们的行为，这个原理很清楚，因此我们就可以设计社会环境，这就是文化设计。

斯金纳认为，对人的控制并不是要直接控制，而是控制这个环境。比如说我们搞社会立法、社会计划，这些都属于文化设计的例子。可是我们为什么要设计文化？我们就盲目地活着不行吗？因为文化也像生物一样，在漫长进化的河流当中，有的文化会像玛雅文化一样灭亡。因此我们要设计文化，如果说文化不好，可能它的成员就越来越少，文化生存下的机会就会越来越小，因为这些成员得不到文化的生存帮助，文化会灭绝。

在斯金纳看来，文化也可以向其他的文化进行学习，文化之间也有竞争。所以要想文化长存，就要进行设计，要设计、修正。好

二　个体改造与乌托邦：斯金纳的"技治术" | 041

的文化是能够更有利于生存的文化，所以文化的设计很简单，这个原理就是设计一些最有利于生存的好的相倚性联系，并对这些联系进行控制和落实。所以，文化设计的目标是更好而不是最好。因为环境在不断变化，没有人知道什么是最好的。

从理论上讲，斯金纳的这种乌托邦气质还是要小很多。他说西方文化不好，要对西方文化进行设计，他认为西方文化惩罚太多。我们的行为模式是自然形成的，在自然环境中形成的那种东西可以长存。他认为很多西方文化的设计不是自然形成的，而是一种资本主义的生产逻辑强行形成的。比如说，减肥可以卖减肥品，诸如这种消费主义的感官刺激，他认为这种设计控制是非自然的。此外，斯金纳认为外星人迟早是要来的，在外星人来之前我们应快速发展，进行规划设计。

他给出五条文化设计的注意事项，第一个要平衡，在文化设计中显然存在着不同的目标层次，个人生存、社会生存和整个文化生存为设计目标，三者之间有冲突。斯金纳认为这三者要平衡，大家能够充分考虑三方面诉求，这是他的第一个原则。

第二个是未来原则，因为后果选择是面向未来的。设计的新文化是没有发生的，针对的是未来的人，是面向未来的。他设计的新文化要在未来环境中生存，要让未来的人满足。

第三个是文化要渐进，也就是说我们要总体设计，但是设计要真正实施，一次性实施不了，要逐步实施，他讲的是总体设计和逐步实施，和波普讲的渐进工程不是一个意思。波普在《历史决定论的贫困》中讲的是所有的乌托邦设计是不行的，总体化社会工程是不行的，波普主张渐进的社会工程，实际上容许尝试小规模的社会工程。

很多人认为波普不主张社会工程，其实不是这样。波普认为小范围的可以实施，总体的是不行的，因为如果你要总体设计这个社会，要对社会的所有东西都了解，但这是不可能的，这与他的证伪主义科学观是不相符的。我们当代的行动是建立在现代的知识论基础上，就是这样一个逻辑。

第四个是温和原则，也就是说要减少有害控制，鼓励有利控制。要多一些自我控制，少一些他人控制和机构控制，我们要多一些非物理的强制，不要物理的强制。要慎重使用政府控制。所以他的观点和西方小政府的观点是一致的。

第五个是反控制，斯金纳说文化设计者搞设计，可能会存在恶意的文化设计，因此就要考虑对文化设计者进行控制，对设计本身要进行设计，在我的理论里面称之为技术治理的再治理，但是和他讲的意思不一样，我们的思路不太一样，在福柯那里讲的是反抗，也就是权力和反抗不可分的一个特点。

而斯金纳讲的是我们要安排有效的反控制，使得控制和反控制平衡，比如说在不同目标的机构之间，它相互来制衡，宗教机构控制的目标和政府的控制目标，是不完全一样的，但要寻找平衡。这是他说的第一个反控制。第二个是说要保证设计者和控制者生活在他所设计的文化中。就是大家知道的政治哲学中有"无知之幕"，防止设计者成为独裁者，这是斯金纳的理念。

文化设计有很多启发，但是问题很多，我们这里只讲几个。第一个是平衡困难，个人、集体和社会三者的目标经常是相冲突的，冲突是常态。有利于个体的控制，可能会导致集体和文化生存的困难。尤其是涉及未来人，更加难以弄清楚。应该怎么办呢？当目标冲突的时候，斯金纳认为要强调集体、强调文化、压制个体主义，显然就埋下了极权主义的隐患。所以斯金纳认为只要对文化有利，有些不是很好的令人厌恶的控制还是要进行，所以他能够接受洗脑。

他把洗脑作为一种行为控制技术中的一种，但是他并没有说所有的洗脑都是好的。

第二，文化设计理论并没有解决设计者问题，设计需要总体的设计者，这个行为设计者是行为科学家。大家会担心这些人会不会成为一个随心所欲的"科学王"。斯金纳认为不用担心，因为控制者同时也是受控者，自己设计的自己也要受控制，但是这个辩解其实是很无力的。设计者可以设计一个专门只有利于自己的文化，比如在此文化中科学家的工作，尤其是行为科学家的工作，不受任何人的干涉，这是可以被设计的。所以斯金纳的解释实际上是有问题的，他把行为科学家都看成圣人，这是不切实际的。斯金纳本人反而不是很凶悍的人，实际上他脾气非常好，大家都很喜欢他。斯金纳与反对其观点的乔姆斯基在激烈的争论后关系依然非常好。但他把科学家都想成圣人，其实是不可能的。

第三个是政府干预文化。科学家做文化设计，但是去设计、去实施的还是政府。政府会在实施中谋利。否则的话，政府不实施，就只是纸上空谈。政府在文化设计中扮演举足轻重的地位，自己推进自身改革，当然是理想化的，这是批评之一。

第四，文化设计理论存在着不少的矛盾，人的行为从刺激反应行为，到人的复杂行为过程，然后再到文化，斯金纳并没有说得很清楚。行为不是受某一个相倚性所控制的，行为是复杂的。我现在站在这里，做出一个反应，其实是面对着很多的刺激的，有很多相倚性。斯金纳并没有说清楚这点。比如我讲课时，我会看着是否有人来，会关注我的讲课效果，我也会感觉到自己很热，是很复杂的。用相倚性解释个人的行为，斯金纳没有说得很透。此外，单个人的行为在文化当中复合起来就更加复杂，所以行为工程实际上的操作价值并不大，所以迄今为止行为科学大部分还是在理论层面上，并没有真正去实施。

　　第五，斯金纳承认反控制的必要性，说明这个控制不能精确地实现。这个世界的文化会走样甚至失效，这个设计就是一种理念，还是变成了一种形而上学，实际上没有太多的意义。

　　第六，是很多人指出的循环论证。是我控制了环境还是环境控制了我，这是很难搞清楚的。其实还有很多问题。

　　下面就要讲斯金纳是如何设计社会文化的。据说斯金纳家里经常有人来做客，有一个女士就问他这个设计出来的社会究竟是什么样子的。斯金纳用很短的时间写了一本书，就是著名小说《瓦尔登湖第二》。小说出版后，很多人将书中所写的落实到现实生活中。除了这本书以外，还有《乌有乡消息》一书，斯金纳认为《1984》的作者奥威尔肯定不赞同书中的设想。斯金纳就写了一部小说：假如奥威尔没有死，来到斯金纳设计的地方，然后就社会文化的设计与设计者展开辩论，最后临死前奥威尔终于认为斯金纳说的是对的。实际上，奥威尔与前面我们讲的伯恩哈姆的管理学革命、职业经理人革命是相呼应的，对其进行了强烈的批判。

　　《瓦尔登湖第二》的目标是美好生活。技术治理的目标一般都是高效，而斯金纳讲的是美好生活。美好生活包括如下四方面：第一，要健康；第二，劳动要少，尤其是不快乐的劳动；第三，要锻炼发展天分和能力；第四，要放松和休息。他认为做好这四条，就实现美好生活了。那么要实现美好生活，我们就要坚持最小消费和非竞争性这两条原则。所谓最小消费，就是不要搞消费主义，尽量减少不必要的消费。没有不必要的消费，就可以减少不必要的劳动了。实际上大家知道他是继承了梭罗《瓦尔登湖》的思想，所以这本书才叫"瓦尔登湖第二"。

　　斯金纳认为我们现在生活在竞争中，我们在社区里要搞人际和谐的小社区，反对个人竞争，所以斯金纳说我们的社会只要不浪费，不因为斗争而消耗，其实这就是高效。他讲的美好生活和高效就这样统一起来了。我们的很多时间消耗在相互的斗争之间是完全没有必要的，所以他还是讲效率，只是他对效率的理解不太一样。那么这样一个地方在政治领域要用小规模的社区来代替大规模的社会，因为小规模的就可以不用政府，没有建制化的政府、没有建制化的宗教、没有建制化的经济制度。没有建制化的经济制度，不是没有经济制度。这是无政府主义倾向。

在政治权利方面，所有人都是平等的，行为科学家是社区的创建者，但是并没有特殊权力，这些行为科学家是规划师，董事会任期10年，不得连任，这是他们的决策机构，董事会的规划师也要有体力劳动。董事会成员强调体力劳动实际上讲的是人的健康。还是从这个角度讲，所有人要有体力劳动。董事会成员是从经理中选出来的，经理是按行业划分，比如食品、艺术、牙科等，他们都是这些行业的专家，最有经验的专家担任经理，经理来分配工作任务。经理也要参加体力劳动，经理不是选举出来的，它是按照能力来升迁的，不是民选的。

在经济方面，瓦尔登湖主要作用于工业和农业，他们搞工分制，人人参与体力劳动，所有的工作是一样，人们没有阶级差别，都要做体力劳动，经济上人人平等，不搞炫耀性的消费，尽量不生产不必要的生活品，只生产必要的生活品，回收一切物资，尽量少工作。小孩很小就要参加工作，成年人每天工作8小时，进行快乐的工作、创造性的工作。

社区的商品和服务免费，没有货币，是准公有制，虽然有一点私有产品，但是基本上是准公有制的，所有的财富是属于社区的，那么在社会方面就要主张和谐社会，提倡一种和谐文化，反对某些人的名气比另一些人的大,大家都是平等的,要发展一些家政技术。这对女人是很友好的,发展相应的技术,妇女就可以解放了。每个女人到了17岁结婚,18岁生第一个孩子,到了二十二三岁就不生了,开始工作,那么男女之间是感情的结合,在社区的指导之下,结合的双方分房而居,各住各的,孩子生下来由社区公共抚养。他是这么设想的。

行为科学用于教育这些孩子,像他女儿一样。那么在教育过程中,学生就学会融入社会,他首先就在社会中生存,也就是社会抚养,而且有些情绪如果不好,比如嫉妒这些情绪,就可以通过行为工程在培养过程中进行消除,保留一些和谐的情绪。

这样的一个社区只有职业规划师、经理、工人科学家,要注意斯金纳并不是很喜欢纯科学,因为纯科学社区里不专门搞纯科学,我们的这些科学研究主要是应用型的、对社会有利的,不是做那些纯粹的为了所谓求智的东西,当然你可以去做,但需要在你的业余时间做。

因为没有宗教,一旦出现了心理问题,则会转而向心理学家求助。所以不做科技的理由就在于,在斯金纳看来,科技太发达会使得一批人不用上班,有的人干活有的人不干活,这个社会就不平等。在斯金纳的设计中,这个瓦尔登湖有法典,但是法典不对人进行惩罚,基本上是没有惩罚的,所以就没有警察局。

综上,这个行为主义社区"瓦尔登湖第二"并不是传统意义的自由主义社区,但是斯金纳认为它是自由主义社区,因为它没有惩罚,主要依靠正面强化。所以每个人都遵守这个社区规则,因为人的情绪被改造了以后,就会遵守社区规则,每个人都过着一种自由的生活,或者说每个人感到生活是自由的。这就是"瓦尔登湖第二"的设想,这样一种设想,我的评价是,它是一种情绪控制的梭罗

二 个体改造与乌托邦：斯金纳的"技治术"

主义。

这本书出来以后，为什么斯金纳名气大增？20世纪六七十年代，年轻人都在纷纷寻找一些新的生活方式，如乔布斯。很多这样的行为主义社区开始运转了，现在还有一些，但是大部分都关门了。

我认为它是梭罗主义和行为工程的结合体，因为在现实中我发现这些行为主义社区与其说是行为主义的，不如说是梭罗主义的。梭罗主义是说我们要克制欲望，我们要与自然和谐共存；在经济上，以尽量少消费为特点，所以梭罗主义者是很容易发展出一套互帮互助型的生态乌托邦社区。加上这些所谓的内部的公有制，所谓的计划经济，还有与世隔绝，或者半与世隔绝，以及一种宗教的或者准宗教的生态信仰，依靠这种信仰，社区便很容易建立起来。在这些方面"瓦尔登湖第二"和它差不多，但不同之处就是"瓦尔登湖第二"以情绪工程为核心，对人的行为进行改造。所以我说它是一个行为工程和梭罗主义的结合，但是情绪工程在现实中并不如想得那么好用。

再一个明显问题就是社区规模问题，斯金纳设计的小规模，大约几百个人，再大就要分裂。准确地说是一种行为控制的原始共产主义社会，你不知道是进步还是退步。也许你很幸福，当然你可以做一个快乐的原始人。但是我觉得原始人不可能快乐，因为它们的寿命可能只有20多岁。从生物学意义上讲，当一个生物完成了它的交配和繁殖以后，后面的寿命其实是垃圾时间，我们是通过科技的力量让我们强行活到这么久的。当然这只是一种理论解释，不一定是正确的。

瓦尔登湖的社区实际上是一种扩大的家族秩序，强调社区是一个家、一个大家庭，这样一种准公有制和中国古代大家族特别像，特别像福建的土楼围屋，一两百个人的大家族住在一起，这个大家族中也由大家集体来支配收入和财富，安排工作。它的差别在于，斯金纳做的是行为工程，而这样的大家族是用道德的力量进行教化的。除了这个行为控制，尤其是情绪管理之外，瓦尔登湖的设计并没有太多的创建。

这些大家可能接触的不多，如果研究技术治理，就知道所谓的职业等级、非民主选拔，行业管理，视国家为经济体等，很多人尤其是技术统治论者有类似的主张。

"瓦尔登湖第二"提倡对情绪进行控制，称之为情绪训练，把每个人改造成一个和平的人、没有坏情绪的人，然后实现一个非竞争性的文化。

第一，诸多的研究表明用技术的方法去控制人的情绪在一定程度上是可以实现的，但是想完全改变人的情绪状态，这是不可能的。在我看来斯金纳的观点是有问题的，因为斯金纳认为不存在人格，不存在人格，还要去改变人格，这是一种自相矛盾。

第二，用技术方法实现情绪控制，可能走向专制。不要以为自认为是科学的，就不是专制。原来认为优生学是科学，优生学导致种族灭绝。如果真的说人类自然科学的规律是要淘汰弱者的话，明显与我们的主流道德是相违背的。以科学的名义、以文明的专制来做这样的事情仍然是专制。

第三，他讲的行为主义社区是小社区，内部不讲竞争，但是它们之间是会有竞争的。现实社会中，现在行为社区和一些非行为社区的交互问题，就有竞争，不能摆脱竞争这样一种关系。

《瓦尔登湖第二》出版于1948年，第二次世界大战纳粹德国的倒台是1945年，那个时候这本书写出来产生了很大的争议。那为什么还有很多人支持他呢？

二 个体改造与乌托邦：斯金纳的"技治术"

其实很多人痛骂他，尤其是知识分子说他是纳粹，这些社员完全没有自由，他们有的是"巴甫洛夫狗"的自由，除了这个自由没有其他自由。斯金纳到处与人辩论，指出巴普洛夫和他不一样，因为他强调了主动性。尽量避免不愉快的控制，但是不愉快的控制仍旧是控制。愉快的控制就是愉快的关注，让你很开心的专制是不是专制呢？这是一个大问题。

有人说他威胁了民主制。斯金纳认为民主就是很奇怪的，民主就是多数人的意愿，但并不存在多数人的意愿，这明明就是一个多数人的愚昧，这是一个善意的骗局。所以真正的民主不是这样，斯金纳说他不否定民主，民主是要用科学为我们服务，我们按照科学规律让大家可以活得更好，这才是真正的民主。

实际上，技术治理和民主并不相冲突，可以在民主制的制度之下来发挥它的力量。两者之间的关键问题在于技术治理和民主制并不是必然冲突的。

为什么《瓦尔登湖第二》中的观点会流行，我想还有几个原因，它抓住了西方社会的根本问题：第一个问题是消费主义盛行，人性扭曲；第二个问题是恶性竞争，为了发财无所不用其极；第三个问题是情绪失控，个人主义严重。这些弊病他看到了，而且他说这些弊病最终表现为人的问题，会情绪失控、精神失常、心态不好，所以从人的角度去解决，是很有道理的。

此外，他强调说我们对人精神状态的改变不完全是道德和宗教的作用，还会采用科学手段，最后我们对它进行一个评价。在21世纪，人类对我们自身的认识已经发生了根本性的转变，大家可能没有意识到，我称之为"科学人的诞生"，也就是说今天我们对人的形象理解，不再是由文学、哲学和宗教来规定的，越来越多的是由科学规定的。比如说我们现在会相信爱情是多巴胺的效应，越来越相信它的有效期是18个月，超过18个月后你不可能再爱他了。有很多人相信基因决定论，比如我要找一个男朋友，一定要查他有没有遗传病。这叫科学人的兴起、科学人的诞生。

在这种观念之下，越来越会把人的或者主体的行为和情感，还原成与物理、化学、生物环境的诸变量相关的一种函数关系。这种观念会越来越明显。科学人就意味着主体同时也是可以治理、待治理的对象，这是技术治理社会中人的一个根本的规定性。也就是说在技术治理当中的所有人，首先它是一个治理者和一个被治理者，所有人都可以根据同样的技治知识来预测、改造和控制。在这样一个社会，我们不再能够容忍这些自然界与我们没有关系，是个荒野，我们不能容忍自己还是一个野蛮的人，自然生长的人，我们要进行控制。

我们不但要控制自然，也要控制人，也就是说实验室的逻辑要扩展到自然界，还要扩展到社会，最后整个社会就成为一个巨大的社会工程实验室。那么在这个实验室中，人人都在技术治理中，既有治理者，也有被治理者，我们要实施技术治理，我们就可以从人的角度说，我们可以训练出更适合治理的、更好治理的被治理者。

另外一个思路就是我们可以挑出更能够治理别人的代理人（agent），这是两个思路。那么后面一个思路我称为专家遴选思路，前面一个思路我称为能动者改造思路。专家遴选的思路，诸如我们要有工程师的领导，包括社会工程师和自然工程师，有人说我们要用知识分子领导，有人说管理者领导、经济学领导。也有一些人，例如威尔斯提的"武士"，是德才兼备的，有《武士守则》，有训练模式。

所以说专家并不是一个一致的新阶级，实际上是由很多不同的

二 个体改造与乌托邦：斯金纳的"技治术"

人群组成的，他们目标是相冲突的。

至于能动者改造的思路，也就是说我们用技术办法来对人进行改造，对治理者和被治理的对象进行改造。比如说用技术方法改善人的道德水平，这叫人性进步；用技术方法调节个人的心理状态，叫情绪管理。那么用技术方法去控制人的行为，是行为控制思路，用技术方法增强能动者的身体和智力的人类增强的思路，用技术方法去协作、利他、高效地促成一个社区，这是群体调节的思路。

能动者改造的一个基本观点就是，人其实可以是更好的人，不存在根本不变的人性，人要用科学的办法朝前进化。其实斯金纳也讲了，在书里认为人类使用宗教、提倡道德这么多年，可是现在这些人和以前的人差不太多，甚至更坏了。所以还是要靠科学。

威尔斯在他的书中提到，应该用生物学进行个体改造，也就是说通过提升个体来实现技术治理的这样一个目标。他和斯金纳的方案不太一样：威尔斯是想改变人的道德，让人的道德水平变得非常高，而斯金纳否定的是人性，所以他不考虑道德这个问题，考虑的是控制人的行为，强调的是行为进步，他们的机制目标也不一样。

同时，斯金纳和威尔斯都相信自然进化与道德无关，也就是人类的进化不会必然通向更高的道德水平。我们知道进化论破除了目的论，没有证据表明以后的人就比现在更好。斯蒂格勒是说人在古生物时代就停止进化了，所以现在的进化主要是技术进化和外在化，就是说人的道德部分的进化用科技手段去弥补，让人的道德实现非自然的进化，这也是威尔斯的说法。而斯金纳说道德就不存在，它是个科学问题。在这个方面他们是一样的。但是在效率上的目标不同，威尔斯说我们用过技术治理以后，我们的经济效率会越来越高，我们的社会物质也会越来越丰富，大部分技治主义者都是讲富裕社会，几乎所有的技治主义社会都是富裕社会。

今天的社会就是富裕社会，从理论上，今天生产的财富已经可以满足所有人过舒适生活的需要，但为什么没有这样？难道是我们没有生产物资吗？这就是所谓的富裕社会问题。技术治理诞生与富裕社会的转变有密切的关系。

所以，在威尔斯看来，技术治理都能够实现福利社会目标，但是斯金纳说我们不是要搞多富裕，我们要不竞争，要和平，要不浪费，所以它的治理机制方案可能不是富裕社会，可能是贫穷社会，可能是一个贫穷的乌托邦，这就是独树一帜的。

当然，存在的最大问题是科学技术能不能够真正改造人。到目前为止，没有证据表明科技方法对人性或者人类的行为改造有多大的效率，没有一个一致性结论。但是摧毁一个人的人格，从理论上是可以做到的，关键的问题是你没办法重建人格，我认为这个原因在于没有所谓的人格这些概念，所以没法重建。包括洗脑、行为的改造，这里面没有一个一致性的意见，认为科学有这样的效率，这是第一个问题。

第二个问题就是如果从目标看，我们要体现完美的人性，变为完美的人，但是有一个问题就是完美的人是什么样的。哲学研究了这么多年，根本就没有一个结论，现在要设计一个完美人格改造方案，这是搞不清楚的。完美的人性是什么，目标是什么，从来就没有很好的回答。

即使说科学有效率，我们可以制度性地去改造这些个体的话，结果真的人人都会变得美好吗？都会和谐吗？会不会是一些人被改造成奴隶，另外一些人改造成主人呢？我觉得这个更可怕。会不会我们假设一个完美的乌托邦必须配上一些新人，那么这些新人为了新社会是否要消灭一些老人、旧社会的旧人呢？能不能这样干呢？

这些问题都是隐含在内的。我并不反对个体改造，我承认斯金纳所说的所有的教育文化无时无刻不改造我们，我也不否认人性和人类有进步的可能，虽然我很悲观地认为到现在为止没有看到人类道德净化的迹象，但是我仍然残存这样一种乐观的观点。所以如果可能会进化，对人性改造要有足够的谨慎，每一步都要谨慎。

总的来说，《瓦尔登湖第二》并非典型意义的技术治理乌托邦，与其说他关心的技术治理是要建立一个高效社会，还不如说他关心的是如何去规范人的行为。实际上，它和中国古代的做法有一种精神相通之处。

为了规范社会权的行为，斯金纳不惜接受思想改造，接受洗脑。这是什么情况呢？就是说洗脑是可以的，关键问题就是洗脑的方式，不能说把你吊起来打，而是说应该采取一种你能够接受的方式洗脑，而且你觉得是好的、是非常开心的，他认为这样洗脑是可以的。

但是在我看来，行为控制的最大秘密在于割断个体和他人的密切关系，让每个人彻底原子化，进而制造心理和行为方面的一种齐一化状态。《瓦尔登湖第二》并不主张推动科技进步，因为科技目标可能会导致浪费，科技和社会主义关系很密切，但科技与不浪费、非竞争、幸福并不完全一致。

斯金纳以行为科学的名义来公开谈论对人实施控制，用科学来背书，实际上是休谟讲的事实和价值二分。科学其实是一个事实，它产生不了人如何行动的结论，可以对事实和价值区分，但是实际上是取消了价值，认为价值就是事实本身，斯金纳就是这么来做的。所以他认为价值就在于让你正强化，正强化的话就有价值。他把二分取消了以后来说明他的理论，违背了逻辑实证主义的基本立场。所以我认为他不是一个逻辑实证主义者，他只是看起来像一个逻辑实证主义者。

还有一个有意思的问题,为什么斯金纳这么受欢迎?为什么不少美国人会对斯金纳趋之若鹜?斯金纳主张"贫穷的技治乌托邦",美国不是消费社会吗?斯金纳反对传统意义的自由和民主,赞同思想改造,压制个体主义,美国不是民主自由吗?斯金纳抑制科学,美国不是科学至上吗?实际情况是,斯金纳的理念却在美国广泛传播,拥护的人不少。我认为,斯金纳的技治术和新冠肺炎疫情期间美国的表现都说明了美国文化的另一面,比如乌托邦情节、宗教主义、反智主义和这种宗教的狂热力量。这些问题值得进一步探究,这也是技术治理的重要问题。

(谭泰成、曹家熙、张佳康整理)

哲学与实验：实验哲学的兴起及其哲学意义

◎ 聂敏里

时间：2020 年 9 月 22 日 18：00—20：00
地点：中国人民大学公共教学三楼 3102

聂敏里，中国人民大学杰出学者特聘教授、博士生导师，国家百千万人才工程入选者，被授予"有突出贡献中青年专家"荣誉称号，主要从事西方哲学史、古希腊哲学、近代西方哲学、形而上学、认识论、道德哲学的教学与研究，主持国家社科基金重大项目"陈康著作的整理、翻译与研究"（首席专家），主编"古希腊哲学基本学术经典译丛"（人民出版社）、"古典哲学研究系列"（中国人民大学出版社），出版多部学术专著和译著，发表论文数十篇。

实验哲学作为一场哲学运动，实际上时间不久，从文献角度考虑也就是从2000年以来首先兴起于欧美，然后逐渐地波及于国内，这是一种新的哲学研究的范式。有两篇标志性的文献，这就是2001年由乔纳森·温伯格（J. M. Weinberg）、肖恩·尼科尔斯（S. Nichols）和斯蒂芬·斯蒂克（S. Stich，又译为斯蒂芬·斯蒂奇）共同发表的《规范性和认识性直觉》，另外还有爱德华·麦锡瑞（E. Machery）、罗恩·马伦（R. Mallon）、肖恩·尼科尔斯和斯蒂芬·斯蒂克共同发表的《语义学跨文化风格》。这两篇文章被认为是实验哲学最初的、代表性的、具有重要价值的文献。此后在不到20年的时间里，这场运动开始吸引了越来越多哲学研究者的注意，而且在不断改写着人们在语言、认知、直觉、道德、自由意志等哲学传统主题上的认识，并且积累了丰富的研究文献。但是，与此同时，它也将哲学与实验之间的关系问题提了出来。我相信这个问题对大家来说都是存在的。因为，人们通常是把实验和科学联系在一起的，所以，如果在大家的知识结构中存在着这样一种区分，即哲学和科学的严格区分，那么，就会觉得把哲学和实验联系在一起是有问题的，从而会思考这样一些问题，例如："哲学仅仅是纯粹的概念思辨吗？""哲学同哲学家的个人经验具有什么样的关系？""诉诸科学性质的实验会对哲学产生怎样的影响？"当然还有刚才我们说到的最大的问题，就是哲学和科学怎样区分。这就是围绕实验哲学以及实验和哲学的关系可能会引起思考的一些问题。这次讲座就是我对这样一些问题的思考和解答。

首先，我们对哲学史做一些回顾和审视。我们必须承认，哲学同实验这个看起来非常科学主义的关联实际上并不新奇，在某种意义上，我们甚至可以说在亚里士多德那里这种关联就已经被系统地建立起来了。

三 哲学与实验：实验哲学的兴起及其哲学意义

我们知道，自然哲学是在亚里士多德那里成熟起来的，而在其中尤其重要的是他的动物学研究，动物学研究占了亚里士多德全部现存著作的五分之一还要多。亚里士多德的动物学研究是建立在实验的基础上的，大家可能认为这是一种科学性质的实验，它和动物学的科学性质相匹配，因此和哲学没有关系。但是，我要说的是，亚里士多德在这个意义上的实验也同样为他的哲学思考提供了素材。

所以，在这里我们要特别提到，亚里士多德动物学研究中非常重要的一篇文献就是《论动物的部分》，特别是第一卷前几章。这几章实际上是亚里士多德的科学方法论，在这几章中他阐述了他的一些最基本的科学方法论的观点。亚里士多德明确地谈到了经验观察对于哲学思考在方法论上的重要意义。我们在这里引用一些他的文本的片段，让大家具体地了解他在这方面的思考。

比如《论动物的部分》644b22-645a4，亚里士多德说："自然实体中，有些是在永恒之中既不被生成也不可毁灭，另一些则分有生成和毁灭。前者〔亦即，天体〕是可贵的和神圣的，但是我们较少有机会来研究它们，因为感觉可用的证据很稀少，而只有借助于它一个人才可以研究它们以及我们渴望知道的事物。但是，关于可朽的事物，亦即植物和动物，我们有获得认识的非常好的手段，因为我们生活在它们中间。因为任何一个愿意承受足够麻烦的人都能够就它们每一种了解许多。"然后，他下面接着说："因为，即便我们对天体的了解很小，但因为它们是如此可贵，这带给了我们比知道我们的领域中各种事情更多的快乐，正像我们碰巧对那些我们所热爱的东西的稍稍一瞥给我们带来了比对其他东西的精确的观看更多的快乐一样，不管这些东西有多少或有多大。但另一方面，我们对可朽的事物的知识之所以有用是因为，我们可以获得有关它们的更多和更好的认识；而且这再次是由于它们更接近于我们、与我们自己的本性更有关联，这就相对于对神圣事物的研究在一定程度上恢复了平衡。"

这是亚里士多德《论动物的部分》中非常著名的一段话，这段话不仅给我们提供了一个证据，表明亚里士多德对经验的重视，而且在这里他特别强调了经验乃至实验对思想的意义。他是通过比较对于当时的人来说还很新颖的动物学研究和另一些人公认比较崇高的研究（比如说天文学研究）的价值和意义来说明这一点的。在这里他用来论证这一点的一个重要的依据就是，尽管对于天体的研究可能更崇高、更可贵，但是由于"感觉可用的证据很稀少"，我们关于它们的知识事实上也是极其稀少的，但是对于植物和动物，我们却可以从中学习和知道很多，而原因仅仅是由于"我们生活在它们中间"，"任何一个愿意承受足够麻烦的人都能够就它们每一种了解许多"。所以，对于这段话，我们可以看到经验证据对于亚里士多德哲学的意义。对于亚里士多德来说，经验证据甚至实验对于哲学思考来说是无比重要的，正是通过经验证据的搜集、对经验证据的分析和思考，我们不仅获得了关于这些具体的经验对象的专门知识，这就是动物学知识，而且获得了更为抽象和一般的形而上学的知识，也就是哲学知识。

为什么这样说？因为，一个为研究者所公认的事实就是，亚里士多德的自然目的论的思想、形式和质料的思想以及原因论的思想，都是哲学的主题，甚至是形而上学的主题，所有这些在他的形而上学体系中占有核心地位的思想，都不仅在他对动物的实际的经验研究中得到了运用，而且反过来也从这一研究中获得了来自经验证据的支持。那么，我们有没有文本的根据来支持这一点呢？

我们还是看《论动物的部分》的第一卷第五章，也就是645a4–26，亚里士多德说："既然我们已经讨论了神圣事物，并提出了我们

三　哲学与实验：实验哲学的兴起及其哲学意义

关于它们的意见，那么，剩下的就是说一说动物，尽可能地不忽略它们中的任何一个，而是同等地处理高贵的和低贱的。因为，甚至在那些不是对于感觉而是对于理智具有吸引力的东西中，自然的创造对于那些能够认识事物中的原因的人和那些自然地倾向于哲学的人也提供了巨大的快乐。因为，如果我们从观看这些东西的仿本中获得乐趣，因为我们那时正在沉思制造它们的工匠的技艺——无论是画家还是雕塑家，那么，在研究自然对象本身中不更多地感到快乐就会是奇怪而荒唐的，因为最少我们也能感知它们的原因。"接下来他说："而且因此我们不必对有关低级动物的研究感到一种孩子气的厌恶。因为在所有自然事物中都有某种不可思议的东西。有这样一个故事，当一些前往拜访赫拉克利特的外乡人走进来看到他正在一个厨房壁炉中温暖他自己时，他们踌躇了：但是赫拉克利特说，'别害怕。请进。因为甚至在这里也有神。'同样，我们应该从事对每一种动物的研究而不必感到羞耻，因为，在它们每一个当中都有某种自然和某种美。没有偶然性和服务于目的尤其是在自然的作品中找得到。而且一个事物为了它而被构造或生成的目的属于美的事物。"

这段话就能够支持我们刚刚对亚里士多德的经验性的研究——比如说动物学研究——和他的哲学的关系的分析，因为在这里涉及到他哲学的重要的主题。在这段话中，亚里士多德明确地指出，甚至对低级动物的研究也能为我们的理智提供足够具有吸引力的东西，因为我们能够从中认识事物的原因，而这正是进行哲学思考的人所追求并且可以从中获得巨大的精神愉快的东西。在这里，我们需要特别提示对"原因"（aitia）这个词的理解。因为如果按照现代的语境，那么，"原因"的科学内涵是非常明显的，比如说一个运动过程，它的时间前件就是原因，而它的时间后件就是结果。这是现代对"原因"的理解。但是，在古希腊哲学中，特别是在亚里士多德哲学中，这个"aitia"不是这样一个经验事件层面上的时间前件，而是指形而上学奠基意义上的原因。所以，他在这里所说的对动物等具体事物的经验研究能够使我们认识到原因并且感觉到认识原因的快乐，这里的原因是指向形而上学的原因。另外，在引用了赫拉克利特的名句"甚至在这里也有神"之后，亚里士多德便告诉我们，甚至在像动物研究这样一种经验科学中也存在着哲学思考的最崇高的对象，这就是"某种自然和某种美"。在这里，我翻译为"自然"的"physis"一词也就是"本性"或者"本质"的意思。所以，这些都具有一种形而上学的、本质主义的内涵以及目的论内涵，因为这里涉及的是合目的性的、美的东西。所以，正是在对自然作品的考察中，我们可以就像他在这里指出的，针对"必然性"（这就是他所说的"没有偶然性"）和目的论（这就是他所说的"服务于目的"）这样一些真正的形而上学的主题进行思考。

所以这段话是很重要的文本证据，表明亚里士多德的动物学研究，不单纯是经验科学意义上的，同时还是形而上学意义上的，因为他要去发现背后的形而上学结构。当然，如果人们仍旧认为这里提出的经验研究的方法同哲学思考之间的关系还不是十分紧密，它更多地具有科学意义，那么，亚里士多德接下来说的一段话就更加清楚明白了。他是这样说的："但是，如果有人认为，对其他动物的考察是在他的尊严以下的，那么，他应该对研究他自己抱有类似的看法。因为，观看人的构成部分，例如血、肉、骨、血管等等，而没有严重的反感，这是不可能的。但是，当我们讨论任何一个部分或结构时，我们不必假定，我们正在讨论的——和我们的研究所致力于的对象——是它们的质料，相反是整个形式，正像在讨论一座房子时，是整个形式而非砖头、泥浆、木料本身是我们所关注的。

因此，自然的研究者也考察的是结构和作为一个整体的实体，而不是质料，离开了它们是其质料的实体，质料也不会被找到。"

所以，我觉得这段话把问题说得十分清楚了。在这里，亚里士多德不仅向我们指明了进行像人体解剖、动物解剖这样的实验研究可以从中认识到的究竟是什么，也就是亚里士多德形而上学研究的主要对象，而且从中我们还看到了亚里士多德有关形式与质料在形而上学层面的主要观点，这就是"离开了它们是其质料的实体，质料也不会被找到"。这就是说，形式与质料是不可分离的，离开了形式，质料也将得不到正确的认识，恰如离开了质料，我们对形式也无从了解和认识一样。这是亚里士多德形而上学的基本原理，也就是形式和质料不可分离的原理。对这个原理的探讨主要见于《形而上学》第七卷。所以，这也从一个侧面说明了为什么对于当代的亚里士多德哲学研究来说，从亚里士多德的动物学研究中寻求有关他的形而上学基本原理的更清晰的思想线索成为了一条新的研究途径。这方面典型的例子就是玛莎·努斯鲍姆对亚里士多德《论动物的运动》的译注。这个译注在当代亚里士多德的研究中很重要，为什么呢？因为在这里体现了刚才我说的研究视角，它关注的不是动物学这个科学，而是其中的形而上学原理，作者认为在这里渗透了形而上学原理。所以，这体现了亚里士多德的经验科学研究、动物学的带有实验性质的研究和他的哲学、形而上学的内在关系。这样，我们就把问题说清楚了。

所以，一个十分清楚的事实是，正是在亚里士多德的自然哲学研究中，经验观察的方法甚至可以说科学实验的方法已经是他进行哲学思考的基本方法。然后，我们要说一下亚里士多德哲学体系的经验意义。他的哲学思考不像人们通常认为的那样是纯粹思辨性质的，相反，它在很大程度上是建立在经验实证的基础上的。它是立足于大量的经验实证材料的概念思辨，由此建立起一个庞大的科学体系。这不仅包括一个庞大的自然哲学的科学体系，其中有物理学、心理学、动物学等，而且还极其自然地包括一个"后物理学"也就是形而上学的科学体系。如果我们不从编辑意义上理解"metaphysics"的"meta"，而是从学科意义上来理解它，我们可以把它理解为"后物理学"。他在大量经验实证材料基础上的研究，还包括了"后物理学"也就是形而上学的科学体系，构成了对于整个自然的原因层面的科学解释系统。这就是亚里士多德的哲学体系。这样，对于什么是亚里士多德的哲学体系，我们在这里便做了一个回答。另外，我们也说明了他的哲学体系的经验意义。

因此，我们越是从体系性的角度来看待亚里士多德的整个思想，就越不容易将他的经验实证的科学研究同他的纯粹概念思辨的哲学思考分割开来。所以，正像亚里士多德在《论题篇》中对他的哲学的基本方法——辩证法——所阐明的那样，他的整个哲学正是建立在对包括普通人的日常经验在内的各种经验实证材料的搜集与整理、概念分析与逻辑重构的基础上的，这不仅可以运用于专门的科学研究，而且可以运用于一般的哲学研究。我们知道，在亚里士多德的《论题篇》中，一个很重要的主题就是辩证法。当然，他的辩证法不是黑格尔概念思辨意义上的辩证法，而是恰恰具有对经验的逻辑分析、逻辑综合特点的方法，他把它叫作"dialectic"，我们只能翻译为"辩证法"，但是他和黑格尔的概念思辨意义上的辩证法不同。如果熟悉亚里士多德的辩证法，我们就会知道，他明确表明这种方法要建立在经验材料的基础上，他划分了好几种，一个是日常经验，普通人的意见，另外是著名哲学家的意见，是在这个基础上的逻辑分析、综合。这个方法渗透在整个科学体系中，由此，可以看到经验的思考、观察和他的哲学思考不能分割。而正是通过辩证法作为一种基本方法的运用，他的哲学形成了区别于柏拉图的哲学的鲜明特色，即它不是一个纯粹概念思辨的体系，而是一个关于经验的概念综合的体系。这是柏拉图哲学与亚里士多德哲学非常鲜明的差别。读柏拉图的对话，特别是后期的对话，可以看到纯概念思辨越来越明显，甚至可以说黑格尔辩证法的起源地就是在柏拉图的后期作品里，特别是在《巴门尼德篇》《智者篇》中可以看到类似于黑格尔的概念思辨。也就是说，在柏拉图那里，有一个纯粹的在概念层面上的逻辑思辨、推演，这构成他的对话作品非常鲜明的特色。但是，在亚里士多德那里，甚至在他的《形而上学》中我们也可以看到大量的经验素材的运用。所以，尽管拉斐尔的名画《雅典学园》带有模式化的特点，也就是说，柏拉图一手指天，亚里士多德一手指地，确实不能完整反映二者的差别和联系，但是，也的确反映了人们直观感受到的二者的差别，就是一个很重视可感世界，亦即具体的经验世界，而一个更重视他所说的、所寄望的理想世界、理念世界。所以，亚里士多德的哲学体系的概念思辨的性质是与他对他所生活的时代的人类一般经验的逻辑综合密不可分的。因此，正是在这个意义上，我们甚至可以说早在亚里士多德的思想体系中哲学与实验就建立起了紧密的联系，它们之间的关系就像形式与质料的关系一样是彼此不可分离的。

这是就哲学和实验这个主题首先从哲学史上的考察，这个考察还是十分简略的。实际上，还可以更丰富些。但我们现在就不去详细地讲古希腊哲学中哲学与实验的关系了。我们要提出这样的问题：或许在听了刚才关于哲学与实验在古希腊哲学家那里的关系的论述后，有人会反驳说，这里涉及的更多的是哲学家的"科学"工作，而不完全是哲学家的"哲学"工作，在哲学家的"哲学"思考中并没有实验的位置。也就是说，可能会有人强调我们运用的例子根本上还是自然科学的，比如动物学的，尽管这里体现了它与哲学、形而上学的联系，但是，毕竟它属于自然科学，所以人们会认为在哲学家的"哲学"思考中没有自然科学的位置，哲学家也不需要通过实验来进行哲学思考。因此，反驳的人会说，"扶手椅哲学家"或许是对哲学家的一个讽刺，哲学家就坐在书斋中思考吧。但是，对于有些人来说，这就是哲学的本质，哲学就是要这样来思考。所以有人极端地反对我们在哲学教育中所说的理论联系实际，会认为哲学与实际有什么联系呢，我们需要的只是纯粹的概念思辨，这才是哲学的本性。

为了回应这个反驳，我在这里举出一个非常典型的"扶手椅哲学家"的例子来作为证据。比如，胡塞尔就是一个典型的"扶手椅哲学家"。在胡塞尔的《纯粹现象学通论》中，在对所谓"自然态度的世界"进行考察时，胡塞尔说了一段话，这是一个"扶手椅哲学家"的实时思考。对于喜欢纯粹哲学或者认为哲学就是纯粹不考虑实际经验的、没有实验的人来说，这是一个纯粹的哲学思考。

我们现在来看一下这段话："我们从自然生活中的人的角度开始思考，'以自然的态度'去想象、去判断、去感觉、去意愿。我们最好以单数第一人称进行的简单思考来阐明上述意思。我意识到一个在空间中无限伸展的世界，它在时间中无限地变化着，并已经无限地变化着。我意识到它，这首先意味着：在直观上我直接地发现它，我经验到它。通过我的看、摸、听等等，而且以不同的感官知觉方式，具有某一空间分布范围的物质物就直接对我存在着，就在直接的或比喻的意义上'在身边'，不论我是否特别注意着它们和在我的观察、考虑、感觉或意愿中涉及到它们。"

然后，他接着说："有生命的存在物，如人，也直接对我存在：我注视着他们，我看见他们，我听见他们走近，我握住他们的手，

三 哲学与实验：实验哲学的兴起及其哲学意义

在和他们交谈时我立即理解他们在想象和思考的东西，他们内心有什么感情波动，他们愿望或意愿着什么。此外，他们也在我的直观场中呈现为现实事物，即使当我未注意着他们时。但是他们以及其它东西并不必然正好在我的知觉场中。作为确定的、作为多多少少已知的现实的东西对我存在着，它们与现时被知觉的东西结成一体，而它们本身无须被知觉，甚至无须乎直观地呈现。我可让我的注意力离开刚被看见和注意的写字台，通过在我背后房间的未被看见的部分而移向阳台，朝向花园亭子里的孩童们等等，移向一切在我也直接意识到的周围某处存在的、我直接知道的东西——一种不涉及概念思想的知识，而且只由于投以注意才变成一种清晰直观，尽管这种直观还只是局部的，而且往往很不完全。"

对于喜爱现象学的人来说，这就是纯粹的概念思辨、直观，然后对直观的概念重构，即所谓的"现象学还原"。所以，这段话所展示的显然是一个纯粹的"扶手椅哲学家"的思考，在其中，胡塞尔分别对一般意义上的"世界"、与自己直接打交道的人以及自己居室周围的环境进行了现象学的直观描述和呈现，并且对此做了初步的反思。人们会说，在这里我们看到的是一个哲学家在沉思，我们并没有看到他在做实验。我们看到的是一个坐在扶手椅上进行沉思的哲学家，对直观进行现象学的反思。但是，对于这一说法，可能就连一位哲学的初学者都会发出嘲讽的微笑，并且高声地叫道："天呐！这就是实验啊！"它和我们通常熟悉的科学家在实验室、在真正的田野所进行的实验的唯一区别仅仅是，它诉诸了内省的经验，它运用了最简单的经验直观。在胡塞尔的上述思考中，他实际上在其思维中简单地做了一个实验，唤起了他对一般世界的经验，他对具体打交道的人的经验，甚至他对他的写字台、他的房间、房间外边的阳台、花园亭子里的孩童的经验。他可以说在"实地"进行了这样的一番"经验",然后对其进行内省式的观察和分析。我们说,这就是实验。现象学直观在方法上和科学家所进行的实验并无不同,所不同的仅仅是它是内省式的,它没有运用实验仪器和测量工具,而是运用感官感受和意识体验,它所处理的不是物理存在,而是意识对象,如此而已。

因此,如果说甚至这样一种纯粹的所谓现象学的直观和意识活动都不得不诉诸经验,并且在这个意义上也说在做实验,那么,还有哪一种哲学思考是非实验性质的呢?分析哲学家的概念分析吗?但甚至分析哲学家的概念分析也诉诸了实验。例如,蒯因有篇非常著名的文章叫《论何物存在》,讨论如何去思考"不存在"这个概念,因为这是一个难题,他把他叫作"不存在之谜",又打了个比方,叫作"柏拉图的胡须"。因为这个"不存在之谜"是柏拉图首先在《智者篇》中提出来的:不存在的东西我们怎样去说它呢?"不存在"这个概念,它没有所指,但我们认为它指向一个东西,这本身是一个悖论。这个难题难倒了哲学史上很多的人,所以,他把它叫作"柏拉图的胡须",理也理不清楚。在《论何物存在》这篇文章中,他对这个问题做了基于摹状词理论的解决,但是即便是这样的纯粹的概念、逻辑分析,他也做了实验。比如,他分析了"伯克利学院的又圆又方的屋顶"。他似乎是在进行纯粹的概念分析,但是,不可否认,是在就他所分析的"不存在"概念进行一次简单的思想实验。所以,假如我们无法否认任何一位哲学家在进行他的哲学思考时都不可避免地诉诸了他的世界经验,是通过诉诸这一经验、实地运用这一经验来展开他的无论何种性质的哲学思考的,那么,我们便可以说,没有哪一个哲学家的哲学思考不是通过做实验完成的。它和科学实验的唯一差别仅仅是,到今天为止,对于绝大多数的哲学家,特别是人文领域的哲学家来说,他们更多地诉诸的是对自身

三 哲学与实验：实验哲学的兴起及其哲学意义 | 067

经验的内省，也就是说，它更多的是一种内省式的经验观察，基于哲学家个人的社会生活经验和精神生活体验，也就是所谓的"人生阅历"，是在个人人生阅历基础上所做出的哲学思考，广泛地涉及了本体论的问题、认识论的问题和实践哲学的问题等。

这就是哲学思考与科学实验的区别，实际上它不能不诉诸经验，也是在做实验，只不过这个实验的特点是内省式的。显然，一旦我们认识到这一点，哲学和实验之间的距离就不再是遥远的、漠不相关的，同时，哲学和实验之间的这样一种基于传统的经验内省方式的关联就需要我们反思。这种传统的、内省的经验对哲学来说有多大的价值、意义，这需要我们进行反省。

实际上，这正是实验哲学最初产生的动机。前面我们提到实验哲学最初的文献的其中一位作者——斯蒂克——有一个访谈，这是中国学者对他的访谈。在访谈中，他说到了他进入实验哲学的思想契机。他说："我工作中的下一个重大转变是大约始于2000年的实验哲学运动的结果。实验哲学在一定程度上是由对许多哲学家提出的主张的困惑和烦恼引起的。一些哲学家总是声称'我们'或'人们'对知识、道德、意义或自由意志的想法是怎样的。但我发现我经常不是这么想的，那么他们这种想法是怎么来的？……因为没能请到心理学家们来做这个研究，我们决定自己做。我们学习了如何做心理实验，并开始测试哲学家们关于'人们'对知识、道德等概念的看法。"这就是实验哲学最初产生的思想动机，就是说，是对传统的思维，也就是我刚才在这里概括的对经验的内省或者内省式的经验的思维方式的反思。所以我们下面要进行几个比较重要的反思。

一个最直接的认识就是，这种内省式的经验观察对于许多哲学家来说，通常是在不自觉的状态下进行的。他们诉诸对自己的社会生活经验的反省，诉诸对自己的个人精神生活体验的反省，凭借着自己的人生经验的自然的积累。在很多时候，这种反省带有强烈的私人性质和主观、武断的性质，是个人的"洞穴"之见，受到出身、教养、文化、阶级、阶层、大环境、小环境等因素的影响，但却对此没有清醒的自觉。他们至多是在概念层面上对自己的这些实际上非常偏狭的人生经验予以提炼和升华，使其获得理论的形态，理论清晰度的水平随个人才能和教养有高有低，但是，对于自身经验的特殊"洞穴"却没有丝毫认识，很多时候，甚至认为自己所进行的是超经验、超历史、超社会的绝对纯粹的思考。这当然形成了一种比较流行的哲学观点，就是把哲学和科学对立起来，其最基本的前提假设就是认为有一种超经验、超历史、超社会的思考，认为这才是哲学，所以才会将其和科学对立起来，而忘记了自己的哲学思考所运行于其上的那个经验领地本身的局限性甚至狭隘性。

在这里，我们强调实验与自然经验的不同。什么叫自然经验呢？大家每天都在自然经验着，你去食堂吃饭，你必然地要经验到一些东西。你整个的成长过程，都在自然经验过程中。但是，大家要注意到，为什么叫自然经验呢？这就是说，它是不自觉的、被动的，你看到什么，你就经验什么，没看到，就不去经验。所以，法布尔告诉我们蝉从地下爬出来到树上鸣叫，整个过程花了8年时间。我们在座的诸位有谁知道呢？他不告诉我们，我们就会奇怪，每年夏天就有这些虫子在叫着。这就是自然经验的特点。亚里士多德就有这样的特点。所以，刚才我们强调，他的哲学的经验性质，但是，实际上他的自然经验的色彩比较浓厚。比如，亚里士多德同样在动物学中，提到泥土里会自然地生长出虫子。泥土本来什么都没有，怎么会长出虫子？实际上，我们现在知道，泥土里有虫子很微小的卵，但是不去观察或缺少观察的必要工具，就会得出"土可以变成虫子"的结论。亚里士多德就得出这样的结论，这就是如果不进行这种自觉、有意识的经验观察，那么你的经验观察就是这个水平，然后你只能在这个基础上进行哲学思考。为什么？因为这构成你的人生经验、阅历。因此，我们现在知道，你的哲学思考是多么大的偏见啊。

所以，我们看到，哲学和实验关联到一起会有很积极的成果，至少对你自己的经验有所反省。所以，当我们在"实验哲学"的名下提示出哲学与经验的内在关联，并且强调"实验"的那种与自然经验相对的在主体经验运用上的主动与积极的特质，无疑，哲学思维的主体性质和自觉性质也将得到积极的提升。就像我们日常经验的积累因此不再是消极的、被动的和不自觉的一样，我们的哲学思考也将因此摆脱种种惯性思维的束缚，而由于经验的积极运用变得更加敏锐、更加灵活、更加富有可调节性，总而言之，更加清醒而自觉。这是当我们把哲学与实验联系在一起时，我们在哲学思考上获得的第一个积极的成果。

但是，显然，这个成果还是仅仅局限在传统的内省式经验的范围内，它只不过是教我们更注意积累自己的人生经验，更注重对自己的社会生活、内心生活的观察和体验而已，并没有改变既有的哲学思考的方式。但是，既然我们已经通过上面的分析揭示出哲学与实验的内在的、紧密的逻辑关联，并且将一般的科学实验也纳入我们的考察范围内，那么，在重新考察哲学思考与经验观察的关系时，参考科学实验的方法来扩展哲学思考中经验运用的方法，无疑就变得非常重要了。所以，第二个成果就是，"实验哲学"的提出将对传统上哲学所最经常运用的内省式经验观察的方法产生最严重的冲击。它将表明，对个人经验的内省是过于狭隘和简单的一种哲学思考方法。"狭隘"表现为它仅仅限于个人经验，而不包含他人经验；"简单"表现为它的方法和手段比较单一，始终是个人主观体验式的。像这样的哲学思考方法或许对于一个前现代的社会是适合的，就是说，这种内省式的思考方法也许对一个前现代的社会是适合的，在那里人们的社会生活关系远不像现代社会这样复杂，流动性和变化性也不像现代社会这样快速和多样，从而，一个人单凭自己个人的悠长的人生经验的积累，将这种人生经验转化为概念思维的语言表达出来，予以逻辑综合和理论升华，就可以成为哲学了。这就是因为社会生活变化不快，你在这方面积累了丰富的经验，又擅长思考，对这些进行概念思考，那么，确实能够和前现代的传统社会生活非常吻合。这或许就是所有传统哲学的思维方式，不仅指中国哲学，西方古代哲学也是这样。它们在过去是这样，在今天仍然是这样。但是，显然，鉴于现代社会生活的日趋复杂和多变，这样一种思维方式就远远不适应了，它需要无论是在方法上还是在内容上进行根本的变革。这或许就是当我们把哲学与实验联系在一起时，在哲学思考上所将获得的一个更为重要的积极成果。

因此，当"实验哲学"这个研究范式被明确地提出来，哲学诉诸经验的方式也就面临着彻底变革的挑战，而"实验"对于哲学来说也就取得了实质的意义。就目前涉及的范围而言，在"实验哲学"这个概念的多种内涵下，至少，我们可以有把握地预见到哲学的思维方式可能会发生如下一些重要的变化。

首先，它不再是单纯私人内省式的，相反，它还需要能够有效地诉诸公共经验。从而，它不仅不能是个人内心的神秘体验，而且必须充分地考察"他人"的经验，以合理的方式来获知在同一个主题上"另一些人"的看法。这样，调查问卷的方式、田野考察的方式、分解研究主题内含的经验要素以设计有针对性的人群测试环节的方式等，像这样的一些属于科学实验的内容就必须被纳入哲学思考的范围之中。我们知道当代的实验哲学的发展有很多这样的成果，特别是自由意志等有一系列分解出来的专题性的测试。这是思维方法上首先能够估计到的变化。

其次，它将有助于规范个人内省式的经验观察，使之能够被纳入反思的层面，以更自觉和更合理的方式进行，而不至于本身是含混和不自觉的。因此，尽管有可能在最初，哲学家们诉诸自身经验内省的方式是十分简单的，甚至是随兴所至、任意而为，在得出结论时也是极其随意和武断的；但是，一旦这种经验内省被要求以实验的标准进行时，不仅经验内省本身受到了规范化的要求，而且我们也有必要要求哲学家走出个人经验的内省，去了解与自己不同的"他人的"经验，建立反思的平衡。换句话说，当"实验哲学"被作为一种研究哲学的科学方式提出来时，哲学家也就不能满足于"扶手椅哲学家"的地位，而应当像社会学家一样具有田野工作的热情和动力，他们不能再仅仅以自己书斋中的几件陈设为反思的经验对象，相反，需要实地考察在自己思考主题上的整个人类的经验。

最后，一旦从个人内省式的经验观察转化为田野考察意义上的经验观察，哲学家也就不再能够诉诸自己简单而单纯的直观，并且迷信这种简单而单纯的直观，相反，他们由此必须充分考察到整个人类经验的复杂性。在这里，我特别强调人类经验的复杂性。我们一定要意识到我们的经验是非常复杂的，特别是当代的社会生活，更加是非常复杂的。大家可以经历到人性的特殊复杂性，他们必须借助这种复杂性来对自己的直观乃至一切诉诸简单直观的哲学观点进行批判性的审查。而由此针对直观我们也就会形成一个新的见解。这是什么呢？直观并不像我们通常认为的那样简单或单纯，相反，直观内含着复杂的经验，它实际上是复杂经验的综合，只是由于这一综合在漫长的个人的或族群的经验积累过程中，由于长时间的习惯而成为下意识的甚至本能化的，它才仿佛成为无须中介、瞬间完成的认识过程，也就是说，成为我们通常所认为的"直观"。所以，现象学所神秘化的直观就是这个东西，实际上它只是长期习惯化的本能意识而已。当你认为不需要复杂的思索，直接向你呈现出来，你便以为你有一种特殊的直观能力。但是，它实际上只是长期化的经验。所以，当代国内的现象学唤起的现象学经验（比如对家族生活的现象学经验）也不难，因为你长期就是这么生活的，特别是当你的传统社会生活的渊源关系更浓厚，你来自一个更为传统的地区，你对这个东西就会有更生动的直观体验，而一旦你有这种生动的直观体验，你就会用这种直观体验给传统哲学概念赋予血肉。所以，现象学的保守性体现在，它通过对一种积累起来的传统经验的唤醒，使已经丧失了当代社会生活根基的概念重新具有了血肉，重新活起来，从而让人们觉得它们很有价值、很有意义。它没有考虑到整个社会生活的变化。这就是当代的现象学内在的问题所在。我最初对现象学比较感兴趣，但后来逐渐不感兴趣就是因为它缺少自我反省。

所以，一旦我们认识到这一点，基于哲学家个人内省的经验观察甚或是直观就越发变得可疑起来，而对更为复杂的经验的考察、调查也就越发显得重要起来，这就包括就相关主题上他人经验的调查。我再次强调复杂性，我们的经验应该去直面复杂性，而不是回到自己单纯的个人内省。有时候哲学教导就是在鼓吹这样的东西，即回到自己的本心，好像这样能够发现世界的真理。但是我要说，世界已经复杂了，需要去学会面对复杂的世界，不能像卢梭那样，经常渴望回到森林里去。卢梭经常说，我终于有一天没有了时间概念，我回到了本真的自我。这就是现代的还乡意识。比如海德格尔也有这种意识，所谓的黑森林情结，一旦回到黑森林木屋中，他觉得思想重新被激活了。我们现在说不是你要回到思想的本原中去，而是你要去直面复杂的现实，这是更重要的东西，是哲学应该面对的东西。

三 哲学与实验：实验哲学的兴起及其哲学意义

所以，很清楚，一旦"实验"的立场、观点和方法被引入哲学中来，哲学思考本身的内涵就变得丰富起来。它不再像传统观点所认为的那样仅仅是"沉思的""思辨的"，至多借助于哲学家的个人直观。相反，由于哲学家个人的直观也是经验，对哲学家个人经验的参照以及他人经验的充分考察和分析就变得必要，而在这个基础上的哲学思考才真正变得"科学"起来。也就是说，它不再是建立在不自觉、盲目和简单的个人经验观察与内省的基础上，而是获得了自己真正牢靠的经验的基础，这就是置身于与他人经验的复杂的社会关联之上的个人经验。只有在这个基础上进行的哲学思考才是真正有价值、与真理相关的思考，才是真正"哲学的"思考。

这是我们关于哲学与实验产生关联之后，对我们哲学思维方式产生的一些影响的判断。在这个基础上，我会引用一个社会心理学的实验案例来表明当我们把实验引入哲学思考中后，会对传统的哲学思想产生怎样的冲击。这个社会心理学的实验案例就是20世纪60年代以美国社会心理学家斯坦利·米尔格拉姆（S. Milgram）的名字命名的一系列著名的实验，简称米尔格拉姆实验（Milgram experiment）。

米尔格拉姆进行这一实验的目的是想要解决这样一个令人感到困惑的问题，这个问题恰恰触及社会生活、人性的复杂的一面。是什么呢？这就是，成千上万的普通德国人为什么会参与纳粹屠杀犹太人的暴行，他们究竟是由于天生的残忍、邪恶、冷酷、无情，还是由于制度、环境的原因。

实验招募了年龄、社会阶层、受教育程度不等的上千名志愿者参加。实验人员告诉参与者所进行的是一项关于"体罚对学习的效用"的实验，在这里，他隐瞒了实验真实的目的，就是刚才我们说的那个目的。他告诉实验者，做实验是要去检验体罚会不会对学习有作用。参与者将扮演"老师"的角色,对隔壁房间的扮演"学生"的另一位参与者以电击的方式进行体罚教育,但实际上"学生"是由实验人员假扮的。也就是说,真正不知情的只有那个扮演"老师"的人,那是真正的被实验者。实验人员要求扮演"老师"的参与者根据扮演"学生"的参与者每次回答问题的错误对其施以电击,电击的强度随错误率的提高而提升,从最初的15伏特可以一直上升到足以致死的450伏特。电击实际上是假的,被电击者随电击强度的提高而发出的各种痛苦的叫声直至最后的死亡也是假的,但是,扮演"老师"的参与者对此完全不知情。实验发现,尽管在实验过程中许多扮演"老师"的参与者会随着被电击者痛苦程度的增加感到不安,甚至想要停止实验,但是,当实验人员以权威的身份命令他继续进行实验时,绝大多数参与者会继续进行这个实验,直至假扮"学生"的实验人员"死亡"。

在关于实验的报告中,米尔格拉姆这样写道:"这也许就是我们的研究的最根本的教训:普通人,只是在做他们的工作,对于他们的同伴没有任何特别的敌意,却能够成为一个可怕的毁灭过程的实施者。此外,甚至当他们的工作的毁灭性的效果变得明显可见,他们被要求实施与道德的基本标准不相容的行为时,很少有人具有必需的勇气才智去拒绝权威。各种不服从权威的顾虑在发挥作用,成功地使该人待在他的位置上不动。"

显然,米尔格拉姆实验具有多重意义。它不仅表明人们在面对合法制度下的权力或权威时的习惯性的服从态度,同时表明在更多的时候影响人们行为的决定性因素不是人们的良知、教养、品德、情操,而是一种社会环境,或者一种制度设计,而且也表明当人的行为被整合进一个系统化的体制内时,人的承担道德责任的伦理身份会被削弱,甚至会被取消,人将不再成为道德责任的主体负责任地行为，而是可以按照来自体制的任何要求以道德无涉的方式行为，这也是所谓的"价值中立"。

　　米尔格拉姆实验的初衷是为了研究社会服从的心理机制，表明一种体制化的权威环境对人的服从心理的影响。但是，这个实验以及其他一些精心设计的实验却被当代情境主义者用来证明德性伦理学所持有的基本理论观点的错误。因为，如果这一类的社会心理学实验证明在人的道德行为中环境因素远比假定的品质因素发挥的作用更大，在许多特定的环境条件设计下，假定的行为者的道德品质不仅没有发挥作用，甚至行为者还有完全相反的行为表现，那么，一个可以得出的结论就是，作为德性伦理学理论体系基石的"德性"这个概念就是不可靠的，它远不是像德性伦理学家们所主张的那样稳固而持久，在人的道德行为中发挥决定性的作用。

　　我们知道，从20世纪50年代以来，德性伦理学成为伦理学新的一支，影响非常大，它的理论基石是"德性"，它认为现代伦理学的缺点在于不再关注人的品格，关注的是规范性。它认为自己是在规范伦理学派之外的另一个学派，而且纠正了规范伦理学的缺失。但是它的基础是人品质的培养，或者道德的内化。它认为人行为的道德价值更多体现在道德品质上。但是如果按照刚才实验的步调，可以看到，"品质"有可能像本质主义的"本质"那样是虚构的。当代反形而上学中的反本质主义的一个重要的主题是，本质就像维特根斯坦所说的，只是家族相似而已，它没有可以结晶出来的凝固的内核，甚至它只是"使用即意义"，是语言游戏的产物。同样，我们把反本质主义的观点运用到道德品质上，我们也可以这样思考：我们的品质、品格是不是也是形而上学的虚构？你以为你是有品格的人，但是在这个实验中，你的品格失效了，那怎么办呢？

　　近20年来，持有这一理论立场的情境主义者以约翰·多里斯（J.

Doris）和吉尔伯特·哈曼（G. Harman）为代表。我们看一下他们的文献，多里斯于1998年发表了《人、情境与德性伦理学》一文，并于2005年出版了《性格的缺失：人格性和道德行为》一书；哈曼则于1999年发表了《道德哲学遭遇社会心理学：德性伦理学和基本归因错误》一文。在研究中，两个人都引用了多个社会心理学的实验结果对德性伦理学的德性概念以及通俗心理学的性格概念等提出了多方面的质疑，哈曼甚至否定人们常说的品质的存在。多里斯还是比较温和的，哈曼是更激进的，他甚至认为品质是子虚乌有的东西。无疑，情境主义者的这些研究严重地威胁到了德性伦理学作为一种哲学理论的合理性，由此引发了双方激烈的论战。许多人感受到德性伦理学遭遇到了危机，他们企图用各种方式来重构更为基础、牢固的德性概念。双方论战的具体情况以及社会心理学的这类实验究竟是否能够证伪性格、品质等这些德性伦理学的基本概念，不是这里关注的重点。我引入这一理论论争正是要表明实验在当代哲学研究中日益凸显的重要意义，表明在哲学遭遇实验或者说引入实验后，传统意义上的哲学思考会受到怎样的冲击，并且产生怎样的变化。

就以德性伦理学为例。长期以来，德性伦理学的一个基本假定就是人们可以通过教育、通过习惯化等方式获得稳定的道德品质，而正是这些稳定的道德品质支配着我们的行为，使得我们成为一个道德的人。但是，一旦我们将社会心理学的一系列的实验引入进来，我们就会发现，德性伦理学的这个基本假定过于简单甚或是单纯了。它没有考虑到复杂的人性状况以及与之紧密相关的复杂的环境因素。它更多的是依赖于哲学家本人比较简单和单纯的社会生活环境。因此，无论是亚里士多德式的德性伦理学所诉诸的雅典城邦公民的日常生活经验，还是像当代德性伦理学的倡导者安斯康姆、麦金泰尔这样一些供职于英美著名大学的当代德性伦理学家所诉诸的典型中产阶级的日常生活经验，无疑都是过于狭隘、过于主观化的，而且对于其中的大多数人来说还是完全处于本能、无意识的状态。德性伦理学家们的理论所依据的经验，无论是亚里士多德的，还是安斯康姆、麦金泰尔的，都太过常识化了，但这绝不是所有人的常识，而是"他们的"常识。而为了应对情境主义者的挑战，德性伦理学家构造了各种更为复杂和精巧的德性概念。不管这些理论构造是否成功，这一事实本身就证明了实验迫使这些德性伦理学家的思想不得不变得复杂起来，现在，他们必须考虑各种复杂的人性状况以及各种复杂的环境因素。所以，即便他们不同意情境主义的观点，我们也能看到实验被引入哲学后的积极意义，它必须做更复杂的思考，来面对更复杂的经验。

因此，在这里，以德性伦理学为例，我们就看到了实验如何使得哲学家的思考丰富起来。首先，他必须设想或尝试经验更为复杂的人性状况和社会状况。其次，他不再能够心安理得地局限在自己个人的经验中，而必须试图去了解他人的经验。他不再能够在经验上不经裁判地就宣称自己是权威，而必须把自己的经验也交付到实验的操作台上进行检验。显然，当这样复杂的经验被引入哲学思考中来，哲学家对其再进行概念的分析和综合工作，哲学的真正作为"科学女王"的尊严和高贵才能够彰显出来。而脱离了经验，或者仅仅封闭在哲学家个人经验的狭隘的小天地中，无论哲学家进行怎样高深、抽象的概念思辨或者纯粹直观，都不仅不能够彰显哲学的尊严和高贵，相反却使哲学始终是远离社会、远离人群的少数精神贵族的思想游戏，它被时代所抛弃、被人群所遗忘，当然就是它应得的命运。

所以，实验哲学促使我们对哲学进行重新思考，不要抱怨哲学为何被时代遗忘，或者为何不是"科学女王"，我们要考虑一下，我们的思维方式是不是和现在的社会生活相适应,我们是不是还沉浸在传统的、"扶手椅哲学家"式的哲学思考中。这才是我们现在要去反思的,这也就是实验哲学兴起的哲学意义。

(王明磊整理)

四

批判性阅读和写作

◎ 杨武金

时间：2020 年 9 月 29 日 18：00—20：00
地点：中国人民大学公共教学三楼 3102

  杨武金，中国人民大学哲学院教授、博士生导师，发表学术论文 100 多篇，著（编）有《逻辑与批判性思维》《逻辑思维能力与素养》等。其中，《墨经逻辑研究》获金岳霖学术奖，已出版英文版和波斯文版。

当今世界出现了一个很重要的新的浪潮——非形式逻辑和批判性思维的浪潮。在这个浪潮推动下的阅读和思维究竟是什么样子的，是怎么发展的呢？

批判性思维的英文是"critical thinking"，这门学科兴起于20世纪70年代中期的西方，正是越南和美国的战争如火如荼的时候。当时一位美国大学的数理逻辑老师，在黑板上写数理逻辑的公式的时候，一个学生站起来问："老师，你能不能用这些公式证明一下，我们在越南的战争到底是不是合法的、合乎道义的？逻辑上有没有一个好的证明呢？"结果老师想了老半天，觉得没有办法。于是，这位老师就开始思考：应该怎样来回答学生的这个问题。在这个老师的探究和努力带动下，一门新的学科得以创立，这就是"非形式逻辑或批判性思维"（简称"批判性思维"）。该门学科创立之后，到20世纪80年代，北美就已经有20万人参与批判性思维的研究活动，而且影响逐渐扩散到了欧洲和澳大利亚，并在21世纪初逐步在中国影响开来。我也就是从那个时候开始，基于当时的文献和资料开展了对批判性思维学科的研究。这便是我讲座的题目涉及的这门学科的由来。

那么，这门学科在中国的影响力如何？开始的时候，批判性思维的影响主要体现为它可以运用于各种考试之中，比如公务员考试及GRE等，随后，一些学校的自主招生考试，慢慢地也体现了它的内容。但是，对于我国来说，批判性思维应该产生重要作用的地方还不能仅限于此。在我国的大学教学甚至是中小学的教学中，都需要渗透批判性思维的能力培养，从而提高学生进行逻辑思维和批判性思维的能力（如高考作文要求学生具有比较好的推理论证能力以及开展论证有效性分析的能力）。作为一种思维方法，批判性思维需要能够贯穿到学生所学习和掌握的各门学科的学习过程之中，其实，也就是要将它作为一种有效的思维方式或者思维方法来掌握，所以，批判性思维对于我们现在和未来的教育都将产生全面而深刻的影响，尤其是它对国家的发展和创新将具有极其重要的作用，这是非常值得我们注意的问题。

那么我们来分析，什么是批判性思维。我们对于批判性思维这个概念的把握，也必须是具有批判性思维的。我将批判性思维定义为一种认知活动，它同时也是一种实践活动，因为认知活动本身就是一种实践活动。那么，批判性思维和一般的认知活动有什么区别呢？批判性思维主要有两个特点：第一个特点是质疑，有别于一般的认知思维活动，批判性思维需要对任何问题都有一个理性上的反思；第二个特点是，对于反思的问题也要进行分析，而且这种分析还需要具有某种根据。那么，这种根据应该是什么样的？什么样的根据才是有效的呢？比如，我们来考虑北京现在正在实行的垃圾分类。那么，对于"北京进行垃圾分类的合理性是什么"，我们就应该首先考虑，不进行垃圾分类将会导致什么样的后果。比如，就会造成资源浪费和垃圾处理的困难等。那么，进一步，实行垃圾分类的背后，所依据的标准或规范、根据或理由（这就涉及目前学术界很重要的一个领域即"规范性理论"）是什么？其实就是人类的可持续发展。这个根据是我们可以接受的，而且是我们必须接受的。所以，我们认为垃圾分类是可以接受的。批判性思维一定不是没有标准、可以随便进行的，一定是有规范、有标准、有根据的。批判性思维不是为了批判而批判，批判本身不是目的，最终通过批判要达到的目的是，使我们的思想得到创新、发展、进步，所以，建设性才是批判性思维的根本。

在把握这个概念的基础上，我们就可以把握好和认识好批判性思维这个学科了。这也是为什么批判性阅读和写作对于我们如此重要。没有人能否认，我们现在处于信息时代。信息时代的一个很重要的特征是经常要进行快速阅读，有的时候还要快速写作。生活在信息时代，很多人都会随时随地看手机，会阅读大量信息，也需要对这些信息进行反馈，这种反馈也是一种写作，比如，对朋友圈里的信息进行回应。因此，信息时代下的阅读和写作还面临一个"快速"的问题。有些人会说，这些阅读和写作不是一件很容易的事吗？我们为什么需要进行批判性的写作和思考呢？因为有时候朋友圈中的不恰当的写作可能会得罪朋友圈中的人。

在日常生活的沟通和交流中，如何来进行阅读和写作是相当关键的，也需要运用批判性思维来防止出现一些矛盾和问题。孔子也说，"学而不思则罔"。"学"就是阅读，通过阅读获得我们要知道的东西。这个"思"就是要贯彻批判性思维。在阅读和写作中，读者和作者最容易感到困惑的往往就是论证性的写作，许多争论和误解就是从这里产生出来的。在日常自然语言的使用中，非常容易出现误解和意义上的混淆，因此，就需要批判性思维来帮助我们澄清和明辨问题，做到合理地推论与表述。

那么，从阅读的角度来说，我们阅读最基本的目的、最基本的原则是什么呢？也许我们很多人使用手机阅读只是为了消磨时间，但是，当我们真正想要阅读的时候，我们一定是想要去认识和澄清文字背后的事实和真理，这是人们阅读最基本的目的。没有人会说"我要通过阅读把我搞乱，让我对事实不清楚"。常言道，"读书破万卷，下笔如有神"。读书大部分时候一定是有意而为之的，我们会筛选有效的信息，屏蔽掉错误的信息——在朋友圈阅读中，我们会主动地屏蔽掉一些总是发虚假信息、负面信息等的人。认识真实的事情，辨明虚假的信息，这就是我们阅读的基本目的。然后，在获得了真知以后，我们就会将其运用到我们的生活中，我们的阅读因此产生了正效应。所以，为了达到这个目的，我们就要通过批判性思维来理解它、认识它。要达到理解，首先是要忠实，也就是要"忠实于它"。这样，我们就需要站在作者的角度进行思考，这说起来容易做起来难，因为我们往往在阅读别人的东西的时候，一开始就带有我们自己的立场。我们是要有自己的立场和观点的，这不一定是错的，但是如果你一开始就带着自己的立场去阅读的话，很可能就不能达到真正地把握和理解对方的目的。那么，在忠实于对方、理解了对方之后又该怎么样呢？那就要进行自主思考，有自己的看法。很多年轻人，世界观还没有真正形成好，容易摇摆，于是，在阅读别人的东西的时候就容易被别人所"俘虏"。有时候，在听了某人一个讲座，或者和某人做了一次交流后，思想就跟着他走了。

　　如何才能既忠实文本又自主思考呢？这是一个方法问题，其中，最基本的方法就是要遵循"理解—自主思考—超越"这个基本步骤。理解就是要真正把握文本，不要误解它。首先，要真正达到忠实，就一定要尽可能发现、搜集作品的相关背景信息。比如，对这篇文章的作者，我是不是真正了解他？他的观点、立场大概情况是什么样的？有时候我们可以向别人求教，在网络上查找。在尽可能了解背景信息之后，还要注意我们正在阅读的这个东西可能和他以前的东西不一样，比如，有的作者以前坚持某个观点，后来可能会有一百八十度的大反转，反对他以前的观点，所以，还要看到当下阅读的东西是作者在什么情况下写作出来的。他是不是改变了自己的观点？他又为什么要改变自己的观点？其次，要把握作品的整体面貌。一本书有一个内容简介，一篇文章的开头有摘要，文章的最后通常也有一个结论部分，就是为了让读者能够在短时间内抓住作品的整体风貌和基本观点。所以作为作者，需要写好摘要和结论这类东西以供读者做整体上的把握；作为读者，也需要主动地阅读这些部分来准确把握所要阅读的材料。

其次，要自主思考。在真正地理解了所阅读的材料的基础上，就要进一步来发现和质疑论证：看他的观点是不是对的，我是不是应该接受他的观点等。要看他给出的理由怎么样，所用的例子是不是有虚假的可能，他的一些解释和假设是否合理，所写文章的背后的一些观点是否合理。

当然，对于这种观点的背景搜集和质疑，似乎都并不困难——要质疑，只要对作者的观点、理由、例子、解释、假设、观念去提问就可以了。最难的是最后的一步——超越。要超越，先要概括，比如这个作者究竟要表达一个什么样的观点？他的题目就是他的观点吗？有的时候还不一定呢，所以，要做出真正符合作者的思路的概括。然后，要对作者的观点进行评价：他从理由到观点的推进是否符合逻辑？文章中是否存在偷换概念、概念混淆等问题的可能？文章的思想是否完整？所以，我们通过正确性、清晰性、完整性的分析，就可以得出我们自己怎么看，自己的感觉、立场、观点如何？有了这样的认识，我们就可以开始进行写作了。

* * *

那我们现在就来看看，应该怎样开展批判性的写作。首先，要明确写作的目的是为他人服务。你写日记也是为"他人"——其实就是你自己——服务，而你的日记要是哪一天出版，则更是为他人服务。你在微信朋友圈、微信群里说话，别人立即就可以看到，要是表达不当，只能赶快道歉——这就是没有为读者做好应该做好的服务。其次，要理解和尊重交流对象的立场、知识基础和社会特征。要考虑我们的服务对象的立场。比如，我们在学术研究上提出不同的观点或见解，也许是没有问题的，但是，如果你在课堂上肆意地进行不同观点或见解尤其是政治观点的宣传，就可能会存在问题。

再次，要考虑其知识水平。我们的读者所需要把握的是什么？他们是什么层次？能不能理解我所写的东西？比如，我在中央电视台做有关墨子的电视节目，电视台就要求所讲的内容，必须要让初中及以上文化程度的观众看得懂，那就一定要照顾到这个要求，浅显易懂。如果在大学，所面对的是大学生，一般来讲就没有文化水平限制的问题。最后，还要理解对象的社会特征，就是说，每一个人在阅读的时候都有他的各种考量，所以写作的时候必须根据对象的社会特征不同从而有所不同。比如，书太厚了有些人就不会购买，不同读者阅读你的东西要满足不同的需求，如果对方读你的东西觉得没用，那你的写作也就没有意义了。再比如，你写东西会提到哪些人，就要考虑到这些人在看到你写的东西之后会产生什么样的想法，这些都要考虑进去，否则就有可能适得其反，写了文章、写了书还不如不写，写了反而会产生麻烦。所以，在写作中，对于接受对象群体的需要，其知识水平、理解能力和影响后果等，都需要事先加以考虑。既然写作是为了读者，作者就特别需要预先考虑各种可能的质疑和反驳，因为在阅读中并非所有读者都会赞同你的观点，并且最好能做出自己的部分回答、说明和反证，这样我们的写作就更经得起时间、社会和他人的检验。

  要怎么去实施这样的写作方法？这里举一个例子来说：中国古代的墨家学派，他们所提出的核心理论就是"兼爱"，其具体观点是"兼相爱则治，交相恶则乱"。这就是说，如果人们互相关爱，则社会稳定，天下太平，人民安居乐业；而如果人们互相憎恶，就会导致社会动荡。墨子就考虑到可能存在的反对和质疑的声音。比如，当时就有反对的声音说兼爱固然好，但是难以实现。我们在座的很多人可能也会认为兼爱很难实现。墨子就已经考虑到了这个问题，墨子说到，真正难的事情是攻城野战，但是一旦统治者号召人民征战，依然会有人为了信念和战争去死，可见，国家意志的力量是非常强大和重要的。所以，墨家认为，兼爱的实现，关键在于统治者是否愿意推行。还有一种反对的观点认为兼爱不可行，就像"挈泰山越河济"那样，是不可能实现的。墨子指出，这种认识存在着完全错误的推理：比喻不当。因为拎着泰山跨越黄河、济水，这是历史上从来没有人实现过的，是超越人的力量的事情，而兼爱却是过去很多圣王都做过的事，比如，大禹治水、文王治西土、武王治理泰山，这些圣王都实行了兼爱，说明兼爱是可以实行的。所以，墨家的兼爱与"拎着泰山跨越黄河、济水"相比完全是两码事，对方的这个类比推理就是不合理的。墨家在分析这两个质疑时，分别指出了对方的理由不恰当和推理不正确的问题，并且对相反的观点、质疑都做出了回答和回应，这样的论证就更具有说服力，更能经受住时间的检验。可以说，即使在今天，我们读墨家的文章也还是觉得非常有力量。因此，把别人的不同观点纳入自己的写作中，才是批判性写作最为重要的方面：写文章不要我就写我自己的，别人怎么想我不管。这样的文章经不住时间的检验，很快就会没人读。事实上，在许多中国古人的写作中，就已经有批判性思维的方法了，可以说，中国古人是很擅长批判性思考的。孔子说"学而不思则罔"，曾子说"吾日三省吾身"，就体现出了一种自省、反思的精神。中国古代的思想家之所以能写出许多伟大的作品，是和他们写作和论证过程中自发或自觉的批判性思维方法有关的，只是他们中有很多人并没有意识到这就是批判性思维而已。有的思想家有清楚的意识，但这种意识也许并不全面——主要是在某方面有所意识，比如儒家主要在道德方面有这种意识。而墨家在论证和写作的方式上就有一定的认识。其实，我们从文本的研究中就可以看出来，墨家这种具有易读性和学术性的写作文本，就贯穿着强烈的批判性思维的精神和方式。总而言之，作者在写作尤其是在学术写作的过程中，注意到和自己不一样甚至相悖的观点的考察和评述是非常重要的方面，对这一点体会得越深、做得越好，写作就越有水平、越有深度。

接下来，我谈谈批判性写作的具体构思与构造。

写作中最为重要的环节，就是明确到底要写什么的问题或者要探究一个什么样的问题。很多人总是找不到要写什么，或者只知道大概想写什么但却不知道具体写什么。所以写作说容易也容易，说不容易也不容易。首先，写些什么就是个问题。马克思说，"在科学的入口处，正像在地狱的入口处一样"，合理的写作和科学的探究没有根本区别，同样是很难的。真正要写出一篇值得阅读、有东西的文章，确实不容易，我们很多老师包括我自己，在考虑写什么的时候，也要经历冥思苦想。但是，也是有办法的，这就是：如果你不知道要写什么，你就读书吧；如果你不想读书的话，那你就锻炼身体吧。因为如果现在你还没有想到要探究什么样的问题，还不清楚自己要写什么，往往就说明你的阅读量还不够，还需要进行大量的阅读和思考，从而帮助自己确定题目和确定应该写什么。

如果我们知道了自己要写什么之后，也就是说我们要写的题目可以确定下来之后，我们就应该进入下一步，即围绕你想写的方面，搜寻和记录所有已知的信息，包括正反两个方面的事实和观念。那么，怎样来搜集、记录已知信息呢？这就要求我们平时就必须做一个有心人。因为这种信息的搜集，需要日常的大量积累，这种积累是知识广度的提高，同时也是在为今后的写作做铺垫。并且应该要养成善用网络收藏夹和线下的笔记本随时记录下信息的习惯，在今后的生活中可以方便地去查找资料和使用。"书到用时方恨少"，这个道理大家都知道，所以平时的记录很重要，这是我们进行充分的写作的一个重要基础。

在搜寻和记录了差不多所有的正反两个方面的事实和观念之后，紧接着就是遵循批判性思维的原则和方法以确定自己的立场，构造具体的论证模式。我要坚持一个什么样的观点，这就是立场。我这个观点要坚持下来，应该怎样考虑？刚才我们讲批判性思维的原则是在理解的基础上进行批判，具体的方法是"理解—自主思考—超越"，我们也要按照这个过程来实现我们的写作。

其次，我们从批判性写作的开头、过渡和结尾三个部分来进行具体分析。一是文章的开头，我们通常也叫"引言"。常言道，万事开头难。我自己刚刚开始写作的时候，也不知道该如何开头，就学着我老师的方法开头，顺着题目开始写，写着写着就会了。要知道写开头的目的是什么，一般来讲目的就是要解释作者的主题和立场，引导读者注意主要问题，吸引读者。题目一般来讲已经表达了你要写什么、你的观点是什么，但有的时候不能完全表达看法，所以就得在文章的开头进一步阐述大致的看法。不过，开头也不能太长，一般就一两句话或者几句话。在表明基本的看法，摆明立场之后，就要阐明怎样去做：用什么样的方法和思路去开展这个研究。所以，写文章开头的通常做法，就是开门见山，也就是直接清楚地陈述自己要讨论、论证或者回答的主要的问题是什么，为什么要讨论这个问题，有些什么样的价值和意义，等等。引言要简明而具体，不要抽象和模糊。在以发表为目的的学术写作中，值得注意的是：编辑通常没有太多时间细看你的文章，但他会先看你的摘要和引言，觉得还行的稿件才会送去盲审。所以，文章的开头非常重要。

二是文章的中间部分。文章中间部分怎么写大家一般都比较清楚，但我这里主要是强调在写作文章的中间部分时如何贯彻批判性思考的方法。中间部分是写作的核心，通常也称正文。这个部分需要把论点、理由和论证或推理的过程一个一个地详细加以陈述。通常来说，需要认真想一想的是，我的理由能不能支撑我的论点。有的人引用了一些人，比如几个领导人的话，就得出了某个观点，行不行？你自己反思一下。有的时候我们的文章自己看上去很满意，其实问题很严重，这往往就是因为其论证不充分，可能还有真正的理由没有被揭示出来。所以，写作中需要一个论点一个论点地考虑，甚至有时候一个论点的论证就是一个段落。正文的写作也需要考虑篇幅，写什么和不写什么，都需要有一个考虑。通常最麻烦的文章就是面面俱到。写文章不像写书，写书可以面面俱到，各方面都要想到，但文章不一样，字数较少，要分清楚写什么不写什么，把最根本的、最重要的、最有创新的部分写出来。所以，不要把你想到的理由和推论全部堆上去，堆砌是肯定不行的。因此，一定要有所取舍，要写出文章最需要阐述的部分，否则就会显得啰唆，就会适得其反。文章的取舍是文章正文写作中一个很重要的方面。

　　文章写出来以后，还要不断地、反复地修改，这样，文章也就变得越来越充实。所以，真正要写出精品，就需要经常把自己写出来的东西给别人看，有人给你提出意见才行。为什么要参加学术讨论会，为什么要进行学术演讲呢？其实，就是要把自己的问题暴露出来，只有这样才能使自己所写的东西、自己的观点和论证打磨得更加合理。如果你自己关起门来不让别人看、怕别人提意见，像有些同学那样，怕自己导师看，怕露丑，最后的结果很可能是，越怕露丑就越丑。所以，要敢于把自己文章中丑陋、不足的方面摆出来，这样才能更好地促进自己的写作。所以，在写作中不要害怕批评和质疑，平时要敢于把自己的文字给大家看，充分吸取老师、同学和朋友对于你的文章的意见和建议，这是我们提高自己写作能力和探究能力的一个根本性的方法，非常重要。

在正文的阐述中，需要注意贯彻批判性思维的基本原则和方法。不要忘记考虑反驳的、竞争的观点，要准确、公正、全面地陈述不同观点的内容，写作中最忌讳的就是歪曲他人观点，因为这样非常容易导致文章的论证出现问题和矛盾，在没有把握好他人观点的情况下，妄议他人观点就容易导致不必要的学术矛盾及出现文章论证不严谨的问题。误解往往比理解要多，当年，罗素是维特根斯坦的老师，他给维特根斯坦的著作《逻辑哲学论》写了很长的一段序言，本以为维特根斯坦会感谢他，结果维特根斯坦反而很生气地说："老师，你完全没有理解我的思想，你这个序言写的根本就不是我想表达的意思。"所以，全面地、真正地理解他人的观点，然后再开展相应的写作，这是十分必要的。这正如前述墨子在论证兼爱思想的时候所做的那样，我们在写作时应该尽可能地考虑到各种可能的反例和批判，最好能做出部分的分析和回应，当然也只是部分的分析和回应。今天我们知道，反对墨子兼爱思想的观点有很多，墨子是不可能看到后来的反对意见的，所以当然也就没办法去回应。比如，孟子攻击墨子的兼爱是"无父"，是"禽兽"，墨家学派走向了终结，其思想后来也因此遭到很多人的禁闭，没有得到很好的发展和传承。那我们今天写关于墨家兼爱的文章，在墨子的基础上进一步往前走的时候，就得回应从墨家学派之后到现代的学者，包括孟子等人对墨家思想的批判，然后在理解他们思想的基础上做进一步的研究和回应，这是一种批判性的创新，也是一种论文的写作思路。一个观点遭到了哪些攻击？这些攻击是片面性的还是很有力的？针对这些攻击有没有人给予回应？这些回应十分充分吗？通过回答这些问题，思考自己的写作怎样才能有所突破，从而比别人和前人走得更远。

三是文章的结论。写作的最后部分是做结论。做结论也是说起来容易做起来难。在做结论的时候，如果觉得自己的动议很好，但缺乏条件来实现它时，必须承认这些困难，并限定自己结论的范围和条件。这是什么意思？一篇文章只有那么多字，比如一万字、八千字或六千字，受字数的限制，不可能把任何问题都讨论清楚，所以往往只能讨论问题的某个方面、某个小问题或把某个问题讨论到某种程度。这就需要在结论部分做出交代。有些人写文章说：我解决了一个什么重大的科研难题……怎么可能呢？很多哲学家、思想家，他们也不过是在学术上往前推进了一点。所以，不要想"我一定要做一个什么什么"。科研就是，要在一个很大的问题中探究其中某一个小小的问题，在这里你能有所推进，你就成功了。而这样一个东西的得出，你是运用了很多的方法，你采用了各种手段，阅读了各种材料，把握了各种观点。所以，写作的时候在结论中如何把自己的贡献在所研究的问题上有所定位，是一个关键的地方。同时，需要考虑自己提议的现实性和未来影响，把自己的动议的影响和后果，尤其是负面的情况都一一表达出来，包括自己论文中存在的缺陷和不足表达出来。你真正看到了自己的缺陷和不足，你才真正看到了自己的写作和探究的成果究竟在哪里。哪有完美地解决问题、什么缺陷都没有的论文呢？承认自己的缺点恰恰是一种进步。这是自己要做的一个交代。还要说明，综合考虑各种竞争的方案的优缺点，自己的方案虽然不完美，但却是关于这个问题的研究在目前所能得到的最好的呈现。作为一个作者，对自己的认识必须是很清楚的。这也是我们做结论时需要考虑的。

批判性写作一般可以通过两个方面来贯彻。

其一是：分析他人论证的写作。这种情况一般称为写作的写作，即在他人或者自己写作基础上的写作，也是在阅读基础上的写作，所谓批判性思维的"反思"，就是对思考的再思考。这种写作实质上是在阅读他人之后的评价性写作，首先要问自己：我真的理解了他吗？他的文章整体来看是什么意思，有什么意图？不要曲解他。能不能发现他的东西的问题？难道他真的是完全正确的吗？完全正确的话我还怎么评价他呢？通常如果我们认可某个材料的话，我们一般不会再对它进行评价，要进行评价性写作一般都是因为该材料中尚存在问题需要指出来。

这种写作，要清楚、直接和准确地表述对别人论证的优缺点的评价，有的时候可能是以表扬为主，有的时候则是以批评为主，全盘否定也是有的，但是一定要真正理解了对方才能进行这种写作。文章可长可短，但都必须满足这样的要求：真正理解所读材料，做出清楚、直接、准确的评价。为了达到这个目的，有的时候在写作过程中还要进一步去阅读把握材料，并且在阅读的时候一定要动笔，有什么想法一定要记录和批注。

需要注意的是，在评价别人论证的优点时，一定要力求简洁明确，不要过分地阐述优点。需要多多摆出问题，促使对方改进，同时也使自己的写作的创新和发展能够充分地得到体现：如果你总是一味地赞同对方的观点，你自己又如何创新呢？反之，不管对方优点再多，简单阐述对方的合理正确之处后，自然就要有大量的篇幅留待自我思想的发展和突破。

如果是在时间和篇幅都有限的情况下，在阅读了他人的文章之后，应该尽可能地回忆已知的信息，并在针对其前提和论证提出疑问之后，直截了当地把自己的想法和证据按照最重要、最为相关的顺序写出来。同时，要尽力检查原来论证的前提，包括隐含前提和假设，思考有没有反例，分析所包含的推理的相关性和逻辑力量，判断其结论的合适性。在这里，从根本上还是要沿着理解、自主思考和超越这三个核心步骤来进行写作。同时，围绕下面这几个问题来展开：（1）前提都真吗？有没有前提虚假的可能？（2）有隐含前提和背景（作者没有表达出来，但有这个意思）吗？因为很多作者在写作的时候会有潜在的隐含前提和观点，需要进一步加以注意。（3）前提和结论相关吗？是不是有材料堆砌的问题？前提真的支持结论吗？（4）关键词意义清楚吗？（5）有反例或反证吗？当论文的观点和论证感觉很正确的时候，也需要进一步考虑是否还有反证和反例。（6）原因真的是这样吗？（7）结论适当吗？等等。当然，这是在有时间限制的条件下，进行迅速、有效的写作的方法。如果在时间允许的情况下，则需要进一步加以展开，完成一个更饱满的论证。这包括在不违反直觉和清楚的原则下，加上更多的理由及细节，展开自己的反证，更多地深入到隐含前提和假设上，甚至指出如何通过调整原有论证的结论从而使之更加合理，也就是要指出对方的论证不好，并自己给出一个更好的版本。最后需要说明的是，展开分析论文通常有两种形式。第一种是围绕分析和反驳的要点来组织顺序和反驳。通常有时间、篇幅上的限制时采取这种方式，提炼要点进行梳理。第二种则是，如果有充分的时间展开，就可以按照所评价的文章或材料原来论证的叙述流程来组织分析和反驳，也就是"主题性的评价"和"全面性的评价"两种不同的写作方式。比如，我在《江淮论坛》2018年第4期上发表了一篇评论公孙龙"白马论"的论文，这篇文章就是一篇关于评价他人的写作。《公孙龙子》有一篇《白马论》，其观点是很清楚的：白马非马。为此他总共给出了五个论证，如他的第一个论证："马者，所以命形也。白者，所以命色也。命色者，非命形也，故曰白马非马。"这里，公孙龙有理由也有论证，我的写作要怎么来展开呢？首先，他的理由对吗？他把"白马"称作"白"，不管"马"了，"白"命色没问题，但"白马"既命色也命形，所以他的前提就虚假了，评价的时候就要指出来。因为文章篇幅要求比较大，我就可以长篇大论，把公孙龙的五个论证一一拿出来分析。那如果是一篇短文就不一样，我就需要把公孙龙的五个论证组织一下，比如说组合成三类进行写作，或者按"观点上有问题""论据有虚假""推理上有问题"等分别进行写作。所以，评价性写作要看篇幅的要求来展开。我通常要求学生进行一些批判性阅读，在此基础上进行评价性写作的训练，比如评价像"心态决定人生""人类的婚姻制度将走向消亡"等论证，你看到这个观点就觉得有点问题，但问题是如何才能真正理解对方后给对方提出反论。这些都是可以去亲自试验的。

其二为：组织自己论证的写作。刚才讲的评价性写作一般针对性比较强，由于微信等的普及我们现在评价性写作也很多，有的时候是快速写作。但是组织自己论证的写作一般来说篇幅就比较长了。直接论证自己观点的文章，首先要自己有一个想法，知道自己要写什么，不一定是针对某一篇文章。它属于正面论证。但正面论证并不等于是单面论证，不等于是自己说自己的。贯彻批判性思维的精神，必须考虑正反两个不同的方面并给予回答，最后得到一个比较合理的结论。具体表现为"论证—反证—综合论证"这样一个正反合的模式。根据米西姆（Connie Missimer）的观点，一个好的论证必须是辩证性的、多面性的论证。他说，当我们组织自己的论证时，一定要找到并列出所有支持和反对的理由和证据。然后，根据这些理由的强弱、可信程度和相关性进行排列：支持这个结论的最强、最可信、最直接的理由是哪些？反对这个结论的最强、最可信、最直接的理由又是哪些？我们将这些工作称作"处理材料"。论证者需要根据自己的立场和结论，衡量这些支持和反对的理由的强度、可信性和相关性，来决定自己的立场和结论是否可以得到足够的支持，或者在看到了别人的观点后觉得自己一开始的观点太强，就需要改变、修正自己的立场并做出相应的论证。不是说什么都要贯彻自己的看法，因为你在比较别人的观点后发现自己需要修正，最后得到一个更好的观点，发表出来之后合理性就更大。如果自己最终觉得自己的立场和观点可以得到足够的支持，则通常需要采取如下论证模式：（1）提出最强、最可信和最直接的理由来支持某个立场和结论。（2）客观地表述反对这个立场的最强、最可信和最直接的理由。（3）论证。考虑反方的最强、最可信和最直接的理由，但认为还是支持这个立场的理由更好。"虽然考虑到你的观点，但是我的观点还是更好。"那完全站到对方的立场行不行？这个不行。因为这样你相当于就完全成为对方的"俘虏"，那你的创新在什么地方呢？如果坚持不了自己的观点怎么办？那你就需要考虑自己还要不要写这篇文章了。

科学探究的最终目的，是要达成或者力图达成一个判断。但是实际的探究并不总会达成一个所有人都一致同意的判断。人们可能最终会认可一个合理的、互相尊重的分歧，而这可能完全是适当的。一般来说，学派之间的观点是会有这种分歧的，你不能要求所有人都认同你的写作，否则就没法写了。实际上，对于某些领域，比如在哲学领域中的问题得到解决的可能性是很少的，相反，它的目标是形成一个有充分理由支持的立场而已。大量的哲学问题到现在也没有得到彻底解决，甚至永远都很难解决。所以，你想要彻底解决一个问题，让大家都同意，简直就是天方夜谭。尽管如此，我们还是要注意，探究并不仅仅是一个搜集信息的练习过程，它还包括评价和力求达成判断，而这个判断就是一个要达成的有充足理由支持的判断：正、反达成合。虽然是一个组织自己论证的写作，但在写作过程中也需要大量地评述他人的写作，所以要把第一种写作方式大量纳入第二种写作方式之中，阅读、理解他人，提出疑问，并将其纳入我们的写作中。所以，不要以为这两种方式是分离的。

接下来我们把组织自己论证的写作要达成的一个模式——图尔敏论证模式——具体展开的过程讲一下：

首先是文章的标题。

1. 对主题和问题的介绍

1.1 介绍引起读者注意的主要内容

1.2 表述主题和问题

1.3 表述基本立场或者结论，包括表明它所使用的范围

标题之后的这一部分，也是我们所提到的文章的开头部分。先是介绍文章的主题，因为标题不一定能够充分阐述主题，所以需要进一步阐述主题（一般就一两句话）。阐述主题之后是问题介绍，即介绍自己通过什么方法来探讨这个主题，这个主题或问题又有什么意义。

2. 提供证据来支持论证

2.1 证据一

2.2 证据二

……

从第二部分开始进入正文的写作。开头部分已经表达了总主题，现在要进一步说明这个主题有哪几个方面，即分主题。分主题要支持总主题，所以分主题就是支持总主题的各种证据或观点，要一一列举出来。

3. 提供保证表明证据何以支持结论

3.1 保证一

3.2 保证二

……

第三部分就是对观点一一地加以论证。当你主张了一个观点的时候，这个观点是怎么得出来的呢？要给出保证。

4.提供支撑保证的事实理由——根据实践和理论说明保证的合理性

  4.1 对保证一的支撑

  4.2 对保证二的支撑

  …………

这个部分的关键是使用背景性的知识、材料和实践数据等，该部分是对第三部分的支撑。这就是整个文章的中间部分。

  5.回答反驳和反例

  5.1 反驳一

  5.2 对反驳一的回答

  5.3 反驳二

  5.4 对反驳二的回答

  …………

至此，自己论证的内容已经说得太多了。写文章不能老是说自己，所以要讨论并回应别人对这一主题的看法，就像我们提到的墨子在论证兼爱时，对反对兼爱的观点所进行的反驳。这样，对我所支持的观点表示反对的观点，需要分别列出来。首先准确呈现反驳的内容，然后加以回应。比如，墨子分别回应了"兼爱实行起来很难"和"兼爱不可行"，呈现出两个具体的反驳。对文章观点的种种分歧或看法都要一一进行回应，但有的时候受篇幅所限，回应几个主要反驳也是可以的，对于某些不想回应的莫须有的问题，不回应也是可以的。

  6.结论

  6.1 概括论证和结论的要点，指出论证的意义，使读者印象深刻

结论部分根据前面所讲的结论的注意事项来做就可以了。

上述模式就是一个批判性思维写作的基本架构，实际上我们大

部分的学术论文写作，就是这样开展的。接下来，我们看一些可以用来训练批判性写作能力的题目：

（1）应该支持行业办大学吗？

（2）文理分科好吗？

（3）物质待遇是否体现人才价值？

（4）风水是传统文化还是迷信？

（5）个人利益和群体利益是否可以两全？

（6）学习环境和个人努力哪个更重要？

这些问题都是具有争议的问题，按照上述框架进行写作，你的论证思路就会比较清晰。怎样论证能使你的观点得到更充分的证明、推理更合乎逻辑？批判性思维给我们提供的就是这样的方法。但到底怎么做才能够成功，还需要我们自己去体会。在写作的过程中多多考虑一下如何尽量体现批判性思维的精神，对我们的阅读与写作肯定会有一定的好处。

（何新宇、徐天翔整理）

五

道家的"自然"观念

◎ 罗安宪

时间：2020年10月20日 18：00—20：00
地点：中国人民大学公共教学三楼3102

　　罗安宪，中国人民大学哲学院教授，中国人民大学孔子研究院副院长兼秘书长，国际儒学联合会理事，华夏老子学研究联合会副理事长，尼山世界儒学中心理事会副秘书长、学术委员。主要研究领域：中国哲学史、道家哲学、儒道关系。主要学术成果：《中国孔学史》《虚静与逍遥——道家心性论研究》《老庄哲学精神》《儒道心性论的追究》《和谐共生与竞争博弈》等，主编"中华传统经典诵读文本"丛书（13册）。

一、何谓"中国哲学"

我最近一直在考虑这样一个问题,就是哲学、中国哲学以及中国哲学为何物的问题。首先,中国哲学必须是哲学。如果中国哲学连哲学都不是,何以来讲中国哲学?因为"中国哲学"这四个字的关键,可能还不是中国,而是哲学。当然这里边的问题就在于到底是"中国的哲学"还是"哲学在中国",这就把人带到了一个两难之境。在这个两难之境中,我既不完全赞同"哲学在中国"这样一种表达方式,也不会讲"中国的哲学"的核心是中国。当德里达说中国没有哲学的时候,我们怎么去反驳他?我们对于哲学普遍的、粗浅的理解是:哲学不只是一种思想,哲学也不只是一种学说,作为一种思想和一种学说的哲学,至少应当具备基本的品格。它首先应该是一个概念系统。哲学不仅要有概念,而且要形成一个概念的系统。如果不讲概念,而只是说"我很烦",这不是哲学,但是当海德格尔讲到"烦"是人生的一种最基本的体验时,它才成为哲学。哲学要有一个系统,而不只是一个概念。我们把"烦"当成一种体验,还得要把"烦"当成存在主义的一个基本的哲学观念。所以哲学首先应当有概念、有观念,其次是这个概念、观念要形成一个系统。在这个意义上再去讲中国哲学和西方哲学的品格有什么不同,它们的差异是什么。我们今天肯定涉及这些问题,所以这些年来当我讲中国哲学的时候,我有了这样一种意识。

有人还告诉我,黑格尔认为《论语》就是一些空洞的说教,他看不到任何智慧,看不到任何哲学的意味。面对这个问题我怎么回答?我只能说,看来黑格尔所看的《论语》版本是一个很拙劣的德文译本,它没有翻译出中国哲学中固有的一些深层次的东西,所以黑格尔没有看懂，海德格尔也没有看懂。我们就来说《论语·学而》的第1章。"学而时习之"，什么是"学"？"学"这个字在《论语》一书中一共出现了65次，学什么？怎么学？这肯定是个问题。孔子不会给我们解释这个问题，我们要在读《论语》的过程中梳理这个问题。学了以后还要习，什么是"学"？什么是"习"？"学"和"习"之间是什么关系？构成了一个什么样的观点？形成了一个什么样的系统？"不亦说乎"，什么是"说"？"有朋自远方来，不亦乐乎"，什么是"乐"？这里的"乐"和前面的"说"有什么区别？这里讲的是"朋"而不是"友"，"朋"和"友"有什么区别？"人不知而不愠"，什么是"愠"？"不亦君子乎"，什么是"君子"？如果我们不能这样去读《论语》，我们就永远只是在了解孔子的思想而没有进入哲学的状态。孔子说，"人不知而不愠，不亦君子乎"。请问，"人不知而不愠"是君子吗？我估计还有人没有把这句话读懂。"人不知而不愠"是君子吗？我说不是，孔子对于君子有他自身的限定，"人不知而不愠"不是君子。"人不知而不愠"不是君子，所以"不亦君子乎"？"不亦君子乎"，难道不也是君子吗？所以这个问题问了两次，两次的回答截然相反，"人不知而不愠"是君子吗？不是。"人不知而不愠"是君子吗？是。这就是经典的奥秘。

我们今天来讲道家、讲老子，还是讲"千里之行，始于足下"？讲"慎终如始，则无败事"？讲"持而盈之，不如其已""知人者智，自知者明"？这些话都很经典，甚至也可以说都很重要。我估计海德格尔就看到了这些话，所以他们说这是哲学，这是人生的体验，而孔子那些话是人生的说教。如果就此而言，老子只说了这些话，我今天就不用讲老子了。老子之所以为老子，恰恰就在于他不只是说了这些话。有人欣赏"治大国若烹小鲜"，这只看到了老子的"小"，没看到老子的"大"。有人欣赏"慎终如始，则无败事"，也是只看到了老子的"小",没看到老子的"大"。那么老子的"大"是什么呢？老子讲"道""德",因为有"道""德"而引出"自然",引出"无为",因为"无为"而引出"无为而无不为",这就有五个观念。第一个"道",第二个"德",第三个"自然",第四个"无为",第五个"无为而无不为"。老子讲的这些最核心的基本观念构成了自己的思想系统,构成了自己的思想体系,他不是简单地讲些人生的说教。在整个老子哲学的系统中,"自然"居于一个非常重要的地位,"自然"连接了"道",连接了"无为"。

我今天是围绕"自然"这个问题去讲的,我大体讲这样几个问题：第一个问题,什么是"自"？什么是"然"？什么是"自然"？第二个问题才有何为"自然"。第三个问题,"自然"与"道"的关系。第四个问题,"自然"与"无为"的关系。第五个问题,"自然"的反面是什么？第六个问题,什么是"自然状态"？这就过渡到了庄子,在庄子那里,"自然"是一种自然状态。第七个问题,情感和"自然"。"自然"不简单的是一种社会状态,也是人的一种精神状态,还是人的一种情感状态。我们是围绕"自然"而去讲这些问题的。

二、"自""然"与"自然"

我们现在来看第一个问题,"自""然"与"自然"。今天的中国人或者在做哲学的人,有些远远没有古人严谨、严格。我们叫"国家",实际上国是国,家是家；我们叫"人民",实际上人是人,民是民；我们叫"变化",实际上变是变,化是化；我们叫"兄弟",实际上兄是兄,弟是弟。有人说"精神""性命""道德"这些词,在《庄子·内篇》是单独出现的，在《庄子·外篇》《庄子·杂篇》是合成出现的，以为合成出现的"精神"，就是我们今天讲的精神，"性命"就是我们今天讲的性命，"道德"就是我们今天讲的道德。我甚至仍然认为这两个字即使写在一起，也并不意味着就是这个意思。这里我们一定要具体分析，别想当然地认为"道德"就是今天所讲的道德，"道德"也许就是"道""德"。《老子》第25章还讲"独立"，"独立"是我们今天讲的国家要独立的"独立"吗？第25章不能读成"独立而不改"，而应当读成"独，立而不改"。哲学一定要讲概念，而讲概念一定要讲它的严格的区别以及它的关联性。

那么，今天我们讲"自然"，也应当有这样一个基本的思路。但是"自然"和"道德"不同，"自然"其实不是"自""然"。"道""德"是平行的概念，"自""然"是平行的概念吗？"道德"是一个合成的结构、并列的结构，"自然"是一个合成的结构、并列的结构吗？它不是。它的重点显然在"自"上，但是"然"绝对不是无足轻重的。我们必须从这个词的结构开始讲起。

我们现在来讲第一个字"自"。"自"这个字在甲骨文中就有，在金文中也有。"自"的本义是什么？《说文解字》说："自，鼻也。""自"本来就是"鼻"，后来"自"用以表示"自"的含义后，不得不再重新造一个"鼻"字。但是，你要知道"鼻"的上半部就是"自"，这一点很重要。"自"的本源是我们的鼻子，它流露出两层含义。我的鼻子天生如此、本来如此，这是第一层含义。第二层含义是不能改变，指的是一种客观性。这两层含义很重要，"自"来自"鼻"这一点是一切思想问题的基础。

哲学院的博士生要有哲学性，要有哲学的精神。哲学的重要性不在于哲学家说了什么，而在于他怎么说。说什么是知识，怎么说、为什么这样说才是学问。我认为，比意见重要的是知识，比知识重要的是学问，比学问重要的是方法。

那么何为"自"？"自"是相对于"他"而言的。"他"字从人从也，"他"也是人，你要把"他"当成人看待，你不要把"他"当成你的地狱，认为"他人即地狱"。"自"把一切事物分为两个方面，"自"之外的一切都是"他"，"他"可以是其他人，也可以是其他物，比如说他山、他水、他地；"他"可以是单数，也可以是复数。

第一个问题我们讲了"自"的字源，我们现在讲与"自"相反的词、与"自"相近的词，"自"不是"他"，那么"自"是"己"吗？"自"也不是"己"。那什么是"己"？看《释名》里边怎么讲，看段玉裁的《说文解字注》里边怎么讲。段玉裁《说文解字注》曰："己在中，人在外。""己"是就自己而言的，"己"所得意的是与他人的区别，突出的是有别于人的因素。而"自"虽然也有别于他人，但"自"更突出的是本有的、与生俱来的、属自而非他的性质。我们还是用鼻子来举例，说到"自"就会想到鼻子。你的鼻子变成了别人的鼻子，你高兴吗？你愿意吗？佛教说佛性人所自有，人人所自有，故谓之"自性"。六祖慧能说："如是诸法，在自性中。""自性迷，即是众生；自性觉，即是佛。"说"自性"，能说"己性"吗？"自"恰恰强调的是那种独立性、完整性，而"己"恰恰强调的是与他者的区别，所以不要去管"他"，那就是"自"，一说"己"的话，那就有一个我怎样别人怎样的意思。还有"自"是"我"吗？"自"也不是"我"。"我"更多的是在强调与你、与他之间的这种区别。"我"更多的是在强调一种主体性的含义。如果从主体性和客体性的这个意义上来讲的话，那么"自"大体是一个客体性，"我"就是主体性。只能说"自"的客体性，天生如此，不可改变，无法改变，"我"拿它都没办法。我们常说"我"很烦，"自"烦不烦？"自"不烦，"自"怎么会烦呢？我们也常说别惹"我"生气，并没有说别惹"自"生气，别惹"吾"生气，别惹"己"生气，这些词你仔细去分辨。"自"不会生气，"己"也不会生气。可以通过庄子所说的"吾丧我"，仔细地分析一下"吾"与"我"之间的区别。"吾丧我"能说成"吾丧吾"吗？能说成"我丧我"吗？能说成"我丧吾"吗？老子说："人之所教，我亦教之。强梁者不得其死，吾将以为教父。"能说"我将以为教父"吗？孟子说，"彼以其富，我以吾仁；彼以其爵，我以吾义"。从"我以吾仁""我以吾义"中仔细体会一下"吾"与"我"之间的区别。如果大家有兴趣可以查一下我的那篇文章《庄子"吾丧我"义解》。"什么是吾"？"什么是我"？"什么是丧"？我甚至认为过去关于"吾"与"我"之间的这种区别都没有说清楚，我相信我说清楚了。我引用了大量的先秦时的文献证明我的这种说法，"自"不是"他"，不是"己"，不是"我"，"自"就是"自"，"自"所突出的就是它的客观性。每个人都可以说"自"，如"自以为"，他人也可以说"自"如何，如"自言本是京城女"，从白居易的嘴里说出来那个琵琶女说自己是京城女。所以你看"自言本是京城女"这句话你要翻译成是谁说的？是白居易说那个琵琶女"自言本是京城女"。这里只能用"自"，不能用"我"或"吾"或"己"。

第二个字"然"。"然"是如此、这样，我们看"然"的本字是什么？《说文解字》说："然，烧也。"《广雅·释古》说："然，成也。"我们今天研究中国哲学也讲文字，但不是一种语言学的方法，而是一种哲学的方法。"然"的三个部分是什么？它是由肉、犬、火三个部分构成的。"然"的本义就是燃烧。怎么燃烧？搭了一个架子，在上面烤狗肉。因为后来"然"这个字已经变成如此这般的意思，所以关于"燃"就不得不再造一个字，就像"自"，本来是"鼻"现在成为"自"，那么"鼻"就得重造一个字。"然"是火的燃烧，但这种燃烧绝对是缓慢的并且是不紧张的，注意仔细体会这样的意思。"自"和"然"两个字合起来而成为"自然"，"自然"合称是说"自-然"。"自然"之"自"，强调非他、非己、非我，"自然"之"然"强调如此这般，而非促使、使然、强迫。

我现在讲到中国哲学第一步的问题，我们先分析一下字源。第二步就是引文了，我们就进入文本，进入文献。"自"这个字在《老子》一书中出现了33次。除了第21章说"自古及今，其名不去"，这个"自"是自从的意思，其他的32次用法，都和"自然"的"自"用法一致。"自然"一共出现了5次，那么除了这5次之外，其余27次的用法，比如说"自生""自遗""自见""自是""自伐""自矜"等，可以分成几类，第一类是带有负面含义的，第二类是带有正面含义的，第三类是带有中性含义的。带有负面含义的词，比如说"自见""自是""自伐""自矜""自为大""自贵"；带有正面含义的词，比如说"自宾""自均""自知""自胜""自化""自正""自富""自朴""自爱""自贵""自来"；无义的、中性的有"自称"。不管是负面、正面的还是中性的，32次用法中只有5次讲的是自然。老子说"道法自然"，而绝对不会说"道法自胜""道法自化""道法自富""道法自爱"，以及我们现在所说的"道法自强""道法自立"。虽然都有"自"，但"自然"一词是偏正结构，它的重点显然是在"自"上，而不是在"然"上。"然"是非为，而"见""是""伐""矜"是为，"然"是顺向的，是无为，是无意，而"见""是""伐""矜"是逆向的，是有意，是强为，这是就负面意思来讲的。那么就正面意思来讲，"然"是本来如此，"宾""均""知""胜""化""正""富""朴""爱""贵""来"，则是结果如此。"然"无意向性，而"宾""均""知""胜"则流于意、专于意，它们恰恰是有意的。

五　道家的"自然"观念

我们之所以上大学，是为了使自己的思考变成一种有水准的专业性的思考，专业性的思考一定是严谨的，不能是模棱两可的。如果我们考上了博士研究生，脑子里边还是一团糨糊，这可以吗？哲学不只是一种理论，更为重要的恰恰在于它是一种方法，是什么方法呢？很多人在大学给学生讲课常说"我以为"，其实你以为的那些都是意见。有人告诉苏格拉底，传神谕的祭司告诉大家在人世间苏格拉底是最有知识的，苏格拉底说，我怎么没有觉得我有知识。所以苏格拉底为了证明神所说的话肯定没有错，就与自认为有知识的人进行辩论，与政治家、诗人和将军辩论，原来那些知识都不是知识，都只是意见，都是"我以为""在我看来"，他们都错误地把意见当成知识。所以比意见更重要的是知识。什么是知识？老子关于这个问题是怎么说的？孔子关于这个问题是怎么说的？孔子关于君子所说的第一句话是什么？"人不知而不愠，不亦君子乎"。这是知识，千古不变。但是比知识更重要的是什么？是学问。关于君子，关于人，它们构成了一个什么样的关系？孔子遇到了什么样的问题？这个问题是怎么解决的？它给我们留下了什么样的思考？到现在还有什么意义？当我们这样去思考问题的时候，这就是学问而不是知识了。但这些东西都不是最根本的，更重要的是一种方法，比学问更重要的是方法。老师不可能把一切都告诉你，老师不可能对每一个人进行个案分析。老师给我们讲过孔子，讲过老子，老师没给我们讲过熊十力，我们讲到熊十力的时候怎么办？我们按照老师的思路怎么进行？方法是什么？刨根问底，引经据典，分析批判。我们刚才用的就这个方法，不管是"自"还是"然"，我们都是从刨根问底的角度上来讲，那么下面我们就贯穿这种方法，引经据典。一部老学史、一部孔学史关于这个问题是怎么讲的？你不能无视这一部学术史。谁怎么说的？这是什么？

引经据典。完了以后怎么办？分析批判。我认为这是一种哲学的方法。

关于经典人物、经典思想，我现在还要再讲我的另外一种新的方法："以老解老"。这个问题到底是什么意思？看《老子》其他章节是怎么说的。用老子的话来解释老子的思想，就是"以老解老"。那么对庄子而言就是"以庄解庄"。但是老子有的话是看不明白的，比如说第39章"昔之得一者：天得一以清；地得一以宁"中的"一"是什么意思？老子没有说，那么看庄子怎么说。《知北游》中说："天不得不高，地不得不广，日月不得不行，万物不得不昌，此其道与！"用庄子的话来解释老子的思想，就是"以庄解老"。那么《庄子》中也有一些核心概念，他是不做解释的。《齐物论》中所讲到的"莫若以明"是什么意思？"莫若以明"的核心显然是"明"，什么是"明"？庄子从来没有告诉我们什么是"明"，那么看老子怎么说。关于"明"，老子有四种说法："知常曰明""不自见故明""自知者明""见小曰明"。用老子的话来解释庄子的思想，就是"以老解庄"。我认为这是一种哲学的方法。我今天给你们讲"自然"也是这个意思，也是这个态度。在日常语言中，除上述这些之外，加上《老子》中所讲的，我数了一下，在我的文章里面所提到的关于"自"的词组，共有71个。

三、"自然"之义

那什么是"自然"？"自然"作为一个概念，在《老子》一书中出现了5次，在《庄子》一书中出现了8次，在《列子》一书中出现了6次，在《荀子》一书中出现了2次，在《墨子》一书中出现了

五　道家的"自然"观念

1次（但《墨子》中这一次是在《经说上》，这是晚期墨家的著作），在《战国策》中出现了1次。这大体是先秦时期主要典籍中"自然"这个词的分布状态。当我们说一个字是什么意思的时候，我就用这种方法。什么是"吾"？什么是"我"？我就把先秦典籍中所有关于"吾"与"我"的词都统计一遍，通过统计这个字的意思基本上就明朗了："吾"是一种客观性的词语，"我"是一种主观性的词语。《诗经》中"吾"只出现了一次，而"我"一共出现了590次。我的这种方法最早源于我的一篇文章。文章中讲到，子夏说"仕而优则学，学而优则仕"。现在人们经常说"学而优则仕"，意思是学习好了就要做官，不做官就不算学得好。我说不是这个意思。那么什么是"学"？所以才有了我对于"学"的思考。什么是"优"？"优"在《论语》中一共出现了3次，《论语》也没有告诉我们"优"是什么意思。那么继续查，先秦所有的典籍我都搜索一遍，"优"一共出现了63次。我们必须通过对传世文献的仔细统计来辨明它的意思。那么在这63次中，"优"有没有优秀之义呢？没有。因为没有，所以说"学而优则仕"之"优"是优秀的意思，显然是不成立的。"优"具有优秀的意思是到了汉代才出现的，我们一定要有这种意识。

我们说"自然"的分布情况，那么，什么是"自然"？老子没说，庄子没说，列子没说，荀子没说。没说怎么办？我得继续翻书。不要以为了解了"自"，了解了"然"，就了解了"自然"，就知道了"自然"是什么意思。先秦文献中没有。东汉王充写了一篇文章，题目就是《自然》。我们看王充怎么说的？"天动不欲以生物，而物自生，此则自然也。施气不欲为物，而物自为，此则无为也。"物自生与自然有关系，物自为与无为有关系。在王充看来，"物自生""物无为"是物自己如此，是物自己使然，此即为物之自然。自生、自为之"自"是相对于"他"而言的。我们再去看，"二子之命,偶自不长,二偶三合,似若有之,其实自然,非他为也"。这句话更重要。"其实自然,非他为也",对于王充而言,是把"自然"相对于"他为",或者用我们的话来讲,"自然"是相对于"他然"而言的,"他"是外在的力量。

在《庄子》一书中不仅有寓言,而且有重言。重言是什么?我们要去引用一个重要的人物,比如张立文老师是怎么说的,然后就拿这个去证明,这叫重言。有人把它读作"重(chóng)言",我认为不妥。重言是重要人物所说的话,以它来抬高自己,直接作为一个论据。我们从先秦典籍翻到王充,王充说"自然,非他为也"。但是这里边有个问题,"天动不欲以生物,而物自生,此则自然也",王充显然把这一个"自然"等同于"自生",等同于"自为",我们长期所犯的一个错误大体就是这个错误,我们过去对于"自然"这个词的理解就停留在王充这个水平上,所谓"自然"就是自得其然,就是自己如此,没有外力作用的意思。老子是在这个意义上来用的吗?如果老子这样来用的话,为什么在他的五千言中出现了"自"的32个词组,都在讲"自",而没有一处讲到"他"?老子写《道德经》难道就是要给我们说"自然"就是自己如此,就是自以为是、自以为然,没有外力作用的意思?你对老子的理解是不是有点太简单了、太表面了、太王充化了?虽然王充很重要,我觉得他的主要贡献就在于自然非他然,但是这显然不是老子的重点。如果自然非他然又何必去讲"自伐""自矜""自均""自化""自朴"等这么多的东西?

那么继续往下翻书,郭象在《齐物论注》里边说:"然则生生者谁哉?块然而自生耳。自生耳,非我生也。"我对郭象比较反感,我觉得郭象对《庄子》的解释把我们引到了一条邪路上去,所以我对郭象评价不高。但是当我看到这句话的时候,当我写这篇文章的时候,我就感觉郭象帮我解决了一个大问题。你看这句话,"然则生生者谁哉?块然而自生耳。自生耳,非我生也。我既不能生物,物亦不能生我,则我自然矣。自己而然"。自生,非我生;自然,自己而然。"自己而然"不是"自己而是",我是严格区分"自己而然"和"自己而是"的。"自己而然"这四个字是我最欣赏的。虽然郭象这个人我很讨厌,他对《庄子》中"逍遥游"的解释以及"天人"的解释,甚至让我感到愤怒。但是他关于"自然"的解释是挺好的。所以王充告诉我们"自然不是他然",郭象告诉我们"自然不是我然"。什么叫"我然"?如果说自己使自己如此,我饿了不吃饭,我困了不睡觉,我努力,我奋斗,我自强不息,没有人强迫,都来自自己的动力,是自然吗?不自然。我甚至认为老子讲到"自然",更重要的是郭象这个方面的意思。我后面会再讲到"执",执迷不悟的"执",佛教所谓的"我执"。我后面会再讲到一个问题,"自然"的反面是什么?老子不简单地讲到"自然",老子不简单地讲到"自然"与"道"的关系、"自然"与"无为"的关系,还讲到"自然"的反面是什么。这样的问题恰恰才是老子要写出一部《道德经》的很重要的原因。在郭象看来,"自然"一定是非为的,"为"不仅来自外在的方面,"为"也可能来自内在的方面。来自外在的力量,为外力所驱使,这个外就是"他为",就是"他然",所以"自然"之"自"是相对于"他"而言的。"为"来自内在的方面,来自内在的力量,为内在的意愿所驱使,也就是因为主体的"我"的驱使,因"我"而如此,因内在的力量而如此。就此而言"自然"之"自"是相对于"我"而言的。这就是我不断地、重复地所要表达的核心意思,也就是我的一篇论文的题目——《论"自然"的两层排斥性意涵》,结论就是:"自然"的两层排斥性意涵,一是排斥他然,排斥外在力量的强迫。二是排斥我然,排斥自是。"自然"之"然"

既不是"他",也不是"我","自然"之"然"不是"是"。我们以"是"为一个代表,"是"是"为","然"不是"为","是"是"执"。

四、自然与道

我们现在讲清楚了什么是"自然",但老子为什么要讲"自然"?老子为了讲"道",而"道"不可道。所以我认为老子真的是一个有大智慧的人,我们所能够想到的问题,至少我所能想到的所有问题,他都已经想到了。道不可道,又不得不道,所以老子借助于"自然"来让我们去把握"道",了解"道"。"自然"与"道"的关系最重要的一句话就是第25章"道法自然",所以我们肯定不能回避这个问题,不能回避什么问题呢?前面讲"人法地,地法天,天法道",这都没有问题。人应当效法地,地应当效法天,天应当效法道。那么人不仅要效法地,而且要效法天,还要效法道。这些都没问题,最奥妙的就是"道法自然"。

台湾的老一辈学者严灵峰老先生做了一个类似"老子集成"的文本,把所有《老子》的文本都收集起来,叫作《无求备斋》。他是非常受人敬仰的一个学者。他说:"从来研究老子的人都认为,老子书中以'道'为最高范畴,其实,自宇宙本体言之,则为'道';自演的程序言之,则以'自然'为极致。"理由就是因为"道法自然"。现在学术界关于"道法自然"有很大的争议。有人认为"道法自然"就是道效法万物之自然。"自然"的主语是谁?是万物。有的人就觉得"道效法万物之自然"说得有点重,就说"道遵循万物之自然""道顺应万物之自然"。语气轻重有改变,意义本质没有改变。

先说严灵峰老先生的观点,如果在"道"之上还有一个"自然",那"道"还是道吗?老子说道"先天地生",又说"吾不知谁之子,象帝之先",庄子说道"自本自根,未有天地,自古以固存;神鬼神帝,生天生地;在太极之上而不为高,在六极之下而不为深,先天地生而不为久,长于上古而不为老"。如果在"道"之上还有一个比"道"更高的存在,这样的"道"一定不是道,不是真道。"道"之所以为道,就在于在它之上不可能有一个比它更高的存在。第二种解释的问题是什么?将"道法自然"解释成道效法万物之自然,从而把"自然"实体化、名词化,甚至有的人用"nature"来理解"自然"。道家之为道家,道教之为道教,乃至于老子、庄子和其他所有道家人物以及所有学说中最根本、最高级的词无疑是"道"。不仅道家,金岳霖先生写的《论道》里面有一段文字,也讲到这个"道"。老先生很感慨,讲到所有中国人对于"道"的那种情怀。"中国思想中最崇高的概念似乎是道。……不道之道,各家所欲言而不能尽的道,国人对之油然而生景仰之心的道,万事万物之所不得不由、不得不依、不得不归的道才是中国思想中最崇高的概念,最基本的原动力。""道"是最高的存在,是终极之根本。怎么可能在"道"之上还有一个存在?如果这样的话,道家就不是道家而是"自然家"了,道教就不是道教而是"自然教"了。虽然"自然"这个词很重要,但它也不能凌驾于"道"之上。而且,老子讲"自然"并不是为了推崇"自然",而是要人们由"自然"以明道,因"自然"以循道,明"自然"以守道。讲自然,只是为了说明"道",而不是要把"自然"抬高到"道"之上这么一个程度。

什么是"道法自然"?我们看王弼是怎么说的,河上公是怎么说的,吴澄是怎么说的。我为什么先讲吴澄,因为吴澄把这个根本点给我们揭示出来了:"道之所以大,以其自然,故曰法自然,非道之外别有自然也。自然者，无有无名是也。"再看王弼说："道不违自然，乃得其性，法自然也。法自然者，在方而法方，在圆而法圆，于自然无违也。自然者，无称之言，穷极之辞也。"河上公说："道性自然，无所法也。"有人曾经提出这样的问题："河上公说'道性自然，无所法也'，王弼说'在方而法方，在圆而法圆'，哪个对？"我说都对，这不矛盾，无所法指的是方者法方不法圆，圆者法圆不法方，圆者安于圆，方者安于方。如果圆者不安于圆而羡慕方，方者不安于方而羡慕圆，那就不自然了。注意：我仍然强调"自然"这个词应该怎么来读它——"自－然"。每个人有每个人的"自"，每个物有每个物的"自"，有一万个物就有一万个物的"自然"，没有一个统一的、固定不变的"自然"。我的个性是寡言少语，寡言少语就是我的自然。一个性格开朗的人，今天寡言少语就是不自然。就人而言是如此，就物而言更是如此。鹰击长空，鱼翔浅底。鹰的自然是在高空中飞翔，你让鹰别飞了，在地面上走，鹰不自然；你让鱼待在陆地上，鱼不自然。儿童有儿童的活泼、天真、烂漫，这是他的自然。老莱娱亲自然吗？活了80岁了，为了逗父母高兴，还在那装个小孩子，那自然吗？所以"自然"不能读成"自然"，应该读成"自－然"。仔细体会这个意思。所以物有物的自然，人有人的自然。每一物有每一物的自然，因为每一物都有别于他物的"自"。自然是不可模仿的，模仿自然就是伪。"道法自然"，也就是道以自然为法。有人觉得河上公所谓"道性自然"这个讲法不好。我现在干脆说，"人法地，地法天，天法道，道自然"。

我和其他学者的主要分歧在于：他们认为道不自然，自然的都是外在的物，道无所谓自然的问题。问题是，如果道不自然，那道还是道吗？所谓"道法自然"，我们也别说"道性自然"，也别说"道以自然为法"，把"法"字省略，就说"道自然"。道之所以为

五 道家的"自然"观念

道,就是因为道自然,道不自然就不是道。我们看《老子》这里有关键性的一句话:"夫莫之命而常自然"。"道生之,德畜之","道之尊,德之贵",道之所以尊恰恰就在于它"常自然",道的自然是一切自然的根本,是一切自然所能自然的根据。

按照老子的理解,天下一切物存在之前就有道。我最近想要把《老子》第42章这一段话解释一遍。"道生一,一生二,二生三,三生万物。万物负阴而抱阳,冲气以为和"。这句话什么意思?我的问题是道生一之前道如何,道生一以后道如何?一生二以后,二是什么?生了二以后原来一在何处?二生三,三是什么?"二生三",按照现在的解释变成了两个一结合生出来一个"第三者"。按照过去的一种解释,"道生一"之后道不再是道而变成一了,"一生二"以后一分为二,一不在了,"二生三"以后,原来所谓的"二"发生了变化。我反对这种解释。"道生一"之前道是道,"道生一"之后道仍然是道,前无余,后不缺。道在生一之前无余,道在生一之后不缺。"一生二",一还是一,有一个新一加旧一为二;"二生三",一是一,二是二,不管是从一还是从二再生一个为三,一还是一,二还是二,因此而有三,以此类推。如果说道生一了以后道不在了,然后一变成二,二变成三,三变成万物,万物忽然毁灭了,万劫不复了,那就太可怕了。这种解释,它的最大的不合理之处就在这里。

之所以"道之尊,德之贵",是因为道生养这一切,但它没有想通过这个去达到什么目的。不要以为"自然"这个词在《老子》一书中一共出现了5次,在这5次之外就没有自然。我认为《老子》一书中有7个核心观念:道、德、自然、无为、无为而无不为、虚静、柔顺。所以我们根据这7个核心观念来分析:第1章讲"道",第2章讲"自然",第3章讲"无为",第4章讲"道",第5章讲"自然"。不是我说第2章讲"自然",第5章讲"自然",而是王弼在解释第2章、第5章的时候,用的就是"自然"。第2章有"无为",没有"自然","是以圣人处无为之事",不要以为有"无为"就是讲"无为",因为"处无为之事"之后还有"行不言之教",还有"生而不有。为而不恃,功成而弗居"。"为而不恃"是无为吗?王弼在解释这一章的时候说:"自然已足,为则败也。"第2章虽有"无为",但讲的不是无为,而是自然,是讲"圣人"也就是最高统治者要"自然"。第5章:"天地不仁,以万物为刍狗;圣人不仁,以百姓为刍狗。"虽然没有"自然",但是"天地不仁"就是天地"自然"的表现。儒家讲到天地是个仁爱的化身,道家不这样讲,老子不这样讲。"不仁"不是不做好事,不做仁事,也不是不做事,而是不把这件事当成一件仁事去做。在我的一篇文章中就说:"天地不仁,非天地不仁也,不以仁为也。"不是我有意识要去做一个好事。但儒家恰恰是这样理解天地的。那么圣人应当以天地为法,所以"天地不仁"应当是"圣人不仁"的效法对象。什么是"圣人不仁"?第49章说:"圣人无常心,以百姓心为心,善者,吾善之;不善者,吾亦善之;德善。信者,吾信之;不信者,吾亦信之;德信。"这就是"以百姓为刍狗"。"以百姓为刍狗"的意思就是一视同仁,不区别对待。第37章:"道常无为而无不为。侯王若能守之,万物将自化。"这里的万物,主要指的是万民,因为前面是侯王,后面对应的是万民。什么是"化而欲作"?"欲"是欲望。"化而欲作"四个字是不通的,这里边有略字。"化而欲作"的意思是:"不能化而欲作"。道常无为而无不为,侯王如果以这个为治国的法则,万民将会以此为原则,就是所谓的"圣人抱一为天下式"。为老百姓树立一个榜样。我这里用的方法就是"以老解老"。所以"道常无为而无不为,侯王若能守之,万物将自化"就是第22章所讲的"圣人抱一为天下式"。那么"万物将自化",是百分之百自化吗?可能是百分之八十、百分之九十化了,还有百分之二十、百分之十没有化,他们的欲望进一步兴作。所以"化而欲作"指的是未能化的人,他们的欲望进一步兴作。那么侯王怎么样呢?"吾将镇之以无名之朴",这个"吾"指的就是侯王。不能说把这些没有化的人拉出去斩了,而是"吾将镇之以无名之朴"。"善者,吾善之;不善者,吾亦善之";"信者,吾信之;不信者,吾亦信之"。这才是"吾将镇之以无名之朴"。侯王仍然以不变应万变,仍然以对待大多数人的态度对待这些不改变的人,他们这个时候怎么样?"吾将镇之以无名之朴。无名之朴,夫亦将无欲。"他们的欲就被镇下去了。"不欲以静,天下将自定。"这就是"圣人不仁"。所以,"圣人不仁"是"圣人"自然。"圣人处无为之事,行不言之教;万物作焉而不辞,生而不有。为而不恃,功成而弗居。"这就是侯王的自然,这就是圣人的自然,他本来就应该如此。所以这里边根本不像一些学者所说。他们老是在说道效法万物之自然,然后再说圣人无为,百姓自然,百姓的自然是圣人无为而带来的好的结果,所以我们应当感谢圣人。百姓凭什么要感谢圣人?圣人本来就应该"处无为之事,行不言之教",圣人本来就应当"抱一为天下式",圣人只是做了应该做的事。

所以,我反复讲:道有道的自然,圣人有圣人的自然,万物有万物的自然,百姓有百姓的自然,都有其自然。不要以为道无为,万物自然,圣人无为,百姓自然,而且这两者之间有因果关系。我反对这种说法,当然你们也可以赞同这种说法,但是你们要知道我的说法是针对这种说法的。

五、自然与无为

第五个问题，自然与无为。其实刚才已经涉及这个问题，因为已经不断地说到自然和无为两个观念的主语的问题，而且这两个观念之间有一定的关系。

我们首先来探讨一下"无为"这样一个词，它是在什么意义上去使用的？《老子》第81章中，排除"不敢为"等这样的说法，纯粹就是"无为"这两个字的连接，一共有13处，我把它全部罗列出来。在这13处"无为"的用法中，我特别强调的是第3章和第63章。两次讲到"为无为"。"无为"严格来说不是两个字，而是三个字。现在很多人都说道家讲"无为"，情况真的是这样吗？虽然"无为"这一观念在《老子》一书中一共出现了13次，"道"出现了76次，"自然"出现了5次，"无为"出现的次数比"自然"多了这么多，但老子哲学的核心是"无为"吗？不是，而是"道""德"。"道""德"是第一层面的，如果有"道""德"不需要讲"自然"，我们丢掉"道""德"了，我们没有"道""德"了，我们怎么接近"道""德"？我们怎么守住"道""德"？这才有一个"自然"的问题。所以"道""德"是第一层面，"自然"是第二层面，"无为"是第三层面，老子讲"无为"是为了讲"道""德"。我后面会再讲到道、德、自然、无为这四个观念之间的内在关系。

我们看"无为"。第一，"无为"不是老子哲学第一等级的问题，因为它是从属于"自然"的，而"自然"是从属于"道"的。第二，"无为"并不是简单地不做事，而是不做不该做的事。第一个字"为"是个动词，知道什么该做，什么不该做，只做该做的，不做不该做的，所以它是三个字："为无为"。这是关于"无为"我要说明的两点。因为我们现在对道家的误解太多了，每个人似乎都可以说我懂道家。我一讲到庄子，学生就给我说庄子是一个不可知论者，庄子是一个宿命论者，这些全都是不实之词。

"无为"在整个道家哲学中处于一个什么样的地位？我们来看第38章，在我看来，第38章无疑是81章中最重要的一章，它的重要性超过了第1章。我特别看重第38章，我把第38章分成四段。"上德不德，是以有德；下德不失德，是以无德"，这是第一段。上德不德，不德就是自然，不德就是不以德自居，没有有意地去做一件好事，让人们去歌颂。如果我们这样来讲"上德不德"，还不能让人明白的话，就看第二段："上德无为而无以为"。"上德无为"，你表面上看它是无为，它无为吗？但它是"无为而无以为"。"以"是原因、目的、用心，我们现在有一个比较文雅的说法，就是"良有以也"。"良"是很有的意思。上德之人没有做什么，不为什么，没有原因，没有想法，什么都没有。"上德无为而无以为"，这就是自然，本来就这样。我们看，"下德"也是"无为"，但这里的"无为"是明确的，即知道什么该做，什么不该做，只做该做的，不做不该做的。我明确这个东西不是我的，不能据为己有，问我为什么？因为如果东窗事发，我就会英名扫地，所以是有原因的。"下德无为而有以为"。"有以为"的"以"是明确的，这是狭义的"无为"。"上德无为而无以为"是无为吗？不是无为，而是自然。"下德无为而有以为"，这个无为是明确的、清楚的，是"有以"的。所以当我们讲"无为"，其实就是在讲：知道什么该做、什么不该做，做该做的、不做不该做的。理所当然，不假思索，不加考虑，这叫作"上德不德"，这叫作"上德无为而无以为"，这不是"无为"，这是"自然"。第三句话，上仁是"为之"，上义也是"为之"，这是上仁和上义与上德和下德的区别。上德、下德都是"无为"，而上仁、上义都是"为之"。但是,"上仁为之而无以为",这就是孟子讲的,"今人乍见孺子将入于井,皆有怵惕恻隐之心",下面还有三句话:"非所以内交于孺子之父母也,非所以要誉于乡党朋友也,非恶其声而然也。"我们为什么救孩子?什么都不为,没有原因,没有用心,所以叫"无以为"。"上义为之而有以为",上义之人既会去为,也知道为什么去为。所以,我们再来看,上德、下德都是"无为",但是前者"无以为",后者"有以为";上仁、上义都是"为之",但是前者"无以为",后者"有以为"。上德和上仁的区别是一个"无为",一个"为之",但相同的都是"无以为"。下德和上义,不同的是一个"无为",一个"为之",但相同的都是"有以为"。老子是哲学家,在这里体现得多么明显,这里的逻辑关系多么严谨。"上德无为而无以为;下德无为而有以为。上仁为之而无以为;上义为之而有以为。"还有:"上礼为之而莫之应,则攘臂而扔之。"什么叫"攘臂"?就是伸出手。"扔之",就是逼其就犯。什么是"礼"?"礼"就是规则、准则、秩序。第三段让我们有点儿莫名其妙,因为前面第一段、第二段都没有"道",只有德、仁、义、礼。但是第三段突然出现"道",而且还有"故"。"故失道而后德,失德而后仁,失仁而后义,失义而后礼。"第一段、第二段没有"道",第三段怎么忽然有了"道"呢?原来"上德"就是"道"。"上德不德""上德无为而无以为",就是自然。下德是"无为而有以为","有以为"是有意识地不做不该做的事,所以这是有德。德之上是道。道、德、仁、义一字排开,所以才有了"失道而后德,失德而后仁,失仁而后义,失义而后礼。"没有道了不得不讲德,没有德了不得不讲仁,没有仁了不得不讲义,没有义了不得不讲礼。反过来说,有道何必讲德,有德何必讲仁,有仁何必讲义,有义何必讲礼,有礼何必讲法?我写过一篇文章,题目是《以道治国与以德治国》。我没讲"以法治国"。在中国古代不是只有以德治国和以法治国两种治国模式,而是三种。什么是"以道治国"?王弼在《老子道德经注》第57章说"以正治国"就是"以道治国"。其实,"以道治国",就是"圣人抱一为天下式",就是"生而不有。为而不恃,功成而弗居",就是"道常无为而无不为。侯王若能守之,万物将自化。化而欲作,吾将镇之以无名之朴。"当然也涉及第57章:"故圣人云:我无为,而民自化;我好静,而民自正;我无事,而民自富;我无欲,而民自朴。"这就是"以道治国"。"以德治国",就是"道之以德,齐之以礼"。"以法治国",就是"道之以政,齐之以刑"。

有人说儒家讲仁义,道家反对仁义。我们看第38章:"故失道而后德,失德而后仁,失仁而后义,失义而后礼。夫礼者,忠信之薄,而乱之首。""首"是什么意思?是"罪魁祸首"之"首"吗?"夫礼者,忠信之薄,而乱之首",是什么意思?从这句话能推导出礼是社会动乱的根源吗?它的整个系统是"道、德、仁、义、礼",是"失道而后德,失德而后仁,失仁而后义,失义而后礼",所以才有了"夫礼者,忠信之薄,而乱之首"。礼的出现意味着忠信已经淡薄,社会动乱已经开始了,那个"首"是开始的意思,不是罪魁祸首之"首"的意思。我们从第38章中看出的系统是:"道、德、仁、义、礼",儒家讲仁义,道家认为在仁义之上还有道德,道家并不反对仁义,这是我的基本观点。有的人说第18章是在否定仁义。第18章要结合第38章看。"大道废,有仁义",是否定仁义吗?还有第19章:"绝圣弃智,民利百倍"。这一说就说到郭店简本去了。我对郭店简本在第19章的讲法是不认可的。我们不讲"绝圣弃智",我们就讲"绝仁弃义"。"绝仁弃义,民复孝慈"。如果把仁义当成表面、当成手段,那仁义也是有限的,也不是根本。"此三者以为文不足"。"此三者",是指圣智、仁义、巧利,都是"文"。"故令有所属",属于什么?属于道、德,从属于道德,回归于道德,以道德为本。不要以为"绝仁弃义",就是反对仁义。老子反对的是被当成形式、当成手段、当成虚情假意、当成外在的"仁义"。"绝仁弃义",这四个字真的是我们不能无视的。"故令有所属"之下还有三句话:"见素抱朴,少私寡欲,绝学无忧。"这是以道德为本,而不是以仁义为本。

"上德无为而无以为",是自然。"无为而无以为"的上德之人,就是自然之人,也可以说就是有道之人。"下德无为而有以为",是无为。而无为是从属于自然的,所以"无为而有以为"是下德之人,是无为之人,也是有德之人。上德高于下德,自然高于无为,由下德而上德,由无为而自然,这是一个上达的途径,是人格修养的途径。无为从属于自然,通过无为而抵达自然,通过自然而归道、守道。老子如此之思想逻辑是非常清晰的。

我这里没有讲"德",最后补充一下。其实我刚才在前面反复说到这句话,"德"是什么?德从属于道。"德"一定是与人相关的概念。万事万物都有道,人不仅有道,人还有德。

《老子》第53章说:"大道甚夷,而人好径。"《齐物论》中说:"一受其成形,不亡以待尽。与物相刃相靡,其行尽如驰,而莫之能止,不亦悲乎!"我认为这段话是进入庄子思想世界的门户。如果我们没有这个问题意识,我们永远在庄子思想世界的大门之外,无法进入庄子的思想世界。将此作为一个思路,后来我就想,我们怎么进入老子的思想世界?进入老子思想世界的门户是什么?就是"大道甚夷,而人好径"。这一句话在第53章,因为它不是第53章的首句,过去都不被人所看重,都被人看轻了。我认为这是老子思想的一个触发点,如果没有这八个字,老子不需要写出一部《道德

五　道家的"自然"观念

经》来。有一条平坦的大道摆在我们每个人的眼前，但是我们很多人背离大道，想要走一条捷径，老子思想学说的全部出发点，就是这个问题。我们可以形象地说"道"这个字的本义，鸟走在鸟道上，兽走在兽道上，鱼走在鱼道上，我们人也应当走在人道上，那样才是人。鸟会不会走在兽道上？不会。鸟是要飞的，鸟虽然也在地上走几步，但都是偶然的。但人老想脱离人道。这就是老子要讲的问题。所以万事万物都有道，人也有道，但是每个物都会自觉地守住自己的道，唯独奇奇怪怪的人、自以为是的人、装模作样的人，动不动就要脱离人道。当然我们就人道而言，君有君道，臣有臣道，父有父道，子有子道，师有师道，生有生道，各行其道。本来就应该是这样，这是自然的。万事万物都有道，万事万物都自然，所以我们说"自然之道"。如果不自然，那一定背道。我反对"老子的自然无为之道"这样的说法。道只是自然之道，没有无为之道这一说。无为是不做不该做的事，在动物界没有该不该，在人的意义上才有该不该，所以这就是无为。不做不该做的事是德，德是道在人身上的具体落实，所以德一定是对人而言的。一个人做了不该做的事，我们也可以说这个人不人道、没人性，但是我们更会说这个人缺德。什么叫缺德？当我们说一个人缺德的时候，不是说他没做什么事，而是他一定做了什么事。人本应当是"为无为"，不做不应该做的事。所以就有了"自然之道""无为之德"这样的说法。对于人才有无为的问题，对于人才有德的问题，而德是道在人身上的具体化。"无为"是"自然"的一个特殊区域，是人的问题。所以"无为之德"是对人而言的，"自然之道"是万事万物皆有的，我们只能叫"自然之道""无为之德"，而不能叫"无为之道""自然之德"。第一层的概念是道、德，就自然而说明道，就无为而说明德。老子哲学这种立体的网络，这四个核心观念之间这种内在的关系是秩序井然的，是系统的，不是我强加给它的，是我们通过对文本的解读，特别是对第38章的解读所得出的结论。

六、自然的反面

自然的反面是什么？把这个问题讲完，就把老子讲完了。在讲自然之前，老子也讲"自见""自是""自伐""自矜"，这些恰恰就是自然的反面。老子还讲"执"，"为者败之，执者失之"。"执"这一概念后来被佛教广泛使用，执是固执，执迷不悟，那就是自是，自以为是，作茧自缚。我们经常看到《坛经》以及其他的佛教典籍讲到，很多人求解脱，师父首先会问一个问题："是谁把你缚了？"自己把自己绑着，你怎么在我这里求解脱呢？我怎么解脱你呢？所以你们经常听到，小和尚问老和尚，老虎脖子上的铃铛，谁可以把它解下来？老和尚说，你应该去找把铃铛系到老虎脖子上的那个人，解铃还须系铃人。自缚、自解、自救，"自性迷即凡夫，自性觉即佛"。你会发现佛教禅宗的很多思想观念和道家老庄是相一致的。

七、自然状态

现在来说一下庄子，我写过一篇有关庄子的论文，题目叫《存在、状态与"自然"——论庄子哲学中的"自然"》。我讲两个问题。庄子关于"自然"的问题是与他的人生论紧密联系在一起的，在庄子这里，"自然"是一种状态，是一种人的存在状态，是一种人的精神状态，也是一种人的情感状态。

五 道家的"自然"观念

我们来看这一段话，出自《庄子·外篇·缮性》："古之人在混芒之中，与一世而得淡漠焉。当是时也，阴阳和静，鬼神不扰，四时得节，万物不伤，群生不夭，人虽有知，无所用之，此之谓至一。当是时也，莫之为而常自然。"这一段很重要的话，它不是出自《庄子·内篇》，它出自《庄子·外篇》。这是"自然"两个字第一次很重要的出场："当是时也，莫之为而常自然。"然后在这讲的是自然是怎么遭到破坏的。我曾经给我的学生提出一个问题，让他们去思考：庄子讲自然状态，霍布斯、卢梭也讲自然状态，有何不同？卢梭讲自然状态的破坏完全是一件偶然的事，庄子是怎么讲自然状态遭到破坏的？这里边的问题太多了，你们可以去思考。在《庄子》里面，自然状态是什么？"当是时也，莫之为而常自然"，这是很重要的一句话，这是一种"淡漠"的状态，精神也是"淡漠"的。《庄子·外篇·天地》中还有一句话，我很欣赏这句话："至德之世，不尚贤，不使能；上如标枝，民如野鹿"。什么是标枝？就是死树干，就是老子所讲到的"太上，下知有之"，死树干不是灯塔，不是旗帜，不是指路明灯。注意下面四句话："端正而不知以为义，相爱而不知以为仁；实而不知以为忠，当而不知以为信"。由这四句话你去领会"失道而后德，失德而后仁"，儒家讲仁义忠信，而至德之世没有别的东西，有的只是行为本身的正当性，人与人相亲相爱，却不知道什么是仁，每个人待人实实在在，却不知道什么是忠，每个人的行为都很正当，却不知道什么是信，这是自然。那么，这样一种自然状态是怎么遭到破坏的？这种自然状态现在有没有可能恢复？庄子哲学给我们留下了这么多思考的空间。

这种存在状态更为重要的是人的一种精神状态，除了精神状态之外，还有一种情感的状态。《庄子·内篇·德充符》讲到了关于"有情无情"的问题："吾所谓无情者，言人之不以好恶内伤其身"。注意，给大家提示一下，"吾所谓无情"不能说"我所谓无情"，这里用的是"吾"而不是"我"。"常因自然而不益生也"，惠子不能接受："不益生，何以有其身？"庄子曰："道与之貌，天与之形，无以好恶内伤其身。"那么，作为一种情感的自然，表面上是无情，但此"无情"，不是无一切情，而是"无物情"。

我们再谈一下"真"。《庄子·杂篇·渔父》："真者，精诚之至也。""不精不诚，不能动人。""真者，所以受于天也，自然不可易也。""真"与"自然"是相关联的。"故圣人法天贵真"。"法天贵真"，这四个字多么值得我们掂量。真情感是内在心理的真实感受，也是其不加造作的自然感受。强与真，一是勉强，一是真实；一是造作，一是自然。真者，无伪、无为，故其天然、自然，"圣人法天贵真"，正因为其"自然"。庄子关于"自然"之论是与他的人生论联系在一起的。在庄子哲学中，自然是一种状态，是一种社会状态，是一种人的存在状态，是一种精神状态，也是一种真与美的状态。

（廖浩整理）

六

生命复制的双重含义

◎ 朱锐

时间：2020 年 10 月 27 日 18：00—20：00
地点：中国人民大学公共教学三楼 3102

朱锐，中国人民大学哲学院教授，中国人民大学"杰出学者"特聘教授。研究领域包括神经和心灵哲学、神经美学、柏拉图、比较哲学。在国际一流学术刊物发表论文近 30 篇，代表性中文论著为《语词和对象》（译著）。

今天谈生命复制的双重含义。之所以去掉原副标题"从计算角度来看生命和心的复杂性",是基于一定方便的考量。计算会涉及,但不会很多。今天的内容也许大家比较陌生,因此可以看作介绍性的乃至方法论式的探索。对于相关的具体问题,特别是我个人的观点,希望大家在演讲完后自由、踊跃地发言,这有助于把我该讲但又不可能讲清楚的问题与大家分享讨论。

今天从心灵的角度谈生命,也从生命的角度谈心灵,围绕着生命科学,主要是生物学中两个具有代表性的生命复制定义——self-replication 和 autopoiesis 来展开。这里试着把它们翻译为"自我复制"与"系统自创"(相信国内有不同的译法,但翻译本身不是特别重要)。大家应该注意的是它的英文原文,self-replication 和 autopoiesis。我将从这两个生命复制的概念出发,来阐述生命和认知的一个共同特征,即开放与封闭之间的辩证关系。

首先要说明的是,今天的内容实际上并不具有原创性,因为从生命的角度谈认知,或者从认知的角度去谈生命,是学界一直在探索的角度或方法论。但是在讲座中有一点至少在我自己看来是比较重要的建议,即把生命和认知放在封闭与开放的辩证关系中去讨论。生命是什么样的开放性系统,同时又是什么样的封闭性系统,然后是通过什么样的开放与封闭的辩证关系来实现自己?至于认知,我们也思索同样类型的问题。遗憾的是在讲座之中我无法过多阐述认知方面的开放与封闭,主要还是讲生命,尽管二者密不可分。

总之,生命复制的两个概念 self-replication 和 autopoiesis,是今晚的主要内容,尤其是生命与心灵之间的密切联系。本讲分5个小节,第一节是生命与认知,第二节是功能与多重可实现,第三节是系统自创,第四节是自我复制,第五节是结语。

六　生命复制的双重含义

一、生命与认知

首先谈生命与认知。薛定谔是一个非常有名的物理学家，其地位大概仅次于爱因斯坦。1943年他在都柏林做过一个系列演讲，题目叫"What is life?"（什么是生命？）这在很多人看来是人类思想史上一个里程碑式的作品，意义重大。这不光指科学上的意义，也指哲学上的意义。他在其中提了两个问题，特别是第一个问题，看起来有点无厘头，但是实际上非常深刻。它从一个全新的角度探索生命和认知的关系。

他的问题是什么呢？我称它为"薛定谔的大小之辩"，大小就是计算，中间涉及一些数学内容，但是我们只需定性地去看问题。他的第一个问题是这样的："为何原子如此之微，而生命却如此之巨？"也就是说，为什么生命不能更小些？为什么不能像原子类基本粒子那样小？他的原话是："人为什么不能像原子那样微小而精致，从而能感受到单个原子的运动？"想象一下，如果我们的生命小到能有超级感受力，能够体验到单个原子的运动，那我们的生命会不会非常强大，像千里眼顺风耳，能够远远超越我们现有的认知能力？

薛定谔的结论让人惊讶。在他看来，如果真是那样，那我们就什么也感觉不到，什么也认识不了。能感知到一切就等于一无所知。他的道理实际上很简单，因为所有原子一直都在执行无序的热运动（heat motion），不存在任何有序行为；而秩序只是在大量原子堆积的前提下，通过统计规律的作用才会呈现。也就是说，无序的充分堆积才会产生有序。秩序是大量原子聚在一起自发呈现的现象规律，而物理规律的精度也会随着原子数量的增加而提高。

他的原文是这样的："If we were organisms so sensitive that a single atom, or even a few atoms, could make a perceptible impression on our senses—Heavens, what would life be like! To stress one point: an organism of that kind would most certainly not be capable of developing the kind of orderly thought which, after passing through a long sequence of earlier stages, ultimately results in forming, among many other ideas, the idea of an atom."（倘若我们如此敏感，以至于单个原子甚至几个原子都能够对我们的感官产生可感知的印象，天啊，生命将会是什么样？其关键在于：这种有机体肯定不会发展出有序思想，更不会在经过一系列早期阶段之后，最终形成一个原子的观念。）

这是一个有趣的推理。如果我们能够感知到单个原子运动，那么我们就不会产生原子观念。为什么？因为观念是有序的，是思想的结果，而思想是生命的有序活动。原子本身是无序的，如果你整天被无序的原子颤动所干扰，那么任何认知活动、生命规律都实现不了。在这里，他的意思实际上有两层：如果生命像原子那样小，那么生命是不可能存在的，因为生命本身也是秩序；如果生命认知过于敏感，能够感受到单个原子的运动，那么认知也是不可能存在的。所以生命和认知之间有一种平行关系，它们都不可能在单个或者少量原子层级上实现。

这涉及今天的第一个主题，即封闭性。也就是说，生命与生命认知必须呈现对原子层级的封闭性才成为可能，才可能实现生命和认知所必需的秩序。这个想法跟庄子遥相呼应：在《逍遥游》中庄子讲小大之辩：如果你小到一定的地步，你是不是还能理解鲲鹏展翅？薛定谔的推理基于概率统计规律，认为如果我们能小到可以感知原子，那生命和思想都不可能；原子观念的起源恰恰在于我们对原子的不知不觉。生命规律，包括有序之思想，只能通过其对单个

六 生命复制的双重含义

（或少数）原子的不知不觉才能产生。过小、过于精致的生命是不可能的，这是所谓的生命的大道理。

紧接着是生命的小道理。薛定谔提出，从生命遗传的角度看，实现生命规律的原子数又是极其微小的。个体生命从单个细胞发育成长过来，即源于单个细胞（受精卵）的不断分裂；不仅如此，只是细胞的细胞核才真正包含个体生命所需要的"内容"。相对而言，细胞核是如此之小，小到连一般物理规律所要求的大量原子堆积都满足不了，而生命规律却又是如此之复杂！前面说生命必须靠大量原子的堆积才会产生，而这里又承认单个细胞核都能包含个体生命的内容，这不是自相矛盾吗？

薛定谔在前面说生命如此之大，现在又说生命如此之小，他到底想说什么？其实两者差不多，都是在讲物理规律后面的计算问题。他的意思是：既然物理规律依赖大量原子的存在，有大量原子才有规律，才有秩序，而规定个体生命发展的细胞核却如此之小，其原子数远远不足以实现一般物理规律，那么生命规律来自哪里？这是现代科学史上最重要的问题之一。他问了一个似乎是无厘头的问题，但是20世纪50年代以后一系列的生物学发现，都可以追溯到这里所说的薛定谔的大小之辩。

对于生命规律的基础或来源问题，假如你信教，你可能会说生命规律来自上帝，不是靠物理世界实现的，所以也谈不上生命原子数的计算问题。但薛定谔不这样认为。根据生命的大小之辩，他在演讲中提出这样的一个假设，即染色体内部应该包含某种可以绕开物理热运动规律的生命密码。个体生命规律只有以密码形式储存在细胞核内部，才能摆脱大量原子堆积的规律性前提（因为密码的储存和解读不需要热消耗）。薛定谔的假设激发并引导沃特森（J. D. Watson）和克里克（F. Crick）去揭示DNA的双螺旋结构。DNA结构的发现和薛定谔的生命哲学直接相关，这是公认的事实。在薛定谔看来，既然原子不能实现生命和认知规律，那么生命规律很有可能来自染色体内部的某种编码。然后DNA结构真的被找到了。这就是思想的力量，也是问题的力量。

薛定谔的大小之辩从侧面显示了生命与认知所特有的封闭与开放的辩证关系。你可能会问，前面只谈到封闭性（对原子的封闭），而开放性从何说起？道理实际上很简单：生命的开放就体现在生命密码相对于物理规律所具有的相对独立性。而这种独立性也意味着生命的开放性。生命通过遗传编码绕开（但不违背）物理规律的要求，从而呈现出某种程度上相对于物理规律的"自由"。这种密码的相对独立性使得生命看起来更像某种功能性的东西，它对于实现其功能的具体物理结构是相对开放的（见下一节）。总之，薛定谔所说的密码是一种能够相对独立于物理熵增规律的遗传编码，而这种编码隐藏在细胞核内的染色体之中。一旦条件合适，它就可以演绎出单个完整的生命体。

薛定谔自己从熵增角度来阐述生命的开放与封闭。在他看来，生命的封闭性表现为生命的自我保持，即拒绝熵的扩散；在另一方面，为了自我保持，生命又必须不断从环境中攫取秩序，造成所谓的生命负熵。这种能量交换代表着生命的开放性。总而言之，生命是负熵（"life is negative entropy"），是薛定谔的"什么是生命"演讲中的一个主要命题。

薛定谔所说的生命自我保持，是一个直觉性的概念。我们每个人都努力保持自己的生命，拒绝物理扩散。扩散是热力学的熵增。如果瓶子摔到地上，瓶子会扩散；滴一滴墨水到水里，墨水会扩散。扩散是典型的物理现象。而生命为了自我保持，必须在一定时间范围内拒绝扩散，实现自我封闭。譬如你滴一滴墨水到水里，而如果

六 生命复制的双重含义

墨水拒绝扩散，于是你就有理由猜测墨水有意志，有生命迹象。从物理角度来说，任何拒绝扩散、自我保持的东西，都可能会有生命特征。而这种生命特征，本质上是一种秩序的自我维护。

同时，熵增是不可违背的物理规律。为保持自我秩序，在薛定谔看来，生命必须从外界夺取秩序，以弥补生命活动所必然产生的各种无秩序（毕竟生命不可能违背物理规律）。这种秩序与无秩序的交换就是薛定谔所说的生命负熵。在他看来，生命之所以要不断摄入食物，是因为食物实际上是秩序。我们把食物消化掉，把物理秩序转为生命秩序，通过新陈代谢来保持生命延续。

在薛定谔那里，负熵实际上就代表生命的开放性。我们不断从外界攫取秩序、夺取食物。这种攫取、夺取，是同外界环境做能量交换；它实际上是一种开放性过程。薛定谔的负熵概念包含这样一个道理：尽管生命是拒绝扩散的封闭系统，但是它又不能完全封闭，它必须通过与环境进行能量交换来实现自己的封闭。也就是说，生命通过自己的开放性来实现自己的封闭性。这是一个关键道理，后面讲到的理论都离不开这个主旨。譬如什么是新陈代谢？新陈代谢本质上是开放性，是能量交换，生命通过新陈代谢来实现自己的封闭。也就是说，新陈代谢本身不是封闭性，但封闭性是通过新陈代谢来实现的。

从当今科学的角度看，薛定谔的负熵概念并不成立，但是他的思路还是很有意思，值得我们去思考。他把生命和认知联系起来，通过开放和封闭之间的辩证关系去探索生命和生命认知的逻辑。在"什么是生命"演讲中，薛定谔也犯了两个很重要的错误。第一个错误是西德尼·布伦纳（Sydney Brenner）提出的。后者是一个获得过诺贝尔奖的生物学家，他非常钦佩薛定谔，但是同时也指出，当薛定谔说染色体内部包含着遗传编码的时候，薛定谔认为编码不仅仅包含一个对编码的描述（description of the code），而且包含执行编码所确定的任务的工具（the means of executing the code）。这个问题比较复杂，同我们的主题也没有直接关系，略去不谈。

对我们而言，更重要的是第二个错误，即他没有区分两种不同意义上的封闭与开放：结构意义上的封闭与开放和功能意义上的封闭与开放。薛定谔的负熵概念之所以不为很多物理学家所接受，不是因为他完全搞错了，而是因为他没有讲清楚生命的封闭性和开放性。简单地说，生命存在，并不违反热力学第二定律；为了保持生命，生命体内部的代谢活动严格遵守熵增规律，通过大量的能量消耗，也就是无秩序的增加或者熵增，来实现结构性的生命秩序。也就是说，新陈代谢是一种功能性的熵增过程，但是结构性的封闭是通过这种功能性的开放来实现的。这是一个非常简单的说法，中间还有很多东西需要严格阐述。但关键是，生命是通过一种功能性的开放来实现结构性的封闭。从熵的角度来说，生命是一个熵增过程，其过程遵循熵增，但是从结构来讲它是负熵，也就是说负熵在结构上才有意义。而这种结构性的秩序恰恰是通过细胞内部的新陈代谢，即现有秩序的不断吸收和销毁等来实现的。

这种结构与功能的区分，如果大家学过心灵哲学就会非常熟悉，即所谓功能与多重可实现。我们可以从心灵哲学的角度来进一步阐述薛定谔的问题。

二、功能与多重可实现

薛定谔的问题"什么是生命"，至今仍然没有一个定论或者标准答案。一般所谓标准生物学，不仅不关心这个问题，甚至认为这个问题有害,认为这是只有哲学家才会提出的本质主义问题。之所以有这种看法,其背后的原因比较复杂,不属于今天我们要讨论的范围。然而其中一个很重要却常常被忽略的因素是,当今生物学无法真正说清楚生命功能与多重可实现性之间的冲突。而这归根结底也是前面所说的封闭与开放之间的辩证关系问题。

什么是功能?什么是多重可实现?它们之间为什么会存在冲突?在生命科学和认知科学那里,与功能相对应的词是结构(function versus structure)。它们之间的关系比较复杂,有时候它们不可分割,比如说20世纪七八十年代生物学的一个中心法则就是结构决定功能。但是现在很多心灵哲学家认为功能和结构是可分离的,功能可以被许多不同的结构实现。当你在强调功能的同时,也随之淡化了结构的意义,即多重可实现性。于是你就变成了功能主义者,即心灵哲学上所谓的functionalist。

功能(function)和数学的函数实际上是同一个概念、同一个词。我觉得"功能"这个中文翻译严格来说是不准确的,因为"功能"包含太多的内容,很多function并不做功,也不消耗能量,只是一个函数。由于语言的差异,我们很多人以为心灵哲学上所说的功能跟数学上的函数是完全不相干的东西。但它们实际上就是同一概念。给定一个输入x,会有一个特定输出$f(x)=y$,f就是一个功能,它不一定消耗能量,也不一定做功。这就是前面薛定谔所强调的,染色体内部很有可能包含某种编码,因为编码是功能函数,不需要做功,编码本身是没有熵(entropy free)。简单地说,功能是一个从输入到输出的过程。功能有一个非必然但常见的特征,即其多重可实现性,这在心灵哲学之中是非常重要的概念。比如心脏的功能是泵,之于泵,如果输入是水,那就是水泵;如果输入是血液,那就是心脏,心脏是血泵。从功能的角度来看,心脏是血泵的一种。不少学者认为心脏的本质，不在于它的物质结构，而是在于它的泵功能。比如给心脏病患者换上人工心脏后，只要人工心脏能够执行泵的功能，我们完全就可以说该病人有了一个新的心脏。也就是说心脏的泵的功能是多重可实现的，其物质结构不重要，重要的是其传输血液、泵的功能。用别的物质材料或者结构来实现该功能，尽管物质结构上它和人的心脏不同，但依然可以被看成心脏，这就是心脏作为泵的功能的多重可实现性。同样的道理，如果生命是功能性编码，那实现编码输入输出的物质也就属于事实性领域，不具有必然性。

在心灵哲学和人工智能领域，所谓功能主义一般认为心灵的功能比心灵的物质结构重要。今天关于人工智能的话题很热，但是很多人不一定知道人工智能有一个大前提，就是这里所说的多重可实现性；心灵的多重可实现性是整个人工智能领域的存在理由。一般说来，心灵的功能与多重可实现性是相辅相成的，没有明显的冲突。多重可实现指功能可以通过不同的物质结构来执行。脑可以是人脑，也可以是电脑，诸如此类。而如果心灵的多重可实现性被否定，等于说人和动物的脑，即所谓湿脑，是心灵唯一可能具有的物质结构。离开了湿脑，心灵就不可能存在，也不可能有今天所谓的类脑人工智能。多重可实现命题的重要性，大抵如此。

在生命科学那里，特别是涉及所谓的赛博格、碳/硅基生命或A-life［artificial life（人工生命），astrolife（星外生命）］，或者生命起源等问题的时候，生命功能的多重可实现性就变得模糊不清，并充满直觉上的冲突。一般认为，生命的主要特征是新陈代谢。如果你问大部分生物学家什么是生命，他们往往会说生命至少有新陈代谢，或者更精确地说是细胞内部自催性新陈代谢。然而新陈代谢跟生命体的物质化学结构不可分割。新陈代谢是一个极其复杂的生化过程。很多分子之间的反应，有严格的特异性（specificity）。很难想象硅基生命之类的东西能够或者需要进行新陈代谢。我们一般可以理解心灵的多重可实现性，但是一涉及生命，我们就很难想象会有一种生命，它能体现不基于物理结构的生化反应，能实现作为生命本质性特征的新陈代谢。

目前的生命科学有一个不大不小的困境。一方面我们努力向外太空寻找生命，也预测生物工程的未来发展会使地球人在不久的将来变成不同程度的赛博格，但是另一方面却又无法说明生命是否具有真正的多重可实现性，以及要实现的功能函数又是什么。哪一种生命特征才是多重可实现的，是生命之成为生命的本质特征？这个问题实际上比较严重，如果一个国家花大量的钱去找星外生命，但是又说不清楚生命的标准是什么，那不是在浪费钱吗？国外不少生物学家在讨论这个问题的时候，事实上也持这种观点。这就好比孙悟空去寻妖精，却不知道妖之为妖的多重可实现性，这样的孙悟空怎么可能去打白骨精？妖精今天是白娘子，明天是蛇。

也许我们可以这样说，多重可实现性实际上也是生命开放性的一面。尽管关于新陈代谢的生命直觉很强健，我们却没有一般理由否认生命的多重可实现性。如果你承认进化论，你就没有任何理由认为同样的进化可以在完全不同的条件下进行，而不同条件下的生命进化，应该会导致程度不同的生命，甚至完全不同于我们所知道的地球生命。进化论的内在逻辑应该认可生命的多重可实现性，这是有关进化论的一个合理结论。但是根据主流的生命定义——生命不能没有新陈代谢——是我们所熟悉的另一个基于进化论的重要结论。后者看起来是对前者的否定。在这个意义上，直觉也似乎在告诉我们，由新陈代谢所实现和维持的生命结构本质上是封闭的，是不能多重可实现的。

为厘清线索，我们可以思索这个问题：目前的人工智能是不是生命？如果不是生命，它跟生命比起来有哪些不同之处？目前机器人的物质结构不是靠新陈代谢来维护的，所以机器人本质上是开放的。今天坏了某个部分，明天就可以换上新的。尽管机器看起来有一个"边缘"（边缘对生命体很重要），但它本质上是没有边缘的，是开放的。它们没有我们人类这种由新陈代谢所维护的边缘性生命系统。这就是为什么你打我一下我会疼，而你去打机器人，机器人没有理由觉得痛，因为它只有物理边缘而没有真正的生物边缘。总之，机器人的物质结构不是靠新陈代谢来维护的。所以从这个角度看，机器人的结构本质上是开放的，不是生命。但是在另一个意义上，机器人又是非常封闭的。目前的人工智能，至少在计算参数和目标设定上，都是封闭的。只有封闭性才能够保证人工智能的正常运行。这也可以算是机器人的辩证法——机器人在结构上是开放的，但是在功能上是封闭的。这和地球生命恰恰相反：地球生命在结构上是封闭的，但在新陈代谢和认知上是开放的。

开放和封闭不仅仅是一种直觉，不仅仅是哲学概念，而更需要严格的定义，特别是要用数学模型去说明，这是目前生命科学哲学面临的一个挑战。现在一个比较流行的理论叫作预测加工（predictive processing）。预测加工理论一个重要观点是，人脑认知系统是一种马尔科夫毯，而马尔科夫毯概念的核心就是开放与封闭之间的关系。不管你是否同意马尔科夫毯这种概念，但是它至少实现了这一点——用数学模型去说明生命的封闭与开放。也许我们可以这样去假设，任何有关生命和生命认知、人工智能的理论，都需要接受封闭性和开放性的检验，只有能真正说明封闭和开放之间的辩证关系的理论，才可以算是成功的理论。

三、系统自创

前面算是导言，言归正传，下面讲生命复制的第一个概念，系统自创。从历史角度看，生命学说在亚里士多德的质形说（hylomorphism）中找到了其主流传统。亚里士多德根据物质与形式之间的差异来解释生命个体，而所谓灵魂或者心灵则是使身体获得生命或者生机的形式。亚里士多德的这种质料–形式主义，与柏拉图的观点不同。亚里士多德不相信灵魂可以独立于身体而存在。根据他的说法，灵魂不是身体，但属于身体，而且存在于身体之中。亚里士多德将灵魂分为三种类型，营养类、感知类和理性类（the nutritive, the sensible and the rational）。营养类灵魂为所有生物所共享，并且负责营养与增长，实际上就是新陈代谢。感知类灵魂负责感知和欲望，存在于动物和人类之中，植物没有感知类灵魂。理性类灵魂只有人类才拥有，它使我们能够思考和采取理性行为。从现在的角度看，正如蒂蒙斯·罗比森（Timothy Robinson）所指出的，亚里士多德的质形说至少有两个问题：第一，他没有为我们提供任何有用的生命定义，三分法可能会有助于我们解释植物、动物和人类之间的差异，但是生命定义应该抓住的是它们之间的共同点，而不是差异。也就是说，它至少不是我们一般所理解的定义。第二，我们不清楚亚里士多德的形式是指身体的结构，还是指身体结构之外的某种东西。如果是身体结构，它是不是身体特性之中某种无法还原的东西？也就是说生命形式的物质基础是什么？这个问题无法在亚里士多德的书中找到答案，而这个问题也是多重可实现性问题的另一种表达。

尽管亚里士多德的说法含糊不清，但是质形说被历史证明是生命科学之中一个很典型的范式。它为我们提供了处理一般生命问题的合理模型。从那以后研究人员一直在寻找某种能够区分生物和非生物的组织、结构或者是动态模式。比如18世纪的法国博物学家布丰（Comte de Buffon），试图通过某种内模（interior mode）来解释生命。这种内模通过所谓有机分子的消耗，由生物不断传承。布丰认为内模是每个物种的组织特征，尽管单个生物在不断生长和死亡，但是物种的组织特征却不会改变。换句话说，布丰认为物种才是真正体现生命原理的对象，而个体生命只可以被视为生命的表象。对于布丰来说，代代相传不变的内模才是赋予所有生命个体生气勃勃的生命形式。布丰的亚里士多德主义具有一定的代表性。当人们在寻找亚里士多德式的让生命成为生命的形式时，很多学者，包括布丰，都在某种意义上离开了生命体，而迈入所谓纯粹抽象的生命结构之中。生命之所以成为生命，不在于你和我，而是你和我所共同表征的某种特定内模或者结构。生命体会死，但是内模是永恒的。这也代表一种典型的有关生命的悖论：生命到底有没有死亡？如果你相信内模说，那你就应该相信生命是永恒的。如果你拒绝内模说，认为生命的本质在于单个生命体的生老病死，那么生命又会是另外一回事。

由于物种进化是一个难以否认的事实，布丰的理论容易受到后来的拉马克主义的攻击。如果生命是通过所谓的内模体现出来的，那么由于物种在不断进化，就不应该有所谓普遍的生命形式。生命形式会随着时间不断改变，那么生命就变得不可定义。因为任何生命定义都会随着时间的变化而变得过时。这种态度恰恰是今天很多科学家的态度，他们之所以认为生命是不可定义的，其中一个原因就是生命的不断进化。这种不断进化会让任何现有的定义变得过时。也就是说，由于生命形式的非固定性，任何靠列举现有生命属性的

六　生命复制的双重含义

定义，即所谓的 facultative definition，都会失败。

但是上面的推理也许太过匆促。物种进化并不一定意味着生命原理本身不是固定的。我们可以这样想，如果生命是使物质变得生机勃勃的某种结构或者组织，那么任何单个物质都可以因为获得这种结构而获得生命，而实际的生命形式或者物种进化，并不能否认生命本身的固定性。这就意味着如果一个未来的物种应运而生，但缺乏生命所必需的某种固定结构，即使它是进化的产物，我们也可以否认它的生命性，认为它不是生命。换句话说，布丰一方面确确实实需要抛弃这种物种固定说，但是这并不意味着没有独立于任何事实结构的固定生命形式，这也是所谓的生命结构说。

正是在这个意义上，20世纪70年代，两个非常重要，至少在我们搞哲学的看来是非常重要的智力生物学家马图拉纳（Maturana）和瓦雷拉（Varela），提出了一个重要学说，叫作系统自创（autopoiesis）理论。他们说生命本质上是系统自创。只有实现了系统自创，物质才可能具有生命。否则，物质就是物质，而不是生命。在古希腊语中，auto 是自我 self，poiesis 是 make，即 self-making。自创可以说是生命的自我复制。但是用希腊语表达的 autopoiesis 与后面要讲的 self-replication 是不一样的概念。系统自创是前面布丰所试图定义的固定生命原理，一种永恒的生命结构形式。

根据马图拉纳和瓦雷拉的说法，生命的固定形式是生命体整体与生命体部件之间的一种递归关系，是生命整体和它内部的各种各样的分子，或者更小的部件之间的一种数学递归关系。这个递归关系可以这样去理解：整体是整个生命体的网络，它由不同生命体部件之间的相互连接而构成，而该整体网络又不断重构组成该自封闭网络的各个部件。用他们的话来说，自创机器是一种组织性机器，是零件生产转化和破坏过程的网络。关键是，它把生命看成一种封闭系统，是通过封闭系统内部不断变化、销毁和重生的这种过程来实现的。而这种过程也许你可以认为是新陈代谢，但是马图拉纳和瓦雷拉却不这样说。他们认为，该过程有两个重要特征：第一个特征是，部分的相互作用和相互转换、不断再生而实现的网络和关系，又不断制造和生产组成该网络的各个部分。这实际上是一种循环式的因果关系。第二个特征是，网络和部分的相互递归式的构成，在具体环境下，使得生命体成为具体的时空同一体。在他们的理解中，生命相当于部分与整体之间的内循环系统，而生命体只是该循环系统在具体时空条件下的实现和表达。

他们理论的关键是故意使生命定义脱离生命体。他们引入了一种技术上的区分，一方面是抽象的系统自创的生命，生命之为生命因为它是系统自创，是整体与生命部件之间的递归关系，这是完全抽象的东西。但是另一方面又有具体的生命体，而具体的生命体在他们看来是一种部分开放的个体结构。也就是说在马图拉纳和瓦雷拉的理论之中，组织不同于结构。生命是组织（organization），但是生命体是结构（structure）。组织是封闭的，结构是半开放的。这跟我们的直觉相反，我们的直觉是个体是封闭的，而生命本身是开放的。马图拉纳和瓦雷拉的观点恰恰相反，他们认为生命作为一个普遍的抽象形式是封闭性的，而个体是开放的。换句话说，这种封闭、自我界定的整体－部件递归网络，是独立于具体生命体的物理化学过程的抽象实体。实际上马图拉纳和瓦雷拉在描述生命特征的时候并没有回避机器这个词，他们显然是为了淡化看似极为重要的新陈代谢生化过程。他们认为生命就是机器，是一种递归关系。简而言之，在他们看来，生命必须在某种意义上是完全封闭的，是抽象机械的整体－部分关系，独立于目前在地球上发现的个体生物之于该系统的具体表现。

六 生命复制的双重含义

西方一些学者一方面跟随马图拉纳和瓦雷拉,但是另一方面又显然误解了他们的本意。他们试图给生命系统附加上一些基于生命个体的经验过程。例如,贝多(Bedau)根据生命的三种细胞特性来补充所谓生命系统自创:第一个是生命包容器,譬如细胞膜,即一种边缘系统;第二个是新陈代谢,一种自催;第三个是遗传。但这样做可能又会让生命定义变成一种经验性的属性枚举。从逻辑上来讲这是不明智的,因为在系统自创和细胞特性之间,不存在必然的逻辑联系。生命的细胞特性可以进化和改变,但是生命可能是自我固定的,或者会按预期的内在逻辑自我发展。

另外,当今最有影响力的系统生命科学家之一,意大利学者路易斯(Pier Luigi Luisi)的理论也是建立在生命自创的原理之上。在他看来,生命是"在空间上由其自身制造的半透性隔室而界定的系统……通过自身的部件生产过程、通过转化外部能量/营养素从而达到自我维持"。这基本上是马图拉纳和瓦雷拉定义的翻版。尽管如此,他还是将具体的代谢过程与抽象的自创系统合二为一。

但是另一方面,路易斯和贝多之自创系统的"代谢化"努力是可以理解的,甚至也许是必要的。如蒂拉尔(Tirard)等人所指出,系统自创所面临的一个主要问题是,某些非生命体也可以实现系统自创。"自创不是生命体独有的现象,比如计算机生成的自动机细胞体自动机(cellular automaton)、龙卷风,还有许多不同流体的复杂流动模式,以及胶束(micelles)和脂质体中脂质分子的自组织,这些东西它都有系统自创的特征。"因此,路易斯的代谢化努力可以被理解成将生命严格限制在为正常所设想的生物实体。换句话说,只有通过代谢活动实现的系统自创,才能够真正被看作生命。

这样,我们又回到了一开始所说的两难困境:要么我们继续通过拒绝新陈代谢等生化过程来追求生命的固有形式，从而面临过度包容的问题。所谓过度包容，就是将不该看作生命的东西看作生命。或者，我们试图将系统自创代谢化，使得生命变得过于地球化和事实化。但至少在理论上我们没有理由把生命过于地球化和事实化。多重可实现性问题是生命定义中至难的问题：在什么意义上生命的生化特征是生命的必然？生命是否是涌现现象，还是可还原为实现这一现象的代谢过程？

除了自创，马图拉纳和瓦雷拉的另一个也许更重要的洞见是他们把生命和认知等同起来。在他们看来，所有的生命体，包括细菌都有认知，都是认知系统。当生命个体与周围环境进行互动和能量交换，这个交换过程就是认知。在这种过程中，生命体表现出感知，表现出我们通常所说的认知特征。认知就是这种特殊的生命体现象。那种认知关系，在封闭系统中所体现出来的同外在环境进行互动的这种开放性特征，是所有生命体活动的本质。在他们看来，生命作为封闭系统，自创在个体认知中实现其实际存在所必需的开放性。没有认知，没有开放性的认知系统，自创是不可能存在的。简单地说，没有认知就没有生命，认知是生命认知。

遗憾的是，他们没有阐述生命认知是怎样实现自己的开放性的，又是怎样超越生命系统本身的封闭性，实现与环境的互动和交换的。现有的感知理论，大多数或多或少地承认，感知系统基本上是一个封闭系统，包括前面所提到的马尔科夫毯。如果说认知是封闭系统的一个开放性活动模式，那它怎样实现自己的开放性，这是问题的关键。我认为以后的认知科学发展必须从封闭和开放的角度，从生命的角度去探索生命认知是怎么样实现封闭生命的开放性的。

六　生命复制的双重含义

四、自我复制

尽管系统自创具有明显的理论意义，但并未引起大部分生物学家的关注。而自我复制作为生命标尺，更为专业科学家所接受。穆勒（Herman J. Muller）曾指出，区分生物的最基本属性是其形成自身复制品的能力。一般说来，科学家们通常把生命看作满足冯·诺依曼阈值并经历进化过程的自我复制者。也就是说，第一，生命必须是一个自我复制体（self-replicator）。第二，这个自我复制体必须跨过冯·诺依曼阈值。第三，它受制于进化过程。

所谓冯·诺依曼阈值的关键是将生命的复杂性、复杂的自我复制与简单无聊的自我复制区分开来。前面讲到龙卷风的自我复制，还有漩涡的自我复制，那种复制按照冯·诺依曼阈值的定义是无聊的。而真正的自我复制不一样。它是一种复杂的自我复制，这个复杂性一般就表达为所谓冯·诺依曼阈值。也就是说，复杂性的关键在于复制过程中存在某种主动的复制器。蜡烛的火焰，它可以像生命体一样不断地从外部吸收能量来复制自身，但是它不是生命，因为其复制是被动的，不是由某种内部的复制器所发动。换句话说，复杂复制必须事先对复制进行"编程"，并根据该程序执行复制，也就是说复制过程在某种意义上是被监督、被控制的。对于我们在地球上观察到的生物系统来说，该程序的编码是由有机体的DNA来实现的。DNA世代相传，虽然有一些变化，但主体基本上是保持不变的。

在这里我们需要区分 self-replication 与 self-reproduction，它们有一定的差别，尽管可以互用。self-replication 是一种严格意义上的复制，就像复印机复制一样，是真正意义上的复制。而 self-reproduction 只是近似复制。比如说，当我们在谈细胞复制的时候，我们只能说self-reproduction，因为其过程中会产生很多错误。而self-replication是受严格控制、更复杂的一种复制。因此很多生物学家认为，self-replication比self-reproduction在进化历史上是后进而不是先进，先有不严格的self-reproduction，然后才有更严格的分子之间的self-replication。

也就是说，分子的自我复制只有靠基因编码来控制和实现。然而基因的自我复制又有其自身难题。按照冯·诺依曼的逻辑，生命系统必须有完整的对编码过程的描述，同时又不能包括"描述的描述"，否则就会无限倒退。生命之所以成为可能，它必须能够中止这种无限倒退。也就是说，生命的DNA编码描述必须起到一种双重作用：一方面它是对系统其余部分的编码描述，但另一方面它只是其自身的操作模型，并不需要编码。

冯·诺依曼靠他的数学和逻辑思维天才，准确描述了所谓"细胞体自动机"所必需的先决条件。他设想一种带有生命特征的细胞体自动机，必须包括对自身的描述，同时这种描述本身没有描述。于是描述在自动机内部扮演双重角色：一方面它是对除自己之外的所有其他东西的描述，另一方面它以一种"自我显示"的方式来实现对自己的"非描述"描述。这种描述双重性理论，即表现为DNA能够在生命体之中起到双重作用，一方面是描述，同时又是自己的一种操作模型。这种理论，把细胞核中的分子解释成极其复杂高级的信息处理器和解读者，事实上使得语义认知变成了生命本身的起源和基础。

当我们用大量语义表征词汇去描绘DNA、RNA，以及蛋白质翻译等关系的时候，我们实际上是做了一个在哲学上富有革命性的举动，即把意义当作生命的起源和基础。这同我们的一般理解完全相反。根据一般理解，先有生命，然后才有理解，然后才有语义，最

六　生命复制的双重含义

后才有我们的对话。而这种理论是把意义和把对语义的解读当成是生命发生的前提和基础。然而DNA到底是不是一种语言？你可以说它是code（编码），但是code（编码）不一定是language（语言）。这在生命科学之中依然存在争议，我们这里不必站队。但是不管怎么说，生命复制理论实质上使得"心灵"和"认知"先于生命。这个爆炸性的结论也许是很多职业科学家所不曾思索过的问题。

正如丹麦科学哲学家埃默克（Emmeche）所指出的，所谓self-replication本身就是一个比较极端的词。它来自理查德·道金斯（Richard Dawkins）。道金斯认为进化主要是在基因层次上进行的，而作为复制者的基因则通过复制来保持自己的信息结构。道金斯对基因的信息含量印象深刻，以至于他认为生命体本质上是无关紧要的、非生命秩序的现象。相反，生命的有序现象是生命体内部所包含的基因，而基因是永恒的。基因是写在脱氧核苷酸中编码信息的永久序列。相比之下，个体生命只是基因传递的暂时"媒介"而已。在道金斯那里，生命作为纯粹的信息，或者一种功能性的抽象，是永恒的"旨意"或者语义符号。这个理论的极端性是不言而喻的。但极端不等于错。尽管如此，我们还是要知道它的极端性。如果我们接受这个理论，我们整个的认知系统会被加上一个沉重的包袱，而我们必须去思索它所可能带来的各种后果。

由于复制是分子的动力学特性，与系统自创或其他抽象的生命组织理论不同，自我复制理论通常旨在保持经验和理论上的保守性。但是道金斯希望他的理论是抽象的、独立于分子结构的现实。也就是说在他自己的逻辑里面，他实际上是走到了一般自我复制理论的对立面，也就是前面所说的系统自创。自我复制，于是可以分成两大类，一个叫分子复制，一个叫信息复制。二者之间的鸿沟，除了信息这个词本身的含混性以外，实际上又是生命开放性和封闭性之间的钟摆。因为信息复制有多重可实现性，而分子复制严格地被分子的物质特性所定义。从某种意义上来说，DNA的"描述"悖论和道金斯向抽象领域的逃避都是生命与认知的内在悖论的表现。脱氧核苷酸在这种理论下有双重作用：一方面它们是信息单元，包含蛋白质合成信息，因此能够复制包括描述符在内的整个系统，但描述符本身不能编码。换句话说，描述符的复制没有任何描述。在实际的复制过程之中，为了将遗传信息传给新的子细胞，DNA必须展开，以允许细胞复制机制复制每条链。每个复制的分子由原始DNA分子链和新链组成。这个过程如此发生，实际上是一个纯粹的热力学过程，而不是信息过程。信息单元的复制本身并不是信息过程，而是严格的热力学过程。

正是由于这个原因，对很多学者而言，一个越来越明显的趋势或者要求是，当我们谈到信息的时候，我们需要在信息的标准热力学解释和没有任何熵的信息语义内容之间作出严格区分，二者不能混为一谈。当我们说信息的时候，我们不是在说熵。当我们在说分子折叠和化学变化，或者总的新陈代谢过程时，我们是在说熵。实际上卡尔·弗里斯顿（Karl Friston）也是被很多学者这样批评的。他过于大意地混淆了热力学和信息论的熵。

五、结语

最后一节是总结，从宏观角度看封闭与开放。前面讨论的很多问题都围绕着一个基本分歧，即生命到底是发生在物质层面上，还是发生在某种抽象的组织系统层面上。生命是系统自创，还是特殊形式的分子活动；生命是以细胞为基础的现象，还是一个基因序列。

六 生命复制的双重含义

西德尼·布伦纳有一篇很有名的文章"序列还是结果"（Sequence or consequence），讨论的就是这个问题。他反对简单地从基因序列的角度去理解生命，而认为研究生命必须以细胞作为基础。这其中也涉及前面所说的复杂性计算问题，今天不能展开。

马拉图纳和瓦雷拉强调生命是系统自创，生命的封闭性得到了解释，然而生命活动的开放性，也就是说与外界能量的交换却得不到应有的承认。于是路易斯和贝多等人试图把系统自创代谢化，希望用细胞活动来定义和限制系统自创。同样的道理，当道金斯强调基因序列的自我复制，生命的永恒性及生命在空间上的开放性（多重可实现性）得到了解释，但是生命体在时间上的熵增，以及在空间上的封闭性又被忽略了。

无论是哪一种理论，其成功和失败、优势和缺陷，在我本人看来，都涉及同一类型的开放和封闭的辩证法。而这种开放和封闭的辩证关系，以不同的形式表现在前面所说的两类生命复制的定义之中。

为了解决生命问题，马拉图纳和瓦雷拉采取一种彻底的理论重构，把生命问题和认知问题等同起来，把他们当成是同一类问题。尽管他们的理论远不成熟，却也在某种意义上为我们指明了问题之所在，即生命与认知不可分割。什么是生命？生命是认知。什么是认知？认知是生命。当然这不是重言式，二者之间的路该怎么走，二者之间的关系该怎么去展开？是生命在心灵之先，还是心灵在生命之先？还是合二为一？这些都是我们需要重新思考的问题。

实际上瓦雷拉和汤普森，还有国内的刘晓力老师都很重视认知生成主义（enactivism）。这种认知生成主义在我看来，有创见也很有意义，但依然没有真正发挥系统自创理论的自身潜力。这只是我的感觉，我没有答案。我觉得怎么样去认识生命和认知的关系，特别是通过封闭和开放的辩证角度去看，其间包含了巨大的、突破性的机会。

另一方面，专业生物学家需要正视自己充满隐喻的描述性语言。打个比方，在描述一个向导RNA，或者是某一个特定的酶催化的某种化学反应的时候，他们用的语言往往是表征性的语言，是一种意义语言。在我们不知道心灵和生命之间的关系的时候，我们是否应该在生物学文献中用充满隐喻的语义词汇，这是值得慎重对待的事情。但是目前生物学的主流理论确确实实充满着认知隐喻的信息论语言。不是说他们完全是错的。在描述和预测性上，我们没有理由怀疑其准确性。只是我们应该知道这种不加思索地谈论分子之间的信息编码与信息解读，本质上是一种认知的童真主义。它不光对认知科学不利，对生物学本身也应该是有害的。这种认知科学的业余主义，从宏观方面讲，也许才是生命科学和认知科学进一步发展的最大障碍。

最后，生命复制这个技术性的概念，self-replication或者autopoiesis，也有中国版，即所谓"劫劫长存，生生不息"。把这种生生观和中国人的宇宙哲学结合起来，我们就有所谓的"一花一世界，刹那即永恒"。这实际上也是在某种意义上讲开放和封闭。

（周陈瑜整理）

七

如何理解罗尔斯的"公平的机会平等"

◎ 王立

时间：2020年11月3日 18：00—20：00
地点：中国人民大学公共教学三楼3102

　　王立，中国人民大学政治哲学教研室教授，研究方向是现代西方政治哲学，在《哲学研究》等CSSCI期刊发表论文近50篇，出版专著2部，参与教材编写3部，获吉林省社会科学优秀成果奖二等奖等。主持和参与了国家社科基金项目、教育部基地重大项目、吉林省和吉林大学等各级项目10余个。

我今天讲的题目是"如何理解罗尔斯的'公平的机会平等'"，读着很拗口。首先，我要谈一下讲座的背景。这是"哲学的星空"系列讲座的第七讲。即将到来的2021年是一个很特殊的时间，是罗尔斯诞生100周年，《正义论》发表50周年。面对这样一个重大的历史事件，我希望做一点自己想做的事情，也就是写一篇文章来纪念这个事件，这是做这样一场讲座的第一个初衷。其次，对罗尔斯我们能研究什么？我相信在座的同学们，包括线上我的好多同事朋友们都知道，这些年对罗尔斯的研究在各个方面都取得了非常大的进展，很多问题的研究我们都涉及了。我们对他的纪念，一方面是可以来探讨他留下的思想遗产，哪些问题的研究还能更进一步，另一方面就是通过一种批判的方式写一些文章来纪念他。这篇文章初稿是在2018年写的，当时我们开了一个会，有很多老师参与，主题就是讨论罗尔斯的政治哲学。会上很多老师和朋友对这个问题提了很多的意见。我记得当时的葛四友老师、陈肖生老师、徐峰老师、曹钦老师、高景柱老师等，这些年轻的朋友都提了很多意见。当然也包括当时做讲座的姚老师、段老师以及顾肃老师等，对这个问题给了很多的指点。当时我的论文实际上是没有完成的，大概写了四分之三，我是想留到以后把这个问题说清楚。为什么要留到以后呢？我是觉得在我的阅读和理解当中，有些问题尚未涉及，应该再有一些文献的积淀。在这个基础上，我再进一步思考整个文章的思路框架，然后把它呈现出来。最后，今天讲座的内容就是当时会议论文的一部分，这一次我把它写完了。可能我对罗尔斯的阅读和理解不是很到位，有可能是误解，但是我希望通过这种探讨来推进深度的理解，这样也很好。

在读罗尔斯《正义论》的过程中，我发现罗尔斯对有些问题说得可能不是太清晰。而且，罗尔斯自己对正义原则的论述也有问题。

七　如何理解罗尔斯的"公平的机会平等"

如果说他有三个正义原则的话，那么平等的自由原则和差别原则是罗尔斯论述比较多的，学界批评很多，他的回应也比较多。而恰恰讨论少的就是公平的机会平等原则。从他人的文献和罗尔斯自己的论述来看，这是一个稍微有些薄弱的地方。那么更有甚者，在后来的研究里面，有人认为罗尔斯的公平的机会平等原则没什么用处，这就会进一步带来一个问题：这个原则怎么来处理？如果这样轻率地把这个问题漏过去的话，和罗尔斯对整个正义原则的这种全面系统的论述是不相匹配的，所以说我们应该试着来陈述这个问题。

我先讲一下讲座的基本观点。公平的机会平等原则在罗尔斯整个正义原则体系中的地位和作用不清晰。就平等的形式要求来看，公平的机会平等原则具有一种形式化的特征，它在某些方面更靠近第一个正义原则。但是，就其实质作用来看，因为公平的机会平等原则要求一种实质平等，在功能和作用上它就更靠近差别原则。这样看来，公平的机会平等原则就在第一个正义原则和第二个正义原则之间来回摇摆。造成这样一个问题的根本原因是什么呢？我认为原因就在于公平的机会平等原则所要规范的是权力和机会，这些特殊的善具有特殊的性质，这就决定了这个正义原则比较复杂，有时候靠近第一个正义原则，有时候靠近第二个正义原则。虽然这个原则的地位、作用不清晰带来了一些问题，但是这个原则依然必不可少，我们回过头来再讲的时候就会意识到为什么必不可少。因为机会的本质是要防止制度的排斥和歧视，这跟制度的要求是一致的。对这样一个要求，我们需要分析它背后的原因。而我觉得可能跟应得这样一个要求有关，应得内在地嵌入正义原则之后造成了这样一个状况。

上面是我的主要观点，我想通过一个大的框架来解释它。这个框架的第一部分是要澄清公平的机会平等原则在罗尔斯论述中的理由及其内涵。第二部分是想通过原则跟制度相对应来看待公平的机会平等原则。公平的机会平等原则要求的制度是什么样的？我的观点是很难找到与这个原则相对应的独立的制度。第三部分是要找出造成这种情况的原因。是因为机会这种善的特殊性质决定了在进行制度解释的时候，没办法把公平的机会平等原则的作用和地位清晰地呈现出来。框架的最后一部分是解释为什么它的地位和作用不清晰。因为真正在后面规范着权力和机会的是以能力和业绩为核心标准的一些东西，我把它称为应得。因而真正的问题就是应得和平等之间在这个问题上的不协调，给我们理解公平的机会平等原则带来了许多困难。上面所讲的四大部分就是这场讲座的框架。第一部分解释它的理由和内涵。第二部分解释它的制度作用，也就是在制度构架中的表现。第三部分解释为什么在制度架构中找不到与它相对应的独立的制度，这是因为它的地位和作用不清晰。第四部分解释其地位和作用不清晰的根本原因。其中一些观点和论证是很复杂的，我们以后可以继续讨论。用这个框架来理解罗尔斯的公平的机会平等原则是不是正确？会不会出现偏差？如果出现偏差，那么这个误解在哪儿？如果不是误解的话，我们怎样来解决它所呈现出的问题？这些问题都是值得我们进一步思考的。

引言

在今天，我们对罗尔斯的研究实际上已经很成熟了。在某些方面来说，成熟主要是体现在对他的整个理论的研究，包括我们通常所说的《正义论》、《政治自由主义》以及后期的《万民法》等。在《正义论》里面什么最重要？一般认为是有关正义原则的论述，各种

七　如何理解罗尔斯的"公平的机会平等"

正义观念的比较，但是我觉得最重要的是罗尔斯建构了以平等为核心的正义原则，这是他在政治哲学上最重要的贡献。在正义原则里面，学术界关注最多的是什么？从西方学术界到国内学术界关注最多的首先是第一个正义原则。为什么对第一个正义原则的关注比较多呢？因为它涉及自由、权利和义务这些法哲学、道德哲学中的基本问题。此外，学者们也比较关注差别原则。在我们今天所能接触到的文献中对差别原则的讨论是最多的，而讨论最少的恰恰是第二个正义原则——公平的机会平等原则。从文献积累的角度来讲，情况就是这样。专门对公平的机会平等原则进行研究的文献是很少的，在我阅读的文献里面，可能也就十来篇文章专门讨论这个问题。在这个问题上，有两种完全对立的观点。第一种观点，以阿内森为代表，认为这个原则没什么用处。按照他的说法，它只是差别原则的一个工具而已，可以被忽略。而跟他相对的就是罗尔斯自己的学生，也包括一些其他的解读者，他们认为这个原则还是很重要的。而给我们印象最深的、最有冲击力的恰恰是阿内森的这种观点。我们今天来读他的文献，就会发现他确实有很多独到的见解。就思想的冲击力来说，阿内森给我们的启发是最多的。这种启发就是我们如何以一种批判的视角看待罗尔斯自己的论述，以及我们如何更好地为他辩护。

罗尔斯对正义原则一般观念的论述是：所有的社会基本善都应该被平等地分配，除非一种不平等的分配有利于最不利者。这是一般表述，跟一般表述对应的就是两个正义原则。在正义原则的解释里面，第二个正义原则又分为两个。一般观念应该是对应两个正义原则的，第一个正义原则和第二个正义原则。第一个正义原则解决平等的自由问题，这是一个完全平等的原则，第二个正义原则是解决不平等分配的原则。他的一般表述里面呈现出来的问题是：两个正义原则中间留下了一个公平的机会平等原则，它恰恰在这两个原则之间独立出来，既不属于第一个，也不属于第二个。那么，如何来解释这样一件事情？这个问题是从罗尔斯自己的论述、其他人的文献和我们自己的分析中引发的，我觉得我们对这个问题应该有所了解。我只是把这个问题陈述清楚，解释它存在的困境以及它的成因。至于怎么来解决，我想这是一个更重要的问题，要留到以后讨论。

一、公平的机会平等原则的理由与内涵

第一个问题是对理由和内涵的解释。为了区分清楚，我把理由和内涵分开讨论，首先讨论理由的问题。我之所以采用"公平的机会平等原则"这样一个术语，是以"作为公平的正义"这样一个观念为依据的。罗尔斯的总体想法是用"公平的"一词来修饰整个正义原则，再下面就是一些具体的正义原则，比如说机会平等原则，因此我也愿意采用"公平的"来限定，就是公平的机会平等原则。这个原则的翻译是有很多版本的。比如说弗里曼写的一本罗尔斯传记中翻译的版本，《正义论》修订版的版本，以及《实现罗尔斯》里的版本等。

公平的机会平等原则为什么应该构成正义原则的一个重要部分？我想罗尔斯提供了三个不同的理由。第一个理由和第二个理由来自《正义论》，第三个理由来自《政治自由主义》。在这三个理由里面，第一个理由是最重要的，而第二个理由是最复杂的。第一个是自尊，第二个是公平和平等，第三个是基于公民身份的一个论证。下面我简单介绍下这三个理由。

七　如何理解罗尔斯的"公平的机会平等"

　　第一个理由是一个来自自尊概念的解释。自尊的解释实际上依赖的观念就是人类善。如何来解释人类善呢？罗尔斯主要通过对比效率的解释来突出人类善到底是什么。公平的机会平等原则要求社会体系向所有人开放，但如果是立足于效率的解释的话，在某些情况下它就可以不向所有人开放。比如说，限制某些人担任某些职位，可以使占有这些权力和职位的人创造更大的利益，进而给其他人带来更大的利益。也就是说，不完全开放满足了这样的一个前提和条件：这些占据职位的人可以发展自己的能力，创造更大的利益，使社会整体的利益得到提升。因此，没有分享权力和机会的人，也就会在利益上得到提升，效率的解释容许这种不完全的开放。但是罗尔斯反对这样一个效率的解释，那么他说的自尊的解释应该是什么？罗尔斯说，如果职务和地位不对所有人开放的话，一部分人就会受到不公正的对待。这些人不但无法得到职位，以及和职位相关联的财富和特权，而且缺少了因为可以履行这些职位所产生的自我实现感。

　　这种自我实现感，罗尔斯称之为人类善，也就是他说的自尊。当一个人被排斥在体系之外，这个人的自尊就没有得到满足或者说他的自尊就被伤害了。那么这样一个原则的最终解释是什么？实际上就是亚里士多德原则：在复杂的社会活动中，一个人运用自己的能力，发展自己的能力，提升自己的能力，而正是在这样一个循环过程中，他得到了自我实现。如果你要溯源自尊后面的解释的话，那就是亚里士多德原则这个理由。而且在后来人的解释里面，通常把这个理由视为公平的机会平等原则优先于差别原则的重要理由。大家也可以考虑一下是不是这样。这是第一个理由，是来自自尊的一个解释。

　　第二个理由，我刚才说它是一个比较复杂的理由。复杂是因为要解释公平和平等的内涵是什么,而这个理由我把它概括为道德的不应得。公平的理由体现在对平等的解释中,支撑它的核心是道德不应得。那么这个理由怎么会嵌入进来呢?这就是罗尔斯自己面临的问题。公平的机会平等原则要求权力和机会向所有人开放,那么罗尔斯需要解释"向所有人开放"到底是什么意思。罗尔斯是通过和自然的自由、自由的平等(有时候翻译成自由主义的平等)这些观念相对照,来解释什么叫"向所有人开放"的。

在平等的发展史上,罗尔斯认为平等的观念经历了三个重要的发展阶段:第一个阶段叫自然的自由,第二个阶段叫自由的平等,第三个阶段叫民主的平等,这是三个核心观念。什么是自然的自由?在自然的自由中有一个最原初的背景,就是平等的自由和自由竞争的市场经济体系。所有人都有权利进入这个体系里参与竞争,这就是自然的自由。为什么自然的自由作为平等观念是不够的?这是因为在罗尔斯看来自然的自由允许社会的分配向他所谓的两个偶然性的因素开放,这两个偶然性的因素分别是自然的任意性和社会的偶然性。自然的任意性是什么?就是自然天赋和才能。社会的偶然性是什么?家庭、出身、社会地位等。一个是自然的,一个是社会的。自然的自由只是承认你参与市场经济的竞争而已,至于在竞争中你跟其他人相比是否公平,竞争的最后结果如何,这些不在考虑范围内。这样的后果是什么?就是允许自然天赋,社会文化上的优势直接转化为分配上的优势。这种自然的自由对于平等来说是一种形式的机会平等,这是罗尔斯所说的第一个平等观念。

比自然的自由更进一步的是自由的平等,自由的平等要求每个具有相似动机和禀赋的人都应当有大致平等的教育和成就前景,那些具有同样能力和志向的人的期望不应该受他们社会出身的影响。如果自由的平等是这样来解释的,那么自由的平等相对于自然的自

七　如何理解罗尔斯的"公平的机会平等"

由来说是有进步的。进步表现在它不允许或者说它要消除家庭出身对社会分配的影响。也就是说，相对于自然的自由，它解决了社会的偶然性这一部分。那没有解决的是什么？是自然的任意性。这种自由的平等在现实中主要表现为通过在教育上提供大量的投资，让每个人有一个相对来说公平的起点。但是，这个起点本身还是留下了自然的任意性的问题。

罗尔斯在分析不平等的时候总结出了两个原因，一个是自然的，一个是社会的。后来他也总结了第三个，就是运气性的东西，这是一个修正。在《正义论》里面主要是自然的任意性和社会的偶然性这两个原因。罗尔斯对平等的要求是什么呢？在他看来，平等要求把那些具有偶然性的、不能体现道德必然性的东西排除掉。这些东西就包括自然的东西和社会的东西，对他来说这些都是偶然的，不具有道德必然性。所以在社会的分配里面，这些所谓的自然天赋和社会偶然性的优势没有道德上的理由，罗尔斯称之为道德的不应得。要想达到一种公平的机会平等，或者说保证人们在竞争中有大体相当的地位，就要解决这两方面的问题。如果说自然的自由是一种形式的机会平等，那么自由的平等就是部分实质的机会平等。但是这对罗尔斯来说是不够的，他应该向更高的层面迈进。这里面又涉及一个非常细致的问题，就是后期在《作为公平的正义：正义新论》里面，罗尔斯反省这个问题的时候，是把公平的机会平等原则等同于自由的平等来论述的，并没有向更高的层面迈进，但是在《正义论》里面的解释不是这样的，大家以后也可以研读和讨论这些问题。

对自然的自由和自由的平等的超越可称作民主的平等。民主的平等是什么意思？这种平等是要求每个人都被作为一个自由而平等的人来对待，他们在社会分配中绝不受制于自然的任意性因素和社会的偶然性因素。民主的平等就是对前面两种平等观念的超越，而这三个不同的观念都是作为平等观念被描述的。经历这样一个发展，公平的机会平等原则在实质的意义上就会趋于这个方向。我说第二个理由是源于公平和平等，而对罗尔斯来说，公平的要求就是要处理社会的和自然的偶然性因素，而真正依赖的理由是道德的不应得这样一个观念，这是第二个理由。

第三个理由体现在《政治自由主义》里面对基本善的解释之中。罗尔斯在《正义论》里对基本善的解释，实际上他自己后来也是有反思的。一开始他是这么来界定的：基本善就对于一个理性的人而言，无论他还想要什么其他的，有些善是他必需的。无论你还想要什么其他东西，这些基本善是你必需的，那么也是你合理的生活计划的一个最重要的前提。为什么后来罗尔斯自己要修订这个定义？首先，因为这个定义在解释的时候涉及需要，而需要这个词是有歧义的。其次，如果你这样来解释，你对基本善的规定就来自人类学和心理学这些范畴。实际上后来罗尔斯对基本善的规定是一种制度的规定，跟政治的、规范的以及公民的观念相联系。公平的机会平等原则所规范的这些权力和机会是作为一个自由而平等的公民所必需的条件。也就是说，你要想成为一个自由而平等的公民，参与到政治活动中来，这些东西你是需要的，所以也应该平等地分配给所有人。这是关于三个理由的分析，而实际上第一个自尊的理由可以划归到公平的理由里面去，是可以合二为一的，只是在解释的时候把它们区分开。

理由解释完了，我们来分析它的内涵。三种理由并不是对应的三种内涵，首先要澄清它们不是对应关系。我们可以从罗尔斯的论述里归纳出公平的机会平等的三种内涵。第一个是广义的机会平等原则，我觉得这个可能是大家最容易忽视的一个原则。为什么说有一个广义的机会平等呢？罗尔斯在《正义论》《政治自由主义》里面

七　如何理解罗尔斯的"公平的机会平等"

都有所解释。如果强调每个人都不被排除在某种规则之外——因为一旦排除就意味着被排斥和被剥夺——那么第一个正义原则也表达了这样一种观念。为什么是这样？我觉得有两个理由，罗尔斯有两个论述可以来支撑他。第一个是机会平等和程序正义。公平的机会平等有什么作用呢？他强调的是正义原则要以程序正义的方式对待所有人，而程序正义不仅仅指公平的机会平等原则，程序正义是针对整个正义原则而言。第二个论述是在《政治自由主义》中的一个解释，这个解释就是区分自由和自由的价值。每个人的自由的价值是不平等的，但是我们尽可能来促成这样一种平等：保证每个人在谋求公职、影响政治决定的时候有公平的机会。这个公平机会同公平的机会平等原则是平行的。因此，如果我们对照整个正义原则和程序正义的观念，公平的机会平等原则首先具有一种广义的含义。

　　第二个内涵就是狭义的机会平等原则。狭义的机会平等原则有两个，一个是直接针对第二个正义原则，就是公平的机会平等原则本身。这个公平的机会平等原则怎么来理解呢？如我刚才所说，要知道他的意思，你就得知道他对自然的自由、自由的平等和民主的平等所做出的两个对照。自然的自由，我刚才说它是一种形式的机会平等，它只是保证每个人有权进入竞争体系中，至于竞争的条件是不是公平它不管。而公平的机会平等原则是说我们最好有一种公平的条件，或者在竞争的时候有公平的起点，在这一点上我们说公平的机会平等原则是对形式的机会平等原则的超越。也就是说应该对形式的机会平等进行限制，而限制我刚才说了有两个。第一个限制就是自由的平等，这是对它的一个限制，应该被超越。第二个，作为公平的机会平等原则，它也应该超越形式的机会平等原则。那么实际上这里存在一个对应关系，也就是说第一个公平的机会平等原则的本来意思是同自由的平等具有对应关系。在后期的《作为公平的正义：正义新论》里面，罗尔斯明确地强调这一点，他说在某种意义上公平的机会平等原则就是自由的平等。如果停留在这个地方，我相信对于罗尔斯的机会的平等原则解释是不够的。

这时我们就要从平等的理念以及实质的要求出发来理解公平的机会平等原则，这是第三个内涵，是同差别原则相关联的解释，我觉得这是我们应该注意的地方。民主的平等超越了自由的平等，民主的平等是什么？实际上它对应的原则就是小的差别原则。我在这里想对两个概念做一个解释。我们为什么要使用狭义的差别原则和广义的差别原则，要使用狭义的民主的平等和广义的民主的平等？狭义的差别原则就是针对正义原则的第三个原则，它就叫差别原则。广义的差别原则是什么？罗尔斯自己没说，但是我们可以从他说的一般观念里面总结出来。他说正义的一般观念是这样的：能够平等分配的都平等分配，不能够平等分配的按有利于最不利者的方式的分配。后半部分就是广义的差别原则，而整个广义的差别原则是对应整个第二个正义原则，就是公平的机会平等原则和狭义的差别原则的联合体。这就是差别原则的广义狭义之分。民主的平等也有狭义和广义之分。我记得丹尼尔斯讨论过民主的平等这个观念。实际上我们很少关注罗尔斯为什么要用民主的平等这个观念，这个观念到底是什么意思呢？实际上平等的实现程度是跟差别原则关联在一起的。罗尔斯自己强调，要想理解民主的平等，必须把它同差别原则和公平的机会平等原则联合起来解释。由此可以把它推广到一个更高的民主的平等，丹尼尔斯就把整个正义原则所表达的平等都称为民主的平等。

自由的平等相对民主的平等来说仍然不够，刚才在解释公平的理由时就说到了这一点。从实质平等的理念入手，公平的机会平等原则不仅要消除社会的偶然性，还要消除自然的任意性，这样才能

七　如何理解罗尔斯的"公平的机会平等"

真正避免道德任意性对分配的影响。罗尔斯的本意是要求公平的机会平等原则是实质的，而不是形式的。自由的平等对罗尔斯来说是不够的，真正的机会平等原则应该是实质的，而达到实质的要求就需要消除自然的任意性和社会的偶然性因素。如果从实质平等的理念来理解的话，公平的机会平等原则和狭义的差别原则的理念就会趋同。之所以把公平的机会平等原则和狭义的差别原则联合起来解释，就是因为罗尔斯所表达的是实质平等的要求，包括公平的机会平等原则要求也是一种实质的机会平等。从这些理念出发来理解的话，这两者是紧密联系的。在罗尔斯的整个表述里面，实际上我觉得他有时是混着使用，有时候是没有区分清楚。所以我们感觉有时候他在谈论一个大的，有时候又谈论一个小的，有时候又好像是跟差别原则联合起来的一个解释。以上就是有关公平的机会平等原则的理由和内涵的解释。

二、公平的机会平等原则与制度对应

解释完理由和内涵，我想再通过制度对应来看公平的机会平等原则。我的问题和结论是：相对于平等的自由和差别原则，公平的机会平等原则缺乏明晰的制度对应。这就是说，我们要通过制度来解释它的话，很容易产生问题。这个问题是什么呢？不同于平等的自由原则和差别原则——它们很容易找到制度的解释——公平的机会平等原则很难找到与之相对应的制度解释。大家如果对《正义论》整个框架很了解的话，就会知道在第二部分讲制度的时候，第四章对应的是平等的自由原则，第五章"分配的份额"是讨论差别原则的。如果是这样理解的话，那么公平的机会平等原则很难找到制度上的对应。

我想对这个问题做一个分析。正义原则肯定要落实到制度层面，我们在考虑这一原则的建构时，实际上也要考虑社会基本结构的构成。在罗尔斯那里，正义原则和社会基本结构是相互说明的。社会基本结构的构成是什么呢？就是社会的主要制度，而制度对他来说主要就是政治法律制度和经济社会制度，这是制度的解释。从领域来说，大体上是两个领域：一个是平等分配的领域，这是政治的领域；另一个是不平等分配的领域，这是经济的领域。就这样的论述而言，不管是从制度的论述来解释，还是从领域的论述来解释，都很难把公平的机会平等原则解释清楚。比如说你要从制度和政治的领域来解释的话，那么公平的机会平等原则所对应的权力和机会应该被划归在政治的制度或政治的领域里面，它不属于第二个正义原则上对应的经济制度，或者他所追求的经济平等，也不属于经济社会领域。你要从制度来解释的话，就很难解释清楚。这样你就会发现，公平的机会平等原则没有其他原则所具有的那种制度对应，这就说明公平的机会平等原则不是一个独立的原则，它可能依附于其他正义原则，要么依附第一个，要么依附第二个。所以我们看他对公平的机会平等原则的讨论就是这个样子：他在第四章讨论平等的自由原则时处理它，或者有时候在后面一章，跟差别原则一起讨论。如果是这样，没有一个相应的他所说的制度和领域的解释的话，那么这就会使公平的机会平等原则很难成为一个独立的正义原则。

如果我们刚才的批评正确的话，就意味着无论是从政治法律制度，还是从经济社会制度，又或者是从政治领域要求的政治平等和经济领域要求的经济平等，从这些角度你都很难把公平的机会平等原则解释成一个独立原则。但是罗尔斯未必会采用这个解释，他采用的是另外一个解释，就是通过宪法和法律之间的地位的不同，来

七　如何理解罗尔斯的"公平的机会平等"

解释两个正义原则之间的不同。第一个区别是，第一个正义原则适用于立宪大会阶段，第二个正义原则则适用于立法阶段，两者的地位是不一样的。第二个区别是，第一个正义原则解决的是更加迫切的基本的自由问题，而第二个正义原则所要解决的问题没那么迫切。第三个区别是，基本的自由问题是否得到了解决，这是一个很清晰的、很容易达成的判断，而第二个正义原则是否达成则不是很容易判断。这也引出了第四个区别，即有关基本的自由涉及什么，人们的意见可能是一致的，而第二个正义原则要涉及什么，人们很难达成一致意见。

　　这里面有没有问题？我们可以做一些分析。第一个问题，基本的自由的标准是什么？罗尔斯自己说，基本的自由的标准是否得到了满足可以得到清晰的判定。如果用"清晰的判定"这个标准的话，公平的机会平等原则也可以得到清晰的判定。你是否得到一个机会？怎么来判断你是不是得到这个机会？只要从一个形式的机会平等来看，你能参与或者你有这种身份，你就有这种机会平等。这是我觉得第一个成问题的地方。第二个问题，公平的机会平等里面也有一种实质的要求，比如不允许存在特权和等级制。我想在今天任何一部宪法里面都会描述这一点，这也是一个实质问题。紧接着就是差别原则。差别原则在今天每个国家宪法中相应的表述大致都是使社会共同体的成员过上一种有尊严的生活。这个有尊严的生活就是社会最低保障所要保护的。社会最低保障虽然没有一个具体的数额，但是它仍然是基本的自由问题。有尊严的生活、废除特权制等级制、每个人都有平等的机会，这都是实质问题。罗尔斯对这个问题是有回应的，他认为公平的机会平等比形式的机会平等肯定要求更高，这是他对公平的机会平等原则的第一个回应。第二个回应是他认为差别原则比社会最低保障的要求更高，但它们不应该被视为实质问题。为什么不应该是基本的自由问题？罗尔斯没提供一个好的解释。我们也可以想想为什么这些东西不应该被视为基本的自由问题来对待。我觉得这个解释是不完全的。

如果这前两种罗尔斯自己的解释仍有不通之处的话，我们可以看看第三种解释。第三种解释来自我们国内政治哲学最好的研究专家之一——姚大志老师对罗尔斯的一个解读，而这个解读是通过基本善进行的，是完全从平等主义的框架来解释基本善。这样的解释要分析基本善的性质，从性质上说基本善分为两种：有限的和无限的。无限的基本善可以完全平等地分配，这就是自由和权利等这些东西。有限的基本善实际上是具有稀缺性的东西，这里面就包括权力和机会、收入和财富。能够平等分配的就平等分配，不能够平等分配的就按照跟这个善所对应的要求来分配。权利和义务是可以平等分配的，权力和机会是按照公平的机会平等原则分配的，收入和财富按照小的差别原则来分配，这三个原则都是平等主义的解释：第一个是平等的自由，第二个是公平的机会平等原则，第三个是狭义的民主平等。我觉得这样一个解释同罗尔斯关于平等的理解是一致的，但是这样的解释还是会留下一些问题。第一个问题是，不管一种基本善是有限的还是无限的，正义原则都应该是两个，平等的自由原则解释第一个，不平等原则解释第二个，因此仍然没办法解释为什么公平的机会平等原则要独立出来。接下来我们要分析权力和机会，来说明为什么一定要有这样的原则。第二个问题是，即使能这样解释正义原则的意义，也依然没办法要求一种制度的对应，或者说很难找到一种制度的对应。那么在制度的解释中，罗尔斯实际上只有两个，就是"平等的自由"和"分配的份额"，就是《正义论》第四章和第五章的内容，而公平的机会平等原则实际上没有独立的制度与之对应。

进一步引申，除了这三组善，还有最后一组善叫自尊的基础，这是后来扩展出来的解释。自尊的基础对应的制度是什么？我觉得还是可能存在一些争议的。而且这也涉及罗尔斯关于优先性的理解。前面三组善都可以划归到自尊的基础层面，那么自尊的基础的优先性怎么体现出来？前面三组善可以体现出优先性来，但这样一个理解我觉得很难。所以我觉得这种理论架构可能是存在问题的。原因是什么？我觉得最重要的原因就是公平的机会平等原则的作用和地位不清晰，所以才导致它在制度的解释里面不清晰。为什么会这样？我觉得最重要的原因就是罗尔斯赋予了机会平等一个特殊的向度，就是实质的向度，而正是这个实质的向度给整个正义原则的解释带来困难。我一直认为公平的机会平等原则单列出来作为一个正义原则是没问题的。特别是在今天的西方国家，谁要反对机会平等，这是个很难立论的事情。但是要把它融入整个理论体系和框架里面，它就会产生问题，因为它的作用和地位不清晰。

三、机会作为一种特殊的善

上面说到的有些问题可能是我的误解，我从来不排除误解的可能性。因为我一直强调罗尔斯的思想是一个庞大复杂的体系，而我们的解读未必能达到这种体系化的高度。而且我自己认为我们缺乏这种真实的生活环境，因而对有些观念很难理解。这是我们的研究会面临的一些限制，即很难知道罗尔斯在当时的社会文化观念的影响下究竟是如何思考这些问题的。

关于公平的机会平等原则，我觉得在一定程度上它更靠近第一个正义原则，为什么会这样？问题在于如何理解机会。我不知道同学们怎么理解机会，认为机会本身是形式的还是实质的。罗尔斯说基本善主要有四组，把自尊的基础加进来的话，就是权利和义务、权力和机会、财富和收入以及自尊的基础，这都是基本善。如果要进行一个划分的话，前面的三项都是自尊的基础，都可以划进来。如果单列出来的话，机会和其他善有什么本质上的区别？我觉得其他善大多数时候可以判断它是不是为个人实质性地拥有。比如说，你有没有权利和义务？有没有平等的自由？你的收入和财富到底是多少？这个社会所确定的自尊的基础你有没有达到？我觉得关于这些，你是不是实质性地拥有，这是可以判断的。

但是，机会不是这样的。真正具有实质意义的是机会所指向的，背后的那些东西是什么呢？就是权力、职位、公职以及负有责任的地位这些东西。如果你把它扩展到广义的机会平等原则的话，那么它还包括自由、权利和义务，我觉得这些才是他所说的实质的东西，而机会本身不是实质的。比如说我给你一个机会，你要通过这个机会来做什么？或者说你参与竞选，大家都有这个机会参与竞选，那么你最后得到的东西是什么？机会在这方面它到底是实质的还是形式的，这是一个很模糊的概念。我觉得它是形式的，这个对不对？我觉得这可以从罗尔斯在《作为公平的正义：正义新论》里面的一个自我修正中体现出来。这也是他的学生博格，包括弗里曼对他的一个解释，他们说罗尔斯实际上对机会这个东西抱着迟疑的态度。那么后来他怎么来解释呢？他说机会实际上包括两个方面的内容，一个是移居自由和选择自由，你看他就把它变成自由了，这就跟第一个原则靠得很近。第二是跟公职和职位所对应的权力和特权，这是一个实质性的东西，他就不再用机会这个概念了。机会到底是实质还是形式的？我觉得它是一个形式的东西。

如果机会是形式的，那么每个人都可以享有这个机会。至于你

七 如何理解罗尔斯的"公平的机会平等"

最后能不能得到,那是另外一回事。第一,就这样一个形式的东西而言,它实际上是可以平等的,那么在这方面它的作用、地位就会靠近第一个正义原则。第二,我们退一步假定机会是一种善,那么机会这种善同权力、职位和公职这些善有什么区别呢?如果它们是一样的,为什么把机会单列出来?这也是我后来同有些老师的争论所在。我认为罗尔斯在谈论权力的时候有两方面的意思。一个是罗尔斯并不排斥政治权力,这是一个比较大的领域。第二个主要是讨论跟特定的职位、公职相关的这种权力。这两种权力是相靠近的,一个是政治制度的,一个是社会经济的,罗尔斯把这些东西都融合在一块。因为机会后面的核心的东西,不论是公职、职位、地位还是权力,都有一个共同的核心标准,就是权力,不光是微观权力,还有宏观权力,所以他才把这个东西独立出来,使权力和机会相并列。如果是这样的话,我觉得就更印证了刚才我所说的,机会就是形式的而不是一个独立的善。公平的机会平等原则类似于一种小的规范原则,它规范的是职位、公职和权力这些跟职务相关的东西。它要求的是一种开放,所以机会是开放的,相对应的否定面就是排斥。因此从形式上它更靠近第一个正义原则。

　　如果从实质的向度来理解的话,公平的机会平等原则就会更加靠近差别原则。这是在关于公平的机会平等原则的研究中大家更多地注意到的一面。如何来理解和实现实质的机会平等?我刚才已经说了,实质的机会平等要求消除自然的任意性和社会的偶然性影响,这是公平的理由,也是严格意义上的公平的机会平等所具有的内涵。如果你这样来要求公平的机会平等原则的话,那就必须给予最不利者更多的教育资源、医疗资源等外在的资源,来达到这种公平的机会平等。要达到实质的平等,差别原则就必须发挥作用。所以在讨论公平的机会平等原则和差别原则之间的区分的时候,如果从实质平等的理念来说，两者在这个时候就会趋同。也就是说，在实质的意义上，差别原则和公平的机会平等原则的作用和要求是一样的。要达到这种公平的机会平等原则，必然的要求就是医疗资源、教育资源以及各种资源按照优先次序向最不利者倾斜，以保证他们能得到一个公平的起点。从作用的优先性来说，差别原则就要优先于公平的机会平等原则。阿内森等人也是这么解释的，从发挥作用的角度来看，差别原则比公平的机会平等原则更重要。

在1971年版的《正义论》里面，优先性的安排和后来的版本是不一样的。1971年版本是什么样的呢？平等的自由原则优先于后面两个原则，这没有变化。而公平的机会平等原则和差别原则的理论位置恰恰是颠倒过来的，他先谈论的是差别原则，后面谈论的是公平的机会平等原则。到底是公平的机会平等原则优先，还是差别原则优先？就像他的学生弗里曼所说的，罗尔斯在他的后两个正义原则的优先性问题上是犹豫不定的。从逻辑上来说，只能如修订版中的阐述：平等的自由原则优先于公平的机会平等原则，公平的机会平等原则优先于差别原则。但是在作用上未必是这样，要达到公平的机会平等的起点，差别原则就比公平的机会平等原则更重要，更具有实质作用。这就说明，从功能和作用来看，公平的机会平等原则和差别原则二者的边界没有那么清晰，二者有时是趋同的。

从实质的要求来看，公平的机会平等原则和差别原则的作用和地位相差无几，而这也导致优先性的理由不充足。我们都知道第一个正义原则优先于第二个正义原则，这几乎没有什么争议。有争议的是公平的机会平等原则对差别原则的优先性。为什么会有这种优先性？实际上罗尔斯没有提供一个非常有力的理由。根据《正义论》修订版中的阐释，对第二个正义原则来说，应该是正义优先于效率。正义优先于效率也可以用来解释第一个正义原则对整个第二个正义

七 如何理解罗尔斯的"公平的机会平等"

原则的优先。与此相关的是，权力和机会、收入和财富之间的关系和这两组基本善与第一组基本善的权利和义务之间的关系是不对称的。第一个正义原则优先于第二个正义原则，反映了基本善的优先。罗尔斯说权利和义务这种基本善要优先于后面的基本善，但是罗尔斯没有说权力和机会这种善要优先于收入和财富，他自己没这样说，这只是我们在优先性问题上对他的一个解读。所以后来有人就说罗尔斯在这一点上太过于武断了。对一个人的选择来说，他未必就要选择所谓的机会和权力，在有些方面上他可能更看重收入和财富。所以第一个正义原则优先于第二个正义原则可以解释通，而公平的机会平等原则一定要优先于差别原则，则未必能解释通。通过这样的反驳我们也能看出，公平的机会平等原则的实质要求要想实现，它就必须靠近差别原则。正因为这样，这个原则要么就太弱，要么就太强。所以阿内森说这个原则在罗尔斯那里应该被拒绝，因为它没什么实质意义。即便有实质意义，它只能是差别原则的一个工具而已。

上面是对公平的机会平等原则的两种解释。一个是靠近第一个正义原则的解释，一个是靠近差别原则的解释。我觉得更好的解释可能是这样：满足形式的要求，而向实质的方向靠近。而这就需要我们重新理解机会。社会体系确实应该向所有人开放，如果不开放就意味着社会体系的背景制度不正义。这是从公民的身份和地位上得到保证的：你是一个自由平等的人，你就有平等的权利参与到竞争中去。依据公职和职位的要求，每个人在大体相同的教育及其他一系列条件下，去挣得符合于公职和职位要求的资格。我们要经过大体相同的教育之后，再根据职务和公职的要求参与竞争，竞争的结果取决于这个职位或者公职本身内在的资格要求。

这样的解释有什么优点呢？第一个优点是体现了社会体系向所

有人开放，拒绝制度排斥和制度歧视，让每个人都有参与竞争的机会。第二个优点是强调了把机会转化为实际资格所需要的实质的支持，像医疗和教育等保护、发展个人能力的制度条件，这些条件对于达到公平的机会平等是必需的。由于这样一个实质向度的约束，它就不会更靠近平等的自由原则，因为他是有实质性的要求的。

第三个优点是资格规定了大体上的条件和要求，这样的话它就不会因为实质向度的不清晰而过度地滑向差别原则。就像罗尔斯自己后来说的，他不会要求差别原则向最不利者倾斜到这种程度：让每个人都有完全平等的条件和完全平等的起点。他说这样的条件是不可欲的也是不可能的。那么应该达到的是什么样的条件呢？就是使每个人都有基本的条件去谋求职位、公职及相关联的权力。至于之后的竞争仍然以能力为标准，接下来我要解释这一点。这就说明它还是有实质向度的要求，它要求公职和职务所对应的资格、能力等。它并不是说一定要达到实质的更高的程度，那是不可能的事情。

第四个优点是它可以为自己赢得一个独立的地位。这个地位是两方面的，既满足平等的要求，同时也体现实质的不平等。满足平等的要求体现在机会确实向所有人开放，实质的不平等体现在最终获得这些职位、公职和权力的毕竟只是一部分人，这是因为善的性质就决定了它是稀缺的，它不可能为所有人享有。这样一个解释就能解释广义的差别原则，也就是整个第二个正义原则。为什么我把它叫作广义的差别原则呢？第一个正义原则是平等的分配，第二个正义原则是不平等的分配。不平等的分配应该是什么样的？有利于最不利者。而公平的机会平等原则所要求的权力和机会，它实际上是不平等分配的。但是机会又应该向所有人开放，要让它满足罗尔斯所说的平等的要求，所以它叫公平的机会平等原则。这样就可以跟广义的差别原则达成一致。

七　如何理解罗尔斯的"公平的机会平等"

实际上，后来有些人就说，无论有什么样的实质向度，罗尔斯的公平的机会平等原则仍然是一个形式的原则。当然这里面有很多论证，而我在这里加补的论证是什么呢？就是分析机会所对应的权力的性质。不管你谈论的是政治的权力，还是微观的职务的权力，无论是从哪一个维度来谈论，权力的归属只能是一部分人。那为什么它又是一个平等的要求呢？平等只意味着你有平等的机会来获得这种权力，至于最后的结果，肯定是一个实质的不平等。我们对它的要求就是要对资格提供更多的条件支持，仅此而已。

四、平等与应得

最后就涉及我对这个问题的一个总体的解释。我刚才谈到公平的机会平等原则可以赢得独立的一个地位，它在形式上要满足向所有人开放的条件。这种开放是什么意义上的开放呢？是不是就一定要取消人与人之间的自然天赋和社会文化环境的差异，是不是一定要把这个东西拉平来追求公平的起点呢？这是根本不可能的，罗尔斯自己也拒绝这一点。那么能做到的是什么？就是制定与这些职位、权力、公职的相关的条件和标准，我们暂且把它叫作资格。对这些资格的一般的规范，如果达到了，那么就可以达到公平的机会平等。至于最终结果上的实质的不平等，是因为在同等的条件下，只有表现更好、更符合这种职位要求的人才能获得相应的权力。这样的解释就会涉及关于资格的观念。

什么是资格？罗尔斯在《正义论》里面专门讨论过这些相关问题，就是合法期望、应得、资格等这些东西。这是一个很复杂的问题，我以前写过一篇很长的文章专门来讨论它，今天只是把思路说清楚。实际上，资格和能力依赖于制度，受正义原则的规范。资格要怎么来解释？它里面涉及应得和规则的问题。罗尔斯举了一个非常重要的例子——关于球赛的例子。这个例子就能解释什么是资格、什么是应得、什么是规则等这些问题。假设两个球队进行比赛，其中一个球队踢得非常不错，按照罗尔斯的说法，这个球队展现了球赛自身所要求的各种优秀的品质、技能、技巧。但是很不幸，因为一些偶然性的因素，比如射门总是打在门框上，没进球。而另外一个球队可能踢得极差，同前面的球队相比不怎么优秀，但是运气好，得到一个很偶然的机会，就进球了。这场比赛结束之后，人们就都说负者应得胜利。

这个例子就能很好地解释能力、资格和规则这些东西。在这样一个解释里面，就球赛对应的规则来说进球多的球队有资格获得冠军，这个资格是依赖于规则的一个结果。虽然你强调负者应得胜利，但是从资格角度来说，进球多的球队应该拿冠军。在球赛之中，球队确实应该体现出各种相应的技巧、能力和品质，这是没问题的，但是罗尔斯进一步强调这些品质是依赖于跟品质相一致的规则，如果没有球赛的规则，你很难把相关的品质界定出来。对罗尔斯来说，能力、资格和规则三者一致是最理想的情况，不一致是最不好的情况。一个球队的能力展现出来，但是没有获得比赛冠军的资格，罗尔斯说这个时候你才能够说负者应得胜利。他这个例子是想说明什么？社会体系确实应该尽量做到使能力、资格和规则这三者一致，这是一个最好的状况，但是有时候很难达到。

我们可以进一步延伸，假设这个球赛就是一个合作体系，那么每一个球员的角色就是一个职位，能力是跟职位联系在一起的，能力和职位又是与规则联系在一起的。在这个规则之下，你把能力展现出来了，你确实应该得到相应的职位或者是一个好的评价。如果

七　如何理解罗尔斯的"公平的机会平等"

没有展现出来相关的能力，那么在某些方面我们说他确实不应得相应的职位或好的评价。总而言之，资格依赖于规则，而对规则的判定如果与能力、资格相一致，这是最好的。如果不一致，我们就用应得的理由来进行批判。因此，资格是同制度相联系的，体现资格的是能力或挣得资格的行为，这是罗尔斯在合法期望里面解释的。但这些能力和行为并不能独立于制度之外，也就是说，机会平等所对应的善，虽然呈现出不平等的后果，但是它仍然要受平等原则的约束，因为与这个职位相关的资格、能力这些标准来源于制度的规则。

这样一个解释影响了后来人的解释。罗尔斯的学生斯坎伦在讨论公平的机会平等原则时提出的核心观点就是能力和资格依赖于制度，因为制度的目标和组织方式决定了这些职位，那么也就决定了职位所要求的能力是什么样子。在这个总的观念下，他提出了三个可能用来为不平等进行辩护的理由。第一个是机会的不平等使个人能力充分发挥带来整体利益的增加，那么这显然是一个效率的解释，这是不能够被认可的。第二个是程序公平，虽然这个过程最终的结果是某些人获得了优势，但是其他人没有理由来抱怨这个优势，因为这个程序公平的标准是能力。第三个是实质机会，尽管抱怨者在这个过程中缺乏必要的资格和其他手段去做得更好，但这一事实没有涉及任何错误的行为。实质机会的要求是人们接受大体相当的教育之后，同其他人相比不具备更好的能力和资格。这些解释是依赖于制度的一个解释。在这个解释中，是制度规定了这些职位，因为制度的组织方式和制度目标确定职位如何来安排，这些职位的要求、能力和资格才相应确定。

对于罗尔斯这一脉的解释，我觉得可能存在一些问题。第一个问题是：能力和资格依赖于正义原则，对罗尔斯来说这当然是最好的解释。但是我觉得正义原则是存在争论的,有什么样的正义原则,就会有什么样的制度目标和组织方式,因此这样的论证没有很强的说服力。当然这样说来,我的反驳也不会对他带来什么样实质性的批判。但是,还有一些事情值得考虑:有些能力会超越具体的正义原则的规范,它不一定跟制度有关。不论在哪个制度里面,有些职位都会要求你具有一些基本的能力。比如说这个职位不论你设想它在哪个制度里面,它都要求智力、理性能力这些东西,而跟你的规则和制度没有多大关系,它可能就独立出来了。这是第一个值得考虑的事情。

第二个问题是:我们说能力和资格确实同职位相关,我们可以认为它是职位的标准,但是决定这个职位最终归属的是相关人员的业绩,米勒用的概念是表现。业绩按照我们现在的解释是什么?就是一个人过去所展现出来的品质和成绩,这叫业绩。也就是说最后决定这个职位和权力的归属的是业绩。而业绩跟平等没有关系,它就是一个应得解释。应得的解释是什么?就是根据你过去的行为来判断你是不是应得的,这是应得的解释。通常来说,应得的解释是根据你的行为,根据发生的事实来解释你应得什么。所以在这个意义上,能力、资格确实跟职位相关,但是最后来判断你能不能得到职位的是业绩。

第三个问题是:公职和职位的分配还包含着对未来的期望和预估,就是说你能不能展现出这种资格的要求,而期望和预估依然是建立在过去行为的基础上。比如说今天有一个招聘会,我们都投了简历。最后怎么判断这个职位归谁呢?用人单位肯定先把简历看一看——假定简历都是真实的,如实记录了每个人过去所做的事情——这就是通过对过去行为的评判来预估未来你可能的表现。职位的归属就是这样,就是你过去跟这个职位相关的业绩以及由此对

七　如何理解罗尔斯的"公平的机会平等"

你未来业绩的预估,这些决定了一个职位最终的归属。

这样我就过渡到最后一个结论,这个结论就是公平的机会平等原则无法避免最终的不平等。没办法达到最终的平等是因为在背后约束和规范机会和权力这些东西的,不是平等而是应得。我们把工作替换成公职和职位的时候,这样一个解释原则仍然能够成立。

最后再总结一下我的整体解释框架。第一部分是分析公平的机会平等原则的理由和内涵,我觉得这个原则是存在争议的,它可能不是太清晰。第二部分分析它在制度方面的表现,我们发现很难找到与公平的机会平等原则所对应的、独立的制度。那么为什么会出现这样的情况?是因为公平的机会平等原则的地位和作用不是太清晰,它要么靠近第一个正义原则,要么靠近后面的差别原则。我们能够找到的最好的解释,也是停留在中间的一个解释,它没有独立的地位。在我看来,其原因在于真正规范权力和机会这些东西的是与这些职位相关的能力、业绩和资格。而这个东西是什么呢?它不是平等原则,而是应得原则,所以在罗尔斯的框架里面就呈现这样一个结果:你说它是一个独立的原则,好像也不是,但是它又不可或缺。

今天的结论有三点。第一,机会的本质是拒绝和否定制度排斥和制度歧视的。在这种意义上,机会不是同自由和权利性质相同的独立的善,而是具有一种规范性质的要求,即它要求社会体系向所有人开放,不能形成制度排斥。第二,虽然公平的机会平等原则存在我们刚才所说的一些问题,但是它依然不可或缺。只要权力和机会在罗尔斯那里被视为公民身份的一个构成部分,它就必然受平等权利的约束,不然的话就不叫自由平等的公民。第三,在职位的实质归属的意义上,应得原则起了作用,这是公平的机会平等原则既具有平等的规范性要求,同时又呈现出必然的结果不平等的重要原因。最后我想再说一点,我个人认为实质的条件发展越充分,形式的要求就会越来越弱。当人们的业绩、才能和能力都发展到大体相同的水平的时候，我们可能才会有真正意义上的公平的机会平等。那么这个时候职位的分配怎么办呢？我想可能是这样一个原则：因为大家能力都差不多，对未来预期都差不多，我们就来抓阄，这就是一个纯粹的程序正义原则。

（唐鹏远整理）

八

《民法典》的四大伦理精神

◎ 曹刚

时间：2020 年 11 月 10 日 18：00—20：00
地点：中国人民大学公共教学三楼 3102

  曹刚，中国人民大学哲学院教授、博士生导师。曾获首届中国伦理学十大杰出青年学者、中国人民大学十大教学标兵等荣誉称号，2019—2020年度首都精神文明建设奖。主持国家社科基金项目3项、教育部重大项目"法伦理学研究"1项，出版著作《法律的道德批判》等4部，发表学术论文百余篇。

我今天报告的题目是"《民法典》的四大伦理精神"。有一句俗话说,"知人知面不知心"。话虽这么说,但其实我们是可以通过观察一个人身体动作来揣测他心里想的是什么;其实社会也有它的灵魂、它的心,这就是伦理精神。也就是说,伦理精神能够引导人们的价值认同,它能够指导行为的方向,同时它能够促进社会的团结。但是伦理精神是看不见、摸不着、经验不到的。但社会不但有心,也有身体,这是涂尔干说的。涂尔干说,类似法律制度、道德规范和其他社会规范之类的东西,就是社会的身体。因此当我们翻开《民法典》的时候,我们是不是也可以由表及里,从社会的身体去触及这个社会的灵魂,也就是中国社会的伦理精神呢?我们今天就来尝试一下。

一、《民法典》之底线伦理

我所谓"《民法典》的四大伦理精神"之一,就是《民法典》之底线伦理。关于"底线伦理"这个概念,在1997年的第四期《读书》上,何怀宏发表了一篇文章《一种普遍主义的底线伦理学》,第一次提出了底线伦理;同年,罗秉祥也发表了一篇文章叫《自由社会的底线道德》;同年,经济学家茅于轼出版了他的专著《中国人的道德前景》。很奇怪,这些文章及著作都在1997年发表或出版,都提出了底线伦理的问题。按照何怀宏自己的说法,这是对"文革"的反思,是对新出现的市场经济和社会转型所带来的局部问题的一种回应。其实,从伦理学的理论视角来看,就像诺齐克所说的,我们的道德辩护是有两个方向的。比如,国家的行动怎么才是正当的?我们可以是目的论的,也就是说,我们把国家的目的看成是为人民

八 《民法典》的四大伦理精神

谋福利、为社会促和谐，有了这么一个目的，所有能够达到这个目的的行动或者是行为都是正当的。这是目的论的道德辩护方向。同时，诺齐克认为还有一种辩护的方向，就是所谓的义务论的：我们无须去找一个至善之类的目的，我们所需要的就是给国家、社会和个体的行动提供一个道德的边际约束，或者说一个边界。那么无论我们追求的是什么样的理想目标，我们都应该遵循这样一些最基本的要求，换言之，我们必须在这个边界之内追求我们各自的目标。那么很显然，底线伦理是义务论意义上的道德辩护。

但问题在于，底线伦理之"底线"到底是什么呢？它的内容是什么呢？是"己所不欲勿施于人"的"金规则"吗？还是一些所谓的"不得强奸不得杀人不得撒谎"的"自然义务"呢？2003年，我们伦理学的前辈许启贤老师写过一篇文章，他说他认为的底线伦理应该是"尊重"；何怀宏在"己所不欲勿施于人"这些"金规则"之外，又从"自然的义务""作为公民应当承担的义务""一个行业最基本的道德要求"等几个方面去概括底线伦理。

底线伦理到底应该是什么？如果我们去翻现行的《民法典》的话，似乎应该能找到某种答案。按照法学家的说法，这部《民法典》的主旋律是"人法本位"。它体现在这三个方面：第一，在民法的调整对象上，它和《民法通则》是不一样的。《民法通则》所界定的民法的调整对象是"平等主体之间的财产关系和人身关系"，但是现在颁布实施的《民法典》把调整对象的秩序做了一个调换：它是调整"平等主体之间的人身关系和财产关系"。这种字序的调换，其实就意味着一种价值取向的变化。第二，很多的法学家接受采访时，比如人大原常务副校长王利明老师，都会提及《民法典》最大的亮点就是人格权独立成编。这是所有其他国家的民法典所不具有的一个结构性特征。那么为什么人格权独立成编呢？人格权有哪些权利呢？

《民法典》第900条写道，人格权包括"生命权、身体权、健康权、姓名权、名称权、肖像权、名誉权、荣誉权、隐私权"等。接下来，人格权益还包括"基于人身自由、人格尊严产生的其他人格权益"。人格权独立成编，给出了一系列的人格权益，而这些人格权都是人格尊严价值的彰显。同时，人格权在《民法典》中所规定的一些基本特征，如不能转让、不能继承等基本的特征，都是建立在人格尊严的基础之上的。而随着社会的发展，可能有不同形态的新的人格利益的出现。它们是不是属于（法律要保护的）"人格利益"、应不应该得到保护，也是由人格尊严来进行定义的。所以，中国的底线伦理到底在哪里？实际上翻开《民法典》就会发现，它已经告诉我们底线伦理在哪里了。它是通过一系列的权利告诉我们的：这些权利是不可转让的、不可继承的、不可抛弃的，这些权利就成为道德约束的边界，类似于诺齐克所说的"权利成了道德边际"。而人格权利具有这些特征，正是因为它的基础在于人格尊严。

这就会引出：什么是人格尊严？其内涵是什么？首先，人格尊严是自然人的人格尊严，也就是说其主体是自然人。那什么是自然人呢？自然人不过是一种有人类基因表达的活着的人。所以，我们一旦界定了尊严的主体是自然人，就避免对"尊严"定义得过宽或定义得过窄两个弊病。所谓"定义得过宽"，如日本创价大学的创始者池田大作先生就认为，除人有生命尊严以外，其他的非人类的生命存在都有生命尊严，显然，对尊严主体的定义过宽了。恩格哈特则把生命尊严主体的范围划定得过窄了。他认为"人"和"人类"是不一样的，像婴儿、痴呆症患者、精神病患者，尽管他们是"人类"但他们不一定是"人"，不一定是尊严的主体。我们可以去关心他们，但我们没必要尊重他们，因为他们不是尊严的主体。这就违背我们的道德常识，很显然这对尊严主体的定义又过窄了。所以我们觉得不宽不窄的、对尊严主体的定义就是一个"自然人",即有人类基因表达的活着的个体。

如果说我们确定了尊严的主体的话,那么尊严的内涵又是什么呢?我觉得尊严的内涵不外乎就是两方面。当我们谈到"类"的时候,就是所有人类物种的存在都具有的尊严。这是因为我们每一个人,作为一个有人类基因表达的活着的个体,作为这个物种的成员,无论你有没有意识和自我意识,都具有一种类的尊严,其价值依据就来自我们每个人都是大自然进化和人类劳动的共同创造物。或者我们用更通俗的话说,人类进化鬼斧神工和人类劳动实践共同创作的艺术品——这个艺术品是如此之珍贵,值得我们去珍惜,值得我们去尊重,值得我们去呵护。这是在类的意义上谈的尊严。那么从个体的意义上来说,尊严指的是什么呢?从个体的意义上,人是一种什么样的存在?人是一种可能性的存在,但是这种可能性是通过人的自主选择使得人的类本质得以实现的。人是一个未来的存在,作为一种未来的存在,人是通过人生规划把生活的方方面面和生命历程的不同阶段编织起来而实现、编写他的人生篇章的。人是一个矛盾的存在:有限与无限、肉体与精神、内在与外在的矛盾着的统一体。这样一个矛盾的存在同样是通过现实的活动的主体把它们统一起来的。所以总而言之,从个体的意义上来说,人的尊严是什么呢?其实人的尊严是"作为自己人生传记的作者这一地位的不可取代性"或者说就是他的"自主性"。

所以人格的尊严实际上包含了两部分:一个是类的尊严,一个是个体的尊严。正是因为人格尊严具有这样一种内涵,我们就可以去确定人格尊严的一些最基本的特征。那么人格尊严具有什么样的特征呢?

第一个特征是内在性。也就是说,人格尊严是一个具有内在价值的东西。我们总是对一个东西的价值作出这种划分，它或者具有工具价值，或者具有内在价值，或者都具备。那么很显然，当我们说人格尊严的价值性的时候，它是具有内在价值的。因为只有具有内在价值的东西，才能生长出其他有价值的东西，才能够成为其他好坏与否的价值评价的标准。这就是内在性，即人格尊严是具有内在价值的。

第二个特征是绝对性。实际上绝对性就是说人格尊严具有这样一种道德力量：它是不可突破、不可抛弃、不能妥协的，它就是这样一种压倒性的约束力量，使得一种制度、一种行为成为正当性的东西。这就是绝对性。

第三个特征是普遍性。无论你的阶级、身份、种族、肤色等有什么样的差异，只要是人，你都普遍享有这样一种人格尊严。

所以说正是因为人格尊严具有这些特征，它反过来决定了我们刚刚所描述的关于人格的权利的那些特征。我们再来重新理一遍。我所说的"《民法典》之底线伦理"，不外乎就是说当我们翻开《民法典》的时候，我们是不是在伦理学的意义上清楚了一个问题：我们总说在当代社会我们道德辩护的方向更多的是寻求一种义务论意义上的边际约束，但是这种边际约束或者道德义务的内容有哪些呢？我们有各种各样的说法，但是我觉得我们可以找到当代中国社会的边界，这些边界是由人格权所编织而成的，而人格权能编织成这样一个道德边界，是因为人格权的基础在于人格尊严。而人格尊严又是这样一种具有内在性、绝对性、普遍性的价值，所以它才有可能成为道德边界的一个价值基础。这是我说的第一个问题，即《民法典》之底线伦理。

二、《民法典》之市场伦理

我们都说《民法典》是市场经济的基本大法。市场经济当然是通过市场配置资源的机制。这种机制是如何形成的呢？一般来说，有两种观点。一种是所谓的"自发说"，即把市场经济看成是自然而然、自发产生的一个超历史的实体。另外一种是"嵌入说"，所谓嵌入说，即市场经济总是在一种特定的共同体、特定的制度、特定的文化中间被建构出来，以实现一种特定的目的的经济机制，所以它是可以为特定的社会理想服务的。我们既不完全赞成"自发说"，也不完全赞成"嵌入说"。我们持有的观点是，市场经济既是自发的一种资源配置的机制，也是在一种特定的历史条件下，由国家为实现某种特定的社会理想而建构出来的一种资源配置机制。

如果说《民法典》是市场经济的基本法，它就得体现市场经济的基本伦理。那市场经济的伦理是什么呢？我们更简单地说，其实"市"就是交易，"场"就是交易的地方，所以市场经济基本的伦理就体现在它的交易伦理上，而我认为交易伦理又体现为交易的内在道德和交易的外在道德两方面。

什么是交易的内在道德？"内在道德"这个概念是什么意思呢？道德，不过是一种规则。但当一种规则使得一种活动成其为活动的时候，它就是一种内在的规则。比如说下象棋，"马走日、象走田"，这是一个象棋游戏活动的规则，它是一个内在规则。如果你不按这种规则走的话，它就不是一种象棋的游戏，而成为诸如军棋、围棋等另外一种活动了。所以内在道德就是这个意思：当人类的活动是以某种规则为前提和基本条件的时候，或者说它是以某种规则或道德规则为它的构成性要件的时候，这种道德就是内在道德。如果我们这样去理解的话，那么交易的内在道德是什么呢？交易肯定有交易的规则，交易肯定有交易的道德，但如果一种交易的活动不遵循某种道德要求使得这种"交易"的活动不能再被称为"交易"的时候，那么这种道德要求肯定就是它的内在道德。

如果我们认可我刚刚对"内在道德"和"交易的内在道德"所做的分析的话，那么交易的内在道德又是指的什么呢？我觉得就是"诚实信用"，或者说诚信。为什么说交易的内在道德是诚信？诚信问题我们讨论得非常之多，但我几乎没有看到是从内在道德和外在道德的意义上作出区别的。交易要遵循很多的道德要求，但是诚信原则是交易的一种内在的道德要求。为什么呢？我们知道交易起码需要两个东西。第一个是货币，因为货币介入交易之中才使得"买"和"卖"区别开来，才使得市场成为可能。我卖东西换回来的是什么？在市场经济里面肯定不是以物易物了。你拿回来的是"钱"，实际上就是一个"信物"，它后面有信用才使得这个钱成为钱，因为你相信拿着这个东西可以买到同样价值的东西。货币之所以成为货币在于它是交易中间的内在中介，市场经济中的一个中介，是以信用为基础的。第二个是契约。市场经济是一种交换经济，这种交换在社会分工的条件之下，是不同的生产者、不同的所有者彼此的交换。而且随着社会分工的发展，这种交换是有很多中间环节的，起码有商人这个中间环节。所以这种交换使得它不再是在一个时间、在一个地点所能完成的：它是跨越时空完成的。正是因为它是在跨越时空中完成的，所以交易本身就会带来风险。这样一种不确定性的风险是如何避免的呢？我们只能通过契约这种信用的机制来避免不确定的风险。

所以我想我们应该可以理解了，市场的伦理主要体现在交易的伦理上，而交易的伦理又可以分为内在和外在的道德。交易的内在道德说的是一种使交易成其为交易这种活动的要求。这种要求就是诚实信用。

那么交易的外在道德又是什么呢？很显然，当我们说交易的内在道德的时候，它是所有的市场经济所应该遵循的道德，是具有普遍性的，无论是资本主义的市场经济，还是中国特色社会主义的市场经济。因为它是市场经济内在的，所以它具有普遍性，没有特殊性、没有具体性。任何一种市场经济都内在地要求诚实信用。但是外在的道德就不一样了，因为任何一个交易其实都是具体的个人在具体的场合所进行的一种具体的交易活动，所以它就必然要去满足它所嵌入的那种共同体的传统文化、政治制度、民间习俗的要求。换言之，当一种具体的交易发生的时候，它除了要遵循交易本身所要求的那种内在道德之外，还需要符合它所嵌入的共同体内部的道德要求。我说的"外在的道德"是相对于刚刚说的内在的道德而言的。换言之，不符合外在的道德要求的交易还是交易，只不过不是一个好的交易，不符合它所嵌入的那个共同体的道德要求，所以它可能在那个具体的共同体里面是不被允许的，或者是被宣布无效的。而我们所说的外在道德要求就是"公序良俗"。

所以，我们可以看到《民法典》的基本原则有诚实信用原则、公序良俗原则，而诚实信用原则和公序良俗原则是在法学界里面一直在讨论的民事活动的基本原则。但如果从伦理学的角度看这两个原则，是不是可以做出这么一个尝试：第一，诚实信用是内在的，公序良俗是外在的。第二，公序良俗是什么意思呢？我们可以把公序良俗划分为"公序"和"良俗"。那公序和良俗之间的关系是什么呢？

我认为公序和良俗的关系是目的与手段的关系。这个当然是我们从伦理学的意义上探讨的，在法学界也没看到这种说法，但是我依然这么认为。手段就是良俗，目的是公序。公序我们一般认为就是公共秩序。那公共秩序的本质是什么？我觉得就是一种人类合作的秩序。我们一般的都是从做事的意义上去谈合作，也就是说从工具的意义上去谈合作：我们合作去办成某一件事情。但是其实人类的合作本身是具有存在论的意义的。为什么？我们为了生存和发展，要满足各种各样的需要。但是满足这些需要的生活资料和生产资料都是有限的。那我们一方面通过竞争去解决这些问题，另一方面，通过合作去解决这种矛盾。从自然的进化来看，所有的动物都是通过竞争优势、适者生存、优胜劣汰来解决这个矛盾——生存的需要和资源的有限性之间的矛盾的，人当然也不可避免。所以竞争是人类社会发展的一种普遍的现象。但是人之所以不同于动物，之所以能够超越动物，是因为人能合作。如果他仅仅用竞争来解决这个矛盾的话，那么他实际上不能体现人的本质性、超越性的特征。所以人实际上是把合作看作是优先于竞争的。在这个意义上来说，合作是一种"连带关系"（当然我是在另外一个意义上谈论"连带"关系的）。按照狄冀的说法，我们有共同的需要，所以要采取共同的行动去予以满足；我们有不同的需要，所以要彼此交换来予以满足，彼此满足各自的需要：这都是合作。因此合作这种关系实际上是人类存续和发展的一个基础。

第二点，我们人是一个社会的存在。实际上我们要实现我们各种各样的目的，都是通过结成共同体进而实现合作来实践的。比如说生育的目的是通过结婚并结成家庭的共同体来实现的，政治的目的是需要通过国家这个共同体来实现的，经济的目的是需要通过企业等经济的共同体来实现的。所以人类的很多生活的目的，都是通过合作来实现的。但是问题就在于，我们每一个个体在合作中去获得我们生存和发展的利益，但是同时我们追求和满足自己生存和发展的利益的时候，又往往会破坏这个合作的秩序。也就是说这个合作秩序是如此重要，它可以成为我们生存和发展的共同善，但这种共同善并不能自发地实现。我想这一点大家是理解的。那么如果人跟人之间的合作关系是一种共同善，而每一个合作的个体在追求和实现个人利益的时候它往往又是脆弱、容易被破坏的，那么我们就需要通过组织共同体并且在共同体内部制定各种各样的规范来约束我们的行为，从而确保我们人类以及我们每个人之所以可能生存的前提和基础，即合作的关系。这样规范就出来了。规范的形态当然有很多，它可以是习俗，可以是道德，可以是法律，在内容上它可以是经济规范，可以是政治规范，也可以是法律规范。但是因为它们最根本的目的是一样的，我们就可以说，合作是共同体的内在目的，所以共同体所制定的各种各样的规范都是要维护合作，这就使得不同类型、形态的规范之间有了彼此转换的可能：一种习俗可以变成一种道德也可以变成一种法律，同样，一种法律也可以转为一种习俗、变为一种道德要求。因为它们都是有共同的目的的，才能随着社会的发展，在不同的历史时期、不同条件之下，实现规范形态之间的转化。

第三点，什么叫良俗呢？因为风俗也好、习俗也好，都是人们长期沿袭已久、传承下来，在日常生活中发挥作用的规范性力量。但是风俗的形态是多种多样，其性质也是良莠不齐的。那么什么样的习俗可以拿出来作为民事活动的原则？肯定是良俗，但是良俗的标准是什么呢？也就是说，这里有一大堆的习俗，我们要在里面挑选出一些来称其为良俗，这实际上就是对这一大堆的习俗做了价值判断。那就需要一个价值的标准。这个标准是什么？我觉得这个标准的根本就是合作目的的实现。合作的根本目的有三：一是团结共生的合作，二是合作共赢的合作，三互助共享的合作。在现实生活中有万千种合作关系，但是如果做一个理想类型的划分的话，不外乎这三种：共生的、共赢的和共享的。这是一个最本质的标准，也是所有标准的依据。在这个意义上，凡是能够促进、维护一种共生、共赢和共享的合作关系的习俗，都是良俗。问题是，我们怎么可能在一大堆习俗里挑出某个规范是符合共生、共赢或共享的呢？其实我们在检讨那些习俗的时候还是拿一些具体的规范——更高一些的原则、更高一些的规范，只不过这些原则和规范的价值基础、依据是我刚刚说的共同善——共生、共赢、共享——而已。那么这些标准是怎么来的呢？其实它有三个途径。其一是国家立法机关、政府宏观层面上所制定的，体现了某种意识形态的社会主流价值观，和这个社会成员或公民所应该遵循的一些基本的道德要求。其二是社会精英、知识阶层、理论家们所抽象、概括、论证出来的道德规范体系。它在社会上也发挥着至关重要的作用，其影响也非常之大。我们学校的同学应该更清楚，特别是学伦理学专业的同学应该更清楚，我们都在建构各种各样的规范体系，这些规范体系也能起到（作为标准的）作用。其三是我们在日常生活中所形成的道德常识。那就是生活经验告诉我们的为人处世的一些道理，一些人情世故。

总之，拣选好习俗的标准，不是一个主体给的，有三个主体：国家给你一套，社会的知识阶层给你一套，还有社会的大众所认可的那一套。那么这一套一套的标准为什么能同时选出一些良俗来呢？因为这一套一套的标准的基础是一样的。这个基础是什么？不就是共生、共赢、共享吗？

所以当你去谈《民法典》之市场伦理的时候，怎么去谈？当然可以去谈它的自由、平等、开放、竞争，这些都是市场伦理，但最核心的就是这两点——内在道德和外在道德。这是我说的第二个问题，即《民法典》之市场伦理。

三、《民法典》之关怀伦理

翻开刚制定出台的《民法典》，它还是有温情的。但是实际上，在近代的民法里，我并不能充分地感受到立法者的温情。为什么？是因为近代中国民法这么三个基本特征。

第一，它的"人设"有了变化。"人设"是我用的一个网络词，就是人的形象。它所塑造、涉及的那个"人"的形象发生了变化。在传统、近代的民法中我们看到的是什么人？是"强而智"的人，是一个抽象的人、经济人、市民。他是理性的、自利的、谨慎的、节制的、能够为自己的选择承担责任的。这一个抽象的"人设"甚至可以用一个更抽象的概念表达它——你会看到民法里有个概念叫"权利能力"。那就是民事主体的一个资格，它等于是一个装置。所以才会有所谓的"法人"：拟人的人也是"人"。人由此被抽象为一个抽象的、原子式的存在。这样一种存在有三病六痛吗？他会动感情吗？会流泪吗？会脆弱吗？没有的！他是"强而智"的人。但是现在的民法的"人设"发生了变化。从近代民法到现代民法的变化表现了民法中的人的形象的变化，人不再是"强而智"的人——我们得承认人是脆弱性的存在。这种脆弱性贯穿了人的生活的方方面面、不同的人生时期。他是一个"弱而愚"的人，没有那么坚强，没有那么坚韧——他其实是脆弱的；没有那么理性——其实他是容易冲动、容易伤感的。当立法者不再在市场经济中寻求一个"市场主体"，寻求那样一个抽象、理性、自利、可以自我复制的人，而是把眼光从市场经济领域里拉回到现实生活中间，发现人原来不只是理性，还是脆弱、有情感的，立法者的眼里便自然有了一丝柔情。

第二，在民法里面，"人设"变了，平等的内涵也发生变化了。民法是调整平等主体间的人身关系和财产关系，所以平等本来就是民法所内在的道德要求，但平等的内涵在近代民法那里，其实在《民法通则》那里也同样，更多是一种形式的平等。这其实和前面说的能够统一起来看：当我们把人看成原子式的、抽象的人的时候，他的所有的现实的多样性差异性都被抽象掉了。他的身份关系、和自然的关系、精神世界中的情感……都被抽象掉了。那他们当然是平等的！可这不只是一种形式上的平等吗？当我们重新回到现实生活中的人跟人之间关系的时候，平等的诉求变了。平等就是同等情况同等对待。但一旦回到现实生活中，我们就会发现人和人之间有诸多的差异性，这诸多的差异性中间，"强"和"弱"的差异又是一种最基本的差异。所以一部好的民法，我想它不应该是使强者愈强弱者愈弱的法律。它强调的平等也应该不只是起点上的公平、法律面前的平等，还要去强调能力的平等、法律上的平等。当我们说平等不只是"同等情况同等对待"，还包含着"不同情况差别对待"的时候，实质平等的内涵就加入进去了。所以我们说，这种平等诉求就和近代民法发生了变化，而这种变化是和人的形象的变化联系在一起的。人是脆弱的，所以他需要依赖。如果说人的脆弱是一种普遍性的存在的话，那么这种依赖性就是人跟人的关系的普遍形态，或者说基本的形态。依赖的存在需要有关怀。关怀就需要有对弱者的倾斜保护。如果我们再重复一遍的话，它的逻辑应该是这样的：人是脆弱的，所以需要有依赖关系。因为有依赖关系，所以需要有关怀。因为彼此依赖如果没有关怀，这种依赖关系是脆弱的、容易断裂、不可靠的，那人的脆弱性就会是致命的，影响到他的存在和发展。

弱者是什么？不外乎是那些没有足够的能力去获得维持他生存的生活资料，没有足够的能力去保护他的权益的这么一群人。对一个好的法律体系来说，如果立法者是带有对弱者的一种关怀的话，

八 《民法典》的四大伦理精神

肯定会在通过权利和义务来配置资源的时候,倾斜地保护这些弱者。当然,它主要的任务可能是在法律中有一个叫"社会法"的部门去承担,但它也应该体现到民法里。所以就可以想见,在民法体系中,关于对消费者、劳动者,以及在原来民法中就有的监护制度、婚姻家庭制度中对妇女、儿童、老人的保护等,都能够体现出来民法之关怀伦理。

当然,民法之关怀伦理本身也体现了伦理学发展的一种趋势。我们在伦理学上基本上能够形成共识的是:当代伦理学的发展趋势是从一种强者伦理到弱者伦理。像努斯鲍姆(Martha Nussbaum)、麦金泰尔(Alasdair MacIntyre)都说,从柏拉图到莫尔(G.E.Moore),他们的伦理学都是强者的伦理学。只是从莫尔以后,现代的伦理学开始把关注目光聚焦在弱者之上。为什么如此呢?我想不外乎这三个原因。

第一个原因是,现代社会以来所遭受的一些惨痛的教训,如二战、新冠肺炎疫情的暴发,让人们体会到其实每个人都是弱者,感受到人的脆弱性。对人类灾难的深刻性反思是人们对人脆弱性的存在有了普遍性的肯定。在新冠肺炎疫情发生时我们学校新闻学院写出的一篇文章说,在灾难面前"我们都是强者",我觉得文章内容很好,但"我们都是强者"这个题目起得不好,原因就在这里。其实在灾难面前,没有强者,人们都是弱者。

第二个原因是,当代社会的性质发生变化了。我们可以说是从传统的"固态"社会到了"液态"的社会,从身份的社会到了契约的社会。它描述的不外乎是:如果说原来的固态身份社会中,弱者属于社会的最底层,因此贴上了道德上的标签:"他们是懒惰的""因为他不勤快所以弱""他不合作所以弱"……弱者被打入社会底层,那个社会的知识精英在构建一个伦理学的时候还会把目光聚焦到弱者身上吗？不会的。但是现代社会不一样了。不论是像梅因（Henry Maine）所说，"从身份到契约"，还是我们所说的"从固态到液态"，无外乎就是社会的身份有了流动性。这时候弱者撕掉了道德上污名化的标签，还原为一个事实上的描述：谁都有可能成为弱者，掉到社会平均水平的下面去；但谁都有可能成为强者，从弱者的地位上东山再起，翻身到上面去。这里不存在道德的问题。如果是这样的话，伦理学的眼光、这个社会的知识精英、思想家们就不再把弱者和不道德的东西钉在社会的最底层，而重新要求审视脆弱性的意义了。

第三个原因是，这个社会是一个风险社会。这个社会之所以为风险社会，体现在方方面面。风险社会意味着我们出去到处碰到的都是风险：金融是风险，疫情也是风险，出行还可能被车撞……在这个风险社会里，当我们碰到风险，不是一个人、一个家庭所能够承担的。在更大意义上，像环境危机，甚至不是一个地区、一个国家所能承担的风险。风险社会的来临使得我们每个人都是弱者，弱者需要通过保险制度、社会保障制度，同样也需要民法来抵御风险。

这是我要说的第三个问题，也就是《民法典》之关怀伦理。

四、《民法典》之生态伦理

第四个伦理精神是绿色伦理或生态伦理。这也是《民法典》的一个重要特色，因为它的总则里写上了绿色条款："民事主体从事民事活动，应当有利于节约资源、保护生态环境。"这也使得这部法典被称为"绿色法典"。

绿色是自然生态的颜色，是生命力量的象征。如果说这部法典

八 《民法典》的四大伦理精神

是一个绿色法典，那我们翻开这部法典能够看到一些什么样的绿色的东西呢？首先看到的肯定是"物"（其中物权是最重要的）。这个物肯定是可分割、可独立、可支配、具有经济价值的物。因为我们整个的民法典，特别是物权法，解决的不就是物的归属和利用问题吗？所以你看到物，想到的肯定是，"这是我的财产，我对它有占有、使用、收益、处分的所有权"。总之，民法制度的设计都是围绕着物的归属和利用来的。但是如果这是一部绿色法典，在法典前面加了一个"绿色"的修饰词的话，我们希望看到的物不仅仅是可分割、可独立、可支配的具有经济价值的物，这个物还是自然生态的内在一部分、有机体的一部分。这个物不仅具有经济价值，还具有生态价值。你必须要看到这一点，不然你看到的不是"绿色"法典，还是传统的"黄色"民法。

其实"绿色""黄色"不过是一个色谱而已。在生态文明理论、生态伦理学里面有各种各样的色谱。比如，我们把非人类中心主义定义为深绿，弱非人类中心主义定义为浅绿，强人类中心主义定义为黄色，弱人类中心主义定义为浅黄色。浅黄和浅绿有很多重叠的地方，我们这就排成了一个色谱。那"绿色"《民法典》是深绿还是黄色？肯定都不是，它肯定是浅绿或浅黄，实际上是浅黄。因为在《民法典》里面你不可能站在非人类中心主义的立场上去考虑问题。所以其制度设计肯定是在弱人类中心主义的立场上进行的，这个我们要确定，不要被生态伦理学理论上的浪漫的立场和主张所欺骗：一定要强调在《民法典》中体现非人类中心主义的立场——那个（在民法中）没法搞。当然这是说民法。

所以我说，当我们打开《民法典》的时候，看到的那个物不但是可以拿出来用的，而且是有机体、宇宙生命共同体的一部分，不只是具有可以用的工具性、效用价值，还具有生态价值。习近平总书记有句话,我觉得描述得很生动:"人的命脉在田,田的命脉在水,水的命脉在山,山的命脉在土,土的命脉在林和草,这个生命共同体是人类生存发展的物质基础"。人、田、水……彼此相互作用,是生命共同体的有机组成部分。把树拿出来,当然它可以是可支配的,作为物权法中的物。但是别忘了,它还有一部分是和山、水、田、人联系在一起的东西。把树砍了做家具、造纸,可以实现它的经济价值,但是问题是树作为树,它的生长需要阳光雨露,但它在满足自己生存需要的同时,同时创造了人、山、水、田的存在条件。这个在田里的人,也在追求人的自我利益,但同时还与山、水、田、林有着共同的生态利益。这个共同利益就是生态系统的安全和稳定,这就是所谓的生态价值。人必须利用物的经济价值,这是无可置疑的。但是到今天,各种生态危机——资源枯竭、气候变暖、环境污染,等等——使人们开始意识到了像树这样的物不只是具有经济价值还具有生态价值,而这种生态价值又是我们生存和发展的基本前提。这时人就会想,我们除了通过一种制度(如民法)去确认、保护和增长经济价值之外,是不是也应该去确认、保护和增长、提高生态价值呢?应该是的,但是生态价值和经济价值又不能得以一体地满足,它们的实现往往是冲突的。比如说,我把这棵树砍了做了家具、造了纸,通过消费实现了其经济价值——经济价值是通过消费来实现的——它的生态价值就没了。但是如果我们不去砍它,它有它的生态价值,但是它的经济价值就实现不了。这个时候怎么办呢?只有在中间找到某种平衡。我们不能去强调不要消费价值了,因为是不可能的,人总得活着。但是我们现在也意识到了,我们不能因为经济价值而舍去生态价值。因为社会发展到今天,生态危机或者环境危机已经给我们提了一个醒,我们再这样下去就不行了。我们国家现在提倡"美丽乡村""美丽中国""绿水青山就

八 《民法典》的四大伦理精神

是金山银山"——金山银山是经济价值,绿水青山就是生态价值,我们就是要在其中找到某种平衡。这种平衡应当在《民法典》里面有所体现。

当我们翻开《民法典》的时候,我们看到的"物"不只是传统民法中那个可支配、可占有、可利用的那个物,还是宇宙中的有机体的一部分;不只是满足效用的有经济价值的存在,还是有生态价值的存在。这必然要求立法者在整个物权制度、合同法和交易制度、侵权责任制度的设计中,包含这些考虑。而我们确实看到了,在物权法里面不但对环境保护有各种各样的要求和规定。我们也看到了,诸如大江大河等自然资源的所有者是国家或集体。我们也在合同法(合同就是交易,而我们刚刚说了,市场的主要活动就是交易活动)中看到了。我们都知道在民法里有一个最基本的原理就是"意思自治",而意思自治的最基本的体现又是体现在交易活动、合同法中间的:双方彼此愿意,签订合同,合同的条款在双方之间就相当于法律,如果一方违反了彼此的承诺,造成了一定的后果,那当然需要承担违约责任。所以在规范交易活动的合同法中间,意思自治、意思自由,自主、平等、自由的这些理念应该是它最能够体现的根本理念。但即便如此,我们还是要给交易活动以某种绿色的边界。我们在签订合同的时候会有一些绿色的条款,翻开《民法典》大家就体会得到。当然,在"侵权责任"编里,我们也看到了这一点。第七章有7个条款都是针对环境侵权要怎么承担责任的问题。一个化工厂如果污染了土壤怎么办呢?赔钱就可以了吗?不行,你得修复。需要有这种责任,这就是生态的要求。那修复不了怎么办?没关系,出钱请有能力修复的单位来修复。再如,环境侵权责任的无过错责任原则的确定。所有这些都体现我们所说的《民法典》的绿色的边界。

其实我想，在伦理学学者看来，我们的绿色法典也体现了伦理学发展的某种趋势。伦理学，按照当代著名伦理学家乔纳斯（Hans Jonas）的说法，是从近距离的伦理学到远距离的伦理学。传统伦理学都是近距离的伦理学。之所以"近"是因为它在时间上是当下的、空间上是相邻的、伦理学的知识上是地方性的知识。但是现在不一样了，这种传统的伦理学已经不适应社会发展的需求了。从时间上，代际伦理的需要出现了，我们自主选择的行为不再只是影响到我们身边的和空间上相邻的人的利益。在时间上，不仅影响到面对面的代际之间（如四世同堂）的利益，还能够影响到尚未某面的后代人的利益了，所以有代际伦理了。世界市场的形成、互联网这种新的交往方式的形成、风险社会的形成，使得我们提出了"人类命运共同体"的概念。"人类命运共同体"的提出，不外乎就是说道德共同体也不再是局限于某种血缘、某种地缘，而是普遍的、全世界的所有人都成了一个在共同利益基础上的道德共同体。那就需要确定一种共同的价值坐标和普世的伦理规范。这还只是在人类自身的范围。如果再发展下去，是不是"自然"又会纳入伦理学的视域里面来了？自然一旦纳入进来的话，生态伦理学出现了。在传统伦理学的视野里面，是没有自然的存在的。当然，更准确地说，如果有自然，自然只不过是作为人类的认知、利用和占有的客体，而不会是具有内在价值的需要在道德上予以对待的存在。但生态伦理学却让我们反思，自然是不是可以成为一个道德客体呢？人和自然之间，除了经济上的关系、占有的关系、利用的关系、认知的关系，是不是还有一个伦理的关系呢？如果有，是因为自然有内在价值吗？是因为动物有权利吗？这时候伦理学的视野把自然就纳入进来了，所以颜色就发生了变化，绿色就出现了。我想我们在谈论民法为什么会发生颜色的变化，变成了一个绿色的法典的时候，我们其实看到了背后当代中国社会所需要的伦理精神,也看到了当代社会伦理学发展的一个趋势,也就是这种伦理精神所形成的内在力量。

这就是《民法典》的四大伦理精神,简单地概括就是:《民法典》之底线伦理、《民法典》之市场伦理、《民法典》之关怀伦理、《民法典》之生态伦理。

(徐天翔整理)

九 "格义"之广狭二义及其在佛教中国化中的历史作用

◎ 张风雷

时间：2020 年 11 月 17 日 18：00—20：00
地点：中国人民大学公共教学三楼 3102

　　张风雷，先后毕业于北京大学哲学系、中国人民大学哲学系，1994 年获博士学位。现为教育部人文社会科学重点研究基地中国人民大学佛教与宗教学理论研究所所长，中国人民大学哲学院教授、博士生导师、学术委员会副主任。主要致力于中国佛教天台宗和汉魏两晋南北朝佛教思想史研究，著有《智顗评传》《智顗佛教哲学述评》等。

九 "格义"之广狭二义及其在佛教中国化中的历史作用

佛教在哲学院的专业中,属于宗教学;宗教学里面又分很多的教,有佛教、道教、伊斯兰教、天主教、基督教五大宗教,五大宗教互相之间,我们也只是对其中某一个方面有所了解,其他方面我们也是外行。所以,讲佛教的题目,可能对宗教学专业里面佛道教方向的学生来说,相对熟悉一些;另外,对中国哲学专业的学生来说,可能背景知识相对了解得多一些,其他专业的同学可能就不那么熟悉。所以我就想,讲一个什么样的题目,能让所有专业的同学听了以后都有所助益?我想来想去,就选了这个题目——"格义"之广狭二义及其在佛教中国化中的历史作用。

关于"格义"的问题,如果大家熟悉中国佛教史,就会知道,中国佛教史通史类的著作几乎都会提到这个词。有的著作甚至把中国佛教发展的某一个阶段,界定为"格义佛教"。例如,20世纪中国佛教的重要研究者汤用彤先生(北京大学汤一介先生的父亲),在中国佛教特别是中国佛教史的研究方面,是一位泰斗级的人物,海内外对他的评价为"无出其右"者。他于1938年出版的《汉魏两晋南北朝佛教史》[①],至今已有80多年了,尽管学术界对汉魏两晋南北朝佛教史的研究,不能说完全没有突破,但就总的框架结构、大的判断方向来讲,可以说现在还没有能够完全超出汤先生在1938年的这部著作。

在这部著作中,汤先生按照中国佛教在不同阶段的特征,将其划分为几个阶段。佛教产生于古代印度,从公元前3世纪左右开始从印度次大陆向外传播。传到中国内地,一般认为是在公元前后、两汉之际——当然这个说起来也很复杂,我们且不管它。学术界比较流行的是"汉明帝感梦求法"的说法,但这个说法,在目前的学

---

① 汤用彤先生的《汉魏两晋南北朝佛教史》最初于1938年由商务印书馆在长沙印行,后多次再版。

术界看来还不是最早的；现在确定的最早的说法，一般认为是汉哀帝元寿元年（公元前2年），这是有确切的历史记载、目前被学术界认可的年代。但这并不是说在公元前3年或公元前5年佛教就一定没有来，而是说在正史里面有记载的、经过学术界刊定和认定的是公元前2年。中国古书中记载的佛教传入中国的年份有很多，很多伪书里记载的年份更早，有的说汉武帝的时候中国人就知道佛教，有的说孔子的时候就知道。

佛教传到中国以后，就涉及它发展的历史阶段划分的问题。

汤用彤先生认为，佛教传到中国的第一个阶段——主要是在东汉三国时期——是佛教的方术化阶段。佛教作为一个外来的文化、外来的宗教，到了中国以后，中国人把它看成什么呢？当时的中国人刚接触佛教，认为佛教在思想主张上与当时社会上比较流行的主张"清虚无为"的黄老学相差无几，在修行方法上则与当时流行的神仙方术比较一致，如佛教的修行方法"数息观"，即通过控制呼吸——"入息"与"出息"——让心思达到宁静的一种禅修方法，就被认为与当时中国本土流行的神仙方术中的"呼吸吐纳法"比较接近。《后汉书·光武十王列传》记载楚王刘英"诵黄老之微言，尚浮屠之仁祠，洁斋三月，与神为誓"[①]，就反映了当时佛教与黄老混杂在一起被信奉的情况。1938年汤先生提出佛教初到中国时经历了方术化阶段的观点时，其考古证据还不是太充足，但这种观点被后来考古学的很多证据所证实。江苏连云港孔望山东汉末年摩崖造像呈现出"仙佛并立"的样式，有佛教信仰和神仙信仰混杂在一起的摩崖壁画，这就反映出佛教初传中国内地时方术化的信仰特点。前几天，我在中国人民大学国学院庆祝成立15周年所办的讲座上，听了中央美术学院罗世平教授所讲的关于成都平原出土的摇钱树佛像与

---

① 范晔.后汉书：光武十王列传.北京：中华书局，1965：1428.

九 "格义"之广狭二义及其在佛教中国化中的历史作用

丝绸之路的关系,这个讲座解决了我的很多疑惑①。一二十年前,考古学界对于佛教初传入中国的很多判断提出了新的看法。在四川、湖北一些地区,考古学家发现了一些摇钱树佛像,还有一些他们认为与佛教有关系的陶罐之类。有的考古学家将它们断代在战国中期。如果断代在战国中期,一系列问题就来了:我们通常的认识、以前传统的认识是,佛教传入中国主要是经过北方的丝绸之路。西域的丝绸之路大家认为最早是汉武帝开辟西域时开通的。那么,如果这些考古发现是战国中期的话,那问题就复杂了:不仅涉及佛教传入中国的时间问题,而且涉及佛教传入中国的路线问题。大家知道,以前梁启超曾经提出过这种观点:佛教最早传入中国,除了北方的陆路之外,也许还有一条南方的海路②。很多人就认为,四川、湖北比较靠近南方,如果真有战国时期的佛教遗物的话,那么南方道路,特别是海路,就应该被重视起来了。前些年又有人提出"茶马古道"论,认为还有一条可能的路是缅滇路——缅甸到云南。总之,最近这些年,在佛教史界,关于佛教传入中国的话题,由于考古学证据的加入,讨论得比较热烈。

根据罗世平教授的研究,摇钱树佛像现在的考古断代一般在东汉到三国,不是以前有的考古学家讲的战国中期。这就当然没有问题了,和传统的认识、文献的记载是比较相合的。此外,在路线上,也解决了一些疑点。成都平原的摇钱树佛像,有几个往外传播的路线。第一条路线是通过汉中翻过秦岭,连到北方的丝绸之路的

---

① 2020年11月2日晚6时到8时,中央美术学院罗世平教授应中国人民大学国学院之邀,在中国人民大学公共教学一楼1203教室,以"丝绸之路与摇钱树佛像"为题做了学术讲座。笔者至现场聆听了讲座。

② 详见梁启超所著的《〈四十二章经〉辨伪》,该文始著于1920年,后收入1936年上海中华书局刊行之梁启超所著的《佛学研究十八篇》。《佛学研究十八篇》后经多家出版社多次再版。

主路到西域，这是主要的一条路线，是发现摇钱树佛像最多的路线。当这条路被堵住的时候——中国从三国以后，南北割据是比较多的——有了第二条路线，第二条路线是绕道河南道，即甘肃黄河以南的地方（古代的吐谷浑），和现在的河南省不是一回事儿；有的时候取道吐蕃，通西域。第三条路线是沿着岷江到贵州、云南，从考古发现来看，它不是往成都平原传，而是从成都平原往外输出的。根据罗世平教授的研究，这些考古证据就证实了主要的传播道路还是西域的丝绸之路。至于所谓的海路是有的，历史记载也是有的，但不是佛教传到中国内地最早的路线——至少证据是不足的。两晋以后，特别是东晋以后，通过海路过来的当然比较多了，最早可以推到三国；但推到两汉之际，证据是不够的。至于所谓的缅滇路，历史上也有记载，从汉武帝的时候就想开这条路，但是目前从史料来看，这条路没有开通——有的说开了一半，有的说开了100多里，没有开通。在文物上也没有发现这条路上比较早期的佛教传播的证据。这就意味着，就目前我们所掌握的材料看，传统的说法还是立得住脚的。当然将来如果发现了考古的新材料，也有可能推翻现有的看法，但至少目前的材料还不够充分。

我听罗世平教授讲座的另一个收获是：摇钱树崇拜本来是神仙信仰的崇拜。摇钱树上坐着的是其主神西王母。成都平原西王母形象的主要特征是它的"座"是"龙虎座"。有关西王母的信仰当然有很多，但考古学界、图像学界认为龙虎座是成都平原西王母信仰的重要特点。也就是说只要是龙虎座西王母，就都是发源于这里的。这有考古的证据链：该地出现龙虎座西王母的年代最早，外面的都是传出去的。那么，摇钱树佛像呈现出什么特点呢？原来的底座、树的主干或树枝、树冠上，这些原来西王母坐的地方，都被换成了佛的形象。这个形象有背光、有手印，可以证实是佛像。考古学界刚说

九 "格义"之广狭二义及其在佛教中国化中的历史作用

摇钱树上有佛像的时候，研究佛教的人还有点怀疑，因为按照佛教经典的阐述，佛不爬树，不在树上；佛都是在菩提树下悟道，所以，说在树上坐着一个佛，研究佛教的人觉得不可思议。但是后来看到它的形象后确定是佛的形象，就是把西王母换成了佛。这也反映了佛教这个外来信仰在传来之后，与本土的神仙信仰相结合，直接借用本土神仙信仰的形式予以表达和传播。这是第一个阶段。

第二个阶段，汤用彤先生称其为"格义佛教"。什么是"格义佛教"呢？这是个非常关键的问题，不过最早注意到"格义"问题的并不是汤用彤先生一人，还包括另一位史学大家陈寅恪先生。1933年，陈寅恪先生发表过一篇文章叫《支愍度学说考》[①]（支愍度被认为是六家七宗的心无宗的代表人物），即辨析过"格义"问题，他认为支愍度的"心无义"可能和"格义"有关。1937年，陈先生发表另一篇名为《〈逍遥游〉向郭义及支遁义探源》的文章，也提到"格义"。陈寅恪、汤用彤二人是好友，很可能也曾就"格义"相关问题交流、切磋。如汤用彤先生1933年5月发表于《哲学论丛》第一集中的《释道安时代之般若学述略》一文，在讲到"竺法雅之格义"时，曾自注"详看陈寅恪《支愍度学说考》"[②]，而上举陈先生的《〈逍遥游〉向郭义及支遁义探源》[③]，即曾言及汤用彤先生1933年发表于《哲学论丛》第一集中的《释道安时代之般若学述略》一文，谓"支遁逍遥游新义之为佛教般若学格义，已详汤用彤先生《释道

[①] 陈寅恪先生的《支愍度学说考》一文，原载于1933年《中央研究院历史语言研究所集刊》"外编"第一种《庆祝蔡元培先生六十五岁论文集》，后收入：陈寅恪．金明馆丛稿初编．北京：生活・读书・新知三联书店，2001：159-187．

[②] 汤用彤．释道安时代之般若学述略//汤用彤．汤用彤全集：第5卷．石家庄：河北人民出版社，2000：142．

[③] 陈寅恪先生的《〈逍遥游〉向郭义及支遁义探源》一文，原载于1937年5月《清华大学学报（自然科学版）》第12卷第2期，后收入：陈寅恪．金明馆丛稿二编．北京：生活・读书・新知三联书店，2001：91-97．

安时代之般若学述略》及拙著《支愍度学说考》"①。总之,经这两位学术大师提出,"格义"问题成为此后几乎所有的中国佛教史通史类著作都会提到的问题。现在有四五百篇可以在"中国知网"上找到的文章涉及"格义",还有一些著作是专门讨论"格义"问题的。在当代日本学者中,"批判佛教"的代表人物是驹泽大学的伊藤隆寿教授,他的学术专著《佛教中国化的批判性研究》有一章"格义佛教考"②专门考察"格义"的来源问题,里边附了很多二手文献:从陈寅恪、汤用彤开始,特别是附了很多日本学术界关于"格义"问题研究的二手文献。近年来研究"格义"问题的专著,还有唐秀连博士的《僧肇的佛学理解与格义佛教》③、唐嘉博士的《〈道行般若经〉"格义"研究》④,相关的论文就更多了,像张雪松老师,也写过关于"格义"问题的论文⑤,提出过一些独特的看法。此外,如果检索一下研究"格义"的文章就会发现,这些研究"格义"的文章,大部分其实不是直接写佛教的"格义"。写"格义"比较多的,是翻译文学或翻译理论领域,因为"格义"问题首先是一个外来思想、文化、宗教与本土文化在交涉、碰撞的过程中产生的问题。在中国哲学史研究领域,也有学者反思中国哲学,提出"反向格义"的问题:"格义"本来是一个外国宗教来到中国怎样融入中国文化的问题,但现在我们的中国哲学被"反向"格义了,被用西方的话语去言说了。在中国哲学史界有一批学者反省这个问题,讲"反向格义"。"格义"

---

① 陈寅恪.《逍遥游》向郭义及支遁义探源//陈寅恪:金明馆丛稿二编.北京:生活·读书·新知三联书店,2001:94.

② 伊藤隆寿.佛教中国化的批判性研究.萧平,杨金萍,译.香港:经世文化出版有限公司,2004:128-165.

③ 唐秀连.僧肇的佛学理解与格义佛教.北京:宗教文化出版社,2010.

④ 唐嘉.《道行般若经》"格义"研究.北京:时代华文书局,2018.

⑤ 张雪松."格义"新探.中国社会科学报,2018(6);张雪松.对"格义"的再认识:以三教关系为视角的考察.中国哲学史(季刊),2012(3).

九 "格义"之广狭二义及其在佛教中国化中的历史作用

还涉及阐释学的一些问题,所以在西方哲学阐释学等研究领域,也有不少论著涉及"格义"问题。

那么,我们怎么判断这些著作写得好还是不好呢?这是我们在自己做研究、做论文的时候经常遇到的问题。我们在做文献综述时往往会遇到一个困境:看到这个学者写的这篇文章,觉得很有道理、写得很好;然后又看到一篇和它说法不一样的文章,觉得它也很好、也很有道理。最后我们就不知道到底怎样来评判、来简择,到底哪一个是正确的、是合理的,哪一个是不合理的。那么问题在哪儿呢?问题就在于我们对原始史料不熟悉,不知道这个问题的来历是什么。也就是说,对二手文献的搜集、整理、评判,一定要建立在对一手资料的消化、理解的基础之上。如果我们不了解、不掌握、没有吃透一手资料,我们就很难评判学术界对这个问题的研究到底到了一个什么程度,到底哪些是合理的,哪些是不合理的。

所以,格义的问题,要先从佛教自身看,它是一个什么问题,怎么来的?一般讲"格义",首先举出的材料就是梁代慧皎的《高僧传·竺法雅传》。其中有这么一段话,说竺法雅:

> 凝正有器度,少善外学,长通佛义,衣冠士子,咸附谘禀。时依门徒,并世典有功,未善佛理。雅乃与康法朗等,以经中事数,拟配外书,为生解之例,谓之格义。及毗浮、昙相等,亦辩格义,以训门徒。[1]

竺法雅年少之时擅长"外学"——《高僧传》是佛教内部的传记,它是有立场的,佛教把自己的学问叫作"内学","外"就是它

---

[1] 慧皎.高僧传·竺法雅传//大正藏:第50册.东京:大正新修大藏经刊行会,1934:347;慧皎.高僧传.汤用彤,点校.北京:中华书局,1992:152.其中"及毗浮、昙相等"在《大正藏》原本中"及"作"乃","昙相"作"相昙",依宋元明宫本改。

之外、不同于它的学问。在中国佛教语境下，"外学"就是指以儒家道家为主体的中国本土文化——年轻的时候对中国本土的儒家、道家典籍非常熟悉，长大以后又通达佛义。"衣冠士子"即贵族阶层的青年，都来跟着他学习。这些学生皆"世典有功，未善佛理"，有中国传统文化的功底，但是不了解佛教。由于佛教标榜自己的"内学"是"出世间"，即超越世间的，所以相应地儒道经典就被称作"世典"，即讲世间道理的典籍。在教学的时候怎么办呢？竺法雅与康法朗——也是当时的一位名僧——就"以经中事数，拟配外书，为生解之例"，这就叫作"格义"。

这一段被很多的学者认为是"格义"的经典的、定义性质的说明。照此而言，"格义"乃是当时竺法雅、毗浮、昙相等人教训门徒的一种方法，即"以经中事数，拟配外书"，也就是以佛经中的"事数"拟配中国本土的儒家、道家等经典中的概念术语，使那些"世典有功，未善佛理"的本土"门徒""衣冠士子"能够更好地理解佛教的"事数"。

什么是"事数"？佛教的"名相"，即名词概念，往往是以"数"的形式出现的。梁代的学者刘孝标在《世说新语·文学》的"注"中说："事数，谓若五阴、十二入、四谛、十二因缘、五根、五力、七觉之属。"[①] 佛教中"四谛""五阴"等带有数字特征的名相概念、专有术语，就是所谓的"事数"。这类佛教的专门术语，对于"世典有功，未善佛理"的中国本土的"衣冠士子"而言，是很不容易理解的。《世说新语·文学》中曾载东晋名士殷浩晚年被贬流放东阳的故事，谓："殷中军被废，徙东阳，大读佛经，皆精解，唯至'事数'处不解。"[②] 可见，不仅一般人，即使是精通玄理、擅长清谈而又"大读佛经，皆精解"的一代名士殷浩，遇到"事数"也是"不解"

[①][②] 徐震堮.世说新语校笺：上册.北京：中华书局，1984：131.

九 "格义"之广狭二义及其在佛教中国化中的历史作用

的。也正是出于这个原因,竺法雅等人在教学中才对那些"世典有功,未善佛理"的"门徒"采用"格义"的方法,以经中事数,"拟配"大家熟悉的儒家、道家、玄学等"外书""世典"中的名词、概念、术语和思想,使本土的这些"衣冠士子"由"世典"而悟入佛理,对佛教的"事数"更易于"生解",即产生理解。后来其他人也用这种方法"以训门徒"。照此来看,"格义"首先是一种教学方法。汤用彤先生在《汉魏两晋南北朝佛教史》中总结说:"格义者何?格,量也。盖以中国思想比拟配合,以使人易于了解佛书之方法也。"①

在《汉魏两晋南北朝佛教史》中,汤用彤先生说"格义之法,创于竺法雅"②,其史料来源就是上面我们所引的《高僧传·竺法雅传》中的那段话。所有研究"格义"的人都会引这段材料来讲"格义",但是这段材料也遇到一些问题:竺法雅主要活动的时间是东晋,但是生活于东晋、南朝宋之际的名僧慧叡在《喻疑论》中却说:

汉末魏初,广陵、彭城二相出家,并能任持大照,寻味之贤,始有讲次,而恢之以格义,迂之以配说。③

慧叡是个复杂的人,我们还要提到另一个人,叫"僧叡"。这两位是一个人还是两个人,学术界还有很多争议。他们两个有共同点,即都曾跟着鸠摩罗什学习,后来都去了南方。他们的经历有共同之处,所以对于这两人是否为同一人,学术界是有争议的。不管怎么说,慧叡和僧叡都是当时佛教的大人物。鸠摩罗什门下弟子三千,

---

① ② 汤用彤.汉魏两晋南北朝佛教史:上册.北京:中华书局,1983:168.

③ 慧叡.喻疑论//僧祐.出三藏记集.苏晋仁,萧炼子,点校.北京:中华书局,1995:234.

有很多出色的人物，僧叡是"什门四圣"之一。

《喻疑论》是东晋末年南北朝初年中国佛教思想史上极重要的一个文献，不光是在"格义"问题上，它本身就有极其重要的地位。它诞生于大乘《涅槃经》等经典传入中国之际，当时中国佛教的主流思想是鸠摩罗什和僧肇"缘起性空""不真空"的学说，关于"空"的思想达到了顶峰，但这时候突然传来了大乘《涅槃经》等典，讲"一切众生皆有佛性"，讲"常乐我净"——以前讲的是"无常""苦""无我""不净"，所以中国的僧人就产生了很大的疑惑：当时讲"空"讲得那么好，怎么突然又讲"有"了呢？《喻疑论》主要是讲这个问题，讲这个"疑"。在东晋末年南北朝初年中国佛教"空""有"转化之际，《喻疑论》发挥了重要的作用，意义是极其重大的。

不过我们今天摘录的是其中讲"格义"的部分。其中提到的"汉末魏初"，实际上是佛教刚传入中国的时候。佛教虽然在两汉之际就开始传入中国内地，但是真正开始不间断地译经，是在东汉中后期，桓帝、灵帝时代。根据《喻疑论》的说法，这个时候广陵（今扬州）和彭城（今徐州）的两个相出家——是这个材料说他们出家，其他的材料没有说出家——都能"任持大照"，"大照"形容佛法，即都能顺任、坚守佛教。有贤能的人"寻"佛教的法味、法义，开始讲说佛经。怎么讲说呢？"恢之以格义，迂之以配说"。从"格义"与"配说"对举来看，我们至少知道，慧叡《喻疑论》里的"格义"和前述《高僧传·竺法雅传》中的"以经中事数，拟配外书"是一样的。关键是时间。根据《喻疑论》的这条材料，早在"汉末魏初"的佛教讲经活动中，就已经使用"格义""配说"的方法了，但前条材料——《高僧传·竺法雅传》——讲的是从东晋的竺法雅才开始采用这种方法，于是这里在原始资料方面就出现一种张力。

九　"格义"之广狭二义及其在佛教中国化中的历史作用

汤用彤先生在其1938年出版的《汉魏两晋南北朝佛教史》中讲"格义"的地方，也曾举出《喻疑论》的这则史料，但只是说"由此言之，格义拟配之说，道安以前，应甚普通流传，不只一方也"①，并没有对"格义之法，创于竺法雅"的论断有任何的起疑。10年之后，大约在1948年，汤先生在美国讲学期间专门写了一篇《论"格义"：最早一种融合印度佛教和中国思想的方法》，这篇论文的中文原稿无存，仅留下发表在庆贺印度前总统拉达克里希南教授六十寿辰的论文集——《哲学比较研究》中的英译本。1990年，汤用彤先生的弟子中国人民大学中国哲学和宗教学的老前辈、奠基人石峻先生，把该文由英文译成中文予以发表②。在这篇论文中，汤用彤先生把"格义"视为"中国学者企图融合印度佛教和中国思想的第一种方法"③，在史料运用上也更加注重慧叡《喻疑论》中的说法，认为原来说的"格义之法，创于竺法雅"这个说法恐怕不能够完全成立，"可能在汉到三国时期，许多的佛教观念就是用这种方法解释的"，"在汉魏时期解说[佛教]经典时经常存在使用比配中国和印度两边名词的方法，西晋竺法雅则在更大范围应用并加以系统化而已"④。

但是，这需要处理和《高僧传·竺法雅传》中的张力。怎么办呢？在这个时候，他隐隐约约提出一种思想："格义"有广义和狭义之分。我们来分析竺法雅的格义，"以经中事数，拟配外书"，如果只说到这儿，那么这个含义相当宽泛，就和《喻疑论》"恢之以

---

① 汤用彤.汉魏两晋南北朝佛教史：上册.北京：中华书局，1983：170.

② 石峻先生的译文最初收入：汤用彤.理学·佛学·玄学.北京：北京大学出版社，1991：282-294.后又收入：汤用彤.汤用彤选集.汤一介，编选.天津：天津人民出版社，1995：401-421；汤用彤.汤用彤全集：第5卷.石家庄：河北人民出版社，2000：231-242.

③ 汤用彤.论"格义"：最早一种融合印度佛教和中国思想的方法//汤用彤.汤用彤全集：第5卷.石家庄：河北人民出版社，2000：231.

④ 同③233.此外，此处原文言"西晋竺法雅"，误，当为"东晋竺法雅"。

格义，迂之以配说"完全可以对上；但是《竺法雅传》中还有一句话"为生解之例"，汤先生重点分析这句话，他猜想，是不是在竺法雅的时代，为了教育这些"世典有功，未善佛理"的门徒，将"格义"做成了教科书的形式——将佛教的某一概念对应儒道的某个概念？他说，虽然我们"还不知道这种[中、印思想]对比方法的成果是否逐条地和成批地被[竺]法雅写成教本，然而我们可以肯定竺法雅和他的同事们在讲解[佛教]经典时，已有一种详细而确定的方法，进行比较[研究]的程序[步骤]"[1]，因此，竺法雅的"格义"，"不是简单的、宽泛的、一般的中国和印度思想的比较，而是一种很琐碎的处理，用不同地区的每一个观念或名词做分别的对比或等同。'格'在这里，联系上下文来看，有'比配'或'度量'的意思，'义'的含义是'名称'、'项目'或'概念'；'格义'则是比配观念（或项目）的一种方法或方案，或者是[不同]观念[之间]的对等"[2]。汤先生1948年在《论"格义"：最早一种融合印度佛教和中国思想的方法》中对竺法雅的"格义"的这种看法，与其1938年在《汉魏两晋南北朝佛教史》中谓竺法雅之"格义"乃"以经中事数，拟配外书，使得生解悟，并逐条著之为例"[3]，是完全一致的。所谓"逐条著之为例"，就是说竺法雅的"格义"本质上"是一种用来对弟子们教学的方法"，其特点是"逐条地""用不同地区的"，也就是印度佛教与中国本土的"每一个观念或名词做分别的对比或等同"的工作，因此汤先生说它"是一种很琐碎的处理"。

汤用彤先生对竺法雅的"格义"的这种理解，也得到了另一位佛学研究大家吕澂先生的认同。汤、吕可说是中国老一辈佛教研究

---

[1] 汤用彤.论"格义"：最早一种融合印度佛教和中国思想的方法//汤用彤.汤用彤全集：第5卷.石家庄：河北人民出版社，2000：234.

[2] 同[1] 232-233.

[3] 汤用彤.汉魏两晋南北朝佛教史：上册.北京：中华书局，1983：169.

九 "格义"之广狭二义及其在佛教中国化中的历史作用

学者中的"双璧",汤用彤先生更多是在历史的领域,而吕澂先生对佛教义理的解释非常深邃。吕先生在据其20世纪60年代的讲稿整理而成的《中国佛学源流略讲》中,也对《高僧传·竺法雅传》谓"格义"乃"以经中事数,拟配外书,为生解之例"的"生解之例"做了特别的解释:"即把佛书的名相同中国书籍内的概念进行比较,把相同的固定下来,以后就作为理解佛学名相的规范。换句话说,就是把佛学的概念规定成为中国固有的类似的概念。因此,这一方法不同于以前对于名相所做的说明,而是经过刊定的统一格式。"[①]所以吕先生也猜测竺法雅的"格义"可能有一个经过统一刊定的格式,有一种具体的做法,不是泛泛的思想比较。

可见,汤、吕两先生都把竺法雅的"格义"解释为机械的、格式化的印度佛教与中国本土概念对等的方法,汤用彤先生甚至猜测竺法雅是否曾按这种方式"逐条地或成批地写成教本",吕澂先生则指出"现在由于材料的缺失,这一方法的具体情况已难详细说明"[②]。但无论如何,结合、会通《高僧传·竺法雅传》和慧叡《喻疑论》这两则有关"格义"的史料,我们似乎可以把"格义"区分为"广义的格义"和"狭义的格义":"狭义的格义"是指竺法雅式的将印度佛教名相与中国本土名词,经过统一刊定的格式,做机械的、格式化的概念对等的解释方法;"广义的格义"则指更为宽泛地将印度佛教的概念或思想与中国本土的概念或思想加以"拟配"的方法。"狭义的格义"或可以东晋的竺法雅、康法朗等为代表,"广义的格义"则自佛教传入以来的汉魏时代即已采用。

我前些年曾写过一篇文章,题目与这次讲座类似,叫作《论

---

①② 吕澂.中国佛学源流略讲.北京:中华书局,1979:45.

"格义"之广狭二义及其在佛教中国化进程中的历史地位》[1]，就是持上面这种观点。有的学者也在不同的意义上讲"广义格义"和"狭义格义"，如有的学者认为"狭义格义"就是用老庄的术语来拟配佛教的概念。我觉得这个框定得太死了一些：虽然以老庄概念为主，但是也有儒家的概念在里面。所以我不同意完全把"狭义格义"限定为用老庄的概念来拟配，其特点更多的是格式化地、机械化地拟配对等的方式。狭义的"格义"主要是概念、名相对等、对应的方法。相对而言，广义的"格义"可能具有更多的思想阐释的意义，只要是用"外书"来"拟配"，可能就是一种广义的"格义"。

就此而言，汤用彤先生1938年的《汉魏两晋南北朝佛教史》和吕澂先生《中国佛学源流略讲》中所讲的"格义"，主要是指"狭义的格义"；而汤用彤先生在1948年《论"格义"：最早一种融合印度佛教和中国思想的方法》一文中所讲的作为"中国学者企图融合印度佛教和中国思想的第一种方法"的"格义"，则扩展到了"广义的格义"。陈寅恪先生对"格义"的解释，主要也是偏于"广义的格义"，并且更加宽泛，他甚至认为整个宋明理学对佛教思想的吸收等，在某种意义上也是"格义"方法的运用。不仅是对佛教的不易懂的概念进行拟配，甚至支遁用佛教的意思解释庄子的《逍遥游》，也是"格义"——"以其为我民族与他民族二种不同思想初次之混合品"[2]。这个看法是比较独特的，汤用彤先生、吕澂先生没有这个看法。冯友兰先生对"格义"的理解则更加宽泛，他在《中国哲学史新编》第六册中把以今释古、以古释今、以中释西、以西释中等所

---

[1] 张风雷.论"格义"之广狭二义及其在佛教中国化进程中的历史地位//李四龙.佛学与国学：楼宇烈教授七秩晋五颂寿文集.北京：九州出版社，2009：36-49.

[2] 陈寅恪.支愍度学说考//陈寅恪.金明馆丛稿初编.北京：生活·读书·新知三联书店，2001：173.

九 "格义"之广狭二义及其在佛教中国化中的历史作用

有文化体系之间互为理解的方法均称为"格义"①，这就把"格义"宽泛化为类似于哲学阐释学的普遍方法了。

单就"狭义的格义"而论，虽然学术界的看法大致类似，但其实也还有不少的问题值得探讨。例如，通常被视为"狭义的格义"的代表人物的竺法雅——按照《高僧传·竺法雅传》的记载——不仅"少善外学，长通佛义"，而且"与道安、法汰，每披释凑疑，共尽经要"②。道安、法汰是何等人物？大家只要随便翻一翻中国佛教史，就会知道这二位都是当时最顶尖的佛学大师。竺法雅每每与道安、法汰"披释凑疑，共尽经要"，可见其也是当时第一流的佛教学者。《竺法雅传》中还特别记述了竺法雅讲学的风采，谓"雅风采洒落，善于枢机，外典佛经，递互讲说"③，不仅旁征外典、博引佛书，而且还能得其环中、毫无滞碍。这表明，竺法雅不但掌握高超的教学艺术，而且也必定对外典、佛书皆具有广博的知识、通透的见解。如此"风采洒落"的竺法雅，真的会使用那样机械、僵化的概念对等的"狭义的格义"的方式去讲说佛经、教训门徒吗？我以为是很难想象、值得怀疑的。

另外，那样格式化的、机械的概念对等的所谓"狭义的格义"的方式，恐怕也未必是到了竺法雅的时代才开始采用的。例如，在传世各种大藏经中收录的题为东汉安世高译的《佛说大安般守意经》中，就有"安为清，般为净，守为无，意名为，是清净无为也"④之类的说法。学者们以前就怀疑这个传世本《佛说大安般守意经》不

---

① 冯友兰.中国哲学史新编:第六册.北京:人民出版社，1989:152-156.
② 慧皎.高僧传·竺法雅传//大正藏:第50册.东京:大正新修大藏经刊行会，1934:347；慧皎.高僧传.汤用彤，校注.北京:中华书局，1992:153.
③ 慧皎.高僧传·竺法雅传//大正藏:第50册.东京:大正新修大藏经刊行会，1934:347；慧皎.高僧传.汤用彤，校注.北京:中华书局，1992:152-153.
④ 佛说大安般守意经:卷上//大正藏:第15册.东京:大正新修大藏经刊行会，1934:164.

完全是安世高的"译经",而是掺入了中国学者的注释。有些学者,如宣方老师,曾试图从里头分出来哪些是经,哪些是注,后来发现基本上分不出来。现在我们知道了:近年来在日本的金刚寺发现了《佛说大安般守意经》的写本,才确证传世本的《佛说大安般守意经》根本就不包括经文,而完全是中国学者的解释。本来"安般"是梵语 ānāpāna 的音译"安那般那"的略称,其中"安"(āna)指入息,"般"(apāna)指出息,"安般守意"是指通过从数入出息入手的方法使心思保持不散不乱、不动不摇的安定状态,也就是佛教所修习的"数息观"。而传世藏经本《佛说大安般守意经》把"安"释为"清"、把"般"释为"净"、把"守"释为"无"、把"意"释为"为",很类似机械地、格式化地做概念对等的"狭义的格义",其迂拙牵强一望可知。这种解释当然晚于2世纪中叶安世高对《佛说大安般守意经》的翻译,但问题在于,传世本的《佛说大安般守意经》以及这种将佛教名相与本土名词机械地、格式化地做概念对等的解释方式,是否晚至东晋的竺法雅时代才出现,恐怕还是一个需要继续深入研究的问题。

  总体来看,对于"狭义的格义"和"广义的格义",我现在的看法比以前略有些修正:"狭义的格义"是指中国佛教史上将印度佛教名相与中国本土名词机械地、格式化地做概念对等的方法,但它的代表人物未必是以前一直认为的竺法雅、康法朗等人,其产生也未必迟至竺法雅所生活的东晋时代,如果把传世藏经本《佛说大安般守意经》"安为清,般为净,守为无,意名为,是清净无为也"之类的说法视为其典型用例的话,那么,这种"狭义的格义"至少在传世藏经本《佛说大安般守意经》产生的时代即已被广泛使用了——传世藏经本《佛说大安般守意经》中还有"安为身,般为息,守意为道""安为生,般为灭,意为因缘,守者为道""安为数,般为相

九 "格义"之广狭二义及其在佛教中国化中的历史作用

随,守意为止""安为念道,般为解结,守意为不堕罪"等一系列类似的说法[①],对这种概念对等的方法的使用已经很熟练了。至于"广义的格义",我主张第一层的含义还是要限定在中国佛教史的范围内,即指中国佛教史上将印度佛教的概念或思想与中国本土的概念或思想加以"拟配"的方法。这种印度佛教与中国本土概念或思想的"拟配",当然比"狭义的格义"机械的"概念对等"意义更加宽泛,但也不能把它无限制地泛化为一般的哲学阐释学。当然,"格义"——无论是"狭义的格义"还是"广义的格义"——均有哲学阐释学或文化阐释学的功能和意蕴,但这并不意味着要将中国佛教史上特定的"格义"方法与其所蕴含的哲学阐释学或文化阐释学意义直接等同起来。换言之,不仅"狭义的格义"是指中国佛教史上曾经使用过的一种特定的解释方法,而且"广义的格义"也是指中国佛教史上"中国学者企图融合印度佛教和中国思想的第一种方法",在此基础上才可以进一步论及这种方法所蕴含的哲学阐释学或文化阐释学的普遍意义。

"格义"方法对于不懂得佛教但比较熟悉中国本土文化的人认识和了解佛教,具有不可替代的意义。但是,这种方法本身也有它的局限性。在中国佛教史上,将印度佛教与中国本土的概念、思想予以"对等"或"拟配"的方法,我认为首先是运用在对佛教经典的翻译上。印度佛教的许多概念和思想,在中国本土本来是没有的,要使这些概念或思想为中国本土的人士所了解、所接受,就会遇到双方概念或思想"拟配"或"对等"的问题。例如,表示佛教最高理想境界的"涅槃"——彻底地灭除了痛苦与烦恼——是个音译词(梵文nirvāna),更早的音译为"泥曰""泥洹"等,但对于一般的

---

① 佛说大安般守意经:卷上//大正藏:第15册.东京:大正新修大藏经刊行会,1934:163-164.

中国本土人士,"泥曰"、"泥洹"或者"涅槃"是什么意思呢?单从汉字的"泥""涅"等字或词,是完全没有办法理解的,必须转换成和"涅槃"对应的、中国人能懂的概念。最早的佛经翻译家们,历尽艰辛,最终找到了"无为"这个词。为什么用"无为"对译"涅槃"呢?我们知道,"无为"是老子《道德经》中的词,《道德经》中讲"为学日益,为道日损,损之又损,以至于无为"(《道德经·德经·第四十八章》)。"为学"指的是一般知识的学习是需要每天增益、不断积累的,也就是要"好好学习,天天向上";但"为道",即学道、修道是不一样的,不是日日增益,而是要日日减损。减损什么呢?《道德经》中又说"涤除玄鉴,能无疵乎?"(《道德经·道经·第十章》)"玄鉴"即玄妙的镜子,就是指我们的内心。也就是说,我们能不能把自己内心的贪欲洗涤、打扫得干干净净,一点污染、一点瑕疵也没有呢?如此日日"为道",不断减损内心的贪欲,"损之又损",以至完全灭除了贪欲,使内心一尘不染,便可以达到"无为"了。可见,在《道德经》中,"无为"也是指"为道"的最高理想境界,而且这种境界是要通过完全灭除贪欲、使内心一尘不染才能达到的。而要达到佛教的"涅槃"境界,也是要不断地减损、不断地消除我们的烦恼和痛苦。《四十二章经》讲:爱与欲是我们烦恼的根源。那怎么办呢?就要去除爱欲。怎么去除呢?《四十二章经》讲了一个比喻"譬如摘悬珠"——就像摘悬挂的很多珠子,"一一摘之,会有尽时"[①],即一个一个地摘,总有一天你会摘完。在最初的中国佛教译经家看来,中国本土的"无为"与佛教"贪欲永尽,瞋恚永尽,愚痴永尽,一切烦恼永尽"的"涅槃"[②],不仅是相通的,而且简直可以说是"合若符契"。设身处地去猜想,早期的译经家们对译词的选择一

---

① 四十二章经//大正藏:第17册.东京:大正新修大藏经刊行会,1934:724.
② 杂阿含经:卷十八//大正藏:第2册.东京:大正新修大藏经刊行会,1934:126.

九 "格义"之广狭二义及其在佛教中国化中的历史作用

定不是随意的,而是费尽周折,经过精心简择的。

从译者的角度讲,其所选择的译词与原文原意当然是最贴切、最接近的;但是从读者的实际理解效果看,未必皆能达到译者的预期。如上举以"无为"对译"涅槃",译者可能觉得"合若符契",但对中国本土的读者而言,其通过道家的"无为"来理解佛教的"涅槃",恐怕就多少难以契合"涅槃"的本义。这个例子可能还不明显,再举一例:佛教的"空""空性"等类似于"真如""实相"——最真实的、去除了一切虚妄的、本来的样子——的概念,也是中国本土的概念和思想中所没有的,想必最初的译经家在翻译时也费了不少的脑筋,最后找到"本无"这个词来对译"空性",也不能说没有道理。"空性"在佛教中是指一切由因缘和合而成的万法的共性,"本无"在玄学中也是指一切万物的共性,就此而言,二者不能说没有相通之处。但是,在玄学中,"本无"作为万有的本根带有明显的实体色彩,而佛教中的"空性"思想恰恰是要破斥所有的实体性思维:所有的存在都不是独立的、绝对的存在,"空"讲的是存在的有条件性。玄学的"本无"恰恰是独立的、超越于万物之上、作为最高本根的存在,道"独立而不改,周行而不殆"(《道德经·道经·第二十五章》)。中国本土人士通过玄学的"本无"去理解佛教的"空性",这就造成了很大的误解。中国早期佛教般若学中的"六家七宗",多不能正确把握佛教的"空性"思想,与早期汉译佛教经典把"空性"译为"本无"实有着极大的关系。吕澂先生在他的《中国佛学源流略讲·序论》中,深刻地反省了这个问题[①]。即使后来不再用"本无"对译"空性",对"空"或"真如"做实体化的理解——总觉得有一个东西在那里存在——但这仍然是中国佛教中不可忽视的一个现象。

---

① 吕澂.中国佛学源流略讲.北京:中华书局,1979:3-4.

佛教还有一个根本思想——"无我"。"我"即"ātman"，音译"阿特曼"——不是小孩子们喜欢的动画片中的"奥特曼"——在印度传统的婆罗门教中指独立自在的主体或灵魂。婆罗门教主张"梵我一如"或"梵我合一"，认为人生最高的理想境界就是个体灵魂（"我"，即"小我"）与宇宙精神（"梵"，即"大我"）的合一，类似中国哲学的"天人合一"。佛教反对"梵我合一"，因为一切的存在都不是独立自在的存在，所以佛教既反对有一个终极的宇宙本体"梵"，也反对有独立的个体实体"我"，而是主张众生的身心都是由色、受、想、行、识"五蕴"积聚和合而成的，是"假有"的，没有一个独立自在的"我"体，因此，要破斥对"我"的执着。我们的烦恼从根本上讲，都是由于对"我"的执着。这就是佛教的"无我"思想。在最初翻译的时候，译经家并没有找到"无我"这个词，而是译作了"非身"。"非身"也源于老子《道德经》，《道德经》谓"吾所以有大患者，为吾有身，及吾无身，吾有何患？"（《道德经·道经·第十三章》）——把"有身"与"有患"、"无身"与"去患"联系起来。而佛教的"无我"也是与去除烦恼联系在一起的，众生之所以有烦恼，从根本上来说是因为有"我"执，如果破除了"我"执，就可以消除烦恼了，二者有共性。可见，早期的译经家把"无我"译为"非身"，也不是毫无道理的。但是，中国人通过"非身"理解"无我"思想时，又会出现偏差：中国本土的学者往往把"非身"理解为人的肉体是无常的，这意味着什么？这反而意味着人的精神可能是恒常的，这就与佛教本来主张的"无我"思想大相径庭了。东晋名僧僧叡在《毗摩罗诘提经义疏序》——给《毗摩罗诘提经》即《维摩诘经》的义疏做的序——中总结中国早期佛教经典的翻译情况，一针见血地指出"此土先出诸经，于识神性空明言处

九 "格义"之广狭二义及其在佛教中国化中的历史作用

少，存神之文，其处甚多"①，这种现象应当说与类似译词的选择也是有内在联系的。后来的译经，也不再使用"非身"这个译词。其实，即使是"无我"这个译词，恐怕也是化用《庄子·内篇·齐物论》中的"今者吾丧我"而来，而《庄子》的"丧我"与佛教的"无我"其实也并不能完全做概念的对等。

总之，"格义"的方法，可以方便善诱"世典有功，未善佛理"的中国本土人士由"世典"而渐入佛理，但也有难以避免的很大的局限性。上面提到的僧叡，在《毗摩罗诘提经义疏序》中总结佛教来到中国以后的情况，即曾批评说："自慧风东扇、法言流咏已来，虽曰讲肄，格义迂而乖本，六家偏而不即。"②

"慧风"，指的是佛教的智慧之风；"东扇"，指的是从西边往东传；"法言"，指的是佛法的言辞；"肄"，指的是学习。佛教传来之后，讲习、讲学有两方面的现象：一个是"格义"，另一个是"六家"。"六家"是"六家七宗"，这个是更复杂的问题，暂且不谈。"格义"的问题呢？僧叡认为是"迂而乖本"：不仅"迂"——迂远，不是直接地解释佛教的概念和思想，而是先找相似的中国本土概念或思想做"对等"或"拟配"，再由这个本土的概念或思想绕着圈子理解佛教中相应的概念或思想——而且"乖本"，即往往与佛教的本义相乖离。

其实，在僧叡之前，与竺法雅同时代的道安即已对"格义"之法进行过反思，提出过批评；而道安的同学僧先，则有不同的意见。据《高僧传·僧先传》载③：僧先和道安是好朋友，当道安和僧先都

---

① 僧叡.毗摩罗诘提经义疏序//僧祐.出三藏记集.苏晋仁，萧炼子，点校.北京：中华书局，1995：312.

② 僧叡.毗摩罗诘提经义疏序//僧祐.出三藏记集.苏晋仁，萧炼子，点校.北京：中华书局，1995：311.

③ 慧皎.高僧传：僧先传//大正藏：第50册.东京：大正新修大藏经刊行会，1934：355；慧皎.高僧传.汤用彤，校注.北京：中华书局，1992."僧先"，或作"僧光"。

做沙弥——已经出家了，但还没有获得比丘的资格——的时候，在路上逃荒，相约"若俱长大，勿忘同游"，结成了"苟富贵，勿相忘"的少年慷慨之契。后来僧先到了飞龙山（今湖北麻城北）住下来，道安也到飞龙山见老朋友，一起切磋。道安对老朋友僧先感叹"先旧格义，于理多违"，但是与道安在飞龙山"共披文属思，妙出神情"的僧先，却并不赞同道安对"格义"的批评，认为"且当分析逍遥，何容是非先达"——我们做好我们自己的事就完了，不要片面地指责前辈们用"格义"的方法。或许在他看来，"格义"的方法当然有它的局限性，有可能会"乖本"，但是，如果从更长的历史阶段来看，佛教这种外来文化进入中国本土，特别是刚进入中国本土的时候，如果不用这种办法，不用中国人能懂的概念、术语去解释、翻译和解说佛教名相——如都用音译——这种外来文化很难被中国人所了解、所接受。可见，"格义"的问题在道安的时代就有批判、有反省，但是同样在道安的时代，也有不同的意见。

僧先的主张诚然有保守的一面，但据实而论，在道安以前的时代，"先达"们在教导学徒时运用"格义"之法，亦自有其"因材施教""因时制宜"的合理性。即便是道安本人，有时迫于形势，也不得不开方便之门，向"格义"做出让步。如《高僧传·慧远传》载：

远藉慧解于前因，发胜心于旷劫，故能神明英越，机鉴遐深。安公常叹曰："使道流东国，其在远乎！"年二十四，便就讲说。尝有客听讲，难实相义。往复移时，弥增疑昧。远乃引《庄子》义为连类，于是惑者晓然。是后，安公特听慧远不废俗书。[①]

---

① 慧皎.高僧传·慧远传//大正藏：第50册.东京：大正新修大藏经刊行会，1934：358；慧皎.高僧传.汤用彤，校注.北京：中华书局，1992：211-212.

九 "格义"之广狭二义及其在佛教中国化中的历史作用

慧远引《庄子》为连类，正似格义之拟配外书。道安"特听慧远不废俗书"，正可见道安一般是不允许弟子拟配外书的，这与他反对"格义"的态度是一致的。但是，道安的理想与当时的现实是有距离的，以佛经解佛经的方法虽然不像"格义"那样"迂而乖本"，但是从实际效果来看会令学徒"弥增疑昧"；慧远引《庄子》为连类，虽有"格义"之嫌，但能令"惑者晓然"。这一现实迫使道安对其全然黜格义、废俗书的做法进行新的反思，自此之后，乃"特听慧远不废俗书"。所谓"特听"者，即特别许可慧远可以"不废俗书"，这当然是因为慧远不仅在佛教修学上达到了很高的水平，得到道安的充分认可，而且年少时即"博综六经，尤善庄老，性度弘博，风鉴朗拔"，以至于"虽宿儒英达，莫不服其深致"[1]，完全做到了佛教内典与儒道"俗书"的综学贯通。无论如何，"格义"尽管像道安、僧叡所批评的那样"于理多违""迂而乖本"，但是作为早期中国佛教解释经典、教授学徒的一种工具或方法，其自有不可或缺的价值存在。

汤用彤先生在《汉魏两晋南北朝佛教史》中，曾根据慧叡的《喻疑论》，谓"格义"之法"自道安、罗什之后废弃不用"[2]。其实，这也不是绝对的。例如，刘宋孝武帝时，北魏僧人昙靖因北魏太武帝灭佛，旧经焚荡，为匡救世道，曾伪作《提谓波利经》二卷，结合汉儒的阴阳五行学说、伦理纲常观念和道教的延命益算思想，来解说佛教义理，在后世产生了很大的影响。昙靖所伪撰的《提谓波利经》今已不存，但其用汉儒阴阳五行学说、伦理纲常观念来解释佛教义理的部分内容，在隋唐时代的中国佛教著述中常见征引。例如，我所研究的中国佛教天台宗的实际创始人、隋天台智者大师智

---

[1] 慧皎.高僧传·慧远传//大正藏：第50册.东京：大正新修大藏经刊行会，1934：358；慧皎.高僧传.汤用彤，校注.北京：中华书局，1992：211.

[2] 汤用彤.汉魏两晋南北朝佛教史：上册.北京：中华书局，1983：169.

顗，在《摩诃止观》《法界次第初门》及传说为其著述的《仁王护国般若波罗蜜经疏》中，皆曾引用该经[①]。同时，与智顗生活在同一个时代的儒家思想家颜之推在《颜氏家训·归心》[②]中、唐代名僧法琳在《辩正论》[③]中等，也都有类似的援引或说法。这些，也曾为陈寅恪等学术界前辈所注意到，在这里就不再具体征引、展开论述了。

总之，道安、僧叡等人对"格义"方法的弹斥和摒弃，固然标示着中国佛教"经义大明"的新时代的到来，但是"格义"之法并未因此而完全绝迹。究其原因，恐怕并非仅仅是因为积习已久，难以遽断；在中外异质文化的交融会通中，"格义"虽然难免"迂而乖本"之弊，但是作为一种方便法门，或许也自有其优越殊胜的一面。总之，对于"格义"，如果严格地以所谓的佛教正义来衡量评判的话，我们固然当以道安、僧叡诸公的是非为是非；但是，如果站在中国佛教思想史发展的角度，着眼于佛教思想与中国固有文化之间的相互融通，探求佛教中国化的具体历史进程及其经验教训，那么，就不能不对"格义"方法的历史贡献予以充分的肯定，不可简单地跟从道安、僧叡的立场，对"格义"唯加弹斥。进而言之，若无"格义"方法的运用，佛教这种外来的宗教思想文化，是否能够在本土固有文化高度发达的中国社会生存、发展起来，并最终成为中国传统文化的一个有机组成部分，恐怕还是一个大大的疑问。

放在我们这个时代，从整个佛教在中国的扎根成长来看，我们

[①] 智顗.摩诃止观：卷六上//大正藏：第46册.东京：大正新修大藏经刊行会，1934：77；法界次第初门：卷上之下//大正藏：第46册.东京：大正新修大藏经刊行会，1934：670；仁王护国般若波罗蜜多经疏：卷二//大正藏：第33册.东京：大正新修大藏经刊行会，1934：260-261.

[②] 王利器.颜氏家训集解：下.北京：中华书局，2016：445.

[③] 法琳.辩正论：卷一//大正藏：第52册.东京：大正新修大藏经刊行会，1934：494.

九 "格义"之广狭二义及其在佛教中国化中的历史作用

怎样评价"格义"在佛教中国化中的历史地位？当然，我们要承认像道安、僧叡所批判的那样，"格义"确实有"于理多违""迂而乖本"的问题；但是，我们如果不用这样的方法，那我们用什么？我们有没有其他的办法？这是一个值得思考的问题。这不只是佛教的问题，任何一种不同的文化，当它与其他文化接触、碰撞、交流的时候，如果它想在一种异质文化或社会土壤里扎根成长，抛开了这种翻译、讲说中概念对等或思想解释的方法——无论狭义的还是广义的，是否还有别的方法？这是一个值得我们思考的大问题。

不光是文化的交流，与人的交流也是如此。我在这里讲得很热闹、讲得满头大汗，而作为一个听众，你从我讲的内容中，听到了什么？你听到的可能是和你的学术背景、你接受的学术训练相关的内容。我讲的东西一定要转化成你的概念系统，你才可能接受，才有可能理解。所以，一个广义的交流也有类似的"格义"问题。佛教里也经常讲，佛以"一音说法"，"彼彼异类各自得解"[①]。佛从他自己的角度，"说"的是一个东西；但是众生根据他的不同情况，得的"解"又与其"说"的不完全相同。当然，这句话不是专门讲"格义"的问题，但是如果"格义"变成一个更宽泛的哲学问题，从哲学诠释的角度讲，其实讲的也是类似的问题：众生对佛的说法，一定要转化成他自己能够理解的语言概念或思想。所以在"格义"的问题上，除了佛教专业的同学以外，西方哲学专业的同学也可以和阐释学联系起来研究"格义"的问题。中国哲学专业的同学，可以去思考"反向格义"的问题：为什么要"反向格义"？佛教的"格义"是用中国的固有概念去融通、解释我们不理解的佛教的概念，但为什么我们现在要用马克思主义哲学和西方哲学的概念反过来去解释中国的概念？为什么是这样？我们的中国哲学，不用现代的这

---

① 大般泥洹经：卷六 // 大正藏：第12册.东京：大正新修大藏经刊行会，1934：895.

套概念，我们用什么呢？回到以经解经吗？我们怎么办？所以，对于"格义用什么"，我们用的是当时那个时代、那个社会的公共形态的话语。当时人们用本土思想，特别是儒家、道家、玄学思想来翻译、解说佛教概念，是因为那个时候儒家、道家、玄学的概念是一种公共的知识话语。中国人特别是中国的知识分子熟悉这种概念，所以要用他熟悉的概念解读他不熟悉的概念、思想。那么，为什么我们现在用马克思主义哲学和西方哲学的话语如"唯物""唯心""本体论""认识论"等解读中国哲学？因为我们当下的公共话语平台更多的是马克思主义哲学和西方哲学架构下的概念体系。如果抛开这样一套概念体系，我们怎样在公共话语平台上言说我们自己的传统？我们有没有这样的工具？所以"格义"与"反向格义"主要不是一个情感的问题，而是哪一个话语系统、哪一个概念系统，在当时占据了主流的地位，哪一个话语系统、哪一个概念系统就成为解释的平台和工具。因此，"格义"不光是佛教的问题，也不光是宗教的问题和文化交流问题，还有更广泛的哲学的意蕴。这个哲学的意蕴，我现在还不能充分地阐释出来，但是我觉得不同的学科都可以从自己的专业角度、学术背景就这个话题有所思考。前段时间我请前辈学者吴云贵老师——也是在座的王宇洁老师的导师——来为我们的爱国宗教界人士研修班做有关伊斯兰教的讲座，吴老师就指出，伊斯兰教在文化融通方面遇到的比较麻烦的问题是用了太多音译。如果一个外来文化用的词都是音译，它就和中国文化有隔阂，融合起来就比较困难；但如果用意译，它遇到的问题就是可能会"乖本"，至少会在一定程度上背离原来的意思。我认为这是一个非常难办的问题。历史有的时候是残酷的：你适应了它，你就扎根成长；你不适应它，你说"你不对，这不是那样子"，那历史就可能把你淘汰。所以，研究思想发展的历史，会发现里面有很多的经验和教训，这是我们研究我们的文化、我们的宗教的时候，需要借鉴和思考的地方。

（闫孟珠、徐天翔整理，张风雷校阅）

中国哲学形上学研究：时间与变化

◎ 谢林德

时间：2020 年 11 月 24 日 18：00—20：00
地点：中国人民大学公共教学三楼 3102

  谢林德（Dr.Dennis Schilling），德国慕尼黑大学汉学博士，现为中国人民大学哲学院教授，曾任教于德国慕尼黑大学、台湾政治大学等，精通德语、汉语、英语、拉丁语、日语、法语、俄语等，著有《占辞与数字：汉朝占书〈太玄经〉及〈易林〉——有关〈易经〉问世至明末以来其演变、模仿及创新之探讨》（1998）、《易经——新德译本（附加导论及注释）》（2009）、《佛教唯识宗在清末政治哲学思想中的回复与接受——论谭嗣同（1865—1898）与章炳麟（1869—1936）之著作》（即将出版）。目前的主要研究兴趣为中国哲学、比较哲学、汉学。

十　中国哲学形上学研究：时间与变化

接下来主要讨论一些"形上学"方面的问题。我这里用"形上学"一词不是要讨论"存有的根源"等问题，而是要分析、理解世界基本概念的形式和它内在的组织。

我们今天要讨论的两个问题：一个是"时间"，另一个是"变化"。两个问题和概念是联系在一起的：变化在时间中实现，时间在变化中体现。有变化，也有时间，一个概念引出另一个概念。

但是两个概念各有它自己的问题，而且两个概念所涉及的问题其实都很复杂。从中国哲学资料中来探究"时间"与"变化"，也能引出许多问题。从中国哲学资料来看，如果聚焦佛学来华之前的时代，我们可以从"化""变""易""通"等概念出发讨论"变化"的问题，但是讨论"时间"的话，就需要自己建构一个研究框架，因为资料中没有一个概念跟我们现在所用的"时间"概念类似。所以我们在研究、分析文本时要注意，不要将我们现在对时间的理解硬套到古代。

两年前我上"中国形上学"的课，当时基本的研究方法是对相关文献材料做仔细的分析。教授这门课的时候，我发现中国哲学文献中，主要是先秦哲学文本，也包括一点玄学文献，有很多关于"时间"和"变化"的资料，但对后世的影响不大。当时的哲学家不是从时间或变化这个问题本身来切入，而是将问题放在其他的脉络中讨论。

时间作为一个哲学问题，已经有很多学者站在不同哲学立场对其进行了讨论。"时间"不仅是一个哲学问题，而且在日常生活中也多有存在。

我们看古代文献时，要分析文本中的"时间"是哪一方面的"时间"——我们今天在文本中"看得到"的"时间"在当时是否也是看得到的？还是我们的"时间"与原来有差异？所以，从中国古代文献出发来讨论"时间",对"时间"的解释有一个"呼应"。古代的理解和我们今天的理解,二者有何种差异?所以要先看之前的理解,进而再反观自己的立场。

"时间"在先秦哲学中不局限于一个词或一个概念,"变化"则不同。"化"在《庄子》和《易经》中都有提及,尽管二者的表述有一点不同,但我们可以看到"化"在先秦哲学中已经是一个重要的范畴。"时间"也包含很多范畴,如宇宙的开始、四季的更替、历史的发展等,但是这些不是专门讨论"时间是什么"的问题。"时间"似乎是一个隐藏的概念,与对"化"的讨论不同:大家都在讨论"化",同时考虑"化"是什么东西,怎样理解"化",怎么适应"化"。

在某些文本中,"时间"被看作一个很抽象的概念,可以融合许多不同的角度。例如,希腊语中"时间"是"chronos",围绕这个概念产生了一些哲学讨论,如有关"时间"是否存在的讨论,由此也牵扯到另外一些概念,如"aion"(永恒的时间),这个概念在柏拉图哲学中有重要地位。因此,有关"时间"的讨论是如此重要,以至于可以赋予其他的概念新的义理。这和中国的"道"类似,"道"也影响了人们对其他概念的理解,如"理"。"时间"同样影响了人们对其他重要概念的理解,并成为一个抽象的概念。在中国哲学中也有类似的问题。

一、方法论的考虑

以下为关于时间的不同观点。

（一）时间有一个"节奏"，一个内在的结构。在时间的节奏中，一个动作就开始了，也给我们提供了某种顺序的规律。

（二）某些词，如"古今""始终""先后""旦暮"，似乎给予时间某种变化和转动的规律（重复、方向等）。很多文献也提及了这种规律——有白天就有黑夜，春夏秋冬也是不断变化；好像时间就是由这种**变化和转动**来体现的：有白天之后就有黑夜，如此循环往复。

（三）时间是一种**扩大的东西**，在古代文献中，包括"现在的扩大"和"过去的扩大"两方面（而未来这一维度很少被提到）。"今"就是我现在的时代，"古"就是已经过去的一个世代。但是"古"也不是"没有的"、跟现在完全没有关系的"过去"，"古"是相对于"今"而存在的。如《论语》言："十世可知也？"（《论语·为政》）这里，把当时的社会制度用夏商周的演变的眼光来看。结言之，"古""今"两个时间概念是按照一种扩张的、扩大的意义来构成的。

（四）"宙"这个词在哲学文献中出现比较晚，到汉代才成为一个相对成熟的概念，它也与扩张有关。在"宙"这一概念中，**连续性**很重要。"宙"是相对于"宇"来说的，因此要把空间和时间结合起来解释宇宙，先秦文献尤其是《庄子》中对时间的解释较为妥当。汉代时"宙"的概念才比较完善。

（五）"始终"描述的是一个过程，是从**过程**的角度去讨论时间，如"久""短""常""恒"等重要的词语，都是在讨论一个过程的起点、终点以及这个过程持续得久还是不久。在这个意义上，"道"也是一个过程：如果把"道"当成形上学的核心观点，我们会遇到这样的问题——道是"常道"还是"非常道"？

（六）我们有"年""岁""月""日"这样的时间词，指定太阳、月亮或其他天体的运作和需要的时间。考古发现证明上古时代的人们有丰富的天文知识，能计算天体的公转周期。

（七）**"先后"**也是一种重要的时间维度。古希腊的学者对时间的先后关系有过很多讨论。对很多哲学家来说，先后关系是时间概念构造中的重要部分。

（八）从礼仪制度、人的行为中也能反映出来某些时间概念，如"天干""地支"。从商代开始，人们就从礼仪制度发展出记录日、月、年等时间的方式方法。

（九）在人的生活还有上一辈、下一辈这种迭代的时间观念。

（十）时间在政治上也很重要。《左传》中有很多类似"某一个国王在某一年做了何事"的记载。统治者的统治也体现为对时间的统治，常常从**天文的时间制度和国王统治时间（纪年）两重并轨**中表现出来。

（十一）特别是在汉代，有很多关于时间的比喻，如**"寸阴"**，这反映了当时社会日常生活中的时间观。

（十二）某些概念，如**"道""化""命"**，它们都有一个时间内核，所以尽管"道""化""命"都不能被翻译为"时间"，但这三个概念表达出的某些问题都是和时间相关的，所以时间的问题不是只用"时间"本身来讨论，而是借用其他概念来表达。

我们对"时间"的讨论有丰富繁多的材料和角度，如何从如此多的角度中融合、抽象出来"时间"的概念，就需要我们考虑文本中不同的角度和表述——它可能只讨论时间一方面的性质、现象，而可能跟其他方面的现象没有联系。例如，先秦哲学家有时是在讨论"重复性"的问题，其中涉及"时间"的问题，所以我们也可以根据这些思想资源来讨论"时间"的概念。先秦哲学中的"时间"似乎是包含了很多不同的观点，先秦哲学对"时间"的讨论似乎是有一点零散的。

我们的"时间"概念可以和先秦哲学家讨论的观点有相同的地方，因此我们的"时间"概念可以**概括**为他们讨论的许多具体的问题。但是，不能将我们的"时间"概念和他们的观点完全等同，需要在相同又不同这两种状态之间进行讨论。

分析古代的"变化"概念与分析古代的"时间"概念稍有不同，关于"变化"的概念我们可以在古代哲学文献中看到，如"化"，它是那么重要，以至于已经被用来与其他"变化"概念一起讨论，因此我们如果讨论"变化"，可以直接从分析这个概念开始。这和讨论"时间"不太一样，有时候我们会遇到这样的问题：我自己觉得这是一个"时间"的问题，但是古人不这么认为。但是"化"的概念则稍稳定。

在我们的研究中，"时间"和"变化"都是**诠释性概念**（hermeneutical concept），也就是说，我们是把这些概念当作一个"分析工具"来研究的（而不是直接把其当作研究对象），尽管"时间"和"变化"都是这样的诠释性概念，但"变化"有一个特点，那就是作为一个诠释性概念，它和古代文本中可以看到的对应概念"化"相同的地方比较多，而"时间"就不是这样。例如，"时"和"时间"是完全不同的东西，我们现在的"时间"概念的外延很大，而古代的"时"概念的外延小得多，所以相同之处比较少。所以要特别注意："时间"作为一种诠释性概念，我们是在此基础上来诠释和理解文本。以上就是要重点讨论的方法论上的一些问题。

二、试探时间的问题形式

我们有时可以看到一些资料讲"先秦的时间观"，如果不加以鉴别,容易把一种时间观加诸整个先秦时代,而没有考虑到在他们那个时代,有关"时间"的表述是很零散的。因此我们应当注意鉴别繁杂的文本中呈现的时间观。下面我们以问答形式来阐述这个问题。

问:"变化"和"时间"有何不同?

答:"变化"在"时间"中进行,我们一般会说需要有一个时间段才实现"变化",但也有例外。根据我们现在的观点,"变化"和"时间"相关,但古代的讨论特殊在于他们似乎不是从这一角度运思的。之后我们会看到这点。

其实,我们不需要从"时间"角度讨论自然界的现象,我们可从"变化"与时间关系的角度来讨论。一个东西在变,通过其变化可以反映时间。问题在于变化的过程是复杂多样的,有一个变化的过程,别的东西也有别的变化的过程。那不同过程之间的关系是什么呢?它们之间有没有因果关系,一个过程会不会影响其他的过程?从对这一关系的探讨中可延伸出更抽象的对时间的思考。

原文资料一:"忽然"

人生天地之间,若白驹之过郤,忽然而已。注然勃然,莫不出焉;油然漻然,莫不入焉。已化而生,又化而死。生物哀之,人类悲之。解其天韬,堕其天帙,纷乎宛乎,魂魄将往,乃身从之。乃大归乎!(《庄子·知北游》)

《庄子·知北游》中有一个和生命有关的故事,一种观点认为:生命有一个**长短**的概念,而且生命是很短的。做一个比较的话,人生和天地存在的时间相比非常之短。从长短这方面考虑,时间是可以扩张的。

另一种观点认为白驹过"隙"体现一种**速度**或者**动作**。时间一方面有长短,另一方面有流动性。这里的资料尽管是在讨论生命，但背后有一个时间的概念。这个时间一方面是用"长短"的概念阐释人生，如人生与天地的对比，另一方面是用"流动"的概念阐释时间。时间的概念是在长短和速度两方面的交叉中来反映的。

这种观点认为**时间是客观的**——人生虽短，但"短"是客观的——我可以看得到白驹过隙之快，同样的，其他人也会看到同样的现象——这是一种客观的、外在的、可以看到的东西。这就产生了人生的问题：人们会意识到这种客观的"短"缺失了意义——这么短的人生的意义在哪里，或者说人生过得如此之快，所以是一种悲观的事情？以上两个观点反映的是一个客观、外在的时间，人们会对这个客观的时间产生悲观的情绪：自己似乎对时间无能为力。

在这则寓言故事中"时间"没有被直接提出，但是其中又有一个"时间"的问题：生命如此之短！生命有什么意义？对生命，我们应该那么悲观吗？主题是人生的问题，但基础是时间的问题。悲观来看：我的人生比天地何其短！过得何其快！我的人生有什么？几乎什么都没有！但是它还是有一个小小的东西，也就是"小小的忽然"。我还是可以重视这个"小小的忽然"。如果我对这个"忽然"感到没有意义的话，也就是对我的人生感到没有意义。

这个故事先是反映了时间的外在表现，然后说明了个人对时间的态度、感受，最后还有一个启示，也就是要我们注意到这个"忽然"。古代哲学中有许多和"时间"有关的问题，但很少有人会提到"时间"的概念。我们会提到生命，但生命就是生命，与之相关的通常是"它与庄子的生死观有什么关系"之类的问题，这样的讨论常常可以看得到，但是对"时间"的类似讨论就很少了。

原文资料二:"倏"与"忽"

南海之帝为倏,北海之帝为忽,中央之帝为浑沌。倏与忽时相与遇于浑沌之地,浑沌待之甚善。倏与忽谋报浑沌之德,曰:"人皆有七窍,以视听食息,此独无有,尝试凿之。"日凿一窍,七日而浑沌死。(《庄子·应帝王》)

《庄子·应帝王》中有个故事:倏、忽、浑沌分别为南海、北海和中央三帝,这个"帝"可以理解为天空上的星宿。但"帝"自己的存在似乎也不是那么稳定,请注意倏、忽二帝的**命名**:以太阳的运作为例,它很快会经过天上的某一处,在天上某一处停留不长的时间——因此他们虽然为"帝",也是名为"倏""忽"——并不是"永恒"。

故事中还有关于**数字**的讨论:"七日"是一种可以用于计算的时间。我们根据太阳等天体的重复性变化计算时间,形成我们的时间观。太阳每天东升西落,提供了一种规律性的变化;月亮、星星也都有一种规律性变化。根据这样的规律变化可以构造出一种有条理的、可以永恒存在的时间概念。

如果算法就可以构造出一种永恒性,但是这两位"帝"不是"永恒",只是"倏""忽",那么我们在"算"时间的时候算的是什么?如果太阳的运行只在某些地方短暂挥过,似乎我们算的就是这短暂的时刻,算的是"倏",算的是"忽",但我们还是觉得自己好像是永恒的,我们好像是混沌的、永恒的生命力,好像可以构造一个永恒的存在,但是我们自己完全没有这样的能力,我们自己的命也只是"倏""忽"。

世界是倏忽的世界,也是浑沌的世界,"倏""忽"两位帝却看不到其实他们是"倏""忽"。他们给自己构造了一个另外的世界:

按照"算出来"的规律的永恒性推论出的一种世界。混沌的世界和有规律的世界,这两个世界似乎是不能同时存在的,这也就导致了"浑沌死"的结局。

如果从时间的角度去考虑这个问题,时间是如倏忽一般极快的。我们知道怎样用算法构造出规律性、永恒性,但这样构造出来的东西和我们生命的本质是有冲突的。

原文资料三:"间不可觉"

粥熊曰:"运转亡已,天地密移,畴觉之哉?故物损于彼者盈于此,成于此者亏于彼。损盈成亏,随世随死。往来相接,闲不可省,畴觉之哉?凡一气不顿进,一形不顿亏;亦不觉其成,不觉其亏。亦如人自世至老,貌色智态,亡日不异;皮肤爪发,随世随落,非婴孩时有停而不易也。闲不可觉,俟至后知。"(《列子·天瑞》)

此则庄子舟壑之义。孔子曰:"日夜无隙,丘以是徂。"夫万物与化为体,体随化而迁。化不暂停,物岂守故?故向之形生非今形生,俯仰之间,已涉万变,气散形朽,非一旦顿至。而昧者操必化之器,托不停之运,自谓变化可逃,不亦悲乎?(张湛《列子注》)

我们能知道自己会变老,但是我们"发现"变老可能是早上起床后照镜子发现"长了一条皱纹"这样具象的变化。这其中的悖谬是:我知道自己一直在变老,但似乎完全没有感觉到"自己在这个时刻正在变老"——我们似乎并不能像"我感觉到疼"一样声称"我感觉自己在变化"。我们没有"变老"的感觉:一方面我们的身体有一种连续性的、一直在"化"的变化进程(这和庄子讨论的变化有所不同),另一方面这个变化又是我们所不能感觉到的。

变化不能被感觉到,时间也不能被感觉到。我可以发现"已经过了一个小时",但这时我感觉到的对象——这一小时,已经不存在了。"我一直在变"是生命最基本的现象和条件,然而我们自己只可理解、却不能直接感觉到这样的现象——我在生的时候也是在死,我的死亡从我出生的时候就开始了。我现在"生"着,却在慢慢消灭着——我不能感觉到变化的原因似乎内在于这种矛盾的结构之中。

变化是不停的、连续的,又是让人感知不到的——想要被感知到需要一种"对比"。例如,我们对一堵没有花纹的白墙会熟视无睹,我们需要一种"对比"才能看到这堵白墙。列子认为我们看不到时间的流动性,就在于"当下"没有足够的对比,只有当对比积累达到一定程度后,我们才会发现时间确实在动、变化确实在发生——因此在时间变化的同时我们是感受不到时间的。张湛的解释和神明相关,他认为粥熊如果把自己的生命放在整个宇宙当中,就会对生命有更多的关怀。张湛并非从时间本身的角度来讨论,而是从生命、人生如何保持得更好的状态的角度进行论述,但我们可以发现,对时间和变化问题的研究,这确实是一个很好的文献。

这三个文献说明古代哲学并没有从时间本身的角度来阐释时间,而是通过讨论和时间有关的现象来阐释时间。

三、在抽象时间概念的构造中

原文资料四:"久"

【经上】久,弥异时也。

【经说上】(今)久:古今(且>)〔旦〕(莫>)〔暮〕。(孙诒让)
〔久,古今旦暮〕

(今久>)〔久,今〕古(今>)〔合〕(且>)〔旦〕莫(莫>)

十 中国哲学形上学研究：时间与变化

〔暮〕。(Graham)
〔久，今古合旦暮〕
【经上】(守＞)〔宇〕，弥异所也。
【经说上】宇，东西(家＞)〔冡〕南北。(附注：「冡」为「蒙」之异体。)(《墨子·经上》)

《墨子·经》和《墨子·经说》中对时间有所提及，但其文字不易理解。这里有两个不同的概念，二者大体相同但稍有差异。这两个概念是"久"与"宇"。"久"类似"宙"，用来表示时间的扩张。可以看到他们把空间"宇"与时间"久"以一种很相似的方式来处理："久，弥异时也。""宇，弥异所也。"此处讲的是由一处"小小的部分"扩散到了较大的范围，形成了一个"有长度"的实体。

时间和空间的吊诡："点"有无长短？《墨子》认为"所"是小的，但它仍然有长度——这样不同的"所"就可以连接起来得到"宇"。类似地，"久"也是由一个个时刻连接起来，形成了时间。

《墨子·经说》中的解释似乎不同，用的不是"弥异所"的解释，而是将南北、东西两个维度加起来得到"宇"。关于时间的解释有缺失，如果使用葛瑞汉（Graham）的解释——其解释和对空间的解释一模一样——是"古今旦暮"相结合，与"东西南北"这样的阐释完全符合，与孙诒让"久，古今旦暮"的解释相近。古今旦暮与东西南北略有不同，"南北"的维度和"东西"的维度好像差异不太大，但是"古今"和"旦暮"之间的差异比较大。"古今"可以说是一个"扩张"，但是"旦暮"体现的是时间的"变化"——现在是早上，之后是晚上，如此循环往复。知旦暮则知旦暮的重复性——基于旦暮的重复性我们可以理解未来的发展。时间因此一方面连接现在和过去，另一方面体现旦暮的规律变化，也同样可以解释未来。

我们现在有三个时态的时间观：过去、现在、未来，这在古代文献中是看不到的。

佛教来华之后——佛教对中国哲学有相当大的影响——可以看到我们现在习惯的时间观，就是过去、现在、未来三个时态。天台宗中也有对时间的专门阐述。有趣的是，平常我们习惯的"过去、现在和未来"三个时态的时间观，除了佛教哲学之外，在中国本土哲学中并未得到普及。佛教时间观在宋明理学中是存在的，但是宋明理学家不用这样的时间观来阐释时间的问题。

回到《墨子》：墨家利用两个维度及其之间的关系来阐释时间概念，用古今来阐释过去和现在，用旦暮的重复来阐释现在和未来。两个维度交叉起来，与空间的南北与东西两个方向类似，有古今和旦暮这两个维度，就有了"久"。"久"不只是在过去"久"，它也会持续相当长的时间。所以，"久"有两个维度，时间也有两个维度（往前往后）。这个时间概念是通过时间的扩张性和重复性（规律性）来阐释的。按照我的理解，先秦哲学对时间的阐释都是比较抽象的，而以上的阐释是最清楚的。

原文资料五："始"与"时"

【经上】始，当时也。

【经说上】始：时或有久，或无久，始当无久。（《墨子·经上》）

《墨子》里面还有一个观点是根据过程的概念说时间。一个过程是一个"发展"，一个"发展"处于一定的时间之中。发展有一个持续还是不持续的问题，因此有"有久""无久"的概念，持续的话某时刻就是"有久"的，不持续的话某时刻就是"无久"的。这样来看，时间的长短是有**弹缩**的，是不定的，这要看看过程是持续得久还是不久。因此时间是基于一个过程，如果过程还在发展时间就在，

十　中国哲学形上学研究：时间与变化

过程结束了时间就不在。所以"开始"是算"无久"的，如果开始是"有久"的话就不是一个"开始"。要定义"开始"，就要用"无久"来定义。

问：时间和生死是相关的吗？或者说是否因生命的有限性时间才存在？

答：是相关的。生命只是一个过程，我们现在也这样理解生命，但是我们要用更大、更宽的框架去讨论个人的生命，这样的话，时间确实是一种理解生命的方式，但不是说只有这一种方式可以理解生命。我们会看到天地很长久而我们自己的生命很短，由此，我们可以从时间入手得到更广的角度，从更广的角度理解我们自己的生命。我们如果不想这样做的话，还可以用其他的方式来理解生命。简而言之，时间跟生命有一个交叉。生命在某一段时间之中，而且我认为，时间对生命来说很重要，可以给生命以意义。例如，一个人活到90岁去世，这对很多人来说是"很正常"的，是能够接受的，但是如果一个小孩去世，大家会觉得这是很残酷的事情——这是根据时间长短来赋予生命一个价值，如果人已经活到了90岁，则已经很高寿了，他的价值已经得到了满足；而如果是小孩死掉的话，大家会觉得这是悲惨的事情，这都和时间有关。所以生命和时间的关系是很复杂的，可从不同的角度来谈：一方面，时间对生命存在一种价值的赋予，另一方面，短暂的生命有什么意义则另当别论。不知道这是否回答了你的问题，或者说你是觉得，生命是有变化的，一直在变化（因而与时间相关）。但是现在的问题是：没有生命的东西也一直在变化，所以"变化过程"可能是更广的一个范围，通过"变化"我们可以阐释时间。

问：您觉得到底是生死赋予时间意义，使时间具有价值，还是时间赋予生死意义。

答：我觉得这个问题问的比较模糊，不是那么清楚。就像吃饭何时吃饱了。你可能觉得有一个"我吃饱了"的感觉，但是在饱之前已经有了"还不错"的感觉，如果你不继续吃的话可能也算是吃饱了，除非是你真的吃得太少那确实是没有吃饱。

如果生命的时间长，似乎就可以说他的生命很美好，因为他可以有那么多的经历，如子孙后代很多，所以长的时间可以给予生命机会来获得很多很好的经历。所以从该观点来看时间长是生命有意义的一个条件，但我们也不是只有这一个评判标准。有时候人们也会根据行为的结果来讨论生命的价值：如果人得到了某些重要的结果，但发生了某些事情导致无法继续生存，在人死之前的时候也会觉得"还是不错的，已经做到了如何如何"，这时就不会侧重于年龄。

有时候可以用时间尺度来讨论价值，有时候则用其他的尺度来讨论价值，因此我觉得不能简单地说是时间给予生命价值，还是生命构成时间。这两个概念之间的关系是很复杂的，不是那么简单的。

四、论时间的脉络

如果要讨论时间的性质，我们会讨论时间的流失，要理解时间，"流失"是很重要的问题。

原文资料六："不舍昼夜"

子在川上，曰："逝者如斯夫！不舍昼夜。"（《论语·子罕》）

徐子曰："仲尼亟称于水，曰：'水哉，水哉！'何取于水也？"

孟子曰："原泉混混，不舍昼夜。盈科而后进，放乎四海，有本者如是，是之取尔。苟为无本，七八月之闲雨集，沟浍皆盈；其涸

也，可立而待也。故声闻过情，君子耻之。"(《孟子·离娄下》)

或问"进"。曰："水。"

或曰："为其不舍昼夜与？"曰："有是哉！满而后渐者，其水乎？"

或问"鸿渐"。曰："非其往不往，非其居不居，渐犹水乎！""请问木渐。"曰："止于下而渐于上者，其木也哉！亦犹水而已矣！"（扬雄《法言·学行》）

"逝者如斯夫！"是《论语》中的句子，很有趣的是，孟子不是从时间本身的角度来理解，他没有从时间本身流失的角度来讨论这个问题，扬雄也是这样。他是从"进步""发展"的观点看，并引用了孟子的解释。孔子的比喻"逝者如斯夫"有很多不同的解释，而扬雄和孟子不是从时间本身角度解释，他们觉得这个"流失"不是指时间，而是指学习还需进步。

原文资料七："无一息之停，道体之本然也"

子在川上，曰："逝者如斯夫！不舍昼夜。"

朱子曰："天地之化，往者过，来者续，**无一息之停，乃道体之本然也**。然其可指而易见者，莫如川流。故于此发以示人，欲学者时时省察，而无毫发之间断也。"

程子曰："此道体也。天运而不已，日往则月来，寒往则暑来，水流而不息，物生而不穷，皆与道为体，运乎昼夜，未尝已也。是以君子法之，自强不息。及其至也，纯亦不已焉。"

又曰："自汉以来，儒者皆不识此义。此见圣人之心，纯亦不已也。纯亦不已，乃天德也。有天德，便可语王道，其要只在谨独。"（真德秀《西山读书记·第15卷》）

子在川上，曰："逝者如斯夫！不舍昼夜。"夫，音扶。舍，上声。诗云："维天之命，于穆不已。"又曰："文王之德之纯，纯亦不已。"然则无息者。其道之体乎？道不可见，乘气机而流行，阖辟于其间，此逝者机也。故曰："一阴一阳之谓道。"万化推迁皆是也。川上之机，其撰更真，令人目击而会心，故夫子叹之。

"逝者如斯"，天命流行也。天地之化，运而不息，则生生不穷。如人元气运，则肢体血脉日日充长。**于此，见人心中真有故有新之机。**（刘宗周《论语学案·卷五》）

但是宋代之后就有一点不一样。宋代人会说，道体之本然，无一息之停。按照朱熹的观点，道体的本然跟时间有很大关系。之后他从对形上学的讨论转到教育理论，讲人学习要时时省察。有趣的是，宋代对这个句子的理解是单独将时间的意义提挈出来，之前的学者不是这样做的，到了宋代才有这种做法。

刘宗周的解释与之类似，也是从"无息"和"生生不穷"的角度来的。他用两个方面来解释道体的本然：一方面是我们的身体里"日日充长"，有生生不穷、无息不停的能力；另一方面他认为人心"有故有新之机"。所以刘宗周认为，一方面生命是身体的生命，另一方面是心理的生命，都有生生不穷、无息不停的现象。"有故有新之机"，我们的记忆里面是有"有故有新"的，所以刘宗周会说，人心中"有故有新"，这会形成一种时间观。在哲学上这是一种主张时间存在于直觉之中的、内在的时间观。

从对这句话的不同解释中可以看到，对时间的意义、内涵的理解，前后有所不同。儒家开始的理解更多是伦理学意义上的教义，而宋明理学将形而上学的内涵提出来。我们不知道孔子有没有这样的思想，但宋明理学家发现了这其中形而上学的意义，而之后又从这一角度推论到伦理学问题。刘宗周则有所不同，他认为，时间的道体之本然一方面是我们生命的构造，另一方面是我们心里的一种生生不穷的、阐释时间的潜力。

先秦的人和之后的人是从不同的角度，阐释了不同的时间概念。而且在伦理学家看来，时间的意义也前后不同。

五、方生方死：时间的吊诡

原文资料八："方生方死"

物无非彼，物无非是。自彼则不见，自知则知之。故曰：彼出于是，是亦因彼。彼是，方生之说也。虽然，方生方死，方死方生；方可方不可，方不可方可；因是因非，因非因是。是以圣人不由，而照之于天，亦因是也。是亦彼也，彼亦是也。彼亦一是非，此亦一是非。果且有彼是乎哉？果且无彼是乎哉？彼是莫得其偶，谓之道枢。枢始得其环中，以应无穷。是亦一无穷，非亦一无穷也。故曰"莫若以明"。(《庄子·齐物论》)

惠施多方，其书五车，其道舛驳，其言也不中。历物之意，曰："……日方中方睨，物方生方死。"(《庄子·天下》)

方生方死可以说是一个吊诡的命题。这里也有两个不同的解释，一种解释表现在《庄子·天下》中惠施的格言中，惠施认为物的方生方死似乎是很快的事情，生命之后就是死亡，生命极为短暂，生和死几乎同步。

另一种不同的解释是"方生方死"使我们无法定义什么是生命、什么是死亡——《庄子·齐物论》中就有这样的观点，即"方可方不可，方不可方可""因是因非，因非因是"。所以"方生方死"自古就是一个哲学问题，且可以看到不同的解释。

原文资料九:"无生无死"

夫死生之变,犹春秋冬夏四时行耳,故死生之状虽异,其于各安所遇,一也。

今生者方自谓生为生,而死者方自谓生为死,则无生矣,生者方自谓死为死,而死者方自谓死为生,则无死矣。

无生无死,无可无不可,故儒墨之辨,吾所不能同也,至于各冥其分,吾所不能异也。(郭象《庄子注》)

郭象的解释很有趣:生死之变和春夏秋冬四时变化一样,是有顺序且"注定"要变的,这种变化还是一种**彻底的变化**,如从生到死,从死到生,从有到无,从无到有,并不是《列子》提到的"间不可觉"的连续性、不可察觉的变化。但是在"生者方自谓生为生,而死者方自谓生为死"这种观点中,死者和生者的状态是相反的——从死的角度来说生是死的,死是生的;从生的角度来说生是生的,死是死的。生死的界定是完全不同的,因而"无生无死",也就是一种"方可方不可",如此,我们似乎不能解释何为存在。

在惠施那里有一个"同时性"的问题,而这个问题在郭象那里是没有的,"同时性"的吊诡,变成了一个"相对性"的结论。从死者或是从生者的角度讨论,结论相反。时间的吊诡性在惠施那里还看得到,但郭象是将"方生方死"的内涵用另外一个概念来解释。

在古代,还有个有关时间的问题:时间有起点吗?有很多关于此的讨论,如《庄子·齐物论》中说,"俄而有无矣",即我们找不到起点。

原文资料十:"古犹今也"

冉求问于仲尼曰:"未有天地可知邪?"仲尼曰:"可。古犹今也。"冉求失问而退，明日复见，曰："昔者吾问'未有天地可知乎'，夫子曰：'可。古犹今也。'昔者吾昭然，今日吾昧然，敢问何谓也？"仲尼曰："昔之昭然也，神者先受之；今之昧然也，且又为不神者求邪？无古无今，无始无终。未有子孙而有子孙，可乎？"冉求未对。仲尼曰："已矣，末应矣！不以生生死，不以死死生。死生有待邪？皆有所一体。有先天地生者物邪？物物者非物。物出不得先物也，犹其有物也。犹其有物也，无已。圣人之爱人也终无已者，亦乃取于是者也。"（《庄子·知北游》）

《庄子》中对"古犹今"的论述很有趣。冉求问孔子："未有天地可知邪？"（宇宙诞生之前是否可知？）孔子的回答很奇怪："可，古犹今也。"但是冉求自己的知识似乎不是"古犹今"的知识，因为他现在不知道过去会知道，现在的立场无法声称"古犹今"。这个故事的启发是：似乎我自己的内在立场不能理解外在的"未有天地"，因为我预先已经在天地之间。这里存在某种悖论：因为我是天地的一部分，所以我不能言说天地之外的部分。孔子解释"未有天地"，似乎存在某种"范畴错误"，认为我们不能以生视死，不能完全考虑另外一种存在方式，这似乎意味着一种内在局限性和范畴限制——我要站在当下的立场来理解整体似乎是困难的。

六、变化的吊诡

我们讨论时间到这里，现在转而讨论变化。我们看到时间有如此多的吊诡，如时间性的存在不能理解没有时间性的存在，还有其他的吊诡，如方生方死，是说生的过程和死的过程同时发展；间不可觉,是说时间的运动是不易理解的;倏、忽、浑沌的故事,是说人不能理解人生本来就是极为短暂的,而这样一个短暂的存在通过算法构建出来一个永恒的、有规律的架构,这不只是不可能的,而且是与自己的存在条件相违背的。有很多这样的吊诡的对时间的认识,非常丰富。虽然我们没有从"时间"本身来讨论,但我们看到有很多利用跟时间相关的概念来讨论的。

变化也有一些复杂的内涵。

原文资料十一:"忒修斯之船"(The Ship of Theseus)

忒修斯和雅典青年安全返航所乘的是有三十支桨的大帆船,雅典人把这只船一直保存到德米特里·法勒琉斯的时代。他们一次又一次地拆掉了朽烂的旧船板,换上了坚实的新船板。从此以后,这只船就成为哲学家们就事物的发展问题展开争论时经常援引的实例,一派认为它是原来那只船,另一派争辩说它已不再是原来的船了。(普鲁塔克.希腊罗马名人传:上册.陆永庭,吴彭鹏,译.北京:商务印书馆,1990:23)

最有名的是古希腊的"忒修斯之船":我们改变了事物的顺序,最后没法说经历过变化的那个东西到底是哪个东西。如果变的是一个部分的话还可以说这个东西"变了",用一个属性F代替了属性G,二者只有一个小小的部分的差异。所以变化是把一致性和差异性合起来,一方面是有差异性,另一方面是有一致性。但是,用这种思路来理解变化,就会遇到一种吊诡的问题——从最初的事物到变化的一个中间状态是一个变化,从这一个中间状态到下一个中间状态也是一个变化……如此类推,但是从最上面到最下面就不是一个变化,因为二者完全没有相同的部分。这是古希腊哲学家所发现的一个吊诡的问题。

十　中国哲学形上学研究：时间与变化

原文资料十二："状变而实无别而为异者，谓之化"

名无固实，约之以命实，约定俗成，谓之实名。名有固善，径易而不拂，谓之善名。

物有同状而异所者，有异状而同所者，可别也。状同而为异所者，虽可合，谓之二实。状变而实无别而为异者，谓之化。有化而无别，谓之一实。此事之所以稽实定数也。此制名之枢要也。后王之成名，不可不察也。(《荀子·正名》)

这是关于变化的很有趣的一个说明。有一个部分（"状"）在变，但是"实无别"，没有变成两个事物，还是一个事物，保持自己还是自己。这个定义很有趣的是，它和我们现在变化的定义是很类似的，没有大的差异，只有一个细微的差异。根据我们的看法，变化一般是指一个事物，在相同的地方（location），不同的时间中，性质（property）的差异——时间不同，但是地点基本上是一样的。这是我们的"变化"概念。

荀子的解释很有趣他对变化的解释没有提到时间。他认为时间是一个不需要提出的概念，不需要指出某一个事物在某一段时间内是怎样的状态，而在另一个时间内又是其他的状态。那么时间在哪里体现呢？可以在"时"这一概念中体现。"时"似乎有一个时间性的扩张，而不涉及时间的连续性。"时"和"时间"的差异基本上就在这里。

原文资料十三："化而裁之谓之变"

是故形而上者谓之道，形而下者谓之器，化而裁之谓之变，推而行之谓之通，举而错之天下之民谓之事业。

是故夫象，圣人有以见天下之赜，而拟诸其形容，象其物宜，是故谓之象。圣人有以见天下之动，而观其会通，以行其典礼，系辞焉以断其吉凶，是故谓之爻。

极天下之赜者存乎卦，鼓天下之动者存乎辞，化而裁之存乎变，推而行之存乎通，神而明之存乎其人，默而成之，不言而信，存乎德行。(《易传·系辞上·第十二章》)

这是对变化的一个有名的解释。在发展的过程中定义变化。"一个时刻是有变化的"这种观点可以在一些卦爻中体现。

原文资料十四："物化"

北冥有鱼，其名为鲲。鲲之大，不知其几千里也。化而为鸟，其名为鹏。鹏之背，不知其几千里也；怒而飞，其翼若垂天之云。是鸟也，海运则将徙于南冥……齐谐者。志怪者也。谐之言曰："鹏之徙于南冥也，水击三千里，抟扶摇而上者九万里，去以六月息者也。"……且夫水之积也不厚，则负大舟也无力。覆杯水于坳堂之上，则芥为之舟，置杯焉则胶，水浅而舟大也。风之积也不厚，则其负大翼也无力。故九万里则风斯在下矣，而后乃今培风；背负青天而莫之夭阏者，而后乃今将图南。(《庄子·逍遥游》)

另一个对"化"的解释在《庄子》中：鲲化生为鹏，鹏又化而为鸟——这里好几个**变化是同时发生的**，鲲化而为鸟之后"怒而飞"，鱼变成鸟之后也不停止而是直接起飞，而且不只是飞到旁边的点而已——飞至南冥，其旅程也非常长。鱼变成鸟、鸟起飞、飞到南冥，这里的三个过程是连贯的，鸟并不需要另外的条件才能飞，也不需要另外一个条件才能飞到南冥，时间之间的连续性体现了"化"不是一个单独的"化"，而是带着好几个"化"在内。

一个相反的解释是，"化"究竟是什么？真的有变化吗？用比喻

十　中国哲学形上学研究：时间与变化

的方法来说，水磅礴而川流不息，水量少则流速稍慢，所以在水量和流速间有一个比例。每一种事物都是在一定比例之内变化，这种在比例内的变化是自发无条件的——而是一直**"有待"**的、有条件的，因此变化又是不变的。鹏鸟飞到南冥这么远的距离，但是变成它的鲲也有"千里之大"，其本身也是有"千里之背"的大鸟，所以变化中也有不变的东西，这个不变的东西似乎就是一个比例——按照一定的条件有某种变化。

原文资料十五："万物皆种也"

种有几，得水则为继，得水土之际则为蛙蠙之衣，生于陵屯则为陵舄，陵舄得郁栖则为乌足，乌足之根为蛴螬，其叶为蝴蝶。胡蝶，胥也化而为虫，生于灶下，其状若脱，其名为鸲掇。鸲掇千日为鸟，其名曰乾馀骨。乾馀骨之沫为斯弥，斯弥为食醯。颐辂生乎食醯，黄軦生乎九猷，瞀芮生乎腐蠸。羊奚比乎不笋，久竹生青宁，青宁生程，程生马，马生人，人又反入于机。万物皆出于机，皆入于机。(《庄子·至乐》)

万物皆种也，以不同形相禅，始卒若环，莫得其伦，是谓天均。(《庄子·寓言》)

事物在某种条件下会发生变化。变化都是有条件的、有规律的，不是突然的。

原文资料十六："必有分矣"

昔者庄周梦为胡蝶，栩栩然胡蝶也，自喻适志与！不知周也。俄然觉，则蘧蘧然周也。不知周之梦为胡蝶与，胡蝶之梦为周与？周与胡蝶，则必有分矣。此之谓物化。(《庄子·齐物论》)

圣人之生也天行，其死也物化。(《庄子·刻意》)

物化似乎是一种"必有分"的化。庄周在梦蝶的过程中不能梦到他死之后的存在。虽然人会死掉，但是知识却具备某种连续性；死亡是一种彻底的转变，意味着一种彻底的否定——对此前自己存在的否定。我们不能说，死掉之后，我们要"化"成什么，也不能现在希望未来要"化"什么，也不能找一个证据，来证明真的有这样一种"化"——一方面我们坚信应该要化；另一方面又不能说会化成什么。所以物化的"化"是一个彻底的化，需要一个全面的否定，如果没有这种全面、十分的否定，这个"化"就不算"物化"。所以物化的概念和"有条件性的化"的概念有所区别。

原文资料十七："无时不化"

不生者能生生，不化者能化化。生者不能不生，化者不能不化，故常生常化。常生常化者，无时不生，无时不化……不生者疑独，不化者往复。往复，其际不可终；疑独，其道不可穷。（《列子·天瑞》）

最后一个段落来自《列子》。这里讨论的问题是"不生者能生生"，这是比较好理解的，先秦哲学家也是这种观点。所以我们有一个不生者，如"道"，它是一直在生生的。所以生者不能不生，它应该是要生的，这是显而易见的。

需要注意的是，列子提到了"化"，即"不化者能化化"。为什么在这里我们需要"两个维度"，"变化"不只有一个维度，而是有两个维度：一个是"生"的维度，即"产生"的维度。一个东西产生，在此基础上再产生一个东西……如此持续。产生的连续性会说明存在的连续性。但是列子的观点中不只有一个"产生"的维度，还有一个"消失"的维度。"不化者能化化"，从"消失"的维度中我们也可以独立地证明存在。"产生"的维度很好理解——不断地产生出来，都是"有"，都是存在的，有其连续性。但"化"或者说

"消失"需要有存在的东西，才可有消失。消失是从否定的角度来证明存在。所以肯定的原则可以证明存在，否定的原则也可以证明存在。把两个原则结合起来，这是《列子·天瑞》的一个独特做法。这两个原则一起构成了一种"常生常化"的状态，无时不生，无时不化。我们的生命一直有"常生"的状态，但也因为一直有否定的原则，所以也处在"常化"之中。二者皆可以证明存在，我们是从两个不同的角度得到一个相近的成果。

所以变化不是那么简单的。庄子认为，变化中总有一个不变的条件，这和吊诡的"忒修斯之船"有点不一样，但是二者的共同之处是：所有的变化都顺着它内在的规律而进行。

物化则反映了另一个变化问题：如果需要"真的变化"，需要一个彻底的变化，那就会出现连续性的问题。变化是否意味着要否定自身？因此，需要否定的观点才能理解物化的概念。

在不同的文献中对"变化"的吊诡的讨论，也体现了对时间概念的认识。

（郑鹤杨、徐天翔整理）

十一

身份政治时代的社会正义

◎ 周濂

时间：2020 年 12 月 1 日 18：00—20：00
地点：中国人民大学公共教学三楼 3102

  周濂，中国人民大学哲学院教授，北京大学哲学学士、硕士学位，香港中文大学哲学博士。中国人民大学杰出青年学者，先后担任牛津大学哲学系访问学者、哈佛燕京访问学者。著有《现代政治的正当性基础》（2008）、《你永远都无法叫醒一个装睡的人》（2012）、《正义的可能》（2015）、《正义与幸福》（2018）、《打开：周濂的100堂西方哲学课》（2019），主编《西方政治哲学史·第三卷》（2017），译有《苏格拉底》《海德格尔、哲学、纳粹主义》，另在各种学术期刊发表中英文论文40多篇，研究领域为政治哲学、道德哲学和语言哲学。

十一　身份政治时代的社会正义

我今天报告的题目是"身份政治时代的社会正义"。

我之前看过TED的一个演讲，主讲者是一位研究社会学的学者，他回忆起20世纪80年代的时候，跟一群女性举办女权主义著作读书会的经历。有一次，一位白人女性站起来说，每当我早晨起来看到镜子里的自己时，我的第一反应是：这是一个女人。这时，一位黑人女性站了起来，她说，你知道吗？每当早晨起来在浴室里照镜子时，我的第一反应是：这是一个黑人女性。发现没有？除了性别，黑人女性身上还多了一重种族的压迫。听完两位女性的发言之后，这位社会学家开始自我反省：每天早晨起来照镜子的时候我会想到什么？他发现自己想到的第一个词是"human being"。也就是说，他把白人男性当成了"human being"的原型。这个演讲者由此得出一个结论：什么是特权（privilege）？特权就是你充分地享受却意识不到的权力。

再来看一个例子。我是一个球迷，经常看"懂球帝"，2018年初有这么一则报道：一个年轻的曼城足球运动员，年仅20岁，周薪2.5万英镑，在市场上豪掷千金，买了一座豪宅，价值225万英镑，尽管他从来没有在英超联赛出场过一次。配图是曼城的一位黑人青年球星。同年8月，有一则非常类似的报道，只是主角换成了曼城的白人青年球星福登（Phil Foden）：曼城新星福登为他母亲买了200万英镑的房子。读完这两则报道，请问大家有什么样的感受和反应？

同为曼城前锋的黑人球星斯特林（Raheem Sterling）对此有个评论，他说："我认为这是完全不能接受的，他们都没有做错事，媒体报道出来以后却变了样。媒体戴着有色眼镜审视黑人的行为，他们的作为助长了种族歧视。那些一直不明白为什么人们会歧视别人的媒体，我要对你们说，三思而后行，想想什么叫公平的宣传，请给每个球员平等的机会。"

斯特林的愤怒是有道理的。都是年轻球员，都没有英超的出场纪录和成就，但都有能力购买200万英镑以上的房子，可是在报道他们类似的行为时，媒体的关注点却非常不一样。第一则报道给人留下的印象是这个黑人球员的"所得"高于"应得"，而且骄奢淫逸，而第二则报道把这些现象和信息完全过滤掉了，给读者留下的主要印象是福登是一个孝顺的好孩子。

事实上，身份等级（包括种族、性别）和经济等级（收入与财富）之间存在着非常复杂的关系。我画了一张表，大家可以看一下：

	经济等级高	经济等级低
身份等级高	白人银行家	锈带州的白人蓝领工人（穷白人）
身份等级低	黑人银行家和运动员、亚裔企业家	布鲁克林区的黑人

在今天的欧美社会，经济等级高同时身份等级高的例子，典型的如白人银行家。经济等级低、身份等级高的例子，最典型的是2016年给特朗普投票的锈带州的白人蓝领工人。经济等级高同时身份等级低的例子，典型的如刚才提到的黑人运动员，他的收入已经非常高了，但在整个社会身份等级中依然处于较低的位置；再如亚裔企业家，大家可能听说过杨安泽，美国民主党的总统候选者之一，后来退选了。至于经济等级低和身份等级低的例子，以美国布鲁克林区的黑人最为典型。

从这个表格可以看出，在今天的欧美社会，身份等级和经济等级之间并不存在正相关关系，社会正义理论就是要处理这些错综复杂的问题。今天报告的第一部分，我会先给大家做一个背景知识的介绍，解释从"以再分配为中心"的社会正义观到"以承认为中心"

的社会正义观的转变是如何发生的；第二部分会重点介绍法兰克福学派第三代的代表人物：霍耐特和弗雷泽；第三部分我们会反思一下身份政治或者承认政治的得与失。

今天的报告主要涉及以下几本著作，第一本书大家都非常熟悉了，就是哈佛大学教授罗尔斯在1971年出版的《正义论》(*A Theory of Justice*)，因为太难读了，而且初版的封面是绿色的，当时很多学生说这本书是"绿色魔鬼"。诺齐克是罗尔斯的批评者之一，但是他对罗尔斯的成就推崇备至，他说过这么一句话："政治哲学从今天开始只有两种做法，要么支持罗尔斯，要么反对罗尔斯。"由此可见，《正义论》的确是当代政治哲学一个里程碑式的著作。第二本书是身份政治、差异政治的开创性著作，芝加哥大学教授艾丽斯·扬(Iris Young)写的《正义与差异政治》(*Justice and the Politics of Difference*)。第三本书是弗雷泽和霍耐特合著的《再分配还是承认？》(*Redistribution or Recognition?*)我们今天的第二部分内容会涉及这本书中的一些讨论。第四本书的作者大家也很熟悉，就是理查德·罗蒂(Richard Rorty)，他在1998年去世前出版的《筑就我们的国家》(*Achieving Our Conunfry*)这本书对身份政治有很多非常尖锐的批评，而且很有预见性。2016年，特朗普当选美国总统之后这本书一时特别受欢迎，因为早在18年前罗蒂就预言了特朗普式的政治强人终有一天会攫取美国总统的大位。

接下来我们进入第一部分：给大家做一个背景知识的介绍，解释从"以再分配为中心"的社会正义观到"以承认为中心"的社会正义观的转变是如何发生的。

（1）以罗尔斯为代表的再分配模式的社会正义观。

罗尔斯的基本观念非常清晰明了，在他看来，"正义是社会制度的首要美德，正如真理是思想体系的首要美德"。罗尔斯聚焦的不是个体行为的正义性，而是社会基本结构的正义性。

为什么要探讨社会基本结构层面的正义？道理很简单，他说："因为社会的基本结构的影响是如此深刻、广泛以及自始至终。"打个比方，在座大概有一半的女同学，如果你们生活在100年前的中国，那么你们很可能不会出现在课堂之中，因为那时候的社会基本结构不鼓励女孩子学习。

罗尔斯提出正义二原则的目的就是减轻自然的偶然性——例如，你生而为男性还是女性，生而为白人还是黑人，以及社会偶然性带来的任意影响。这背后其实有一个根本的伦理学关怀，就是平等待人。需要特别强调的是，平等待人不等于平均主义，按照罗尔斯的想法，实现平等待人不是要消除一切的不平等，而是要消除那些使某些人受损的不平等。这里的"某些人"究竟指的是哪些人呢？在罗尔斯看来，指的是这个社会的最不利者。

有人会问，既然这是以再分配为中心的社会正义观，那么再分配的内容到底是什么呢？罗尔斯理论中有个重要的概念，叫"social primary goods"，我们把它翻译成"社会基本善"，听起来有些别扭，但其实不难理解。所谓"goods"，最直白的理解就是"好东西"。那什么叫作"primary goods"呢？就是每个人，无论你的理性的生活计划是什么，都必须要拥有的东西。例如，你想成为世界500强的CEO，或者想去当山中的隐者，或者想成为无所事事的人，无论你的生活计划是什么，你都需要有基本善。具体而言，基本善包括"自由与机会、收入与财富以及自尊的（社会）基础"。罗尔斯认为社会基本善应该尽可能地被平等分配，如果只说到这里的话，罗尔斯就是一个平均主义者，就是一个主张结果平等的人。但他后面还有一句话是这样说的："除非对某一种或所有社会基本善的不平等分配，有利于最少受惠者。"所以再一次的，我想强调指出罗尔斯并

十一　身份政治时代的社会正义

不是在主张一种平均主义，事实上，他主张的是一种合乎正义的不平等。

借助托马斯·博格（Thomas Pogge）的观点，罗尔斯其实在问两个问题，第一个是"一个制度的秩序怎样才是正义的"，第二个是"一个人的人生怎样才有价值"。我特别喜欢这两个表述，而且我愿意把这两个表述整合成一个表述：我们怎样建立一个正义的制度以使每一个生活在其中的人都过上有价值的人生？我认为这是"苏格拉底问题"，是"一个人应该如何生活"的当代版本，我们甚至可以把它命名为"罗尔斯问题"。以上是对罗尔斯理论非常简单的一个介绍。

（2）右翼自由主义对罗尔斯的批评。

《正义论》出版之后，罗尔斯受到来自左翼和右翼的批评。右翼自由主义的着力点在于：满足境况平等必然会导致社会开支的不断增长，以及大政府和福利国家的出现。其中，最经典的批评来自罗尔斯之前的哈耶克，从1944年的《通往奴役之路》到1988年的《致命的自负》，哈耶克一直在批评福利国家可能造成的危机，金里卡对其核心想法进行了总结："一旦我们走上使境况平等的道路，哪里才是终点？边界约束在哪里？"哈耶克担心，一旦走上福利国家的道路，就会一路滑向极权主义的深渊。从个人层面来看，右翼自由主义的核心主张是：通过制定恰当的政策去识别和惩罚那些懒惰而又不负责任的人。

（3）来自新左翼的批评。

如果说比罗尔斯更右的知识分子更关注自由而非平等，那么比罗尔斯更左的知识分子则主张继续深化"平等待人"。艾丽斯·M.扬在《正义与差异政治》中指出："将平等（equality）等同于平等对待（equal treatment）忽视了社会地位、劳动分工、社会化能力、常态化标准和生活方式等方面的深刻物质差异，这些差异继续使历史上被排斥的群体处于不利地位。因此，需要关注对实质平等的承诺而不是忽视这些差异。"

我们可以举个例子加以说明。自由主义讲平等待人的时候，会自然而然引出"宽容原则"，而宽容原则又是跟"法律面前人人平等"联系在一起的。众所周知，美国军中隐藏着不少同性恋者，美国军方默许他们的存在，但要求他们奉行"不要问也不要说"的原则，这意味着同性恋者在美国军方的存在就像是地洞里的老鼠一样，可以存在，但必须偷偷摸摸。对于自由主义宽容原则的这个实际后果，新左翼和身份政治的支持者非常不满，他们认为这不是平等待人的正确方式。他们主张应该让这些被扫入暗无天日的私人领域中的同性恋者重新回到公共领域，争取社会的承认和尊重。

承认政治（包括多元文化主义、身份政治、差异政治）支持者的基本观点是："在现代自由民主国家内部存在深层的文化多样性，自由主义模式未能完全或真正地容纳那些以不同方式定位于社会环境的人。"所以他们的一个正面的主张是"要有差别地对待性别、族群、宗教"等这些差异性，而自由主义则是通过无视差异性来获得宽容的结果。

更进一步的批评可以引用艾丽斯·M.扬的观点，这是一个比较技术性的观点，扬认为，以再分配为中心的社会正义观聚焦于"物质的善"，这会导致对"通常有助于决定分配模式的社会结构和制度环境的忽视"。进一步的，"当分配的概念拓展到非物质的社会善（如权力、机会或者自尊的分配）时，这些善会被视为静态的事物，而不是社会关系和过程的功能"。

什么叫作非物质善？罗尔斯的"社会基本善"中有个非常重要的概念叫"自尊的（社会）基础"，这就是一个非物质善，但扬认为

十一　身份政治时代的社会正义

这还不够，因为它依然是在静态地分析问题，而没有意识到这里涉及社会关系或社会过程的问题。

如果大家还不理解扬的观点，我再多举个例子。扬说："在当今美国社会，公众呼唤正义多数时候关注的主要不是物质善的分配。"例如，"决定权力归属与决策过程的正义"，这就是非物质善的分配。这些问题涉及的不只是物质善的分配问题，而是公民有没有权利参与决策过程的问题。

分析到这里，我们大概可以了解艾丽斯·M.扬的核心主张，她虽然认同罗尔斯的判断——"正义是社会制度的首要美德"，但是她认为正义的主题不是再分配而是压迫（oppression）和宰制（domination）。相比于再分配，压迫和宰制更多地在强调结构性的不正义以及交互主体的关系问题。

身份政治与差异政治呼应了从20世纪60至70年代以来的新左翼社会运动。理论家们对此有非常明确的自觉，艾丽斯·M.扬就说："20世纪60至70年代新左翼社会运动所孕育的观念与经验时至今日仍然在思想和行动上感染着许许多多的个人与群体……这些运动以各种方式揭露了美国社会所深刻包含的制度非正义。"

这里的关键词是"制度非正义"，也就是说，相比追求理想中的正义社会，社会运动者更偏重于标识出非正义或者不正义，因为相比何谓正义，人们更容易在何谓不正义这个问题上达成共识。扬接着说道："但是它们没能发现自己与当代正义哲学理论之间的亲缘性。"由此，身份政治和差异政治的理论家们的工作就是"严格地、反思地表达这些政治运动对正义与非正义的主张，并开掘其中的意义与内涵"。不难看出，她的理论工作带有非常强的现实政治指向，扬曾经明确指出：面对自由主义福利国家对公共生活的去制度化，我们要做的工作是将制度、社会和文化生活的广阔领域持续地重新政治化。

《正义与差异政治》出版于1991年，当时间来到2020年，我们可以清楚地看到，新左翼社会运动的确已经深入欧美社会的各个角落，把几乎所有的生活领域都政治化了，这个现象到底是好是坏，我们最后会做一个评价。

　　艾丽斯·M.扬在这本书中提出了很多具有开创性的观点，比如她提出"不要看而要听"，此前的社会正义理论侧重于凝视或者观看，是一种主客二分的认知方式，而扬主张交互主体之间的倾听，她说："规范性反思首先意味着倾听到被损害者、不幸者的哭声，或是直接感受到不幸本身。"用康奈尔·韦斯特（Cornel West）的话说，就是"你必须让受苦者说话，如果你想听到真理的话"，但凡对女权主义运动稍有理解的人，都对这段表述深有感触。

　　（4）承认的含义。

　　在刚才的讲述中，我们不加区分地使用了差异政治、承认政治这些术语。如果说扬是差异政治的代表人物，那么接下来要介绍的霍耐特则是承认政治的代表人物。

　　2018年高考上海卷的作文题或许是过去十年中最有哲学意味的高考作文题，它的题目是这样的："生活中，人们不仅关注自身的需要，也时常渴望被他人需要，以体现自己的价值。这种'被需要'的心态普遍存在，对此你有怎样的认识？"如果你在高考之前碰巧读了黑格尔的《精神现象学》，了解"为承认而斗争"这个观念，你这篇文章一定会写得特别深刻。

　　黑格尔主张：自我意识只有在另一个自我意识中才能获得自己的存在。当两种自我意识相遇的时候，双方都要做一个艰苦卓绝的工作，即"为承认而斗争"。承认到底意味着什么？借用四川大学丁三东老师的观点，承认一共有四层意思：

　　第一，承认是一种心理活动，即"我接受一个情况或者事实"。

第二，承认是一种认知行为，在我对一个事实的承认中，其实已经包含了一种认知。

第三，除了"认识""认知"的含义，在"承认"中更多的是"实践的而不仅仅是理智的承认"。

第四，"承认"除了具有道德层面的含义之外，还具有"存在"层面的含义，被承认就意味着在一个系统中获得了存在，它没有被排除出这个系统。

第四点跟我们接下来要探讨的弗雷泽的观点有很密切的关系，弗雷泽认为，一个人如果要在一个系统中获得承认，就必须获得平等参与这个系统的权利。

在《历史的终结与最后的人》这本书中，福山指出，人有两种承认的欲望：一种是优越意识，即获得自己比别人优越这种承认的欲望，主人相对于奴隶就是这种优越意识的体现；还有一种是平等意识，即获得与其他人平等的承认的欲望。福山有个非常核心的想法：不是"自由民主制"获得了最终的胜利，而是"自由民主的理念"获得了最终胜利。因为"自由民主的理念"追求的是平等的承认，这是比优越意识更稳定的一个状态。

优越意识追求的目标是荣誉（honor），荣誉无法人人平等地享有，它天然地与不平等相联系，反映到社会制度上，荣誉与贵族制更为契合。平等意识追求的是尊严（dignity），这个概念跟平等价值直接相关，相应地，也与民主制度更契合。

当代承认理论最重要的代表人物是查尔斯·泰勒和霍耐特。泰勒的观点可以简单概括为这句话，即"我们的身份认同部分地是由他人的承认构成"。我是谁，我的生活是不是有价值，这些问题部分地是由他人的承认构成的。泰勒指出："如果得不到他人的承认，或者只是得到他人扭曲的承认，也会对我们认同构成显著的影响。"比如说我女儿马上快8岁了,在她有限的人生当中,父母作为"最重要的他者"正在慢慢被老师所取代,她每天回家都会跟我汇报:"我今天又举手了,老师又表扬我了。"显然,老师的承认与否对她的自我认知构成了非常重大的影响。泰勒说:"人类生活的本质特质是其根本性的对话特征,身份认同本质性地依赖于我和他者的对话。"霍耐特进一步发展了这些概念,他说:"承认已经成为我们时代的一个关键词,一个来自黑格尔哲学的老掉牙的范畴,最近被政治理论家们复兴了,这个概念对于我们今天克服同一与差异的斗争概念化的努力来说是至关重要的。"

现在可以简单做个小结,以"再分配"为主的社会正义观隶属于康德哲学,强调的是主客二分的认识论,更加强调"道德"(morality)而非"伦理"(ethics),它的道德理想是建立一种程序正义的正当性。与此相对,以"承认"(或者差异)为中心的社会正义观隶属于黑格尔哲学传统,强调主体间性,更加重视"伦理"而非"道德",其道德理想是自我实现或者说良善生活。

现在的问题是:以承认(身份、差异)为中心的正义观可以取代以再分配为中心的正义观吗?经过简单的哲学史梳理,我们就会发现再分配与承认存在着四种可能的关系:

第一,承认与再分配是互斥的关系,代表人物是罗尔斯和泰勒。我个人不太认同这种分类,我认为罗尔斯应该认同的是承认与再分配是一种重叠的关系,这个问题我们暂时不去探讨。

第二,承认是再分配的随附现象。换言之,承认只是伴生物,再分配才是最重要的。这是一个经济主义的观点。

第三,承认是根本的概念,再分配是它的随附现象,这是霍耐特的观点。

第四,再分配与承认构成了视角的二元论,彼此之间无法相互还原，都是根本性的概念，这是弗雷泽的观点。

接下来我们进入第二部分：重点介绍法兰克福学派第三代的代表人物：霍耐特和弗雷泽。

霍耐特和弗雷泽都属于批判理论或者说法兰克福学派的代表人物，彼此有很多共识，比方说都有做宏大理论的冲动，都试图打破学科壁垒，打包处理道德哲学、社会理论、政治分析不同层面的问题，对资本主义进行整体性的批评。但他们之间也有一些最根本的分歧，我把这些分歧概括为这个问题："当我们在谈论平等待人时，我们到底在谈论什么？"我先把结论抛出来，我认为弗雷泽强调的是平等的社会参与，霍耐特强调的是平等的身份认同形成（identity formation）。弗雷泽隶属于康德传统，认为"平等的社会参与"与"程序正义的正当性问题"是一脉相承的，霍耐特属于黑格尔的传统，认为所谓"平等的身份认同"事关自我实现和良善生活的问题。

霍耐特的"承认一元论正义观"的核心目标就是过一个良善生活。这个良善生活可以落实在不同的领域，如私人领域、生活领域、政治领域。为便于理解，我们可以做一个表格：

领域	私人领域	生活领域	政治领域
承认的形式	爱	权利	团结
层面	情感关怀	法律承认	社会敬重
奉行原则	需要原则	平等原则	成就原则
社会成员拥有	自信 (self-confidence)	自尊 (self-respect)	自重 (self-esteem)

如表所示，在私人领域承认的表现形式是爱，在生活领域中是权利，在政治领域是团结。霍耐特认为，基于需要原则，当一个人在私人领域中获得了爱的时候，也就拥有了自信。基于平等原则，当一个人在社会领域中拥有权利时就拥有了自尊。而在政治领域中，

基于成就原则，一个人将会拥有的是自重。我们会在后面再具体分析"self-esteem"与"self-respect"的区别。这里简单说一下翻译的问题，我把"self-esteem"翻译成自重，相应地，"social-esteem"就被翻译成社会敬重。社会敬重和自重来自他者对个体能力与成就的认可，而自尊则与人人拥有的平等尊严（dignity）相关，它与个体的能力、技能和成就没有直接的关系。

相比霍耐特，弗雷泽的思路较为简单，她认为经济领域的核心概念是再分配，文化领域的核心概念是承认。经济领域不正义的表现方式是分配不公，文化领域的不正义则是错误承认。弗雷泽后来拓展了自己的理论，增加了政治领域，核心概念是代表权，不正义的表现方式是错误代表权。为了帮助理解，我也做了一个表格。

领域	经济领域	文化领域	政治领域
核心概念	再分配	承认	代表权
不正义的表现方式	分配不公	错误承认	错误代表权

（1）弗雷泽批评霍耐特承认的一元论。

霍耐特把所有问题还原为承认的问题，弗雷泽不同意这个观点，认为经济领域与文化领域是不可相互还原的。

在经济领域中，最典型的分配不公的例子就是阶级关系；在文化领域中，最典型的错误承认的例子是性取向的问题。但是，弗雷泽又认为，即便是阶级关系也存在着错误承认的维度；同样的，即便是性取向问题也存在着分配不公的维度。例如，黑人银行家虽然处于经济等级较高的阶级，但依然面临错误承认的困扰；而同性恋者除了受到社会的普遍歧视，在职场中也经常遭遇分配不公的问题。基于以上观察，弗雷泽指出，所有现实世界中的服从关系都可以看作二元的，都是兼有再分配和承认的维度。换言之，不存在没有承认的再分配，也不存在没有再分配的承认。

让我们做一个简单的小结，弗雷泽试图批判霍耐特的承认的一元论，在她看来，不能把所有的社会不正义还原成承认问题，事实上，所有的社会不正义都兼具错误承认与分配不公这两个维度，这就是弗雷泽所谓的视角的二元论的核心观点。

（2）霍耐特批判弗雷泽理论的经验基础。

公平起见，让我们来看一看霍耐特对弗雷泽理论的批评。霍耐特认为弗雷泽和艾丽斯·M.扬在发展自己理论的时候，把新左翼社会运动作为经验的参照点。这套理论其实是在总结新左翼社会运动所隐含的政治哲学元素，这个思路本身就是错的。霍耐特说："到目前为止，我对弗雷泽的最明显的反对在于，在规范的意义上将批判的社会理论定向于社会运动中公开可见的需求，结果却产生了一种无意识的政治排斥。在我看来，身份认同政治的整个观念都是社会学的伪事实，我必须转而证明与任何社会运动无关的承认的概念框架。"

为什么要进行承认理论的转向？在霍耐特看来，不是为了回应外在的社会发展趋势，而是为了回应理论的内在问题。什么叫理论的内在问题？霍耐特认为所有的苦难，无论来自社会运动还是日常生活，都有一个共同的规范性内核——源自对承认的期望。例如，当一个人在一个系统或者组织当中不被承认，就意味着他成为了一个隐身人（invisible man），由此必然会感受到贬抑和羞辱。霍耐特认为，从新左翼社会运动切入承认的理论转向是错误的，它不仅伪造了社会学的事实，而且属于外在的视角，没有深入承认理论转向所针对的内在问题，即与社会不满和反抗的动机相关的贬抑、羞辱和蔑视。

弗雷泽不同意霍耐特的分析，在她看来，"霍耐特的前政治经验解读是可疑的，虽然他求助于社会研究，但绝不清楚，日常不满大约总是被拒绝的承认"。如果我们采取一种没有过多偏见的态度，就会发现这种动机资源绝不仅仅来自承认的被拒绝，如"包括对不劳而获的特权的愤恨，对残暴的憎恨，对专制权力的厌恶，对收入和财富的总量不平等的憎恶，对剥削的方案，对监管的不悦，以及被边缘化和被排斥的义愤"。显然，仅仅用"承认的被拒绝"是无法解释如此多样的道德动机的。

弗雷泽进一步回应说，坚持用承认的被拒绝解释一切社会现象，会把问题的焦点从社会制度的层面转向个人心理的层面，有可能会强化个人的受伤害感。大家不妨回想一下艾丽斯·M.扬"不要看而要听"的观点，这个主张点当然有它的积极一面，可是如果过度强调就会把受害者的个人感受无限放大，赋予受害者的自我表达以绝对重要性，从而忽视了社会层面和制度层面问题。所以弗雷泽说："如我们所见，他假定了一个基础主义的复杂结构，其中道德心理学奠定了、制约了社会理论和道德哲学。对于我，相反，批判理论是多中心的和多样化的。"

（3）弗雷泽反对霍耐特的道德心理主义进路。

弗雷泽反对把规范性的政治理论建立在道德心理学的基础之上，她的理由主要有三个：

第一，心理主义存在把缺乏理智的责任推到受害者自己身上的危险。弗雷泽说："当错误承认等同于被压迫者自我意识结构中的内在扭曲时，它距离谴责受害者就只有一步之遥。"这是一个非常有洞见的判断。过多强调受害者的心理，过度强调倾听和表达的绝对重要性，赋予受害者自我表达以一种特权地位的时候，反而可能催化谴责受害者的现象。

第二，如果心理学解释的经验基础出现问题，就会伤害它所支持的规范性价值。

第三，在伦理多元主义的当代背景下，无法期望每一个个体都认可某一种特定的"自我实现观"或者"良好生活观"。因此应该把焦点放在社会制度的公正性，而不是个人的自我实现，这让我们再次想起了康德主义和黑格尔主义的区分。

（4）承认的"地位模式"（status model）与"自我实现模式"（self-realization model）。

基于以上考虑，弗雷泽提出两种类型的承认模式：一种是她主张的地位模式，另一种是霍耐特主张的自我实现模式。听到地位（status）这个词，大家会很自然联想到亨利·梅因在《古代法》中提出的"从身份到契约"（from status to contract）这个说法。你们一定意识到了这里的翻译问题，常见的译法是把"status"译成"身份"，但我认为"地位"这个译法更好，尤其是今天讨论的核心概念"identity"也被翻译成身份，就更是如此了。

按照承认的地位模式的观点，"错误承认既不是心理扭曲也不是对伦理意义的自我实现的阻碍。毋宁说，它构成了一种制度化的从属关系以及对正义的侵犯"。

有人也许会感到奇怪，既然现代社会以契约为中心构建社会网络和关系，那为什么还要把地位这个旧概念重新拉回到现代社会的分析中？在弗雷泽看来，虽然现代社会趋向于平等，但是资本主义和自由市场并没有简单地消除地位差异，反而工具化了这些地位差异，把业已存在的文化价值模式加以扭曲，进一步地服务于资本主义的目的。我们现在面临更为复杂的局面，日益多元化的社会中存在着充满差异性的亚文化，虽然法律面前人人平等，但充满了高下有别的地位差异。

简单做个小结。地位不正义的典型是错误的承认，同时伴随着错误的分配，而分配不正义的典型是错误的分配，同时伴随着错误的承认。弗雷泽的独特性在于：特别强调主体间关系中的主导和从属地位。第二次世界大战后美国社会学的分层理论把"地位"视为"声望"，后者主要由收入的经济指标来决定，而弗雷泽则把"地位"视为"代表了一种源于制度化的文化价值模式的主体间的服从地位秩序，这会把某些社会成员构成社会相互作用中更不完整的伙伴"。类似地，"阶级"概念在马克思主义理论中是与生产关系相对的概念，但在弗雷泽这里，阶级是"一种源于经济安排的客观的服从地位，它否定一些行动者平等参与所必需的方式和资源"。以"困在系统中的外卖员"为例，按照弗雷泽的思路，这里的关键问题在于，因为缺乏平等的参与权，外卖员无法参与整个系统的设计和规则的制定，因此也就不能真正地保障他们的权益和尊严。

弗雷泽主张的"地位模式"和霍耐特的"自我实现模式"之间的差异性在于：

第一，地位模式允许人们把承认的要求作为在现代价值多元主义条件下的道德要求来加以证成。地位模式不诉诸自我实现的观念或者唯一的善观念，而是诉诸一种正义观，因此能够被拥有不同善观念的人所接受。这就是强调正当优先于善以及程序正义的意义所在。

第二，地位模式将错误承认解释为地位的从属地位，从而把错误定位在社会关系之中，而不是定位在个体心理。需要注意的是，弗雷泽并不是说个体心理感受不重要，而是强调关注地位的从属关系更有利于解决问题。

第三，地位模式避免出现以下观点，每个人都有获得社会敬重的平等权利（an equal right to social esteem）。

十一　身份政治时代的社会正义

第四，地位模式将错误承认理解成对正义的侵犯，有助于推动整合承认诉求与资源和财富的再分配诉求。

有必要再次强调一下自尊（self-respect）与自重（self-esteem）的差别。自尊可以被定义为一个人对自己的关注，在现代社会的背景下，一个人的自尊源自平等拥有的权利，而自重不同，它是源自个体以及社会评价对个人能力和成就的赞赏和肯定。弗雷泽认为，一个正义的社会应该确保每个人都有平等的权利而获得自尊，而不是有平等的权利获得自重以及社会敬重。这个区分对于理解弗雷泽和霍耐特的差异非常关键。在弗雷泽看来，霍耐特理论承诺"每个人都有获得社会敬重的平等权利"。弗雷泽认为"这个观点显然是站不住脚的，因为它使敬重这个概念失去了意义"。

现在让我们回到这个问题："当我们在谈论平等待人时，我们到底在谈论什么？"我认为霍耐特的答案是"平等的身份认同形成"，弗雷泽的答案是"平等的社会参与"。弗雷泽认为，为了使参与平等得以可能，必须至少满足两个条件：

第一，物质资源的分配必须确保参与者的独立性和发言权，弗雷泽称之为"参与平等的客观条件"。

第二，要求制度化的文化价值模式对所有参与者表达平等的尊敬，并确保"获得社会敬重的平等机会"（equal opportunity for achieving social esteem），弗雷泽称之为"参与平等的主体间性条件"。

不难看出，在论及尊敬（respect）时，弗雷泽强调的是平等尊敬；在论及敬重（esteem）时，弗雷泽用"平等机会"取代了霍耐特的"平等权利"，虽然只是一词之差，但能呈现出不同的政治哲学的伦理学取向，简而言之，权利意味着结果的平等，而机会则意味着起点与条件的平等。在一个实现了正义原则的民主社会中，必须确保每个人都获得平等的尊敬以及有平等的机会获得社会敬重，但不能确保每个人都有获得社会敬重的平等权利。

分析到这里，还有很多悬而未决的问题。例如，应该在政治学中规避道德心理学因素吗？霍耐特把道德心理学作为自己整个理论的基础，弗雷泽拒绝道德心理学。那么有没有中间地带，将道德心理学作为正义理论有益的组成部分？我觉得是可以的，例如，在罗尔斯《正义论》第三部分中就包含了大量的道德心理学元素。

我们还可以进一步追问，弗雷泽的参与平等是不是终极的道德标准？可以用伦理学上的良善生活去解释她的观点吗？霍耐特理论和弗雷泽理论是否存在整合的可能性？归根结底，弗雷泽和霍耐特之间是不同的概念图式的争论，不同的概念图式好比不同的渔网，因为网眼和编织方法不同，面对同一个现象世界时打捞出来的内容也就不同。究竟哪一种概念图式可以更好地理论化（theorize）地位和阶级、错误承认和分配不公之间的复杂关系？哪种理论可以更好地把握上述问题在理论上的差异、经验上的分歧以及实践中的相互纠缠？这些问题都有待于我们进一步的思考。

接下来我们进入第三部分：反思一下身份政治或者承认政治的得与失。

理查德·罗蒂反对过于复杂和精细的概念工作，因为这会导致丧失现实相关性的后果。罗蒂在《筑就我们的国家》中做过一个预言："工会成员和未组织起来的非熟练工人总有一天会意识到他们的政府从未努力采取措施来防止他们工资减少或失业。……到那时，形势将会恶化。那些生活在底层的选民将认定当前的体制已经失效，转而寻找一个他们愿意为其投票的强人，这个强人会向他们保证：一旦他当选，社会将不再由自鸣得意的官僚、花言巧语的律师、收入畸高的金融产品推销员和后现代主义的教授掌控。"

"极有可能发生的情况是：非裔和拉美裔美国人以及同性恋者在

过去四十年间所争取到的权益将会付之东流，侮辱女性的黄段子将会再度成为时尚……没有接受过良好教育的美国人对大学毕业生们教导的繁文缛节一直心怀不满，而这种愤恨也将找到一个发泄口。"

2016年特朗普上台，世人惊呼：罗蒂的预言实现了！

（1）从改良左翼到文化左翼。

罗蒂基于什么理由会做出这样的预言？简而言之，他是基于1960年以来左翼文化运动的观察做出的预言。

1960年以来，美国的改良左翼变为文化左翼。所谓改良左翼，包括新政自由主义者和社会主义者，以及那些认为在自由民主体制下能够解决社会正义问题的人。那么，什么是文化左翼呢？大家都知道1968年革命，当时有一个著名的3M的说法，指的是马克思、毛泽东和马尔库塞，当时的大学生、教授以及各种各样的社会运动人士都深受3M的影响。以马尔库斯为例，他号召人们采取"大拒绝"的态度，理由是资本主义现有的矛盾已经无法在自由民主制的框架下得到解决，所以要采取一种彻底的否定和拒绝的态度。

（2）罗蒂批评文化左翼。

罗蒂这样批评文化左翼："那一代人并没有做多少事让获得低工资的异性恋白人男性挣到更多的钱，让失业的异性恋白人男性找到工作。文化把经济推到了一边，部分是因为正在成熟的20世纪60年代左翼人士对文化变革知之甚多，对如何反对里根渗透穷人的政策，如何帮助锈带州的失业者，或者如何确保全球经济不让美国工薪族贫困化知之甚少。因为文化排挤了经济，美国的异性恋白人工人阶级也许会倾向于认为左翼学者对他们的问题不感兴趣。"

为什么传统改良左翼关心的阶级问题、经济问题对于文化左翼毫无吸引力？文化左翼为什么对锈带州的白人男性蓝领工人不感兴趣，不能引导这些新近被剥夺的人的愤怒呢？福山在2018年出版的《身份：对尊严的需要与怨恨政治》(Identity: The Demand for Dignity and the Politics of Resentment)一书中给出的解释是："争论文化问题远比改变政策更容易，让女性和少数群体作者进入大学课堂比增加收入、扩展象牙塔之外的女性和少数群体的机会更容易。"

也许有人会认为福山的观点太简单，而且他和罗蒂都对文化左翼有太深的成见，那就让我们看看文化左翼阵营内部的反思吧：2016年特朗普当选美国总统之后，弗雷泽出版了一本名为《旧的正在死去而新的尚未降生》(The Old Is Dying and the New Cannot Be Born)的小书。弗雷泽问道，在大溃败的过程中，左翼到底有没有努力过？她的回答是其实没有努力过。弗雷泽说："在特朗普之前，主导美国政治的霸权集团是进步的新自由主义（Progressive Neo-Liberalism），这听起来像是矛盾修饰语。"为什么是矛盾修饰语？因为进步主义者是从新政自由主义来的民主党支持者，而新自由主义是里根的支持者，是弗里德曼和哈耶克的信徒，主张小政府低税收，所以"进步的新自由主义"是一个矛盾修饰语。

弗雷泽接着说道："但两个不太可能同床共枕的人形成了真正强大的联盟：一方面是新社会运动的主流自由主义潮流〔女权主义、反种族主义、多元文化主义、环保主义以及LGBTQ（性少数群体）+权利〕；另一方面是美国经济中最具活力、最高端、最具'象征意义'的金融部门（华尔街、硅谷和好莱坞）。"前者象征积极追求争取承认的进步力量，后者代表的是继续拉大贫富差距、对分配不公持否定态度的"反动势力"。所以这不仅是一个矛盾的组合，而且是一个奇怪的组合。

弗雷泽进一步的批评更尖锐："进步的新自由主义计划旨在建立一个公正的社会秩序，其目的不是要废除社会等级制度，而是要使社会等级制度'多样化'，赋予有才华的妇女、有色人种和少数性取向的人以上升到社会顶层的权力。……专注于'向前一步'和'打破玻璃天花板'，它的主要受益者只能是那些已经拥有必要的社会、文化和经济资本的人。其他所有人都会被困在地下室里。"

弗雷泽的言外之意是，这些"进步的新自由主义"只关注少数的城市精英群体，忽略了广大郊区农村的非精英团体的权利诉求。有趣的是，丹尼尔·艾伦在《正义与差异政治》序言中对艾丽斯·M.扬有个非常正面的评价："将现代城市生活当作民主理论制规范理想的一个源泉。"30多年后回头再看这个赞扬，会发现它其实是一个批评。

（3）罗蒂的解决方案：重视共同人性、无视差异。

身份政治特别强调差异性，罗蒂反其道而行之，认为应该承认共同的人性而不是差异性。他反问道：为什么为了消除对同性恋的憎恶，我们就必须对同性恋的特殊性给予肯定的承认？难道不可以这样培养孩子，让他们知道成为同性恋者并不是什么大不了的事情？为什么为了消除对新移民的种族偏见，我们就必须试图让人们对这些移民的本土文化感兴趣？

罗蒂的这些观点并非没有道理。给大家举个例子，2016年我带女儿去哈佛访学，想让她感受一年美国幼儿园的生活，上学第一天我就意识到她的班主任是小儿麻痹症患者，走路一瘸一拐。但有意思的是，过去半年左右，我女儿从来没跟我提起过这件事。后来，我忍不住问她："布谷，你觉没觉得你的老师跟一般人稍微有点不一样？"她说："我没觉得呀，我觉得他特别好，天天带我们一块玩，我们都很喜欢他。"然后我就意识到小儿麻痹症这个差异性在我女儿眼中是不存在的，她看到的是共同的人性。这个例子虽然没有普遍性，但是可以说明罗蒂的思路是有一定合理性的。

（4）罗蒂的质疑：承认政治会压制个体。

除了强调共性，忽视差异性，罗蒂提出的另一个解决方案是：当我们在谈论承认时，承认的单位是什么？到底是个体还是群体？承认政治和身份政治一直面临这个质疑，因为强调群体的身份认同（group identity）就有可能导致忽视个体的问题。

罗蒂质疑说，即便追溯到黑格尔，也会发现他强调的不是作为共同体成员的相互承认，而是作为个体之间的相互承认。身份政治、承认政治与多元文化主义面临的共同挑战是，在强调群体权利（group rights）的同时，需要直面群体权利对群体内部的个体可能存在的压制和伤害。也就是说，当群体权利与个体权利发生冲突之时，谁更重要？简而言之，自由主义者会强调个体权利的优先性，但身份政治、承认政治包括多元文化主义可能会认为群体权利更重要。

弗雷泽部分同意罗蒂的观点，例如，关注差异（difference-regarding）的承认政治的确蕴含着风险，它很容易被物化，最终导致冻结群体差异、压抑个体的后果。弗雷泽指出，面对这个风险，存在两种解决方案，一种是罗蒂式的，即退回到无视差异（difference-blind）的普遍主义。另一种是弗雷泽本人主张的：增加承认的另一层面——"解构"，以此抵消物化的倾向。具体说来，就是解构那些被社会建立起来的错误承认的范式。这里涉及当代身份政治一个非常重要的说法——交叉性学说（intersectionality），大概的意思是说每个人都背负着各种各样的身份，它们是被社会建构起来的，但因为没有被分类和命名，所以处于隐形的状态，这样的压迫更无形，因为被压迫者往往身在其中却不自知。所以弗雷泽说："错误承认源于强制的分类制度，解药在于'文化分类的解构'"。通过命名各种不同类型的错误承认来揭示它们，进而解构它们，最终获得更进一步的对差异的平等承认。

弗雷泽的结论是，这里没有一个一刀切的万能方案，因为错误承认以各种不同的形式和伪装出现，因此必须做多方面的努力。罗蒂的回应非常机智，也很刻薄，他说："这更像是极力主张，一次服用多种药物将产生令人满意的复合效果。"言外之意是说，一次性服用多种药物不但不能解决问题，反而会适得其反，产生更多副作用。

（5）总结：罗蒂的方案。

罗蒂针对文化左翼有两个建议："首先左翼应该暂停理论。它应该试着戒掉哲学的习惯。其次左翼应该努力调动我们作为美国人剩下的自豪感。它应该要求公众考虑如何才能实现林肯和惠特曼的国家。"

我把罗蒂的方案总结为以下五点：第一，删繁就简、趋利避害，避免过度理论化的工作；第二，回归政治，反对过分哲学化；第三，强调共性，反对差异性；第四，成就个体多样性，忽略群体多样性；第五，筑就我们的国家。

其中，第四点可以追溯到约翰·密尔的观点，密尔主张自我创造的个体多样性，而非群体或者文化的多样性。传统的自由主义者相信，唯其如此，每一个人才能成为负责任的个体。群体的身份认同当然重要，但关键的问题在于，一个人可以同时拥有各种各样的群体身份，没有哪一个群体可以定义个体的本质。

顾名思义，《筑就我们的国家》这本书的根本关怀在于国家的统一性和团结性问题。罗蒂指出："关注受压迫的少数民族，宣称我们所有人——黑人、白人和棕色人种——都是美国人，既然都是美国人，就要彼此尊重。这个策略导致了《野战排》这样的电影的出现，这些电影表现了不同种族背景的美国人并肩战斗，生死与共。而当代的文化左派则鼓吹，美国不应成为熔炉。"

众所周知，大熔炉是美国的传统价值和理想，但是正如罗蒂所说，文化左派放弃了这个理想，这让包括罗蒂在内的很多人担心，这将导致分裂而非团结。2005年，亨廷顿出版《我们是谁？——美国国家特性面临的挑战》，指出美国的国家特性和民族认同正在面临挑战。其实早在几年前，罗蒂就已经在《筑就我们的国家》中提出了同样的问题，他说，"《野战排》这样的电影提出了一个修辞学问题：'我们都是美国人，与这个共性相比，我们的差异算得了什么？'这是让我们团结在一起的根本的原则"。

特朗普现象让很多思想家认识到，是该重新检讨和反思身份政治、承认政治和多元文化主义得失的时候了。芝加哥大学教授马克·里拉在2017年出版的《过去与未来的自由主义》（*The Once and Future Liberal*）中提出自由主义到了"重启"的时刻，具体来说，里拉认为应该重新强调制度优于运动，强调民主的说服优先于无目的自我表达，强调公民资格优先于群体或者个人的身份认同，强调公民教育，以此应对极速增长的个人主义和原子化的趋势。

福山的观点与里拉相近，他认为虽然美国一直受益于多样性（diversity identity）传统，但是不能把国家认同（national identity）建立在实际的多样性之上。国家认同必须和实质性的理想，如法治等联系在一起，美国尊重这些观念，美国的历史是一种基于信条而不是基于种族或者宗教的传统。

最后我想给大家推荐乔纳森·海特在2018年出版的《娇惯的美国心灵》，这本书聚焦美国大学教育所带来的心理学问题以及现实政治的两极化趋势。

海特在书中给年轻人三个忠告，我认为特别具有现实意义：第一，时刻应对挑战，而不是消灭或回避任何"感觉不安全"的人和事，要学会与自己观念相左和立场相左的人进行理性健康的对话；第二，将自己从认知扭曲中解放出来，不要把当下直觉性反应当成一个正确的反应，不要总是相信最初的感受，不要总觉得自己被冒犯被伤害了；第三，不以最坏的恶意去揣测他人，而要更善意地理解他人，发现现实生活中的复杂，而不是基于我们和他们这种非敌即友的简单的道德光谱去与他人相处。

芝加哥大学前校长汉娜·格雷曾经指出："教育，就其本意而言，不是要让学生感到舒适；它意在教会学生如何思考。"我特别认同这个观点，因为在观念和思想上冒犯学生而非取悦学生，才是大学教育的应有之道。

葛兰西有句名言："旧的正在死去，新的尚未诞生；在这个过渡期，各种各样的病态症状出现了。"我们正身处这样的过渡期，它充满变数，对于生活在其中的人也许是复杂和痛苦的，对于想研究它的人来说却是有幸的。

（张宇仙整理）

十二

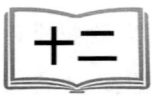

霸图天下：先秦法家的历史际遇与价值重估

◎ 彭新武

时间：2020 年 12 月 8 日 18：00—20：00
地点：中国人民大学公共教学三楼 3102

　　彭新武，哲学博士，管理学博士后，中国人民大学哲学院教授、博士生导师。2007 年入选"北京市新世纪社科理论人才百人工程"，2011 年入选"教育部新世纪优秀人才支持计划"。

十二　霸图天下：先秦法家的历史际遇与价值重估

在讲这个题目之前，我简单地说一下"国学热"，从近代以来，中国每逢重要历史时期，总会兴起国学热。截至目前，国学热已经多次兴起，每一次国学热兴起的背后都有很复杂的原因。我们今天暂时不去讨论国学热兴起的原因，我们单说国学热兴起本身。每到国学热，都主张回归传统，这说明：一方面，现代中国人需要更多创造性的思想资源；另一方面，中国传统文化中的确有许多可供挖掘的思想、资源。在当下，新一轮的国学热已经持续了好几年。这轮国学热主要表现为儒学热，表现为儒学各种理论的发扬、翻新。除儒学热之外，还可看到道家的阴阳、风水，兵家权谋之道等，还有一些形而下的东西，像"包饺子""练武术"等。这些都是国学热的范畴。在这表象背后，我们对待传统文化还缺乏一个审慎的、严肃的反思。中国传统文化中有精华，也有糟粕，如果不加区分进行弘扬，这恐怕是不适当的。事实上，当今的国学热正在遭遇这么一种情况，结果是一些传统文化的糟粕显现出来，精华反而被遮掩住了。事实上，中国传统文化博大精深，除了儒家这一思想系统之外，还有墨家系统、法家系统。就墨家思想而言，它所倡导的"身体力行"就比儒家的"述而不作"优越，墨家强调的"反宗法"要比儒家的"亲亲之道"优越；还有法家，法家强调的"一断于法"就比儒家的"任人唯亲"优越；等等。为什么我们对这些东西视而不见呢？总而言之，对中国的国学热，我们需要做一个严肃的反思。我们以法家为例来阐述。

关于法家，我主要讲四个问题：第一，法家崛起的历史背景及基本主张；第二，在秦朝灭亡之后，汉朝知识分子是如何批判、清算法家学说的；第三，在儒法合流过程中，法家的精神是如何被儒家思想改造的，这是法家学说比较悲哀的一个方面；第四，站在现代社会的角度，法家学说还有哪些正价值、正能量，此外，还有哪些缺点需要我们认真地加以清除。

我们先来看第一个问题：法家崛起的历史背景及基本主张。

中国上下五千年，政治体制总共出现过两种：一种是先秦时代的宗法分封制，也叫封建制；另一种是秦汉以后的君主专制。宗法分封制从夏朝、商朝到周朝，历经1800多年。君主专制从秦汉政权建立以后，一直到清朝末年，历经2000多年。我们今天讲的这个封建制，和马克思主义意义上讲的封建社会是两个概念。中国自古就有封建制这个称呼，它专指先秦时代的政治体制——分封制，也叫封建制。而马克思从生产方式的角度，把人类社会形态分为五个阶段，从原始社会到共产主义社会共五个阶段，其中就有封建社会。按照马克思主义理论框架来衡量中国历史，秦汉以后的这段时间即为封建社会，这就正好和中国传统封建制的时间发生了错位，中国传统封建制指的是先秦时期，而马克思主义对此的定义指的是秦汉以后。大家如果有兴趣，还可以进一步深究这个问题。

我们先来看看夏商周这三代的宗法分封制。宗法分封制，本质上就是占山为王的制度。打下江山的人，就会给王室、姻亲、功臣分封。周代的分封制最为典型，也最为成熟，我们以周代为代表来谈谈分封制的基本特点。

周灭商之后实行大分封，分封了王室、姻亲、功臣。比如，当年周公就被分封到了鲁国，姜太公被分封到了齐国，周武王之子唐叔虞被分封到了晋国，等等。总的来说，分封制主要是以亲缘、血缘关系为准则来进行分封的，所以我们把它叫作宗法分封制。在这种体制中，血缘关系和政治体制合二为一，由亲亲而尊尊。从国家政权结构来看，在分封体制下，共有三级政权。第一级是周天子，他管辖的区域叫作天下，政权名称叫作王室；第二级是诸侯，各地诸侯管辖的区域就叫作国，他们的政权名称叫作公室；第三级是卿

十二　霸图天下：先秦法家的历史际遇与价值重估

大夫，卿大夫管辖的区域叫作采邑，其政权名称叫作家，现在的"国家"一词大概就是由此演化过来的。在分封制下这三级政权都拥有独立自主权。所以，在分封制下，权力都是相对分割的。周天子没有权力直接管理各诸侯国的内部事务，同样的道理，各诸侯国君也没有权力直接干预各卿大夫的家事和内部事务。不像秦汉以后的君主专制体制，君主拥有无限权力，在分封制下，"我主人的主人不是我的主人"。这就是权力的相对分割，这种制度就叫作等级君主制，也叫作贵族君主制、王制。这是分封制的特点。

在国家治理规范上，周代有一个突出的特点，即建立了周礼，以周礼对各个等级的权利义务、地位等级以及相关行为准则做了严格的规定，形成了一系列很复杂的治理规范。当然，除了礼制外，周代的治理规范还有另一个很重要的元素：乐，即周代礼乐文明。

那么，周代提倡这个乐有什么作用呢？它是为了增加一种亲和性。为什么呢？在周代的礼制之下，各个等级尊卑有序，等级秩序过于森严。因此，通过强调这种乐，增加亲和性，进一步增强社会的和谐度。因此，这两者合起来就形成了周代特有的礼乐传统。这就是夏商周三代基本的政治情况。

其实，宗法分封制的制度设计，一开始就为分封制的瓦解埋下了祸根。为什么这么说呢？因为按照周朝的分封制原则，自从第一次分封之后，以后每有新的问题出现就会继续分封下去，最终周天子就把自己分成了孤家寡人。到战国时期，周天子有时候都没饭吃，不惜拉下身段向各个诸侯国借粮食来维持自己的生活。随着不断的分封，自己把自己越分越小，这是这个制度设计者本身当初没有意识到的情况。同时，各个封国都有独立的土地、人民、军队等资源，因此，它们都能够独立自主。宗法分封制刚开始实行时，彼此间都有血缘关系，因此都能保持彼此和谐的局面。但是，随着时间的流逝，这种血缘关系逐渐趋于淡化，这就为诸侯的争锋打开了大门。因此，宗法分封制一开始就为礼崩乐坏埋下了伏笔。

孔子把这种社会秩序的大动荡称为礼崩乐坏，尤其从西周末年到东周初年，这种传统的礼制秩序趋于解体。这三级秩序层层造反，最先，各诸侯国君造周天子的反，接着，各诸侯国内的卿大夫造各诸侯国君的反，甚至到最后，卿大夫的家臣也公然造卿大夫的反。这就是孔子所讲的，由礼乐征伐自天子出，到自诸侯出，再到自大夫出，最后到陪臣执国命。整个政权经历了层层瓦解的过程，最终大一统的社会秩序趋于分崩离析。

但是，随着社会秩序的瓦解，社会生活的各个方面出现了一个比较积极的变化：传统的由贵族垄断文化教育的权利，即学在官府的局面被打破，以前处于下层的知识分子开始登上历史的舞台，这就是所谓的士阶层的崛起。这里的士阶层，就是我们所说的诸子百家。各个不同阶层的人从他们各自的立场和认识出发，针对当时分崩离析的社会局面提出了救治方案，这就是所谓的百家争鸣。在诸子百家当中，就治国理政而言，最有建树、最有代表性的有四家，分别是儒家、墨家、道家和法家。

儒墨道法，其实大家都比较熟悉。在这里，我想简单说一下它们各自的政治立场。就儒家而言，它的政治立场相对来说显得比较保守。为什么这么说呢？因为体现儒家政治特色的一个最基本的观点是以克己复礼为荣。孔子把自己看作维护传统礼制秩序的代言人，在他看来，回到先王时代，那是一个最好的结果。因此，他一生孜孜以求的就是要恢复周礼。而恢复周礼最基本的一个前提就是克己，要求每个人都把知道的礼制规范转化为道德自觉，通过自己的自觉性来恢复周礼。很显然，孔子的政治立场是比较保守的。就墨家而言，墨家很早就提出了一个具有现代性的概念，即兼爱非攻。但是，

十二　霸图天下：先秦法家的历史际遇与价值重估

2000多年过去了，这个兼爱和非攻理想的实现还遥遥无期。因此，当年孟子认为墨家的理想过于高远，常人无法企及。再来看看道家，道家实际上主张小国寡民，当然道家的理论很高深，这个我们暂且不论，但是，就道家的政治立场来说，它显得比较消极，因为它对社会变革采取一种冷眼旁观的态度。但随着历史文明的推进，社会的组织化程度会不断地增强，要回到小国寡民的时代是不可能的事情。因此，道家的政治立场显得比较消极。而法家与这三家都不相同。

法家，是彻底的现实主义者。这主要表现在，法家是从实际出发，以解决现实问题为最高宗旨。法家与其他诸家相比还有一个不同点，就是其代表人物既是理论家，又是著名的政治活动家。孔子一生想当官，想建功立业，但终生未遂心愿。而法家不同，法家代表人物是以他们的思想和行为真正改变了整个社会历史的进程。

法家主要有哪些代表人物呢？一般来说，法家可分为春秋法家和战国法家。

春秋法家的代表人物有三个，一个是秦国的管仲，另外两个是郑国的子产和邓析。春秋法家也被称为秦郑法家，因为其代表人物主要产生于这两个国家。而真正的法家代表是战国法家，战国法家又叫三晋法家。为什么叫三晋法家呢？因为战国法家的主要代表人物出生在晋国。同时，三晋法家又叫秦晋法家，因为法家学说真正得以发扬光大，是依赖于秦国的商鞅变法。

战国初期的法家代表人物，一个是李悝，另一个是吴起。战国中期法家的三个流派的代表人物同时出现了，其中，法派的代表人物是商鞅，势派的代表人物是慎到，术派的代表人物是申不害。战国晚期法家的两个代表人物更是影响深远，一个是李斯，另一个是韩非。这两个人都是儒家大师荀子的学生。这些人物中，除了慎到和韩非两人的官比较小之外，其他的都是出将入相式的人物。因此可以说，他们不仅是理论家，而且是杰出的政治活动家。这就是法家一个非常突出的特色。

那么，法家是如何从现实出发来提出拯救社会的方案的？我们可以通过分析从春秋到战国的整体社会变革以及人文价值观念上的变化，来考察法家是如何崛起的。这涉及从"义"到"利"的价值转换。

周代大概分为两个阶段，一个是西周，另一个是东周。西周200多年，东周500多年。东周又分为两个阶段，一个是春秋，另一个是战国。这两个时期划分的标志性事件就是三家分晋。这就是我刚才所讲的，诸侯国内部的卿大夫造诸侯国君的反。晋国以前是个大国，但实质上在晋国真正掌权的有六家贵族，后来晋国内部不断地兼并，最后剩下韩赵魏三家，这就是历史上的三家分晋，也是战国开始的一个标志性事件。

那么，春秋和战国这两个时期各具有哪些特征呢？在政治上，春秋时期主要是尊王攘夷，而在战国时期呢，随着兼并战争的不断推进，各个国家（战国七雄）都陆续提出了富国强兵的主张。而如果从价值观念上进行划分，春秋时期人们崇尚礼节，而战国时期人们则普遍追求功利。这是这两个时代的不同特点。简单地说，因为春秋时期刚从西周社会发展而来，所以贵族们普遍表现出重礼仪的特色，各种行为显得比较内敛和礼让，如晏婴的辞让封邑、申包胥的"逃赏"。

在军事上，这种崇尚礼仪的价值观念也被体现得淋漓尽致。反映春秋时期作战思想的一部重要兵书叫作《司马法》，也叫作《司马穰苴兵法》。我们来看看这部兵法如何解释春秋时期作战原则。"以礼为固，以仁为胜"（《司马法·天子之义》）。"以礼为固"是什么

十二　霸图天下：先秦法家的历史际遇与价值重估

意思呢？就是指作战等军事行动必须以遵循礼制为最高准则，而战争的胜利不在于夺取了多少资源、杀了多少敌人，而在于在道义上取得胜利。这是春秋时期的一个很大的特色。在具体作战的时候，它要求"成列而鼓"（《司马法·仁本》），即先排好队，大家站好之后击鼓才能开始，而且在交战之际，还要问敌方准备得如何，双方都准备好了才能开战。因此，这非常具有戏剧性，在我们后世看来的确不可思议，但确实是当时的现实情况。而且，还有很多人道原则，如"不穷不能而哀怜伤病"（《司马法·仁本》），主张对丧失作战能力的敌人不能穷追不舍，对受伤的敌人要积极救助。哪怕之前他还是我的敌人，但是现在我有义务来帮助他。"又能舍服"（《司马法·仁本》），"舍服"不是提供宾馆和衣服，而是赦免、降服敌人的意思。就是说，敌人投降之后，大家还都是朋友。这体现了军事作战非常浓厚的礼制特色。

但是，随着战国时期诸侯国之间竞争不断加剧，这种崇尚礼仪的特色趋于淡化，而不择手段地追求功利就成为当时一种普遍性的价值追求。管子曾经对当时的人性表达了他的人性论，"夫凡人之情，见利莫能勿就，见害莫能勿避"（《管子·禁藏》），"趋利避害"就属于功利主义的核心观点。

在军事领域，为了适应这种价值观念上的变化，《孙子兵法》登上了历史舞台。《孙子兵法》公开强调"兵者，诡道也"（《孙子兵法·始计》），意思是说战争的宗旨就是取得胜利，哪怕不择手段。因此，《孙子兵法》的出现是这个时代价值观念发生重大变化的一个体现。

在政治领域，为适应这种价值观念上的变化，做出政治改革的代表人物就是春秋时期的子产，他被称为"春秋第一人"。《左传》中有很多关于子产的记载，其中一个很重要的事件是"郑人铸刑书"。那么，子产为什么要铸刑书呢？因为在此前虽有各种各样的成文法，但不向全民公布，杀戮用刑全由统治者的意志临时决定，其结果就是"刑不可知，威不可测"。在这种统治之下，老百姓惶惶不可终日，无所适从。很显然，在这种体制之下，统治者很难治理好一个国家。

子产为什么要进行改革呢？因为郑国是个小国，外有强敌环伺，内部政出多门，如果不改革，郑国势必衰弱得更快，所以他不得不转向更明确、更易操作的"法治"手段。其重要表现就是"郑人铸刑书"，意思是把国家的法律刻在鼎上，让老百姓一看就能明白什么事情该做，什么事情不该做。这样，就让老百姓能够自己管理自己。这就是一个很重要的突破。但是，子产是从旧时代走过来的，一方面，他要进行改革；另一方面，他又有浓厚的礼制思想。因此，子产进行改革的过程中，就表现得非常纠结。他公布了成文法、铸刑书，但并未彻底抛弃周礼。因此，后世评价子产为"不彻底的改良者"。

与子产同时，另一个著名的法家代表邓析，他自编了一套更能适应社会变革要求的成文法，即"竹刑"。邓析的一个很重要的观点就是：周礼条条框框太多，老百姓无所适从。因此，他主张彻底抛弃周礼而实行法治："民一于君，事断于法，是国之大道也。"（《慎子·逸文》）这里表现出法家两个最重要的主张："民一于君"就是一切按上级指示而行事，"事断于法"就是一切以法治为准则。因此，邓析也被称为法家的先驱。邓析的法治思想推动了战国时期的变法运动，李悝著《法经》、商鞅"缘法而治"，都源于邓析。

随着人文价值观念的不断变化，彻底追求功利成为整个战国时期的主旋律。这在当时战国时期的代表人物身上表现得十分明显，如战国四公子之一的孟尝君，为了自己取得权力，不惜让秦国进攻自己的国家，这表现出他个人强烈的功利性。这里，我们专门讲讲李斯。李斯在中国历史上做出过很大的功绩。但是，他在取得成就之前也生活潦倒，有一天他看到老鼠突发奇想，提出了一个很重要的哲理问题：同样是老鼠，为什么百姓茅厕中的老鼠见人就四处乱窜，而官仓中的老鼠不一样，它每天衣食无忧，而且没人干扰。李斯由此大发感慨，"人之贤不肖譬如鼠矣，在所自处耳"（《史记·李斯列传》）。意思是人的好和坏就跟这老鼠的情况是一样的，在于你所处的地位和位置不一样。由此，他进一步表达了他的人生哲学，"诟莫大于卑贱，而悲莫甚于穷困"（《史记·李斯列传》），什么意思呢？就是说一个人如果身处贫贱而不自我奋斗、积极进取的话，就和禽兽没有什么两样。这就是李斯的"老鼠哲学"所表达的人生哲理。

上面所说的，就是从春秋到战国整个社会形势以及人文价值观念上的变化。法家正是通过对战国社会形势变化的洞察，提出了自己的救世良方。既然每个人都追求功利，那么国家之间也是如此。因此，追求富国强兵的"霸道"就成为当时战国七雄的不二选择。由此，战国轰轰烈烈的变法运动就掀开了，整个战国变法运动在历史上持续了200年左右。战国前期是魏国李悝和吴起进行变法。后来，吴起因为受到政治迫害逃到了楚国，又在楚国进行了变法，使楚国一度成为当时的最强国。而到战国中期，秦国有商鞅变法，齐国有邹忌变法，秦齐两国同时崛起。在这所有变法当中，秦国的商鞅变法最具有代表性，它最全面、最彻底，也最成功，对历史的影响也最为深远。下面我们就主要以商鞅变法为例，简单介绍一下战国变法运动的基本情况。

首先，来看看商鞅的经济改革。在商鞅看来，"世事变而行道异也"（《商君书·开塞》），社会形势变了，治国准则也应该跟着改变。很显然，这一思想表达了一种历史进化观。商鞅根据对战国形势的观察，认为在乱世中求生存，不管是个人还是国家都必须凭借实力。而对于国家而言，这个实力就来自农业。因此，商鞅在变法之初，第一，就要求官吏、贵族与农民一起全力开荒种粮；第二，要求"地力"与"人力"的均衡和匹配。而当时秦国的社会形势是什么呢？地广人稀，地盘大，但是劳动力很少。怎么办呢？他就想出了一个很好的办法，采取免租免息的举措向其他六国招收劳动力，结果就是"山东之民无不西者矣"（《商君书·徕民》）。这样，秦国一下就壮大了自己的劳动力。

重农的同时，还要进行抑商。因为在所有行业当中，农民是最苦的。而商人，利润很厚。很多人在这种情况下，都不愿意从事农业生产，而愿意从事商业买卖。如果所有人都从商，那么就没人充当劳动力去种粮食了。因此，商鞅认为，必须要改变这种状况，要抑商。"令商贾技巧之人无繁"（《商君书·外内》），使商人保持在一个合理的限度内。同时，实行粮食贸易管制，"使商无得籴，农无得粜。……无裕利，则商怯。商怯，则欲农"（《商君书·垦令》），即不准在市场上进行买卖粮食，商人有钱也买不到粮食，这就导致很多商人弃商从农。此外，商鞅还要求国家垄断山泽资源，把私人经营林、副、渔、猎等的路统统堵住，私人除努力耕织再无出路。这就进一步壮大了劳动力，保证了农业生产。

由此，商鞅就进一步提出了他的"农战"方略，全国实行军事化管制，全国皆兵。而且，他还很重视人文宣传，把农战作为常规教育，"是故民闻战而相贺也，起居饮食所歌谣者，战也"（《商君书·赏刑》），经过商鞅的一番改革，秦国有了尚武、好战的风气。"使民之所苦者无耕，危者无战"（《商君书·慎法》），就是说，让老百姓最苦恼的是没有土地耕种，且让老百姓感到不打仗就会很难受。其结果就是"三军之众，从令如流，死而不旋踵"（《商君书·画策》)。总而言之，商鞅经济改革的宗旨就是实现"利出一孔"(《商君书·弱民》)，使臣民只有一条可靠直接的获得爵位、俸禄、富贵奢华的途径，就是参与"耕战"。这就是商鞅变法成功的一大法门。

其次，商鞅还推行了很多政治改革。例如，废除世卿世禄制度，建立"军功爵制"。你要想当官获得爵位，就必须要获得军功，哪怕是皇亲国戚都必须遵从。贵族与民，一视同仁。此外，他还有很多改革措施，像改革户籍制度、提高政府效率等等。这里，我们简单地说下提高政府效率。商鞅有一句名言，很符合我们现在讲的科学管理，即"以日治者王，以夜治者强，以宿治者削"(《商君书·去强》)，意思是今天的事情白天处理完就能称王，如果一直拖到晚上才完成只能称为强，如果当天处理不完隔天才处理完，这个国家迟早会走向衰亡。这就是科学管理，追求效率是最高目标。商鞅由此出发提出了一个很重要的观点，即要求官员做到"无宿治"，今日事，今日毕。因此，秦国的政府办事效率非常高。

从"抟力"到"杀力"。商鞅变法的整个过程，就是一个将人民的意志和力量集中到农战上去的"抟力"的过程。一个国家想要走向强盛，必须要把现有资源集中起来。但是，光"抟力"不行，还必须"杀力"。什么意思呢？一个国家通过不断"抟力"走向富强了，但如果不积极向外扩张、进攻别的国家的话，老百姓一有钱就开始走向奢靡和享受。这一观点的提出正好为秦国当时的对外扩张提供了一个"充足"的理由。

总而言之，商鞅经过前后20年的变法，让整个秦国崛起了，让整个社会呈现出开拓进取、积极有为、奋发向上的蓬勃景象。商鞅后来死得很惨，因为他的改革触动了旧贵族的利益。但是，"商君虽死，秦法未败"，继任的秦惠文王继续推行商鞅之法，使秦国成为当时的最强国，并且为秦国统一中国奠定了基石。

法家一个最基本的主张叫"缘法而治",也就是法治。法家之所以被称为法家,是因为它强调缘法而治。商鞅在法治上有很多论述,在这里举几个要点,简单说说。其一,法律在制定之初就应做到清楚明白,并保持其稳定性,不得随意更改。其二,信赏罚必。"民信其赏,则事功成;信其罚,则奸无端"(《商君书·修权》),将诚信理念灌输到社会底层。其三,法不阿贵,刑无亲疏。"自卿相、将军以至大夫、庶人,有不从王令、犯国禁、乱上制者,罪死不赦"(《商君书·赏刑》),强调法律面前人人平等。其四,赏罚分明,轻罪重罚。商鞅主张刑赏并举、赏罚分明。相对于"赏",商鞅更注重用重刑。重刑客观上可以起到"以刑去刑""民不敢试"的作用。

法家主张"集权"和"尊君"。除了如上手段外,在商鞅看来,要想在竞争中取胜,就必须竭尽全力来提高国家的综合实力。因此,强化君主集权,就成为当时的一个政治主旋律。但是,要集中一切资源,就必须能够领导一切权力和权威,自然而然就要求"尊君",从而极大地提高君主的权威和地位。因此,尊君也成为战国变法中一个很重要的主张。后来韩非子提出了绝对君主专制理论。他借用道家哲学,以道家哲学为基础,来论证"尊君"。在道家哲学当中,"一"是最高的宇宙本体,也就是所谓的"道"。韩非子认为君主本来就是"道"。因此,君主就获得了至高无上的权势,"道无双,故曰一。是故明君贵独道之容"(《韩非子·扬权》)。其实,儒家也强调尊君,但是,儒家在君主之上还设了另一个限制因素——"道"。例如,孔子讲"以道事君"(《论语·先进》),荀子讲"从道不从君"(《荀子·子道》)。在道和君这两者之间做出选择时,道是第一位,这就为君主的权势做了一个限制。而在韩非子的理论当中,君主本来就是道,君主的权势本身就是真理的评判标准。这就为法家的君主权势至大提供了宇宙认知上的依据。

十二　霸图天下：先秦法家的历史际遇与价值重估

总而言之，从当时的形势来看，历史选择了法家，而法家选择了秦国，秦国造就了历史。秦国最终实现了"大一统"的伟大功业，促成了君主专制体制。战国时期是中国历史上第一个社会大变动、大转折时期，它实现了两种政治体制的转换，即从分封制到君主专制的转变。我们今天看来，君主专制肯定有这样那样的毛病，但是在当时它的出现具有一定的合理性。何况，秦国这种政治体制的建构，在当时世界范围内是最先进的，它通过郡县制实现了中央集权，通过官僚制来保证皇帝的意志能够从上而下达到最底层。因此，君主专制的两个最基本的制度建构，一个是郡县制，另一个是官僚制。

尽管人们对商鞅变法有不同的评价，褒贬不一，但是，这次变法的历史功绩是不容否认的，它实现了一个体制的转换。司马迁说过这样一句话，"制作政令，施于后王"（《史记·秦始皇本纪》），中国2000多年的君主专制，基本的政治体制都是从秦朝沿袭而来，尽管或多或少有些变化，但总体的框架没有发生任何改变。因此谭嗣同说，"二千年来之政，秦政也"（《仁学》），毛泽东也说，"百代都行秦政法"（《七律·读〈封建论〉》）。

那我们简单来概括一下，秦国取得成功、实现"大一统"，有哪些原因呢？我主要从五个方面说一下。

第一，法家顺应了时代需要和民众心理。先秦诸子尽管都把"天下统一"作为目标（老子例外），但只有法家提出了一套可行的措施，来保证大一统目标的实现。同时，法家实现了民众欲求与富国强兵的结合。这也是商鞅推行变法能够成功的一个最基本的原因。吕不韦认为：一个人有欲望不可怕，就怕他没欲望。一个人的欲望越多越好，只要我善加利用，完全可以为我服务。这也是人力资源管理的一个最高准则，即如何调动人的欲望来实现自己的目的。商鞅做到了，秦国做到了，因此，秦国就成功了。

第二，秦国开放的用人传统。当时诸侯国的竞争，某种意义上也是人才的竞争。各诸侯国都推行了自己的用人政策，但相比之下，秦国的用人政策要显得更为开放。因此，秦国的变法也更为彻底、最为成功。秦国政治舞台上的精英人物多为外来士人，且多为法家学派或一些能征战、会谋略的人士。相比之下，六国用人唯亲的现象极为普遍。宋人洪迈曾做过对比，"六国所用相，皆其宗族及国人，如齐之田忌、田婴、田文，韩之公仲、公叔，赵之奉阳、平原君，魏王至以太子为相。独秦不然，其始与之谋国以开霸业者，魏人公孙鞅也。其他若楼缓赵人，张仪、魏冉、范雎皆魏人，蔡泽燕人，吕不韦韩人，李斯楚人，皆委国而听之不疑，卒之所以兼天下者，诸人之力也"（《容斋随笔·秦用他国人》）。这是秦国取得成功的第二方面的原因。

第三，秦国国君有为者多，庸主少。自秦孝公以来，秦国历代君主朝乾夕惕，前赴后继，为角逐帝业进行了长达百余年的政治接力。这成为秦人稳操胜券的一大精神优势，因此，"自孝公以至于始皇，世世为诸侯雄"（《盐铁论·论功》）。这里，我给大家简单讲讲秦六世国君的一些作为：一世秦孝公嬴渠梁在位24年，推行商鞅变法，这开创了秦国霸业的先河。二世秦惠文王嬴驷在位27年。他任张仪为相，实行"连横"策略，对六国进行不断的打击，不断开拓秦国的疆域，西并巴蜀，北开西河，南取上庸。三世秦武王嬴荡在位4年，任命大臣甘茂攻下韩国宜阳，洞开"东进"大门。四世秦昭襄王嬴稷在位56年，他起初任魏冉为相，白起为将，持续攻打三晋。伊阙一仗，打败韩魏联军，杀死敌军24万。后来任范雎为相，远交近攻（三十六计之一）。同时，命李冰父子建都江堰。五世秦孝文王嬴柱在位1年。六世秦庄襄王嬴异人，在位3年，嬴政之父。靠吕不韦包装上位，先后拿下成皋、荥阳等战略要地，从此为秦始皇统一六国奠定了坚实的基础。

第四，秦国清明、高效的政治局面。秦国取得成功，跟它的清明、高效的政治局面是分不开的。在秦昭襄王时期，作为儒学大师的荀子听说秦国日渐强盛，因此，他就很想去秦国一探究竟。当时，荀子就决定自费到秦国考察一年，考察结束后他就写了一份著名的调查报告，叫《观秦记》。我们来看看荀子是如何描绘秦国的治理局面的，"观其风俗，其百姓朴，其声乐不流污，其服不挑，甚畏有司而顺，古之民也。及都邑官府，其百吏肃然，莫不恭俭、敦敬、忠信而不楛，古之吏也。入其国，观其士大夫，出于其门，入于公门；出于公门，归于其家，无有私事也；不比周，不朋党，偶然莫不明通而公也，古之士大夫也。观其朝廷，其朝闲，听决百事不留，恬然如无治者，古之朝也。故四世有胜，非幸也，数也。是所见也。故曰：佚而治，约而详，不烦而功，治之至也，秦类之矣"（《荀子·强国》）。荀子作为儒学大师，秦国在整体上对儒学人士是持排斥态度的，按道理说荀子不该为秦国说好话，由此可见，荀子这篇文章的描绘还是比较真实的。

第五，秦人以战立国，注重军事外交谋略，讲求战争艺术。秦国的成功，还和它高超的军事战略战术密切相关。最初，秦惠文王推行连横之策取得功效，后来又进一步到范雎远交近攻战略，体现了"战胜不复，而应形于无穷"（《孙子兵法·虚实》）的高超战争艺术。不管从战略还是战术上，秦国都远远领先于其他六国。在秦国历史上，出现了很多著名的军事家。例如，白起，为秦昭王征战六国，为秦国统一中国做出了巨大的贡献；王翦父子，成为秦始皇歼灭六国的最大功臣；等等。

总而言之，正是这些措施的合力实施，秦国经过百年的长期积累和政治交流，最终由秦始皇实现大一统的伟大事业。

以上就是对第一个问题的回答：法家崛起的历史背景及基本主张。接下来，我们来看看第二个问题：在秦朝灭亡之后，汉朝知识分子是如何批判、清算法家学说的。

秦帝国的崛起以及君主专制的建立，似乎能够证明法家的成功。但很不幸的是，偌大的秦帝国在短短15年后土崩瓦解。这就让汉朝统治者感到很吃惊，他们就很担心秦帝国的命运落到自己的头上。因此，汉朝在建立之初，就开始调养生息，调整统治方略，积极总结秦朝灭亡的经验教训，以防重蹈覆辙。这就形成了当时很著名的社会思潮——"汉儒批法"，他们积极追讨秦朝的过失，积极批判法家学说。为什么要批判法家学说呢？因为法家学说是秦制胜的法宝，追讨秦朝的过失，法家学说自然首当其冲。当时这些汉朝知识分子得出了一致的结论，即秦的过错是"无教化，去仁爱，专任刑法"（《汉书·艺文志》）。董仲舒的意见最具代表性，他认为秦亡追根溯源就在于法家学说。因此，在汉武帝时期，丞相卫绾奏请：将申不害、商鞅、韩非、苏秦、张仪之言视为扰乱国政的邪说。他的请求得到了汉武帝的首肯，此后法家学说长期遭受贬斥，作为独立学派的法家在历史上消失了。

汉朝知识分子对法家的批判有没有道理呢？它究竟发生了哪些失误呢？我们来简单地做一个回顾。

实际上，"汉儒批法"是汉朝否定秦的暴政，而树立自己新形象的需要。这也是一个最基本的心理动机，为了论证自己王朝的优越，它就尽可能地贬低它之前的王朝。因此，汉代的史论家对秦政大多采取否定与敌视的态度，多用"逆""暴""虎狼""狙诈"等贬义词，而对秦变法的时代进步性和开放性、任贤政治、高超的战略艺术与军事谋略、君臣共力的优良传统等各种积极举措，则少有陈述。这就是它的片面性，刚才我们也总结了秦国取得成功的很多原因，

十二　霸图天下：先秦法家的历史际遇与价值重估

但是，汉朝知识分子对这些避而不谈，只抓住法家学说以及秦朝的一些过错而大力鞭挞。这就导致了它的结论带有很大的片面性。

司马迁曾针对"汉儒批法"，表达了一个很公正的意见。他指出，"秦取天下多暴，然世异变，成功大。……学者牵于所闻，见秦在帝位日浅，不察其终始，因举而笑之，不敢道，此与以耳食无异。悲夫"（《史记·六国年表》）。这段话意思是说，秦采取的举措非常严厉，但很好地改变了当时的社会状况，取得的成就很大。这些汉朝的知识分子只看见了秦朝存活的时间不长，而不考察它取得成功的前因后果，进而对秦朝进行嘲笑。这样做是不合适的，就好比用耳朵来吃饭，很可悲！这是司马迁对"汉儒批法"的一个比较公正和中肯的评价。

那么，秦朝的灭亡和法家学说有没有关系呢？我们简单地做一个概括。

应该承认，秦统治者抱"法"处"势"挟"术"的独裁作为，正是法家思想的体现。但也可以看到，秦统治者的作为还存在着与法家相矛盾的一面：第一，法家明确反对徭役繁多。但是，秦始皇执政时期徭役繁重。第二，法家明确反对德治，但并不主张暴政。秦始皇不一样，他的一些做法是很残暴的。第三，尽管法家的重刑主义一直饱受诟病，但这是法家针对当时"争于气力"的诸侯兼并局面而言的。法家还明确提出在不同时期要运用不同的治国方法，主张"治世不一道，便国不法古"（《史记·商君列传》），因此，我们简单列举的这三点理由可以说明，将秦朝的暴政简单归结为法家思想所致是不适当的。在这个问题上，章太炎的一个观点很具有代表性，即"亡其国者，非法之罪也"（《秦政记》），他认为秦亡并不是法家的过错。

那秦朝究竟是如何灭亡的？它灭亡的根本原因是什么？这个后

世多有探讨。其中，以柳宗元《封建论》中的观点最具有代表性。他认为秦亡，"失在于政，不在于制"，就是说秦朝的制度是很优越的，不然就不会流传2000多年，它有合理性，有与现实社会相适应的一面。秦朝走向灭亡，这与它具体的施政策略有很大关系。柳宗元在这里提出了一个很重要的概念——"政"。以前我们探讨一个社会的治乱兴衰，一般会涉及两个概念或两种因素，一个是人的因素，另一个是制度的因素。实际上，人和制度这两者是不可分割的。没有纯粹的人发挥决定作用，也没有纯粹的制度发挥决定作用。在实践中，两者是密切结合起来的。这两者的结合，就是具体的施政策略，也就是柳宗元所说的"政"。那么，我们就从他的这一观点出发，来梳理一下秦朝二世而亡的原因。我们可以简单地归结如下这几点：

第一是"急"。对秦始皇而言，因为他刚刚灭掉六国，雄心勃勃，想进一步把事业干大，这就是所谓的"任战胜之威"，急于兴作，北筑长城以抵抗匈奴，南戍五岭，修驰道，作灵渠，兴宫室，造陵墓……使原本的积极举措变成刻薄急政。可以想象当时秦国有2000万人口，真实的劳动力最多有1/6，300万左右人口。而所有的劳动力基本都在干活，老百姓生活在水深火热之中。本来这些措施还是很积极，但是秦始皇操之过急。第二是"独"。秦始皇极端专制，他违背了君臣共力、臣民共利的良好传统，使普泛的事功追求畸变为君主独夫之功利，最终大家都开始不满，纷纷造反。第三是"侈"。如果说筑长城、修驰道等尚可算作国家民众之公利的话，那么，兴宫室、造陵墓则毫无公利可言，这种侈靡政治是对秦朝清明政治的悖离和背叛。第四是"暴"。秦始皇将法家固有的迷信强力和严刑峻法发挥到了极致，最终导致全国到处都是监狱，到处都是犯人。所谓"乐以刑杀为威"（《史记·秦始皇本纪》），致使"赭衣塞路，囹圄成市，天下愁怨"(《汉书·刑法志》)。这就是秦朝走向灭亡的原因，秦朝的灭亡和它的具体施政措施有很大的关系。

尽管在中国历史上，儒法两家一直是死对头，但其实我们刚才也提到，法家并不排斥德和德治。举例来说，其一，法家也认同儒家所提倡的某些道德规范，"圣君之治人也，必得其心，故能用力。……圣君独有之，故能述仁义于天下"(《商君书·靳令》)。其二，法家提倡用严刑治国，但"民本"仍是其基本道德主张，"群臣百姓之所善，则君善之；非群臣百姓之所善，则君不善之"(《韩非子·八奸》)。其三，法家尤其强调为政者的道德修养和道德行为，"圣人之治民，度于本，不从其欲，期于利民而已"(《韩非子·心度》)。其四，法家与儒家都追求一种道德的社会秩序，"故其治国也，正明法，陈严刑，将以救群生之乱，去天下之祸，使强不陵弱，众不暴寡，耆老得遂，幼孤得长，边境不侵，君臣相亲，父子相保，而无死亡系虏之患"(《韩非子·奸劫弑臣》)。它们之间的差别，只在于两家实现道德秩序的手段不同。在法家那里，整肃社会秩序的关键在于确立一个客观、公正的价值准则，即君主只要实施严格的法治，就能达到"君子与小人俱正"(《韩非子·守道》)的理想境界。其五，法家并不否认儒家教化之道的有效性，但认为其缺乏必然性，"仁者能仁于人，而不能使人仁"(《商君书·画策》)，就是说一个有道德的人能够施人以恩惠，但是你的所作所为不能保证对方成为一个有道德的人。韩非子提出"严家无悍虏，而慈母有败子"(《韩非子·显学》)，说的是一个老母亲对孩子越娇惯，孩子越不知恩图报，反而处处败家。因此，儒家靠道德教化不一定有效，这就是儒家学说的一个最基本的失误。那么，韩非子就提出君主治国应"不随适然之善，而行必然之道"(《韩非子·显学》)。他认为，君主治国针对的是全体国民，而君子只占其中的极少部分，所以，治国之道不能像儒家那样根据君子的特点来制定，而只能根据小人的特性来制定。儒家简单地将伦理法则外推为治国准则，从根本上是错误的。为此，韩非子不惜将人都描绘成一种趋利避害甚至唯利是图的存在，以寻求治国准则的普遍适用性。"有法之常"作为治国的基本准则是道德所不可取代的。这也是儒法两家最根本的分歧。

第三个问题：在儒法合流过程中，法家的精神是如何被儒家思想改造的，即法家学说比较悲哀的方面。

在汉儒批法之后，儒法两家思想合流了。儒法合流，导致什么了呢？法家的一些"真精神"被长期掩盖了，这主要表现为如下三点：其一，法的客观性的丧失。随着儒法合流，礼治成为全社会的一个适用的基本准则和治理规范。例如，董仲舒首创"春秋决狱"，开创了以儒家经义决狱的先河。然而，"春秋之治狱，论心定罪。志善而违于法者免"（《盐铁论·刑德》），由此，法的客观性逐渐为人之主观性所吞噬。其二，平等精神的丧失。在礼治秩序下，一切都要以"君臣之义"的尊卑等级为原则，不同等级的人犯罪所受到的惩罚是不一样的。这就使法家以前追求的"一断于法"、法律面前人人平等这些准则相继失效。结果，原本在法家那里具有一定平等精神的"法"日益蜕变为维护统治阶层利益的工具。其三，权利与义务的分离。在礼治秩序中，统治阶层尽情享受着"没有义务的权利"，而广大民众则被迫履行着"没有权利的义务"，等等。

最终，社会不可避免地落入"人治"的窠臼。人们总是依照由亲及疏、由近及远的逻辑行动，以"关系"代替"契约"，以"情感"代替"法律"，由此论资排辈、任人唯亲、徇私舞弊等现象在所难免，而不分亲疏贵贱、一断于法、赏罚分明的法家秩序总是被束之高阁。

第四个问题：站在现代社会的角度，法家学说还有哪些正价值、正能量，此外，还有哪些缺点需要我们认真地加以清除。

我主要谈四点。

第一点，超越法家的富强之道，实现"国"与"民"共赢。可以说只要有国家形态的存在，追求富国强兵就永远具有正价值。因此，法家的富强学说在任何时代都可借鉴。事实上，从历史上看，每当国家弱乱之时，总有依赖法家学说以求自强的例子。像汉代的萧何、晁错、桑弘羊，宋代的王安石，明代的张居正等，他们在进行变革的时候，无一例外都运用了法家学说。而在近代，一些有识之士面对中华民族的危难，像严复、梁启超、"新法家"代表人物陈启天等，也公开倡导法家学说。当今，一个国家要想在竞争中取胜，就必须增强自己的综合国力，实现富国强兵。因此，在今天倡导法家的富强学说，也依然有时代价值。

但是，我们也应注意到，法家学说有它最致命的缺陷。法家学说的富强之道是建立在"愚民"和"弱民"基础上的，尤其严重的是，在法家的认识中，人民并不是国家的主人，而只是君主成就霸业的工具。历史地看，国民的愚昧落后，正是君权、神权崇拜得以产生的土壤，以及安分守法的小民心理的根源。虽然这"可以行一时之计"，但长远看钳制了人们的思想，妨碍了社会的真正进步。

管理哲学中有个很重要的观念，叫"人本管理"理念。按照人本管理的理念，充分发挥人的内在潜力和自由创造，实现各种社会力量的整合，是保证一切社会价值目标实现的根本条件。因此，中国要真正走向富强，就要促进民众内在潜力的充分发挥，设计民众各尽其能的制度。更重要的是，国家的富强应以民众的幸福生活为前提，因此，我们应该超越法家"国强民弱""国富民穷"的零和博弈，实现国家富强与民众幸福的相得益彰。我们对法家的富强之道要进行借鉴，但也要避免它自身固有的缺陷。

第二点，弘扬法治的理性精神。法治，从形式理性的角度来看，首先表现为规则之治。用亚里士多德的话来说，法律就是"摒弃欲望的理性"。因此，"法律是最优良的统治者"。事实上，先秦法家的法治观念表现出很强烈的理性精神。像慎到就讲，"骨肉可刑，亲戚可灭，至法不可阙也"（《慎子·逸文》），即我的亲人都可杀，但是法律不能废除，这就是对规则的一种恪守。习近平总书记也指出："治理一个国家、一个社会，关键是要立规矩、讲规矩、守规矩。"

20世纪美国著名法学家富勒（Lon L.Fuller）曾概括出法律在制定、解释、适用等程序上的八个原则：一般性或普遍性、公布、非溯及既往、明确、不矛盾、可为人遵循、稳定性、官方行动与已颁布的法律的一致性[①]。事实上，这些在先秦法家那里都已得到充分阐述：（1）一般性或普遍性："法者，天下之仪也，所以决疑而明是非也，百姓所县命也"（《管子·禁藏》），"君臣上下贵贱皆从法"（《管子·任法》），"法不阿贵，绳不挠曲"（《韩非子·有度》）。（2）公布："法者，编著之图籍，设之于官府，而布之于百姓者也"（《韩非子·难三》）。（3）非溯及既往："令未布而民或为之，而赏从之，则是上妄予也；……令未布而罚及之，则是上妄诛也"（《管子·法法》）。（4）明确："故圣人为法，必使之明白易知。名正，愚智遍能知之。……法令明白易知，……万民皆知所避就；避祸就福，而皆以自治也"（《商君书·定分》）。（5）不矛盾："君壹置则仪，则百官守其法。上明陈其制，则下皆会其度矣。君之置其仪也不一，则下之倍法而立私理者必多矣"（《管子·法禁》）。（6）可为人遵循："立可为之赏，设可避之罚"（《韩非子·用人》），"故令于人之所能为，则令行；使于人之所能为，则事成"（《管子·形势

[①] Lon L.Fuller.The Morality of Law（Revised Edition）.New Haven：Yale University Press，1969：46–94.

解》)。(7)稳定性:"法者,不可恒也。存亡治乱之所从出"(《管子·任法》),"法禁变易,号令数下者,可亡也"(《韩非子·亡征》)。(8)官方行动与已颁布的法律的一致性:"明主使其群臣不游意于法之外,不为惠于法之内,动无非法"(《韩非子·有度》),等等。从这些可以看出,先秦法家无论在思想广度上还是在思想深度上,都远远超过了当今的西方法学家。这足以让我们感到自豪,这就是法家的理性精神。

中国文化受儒家思想长期的熏陶,伦理色彩较重,而理性精神较弱。因此,法家的理性主义依然具有重要的当代价值。但理性主义自身也有其局限:法律通过理性抽象出来一般规则并赋予其普适效力,但现实的差异性、多样性容易被忽视,且预先设计的规则难以适应社会情境的变化。但在特定时空维度内,一般事物又具有相对的确定性。因此,法律的确定性、明确性仍是立法者不懈的追求。

第三点,超越"个体本位"与"国家本位"的对立。除了规则主义这一属性,法治还涉及另一本质特征,即法律的价值诉求。前者是形式属性或形式理性,可称之为形式法治;后者是价值属性或实质理性,可称之为实质法治。

在国外法治传统中,法的正义是以个体的权利为基础的,主张保证每个人权利的公正。这种"个体本位"的价值立场,并不是说让个体脱离群体而成为孤立的个体,而是说法律要确立人之所以为人的权利,诸如财产、人身安全、自由表达等权利。与国外法治定位于"权利""自由""正义"等价值理念不同,法家乃至整个中国传统的"法治"更多关心的是"秩序"。这种"秩序"不是从个人的"私权利"出发保障个性自由的自治秩序,而是从社会的统一、稳定、和谐出发的。法治的目标是维护大一统的社会秩序,强调个人依附于整体且无条件地服从整体,这就具有浓厚的集体或国家本位主义色彩。

应该说，秩序的稳定固然是社会发展的保障，但是过分强调秩序与稳定，势必使公民的财产、生命、自由等基本权利受到限制甚至侵犯。当然，对于个人主义的过分强调与放纵，会助长自私自利，妨碍社会群体的互惠合作。自由和权利的实现需要有义务和责任做保证。因此，应超越"个体本位"与"国家本位"的对立，从国家与社会、权力与权利、权利与义务、自由与责任之间寻求某种协调与平衡。

第四点，"法治权威"与"权力权威"的调适。按照现代法治思维，要使法律得以遵守，必须树立法治的权威，坚持法律至上。要对政府权力进行监督和约束，这是法治的首要功能。

尽管中国传统社会有法家学说，但是法家学说也有它的缺陷。法家清醒地认识到，实现法治理想的关键是君主守法，但在君主专制体制下"法自君出"，这从根本上决定了"专制"破坏"法治"的必然性。事实上，从商鞅到韩非，法家学说也发生了很重要的变化。商鞅时期还比较注重客观的法、纯粹的法，而在韩非时代，随着法术势融为一体，术的思想反倒凌驾于法之上。自此，法家学说由最初反对人治、坚持法治，最终不可避免地走向了人治。

（卢锐整理）

十三

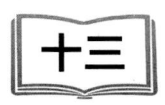

从"哲学"到"中国哲学"

◎ 林美茂

时间：2020 年 12 月 15 日 18：00—20：00
地点：中国人民大学公共教学三楼 3102

　　林美茂，中国人民大学哲学院教授、博士生导师。研究领域：日本近代哲学、柏拉图哲学、公共哲学。出版专著：《灵肉之境——柏拉图哲学人论思想研究》《哲学与激情》《公共哲学序说——中日关于公私问题的研究》等。社会兼职：第七届中华日本哲学会会长、日本爱知大学访问教授等。目前主要致力于日本汉学以及从"哲学"到"中国哲学"的演变史研究。

我今天讲的课的定位是"哲学的前沿与方法"，我要考虑什么是前沿、用什么样的方法等问题。其实做学问的方法是没办法教的，那是潜移默化的，最好以文本的呈现方式来揭示、做示范。"前沿"应该是源自法语前卫（avan-garde），本来属于战争用语，后来被转用在艺术理论表现中。其同时蕴含着战斗性与破坏性因素，即对于阻碍进步与发展的旧思想、旧观念的破坏作用。因此，关于"前沿"课程，我认为应该具有对学术界既有观点的挑战与创新的意义。我今天要讲的内容，就是基于对学术界固定认识的一种挑战性探索，能不能算作"前沿"我不知道，但至少是对我最新的研究成果以及观点的呈现。关于方法问题，我今天要讲的三个部分内容，用了三个不同的方法展开讲述：第一部分内容是综述性的，因为我认为这些内容应该是常识性的东西，也是我自己研究时间比较长的一些内容，所以我用综述性方法阐述；第二部分内容属于分析性的方法，也就是说基于文本的比照和分析，最终抵达结论；第三部分内容属于比较性的方法，那就是对于同样的问题，不同的学者、不同的文本等究竟怎样看待，在比较分析的基础上讲述。我尽量使今天这个课所呈现的研究方法契合课的名称。现在进入这门课的讲述，我要讲的题目是：从"哲学"到"中国哲学"。

这段学术历史同学们应该都知道一些，例如，"哲学"来自西方的"philosophy"这个概念，进入东方学术界后被翻译成"哲学"，"哲学"进入中国后，中国也很快有了"中国哲学"这样一门学科。但问题是大家是否觉得这个过程就应该是这样的？它的详细历史以及其中是否存在问题？凭我的认知，迄今为止似乎还没有人真正能把它说清楚了，更没有什么人反思其中存在的问题。虽然我不敢说，今天在这里能够把这一段历史完全讲清楚，但许多问题应该会比以前清晰一些，我觉得自己的研究成果值得与同学们共享。希望这样

十三　从"哲学"到"中国哲学"

一门课，即我要讲的这些内容，能够触发同学们进一步研究的激情。我这堂课的设定是与同学们一起走进东亚近代学术界，学习从"哲学"的接受到"中国哲学"诞生的历史。

哲学来自希腊语"philosophia"，英语的"philosophy"。这个概念最初在中国出现，写成汉字的是"斐罗所非亚"或者"斐录所费亚"。把"philosophia"翻译成"哲学"的是日本人，名字叫西周。最初被介绍到中国来的，究竟是哪一个文献，目前时间还不能确定。我能查到的最早的文献，是黄遵宪的《日本国志》，此书完成于1887年，出版则是1895年，这书在介绍东京大学的文学部的学科设置时，提到有一个学科是"哲学、政治学与理财学"。这应该是目前我能查到最早的，在中国的文献里面出现的关于"哲学"的概念。

而"中国哲学"最初是什么时候在中国出现的，这并不明确。我查到的文献是梁启超在戊戌变法失败之后逃往日本，在日本创办了《清议报》（后来改为《新民丛报》）。《清议报》的第二期，1899年1月2日出版，第二期上有个栏目叫"支那哲学"。那时日本学界不叫其"中国哲学"，而叫其"支那哲学"。"支那哲学"栏目里刊登了一篇谭嗣同的《仁学》，这是我目前看到最早的文献。

其实，最初出现"中国哲学"这种说法的，是西方传教士于16世纪末17世纪初在中国传教的时候，把中国传统思想与西方哲学进行对应性理解的时候使用的，例如，利玛窦称孔子为"圣哲"，也称其为"中国哲学家"。正由于这些传教士把中国的"四书"翻译介绍到欧洲，在欧洲出现了"中国哲学"这个概念。但是，欧洲人所介绍的"中国哲学"，对于当时中国学术界似乎没有什么影响。因为他们当时是用拉丁文，或者西班牙文、法文出版的，当时中国学术界的知识分子可能读不懂这些外文，所以没有产生什么影响。而后来在欧洲学术界出现的中国哲学，如狄德罗为《百科全书》专门撰写了一节"中国哲学",介绍中国哲学简史,即中国哲学简单的一些概况。而近代中国学术界出现的"中国哲学"这个概念,应该是起源于日本,受到当时日本人使用的"支那哲学"影响的结果。后来梁启超直接把这个名字拿来用,放在他的报纸上面。国外近代学术界,在大学里讲授"中国哲学史"的第一人,应该是日本人井上哲次郎。当然,也有不同的观点,等后面给大家介绍。而在中国,最初开设"中国哲学史"这门课的则是北大哲学教授陈黼宸,1914年他在北京大学讲授"中国哲学史"。陈黼宸是冯友兰的老师,冯友兰称陈黼宸是"北京大学讲授中国哲学史的第一人"。

　　上述内容是简单的历史勾勒,让大家先知道这些基本脉络,今天就沿着这个脉络来讲。为了让大家理解后面我要讲的内容以及里面所存在的问题,需要做这些简单的铺垫。大家对这段历史的认识应该是比较模糊的,即使知道这个过程,对这段历史中存在的问题也不一定拥有清醒的认识。例如,第一,我们是否真正理解"philosophy"的内涵,"philosophy"怎么就变成我们后来的哲学了呢?第二,"哲学"这个翻译是否有问题,日本人为什么要创造这个新词来翻译"philosophy"?第三,为什么"中国哲学"这一概念诞生之后,我们需要面对"合法性"的质疑?大家应该都知道学术界曾经有过"中国哲学合法性"的大讨论,西方人认为中国只有思想没有哲学,那么,为什么会有这种质疑,我希望通过今天的讲座,能够给予同学们进一步思考这个问题的契机。

　　我要讲的内容分成三个部分:第一个部分,"philosophy"的两种含义;第二个部分,"哲学"这个概念的翻译以及存在的问题;第三个部分,"中国哲学"的诞生与"合法性"质疑的根源。

十三 从"哲学"到"中国哲学"

第一个问题:"philosophy"的两种含义

大家都知道,"philosophy"来自古希腊的"philosophia"这个概念。这个概念在古希腊哲学诞生之初,其实是一个很普通的单词,只是后来被赋予了具有"哲学意义"的内涵。在哲学领域经常是这样,非常普通的一个词,通过哲学对它进行建构、阐释,就变成很重要的哲学的概念。例如,在德语里面的"sein"("存在")这个词,它最初也是一个很普通的单词,而后来变成一个非常重要的哲学概念。在日本有一个词叫"间柄",人们经常使用,表示的是人与人之间的关系性质。例如,我们的"间柄"就是师生关系,但是在和辻哲郎的伦理学中,它就被赋予了非常重要的哲学内涵。哲学经常是这样,很普通的单词,通过哲学的探索就会变成非常重要的概念,包括柏拉图所说的"idea"的概念,它原来也是很普通的一个单词,却成为柏拉图的存在论与认识论的核心概念。后面会讲到这个问题。

"philosophy"来自于希腊语"philosophia",但它具有两种含义,一般的含义与我们所说的好学、求知欲的意思一样。"philosophia"是一个合成词,这个大家应该都知道,它是由"philo"和"sophia"构成的。在希腊语里"philo"是接头词,意思是"爱什么",后面再加一个单词,合起来变成新的单词。后面的"sophia"就是智慧的意思。有一本书大家都知道书名叫《苏菲的世界》,"苏菲"就是这个"sophia"(智慧)。但是"philosophia"后来拥有特殊的含义,也就是哲学意义上的"爱智",是"孜孜不倦求真"的意思。"哲学"是"philosophia"的翻译。总之,这个希腊语单词,在早期具有两种含义,一般的含义和特殊的含义。

关于一般含义的使用：

第一个文献。是希罗多德的《历史》中的一段记载。梭伦游历希腊各地的时候，有一次到了留底亚这个城邦，拜访当时的国王克洛伊索斯，克洛伊索斯国王就设宴款待梭伦。梭伦大家都知道，是古代希腊雅典的民主制的奠基者。宴会上克洛伊索斯说："雅典的贵客，你的名声之响早已传到我国，据说你作为圣贤之人，为了寻求智慧游观世界各地。"这里面用了"寻求智慧"，即"philospheon"，这应该是历史书里面最早出现的"philosophia"的说法，在此前的《荷马史诗》里面没有出现过，目前可以找到比较早的就是希罗多德的《历史》中的这段记载。

第二个文献。出自修昔底德的《战史》（有的翻译成《伯罗奔尼撒战史》）这本历史著作。伯罗奔尼撒战争是希腊雅典和斯巴达之间长达28年的战争。战争初年，当时的雅典在将军伯利克勒斯指导之下采取了比较适合雅典的战术，那就是尽量在海上与斯巴达作战。因此，雅典还处于优势，伯利克勒斯为了鼓舞士气，在年底为死难者举行了一场盛大的国葬，发表了著名的《战殁者演说》，其中有一句是这样的："我们以朴素为美倾注自己的爱，不与软弱同流合污而热爱智慧"。这里用"热爱智慧"，即"philosophoumen"赞美雅典人。

第三个文献。在前苏格拉底的自然哲学家里面最早使用"philosophia"的哲学家是赫拉克利特。赫拉克利特有一段"残篇"中说："爱智慧的人们必须是诸多事物的探索者。"这里所谓的"爱智慧的人们"，用的是"philosphoi andres"这样的词。

这三个文献里面所说的"爱智慧"，其实都只是我们一般含义上的求知欲、好学的意思，因为在希罗多德的《历史》里，把掌握一般技艺的那些工匠之类的人都称作有智慧的人、有智者，这说明在

十三 从"哲学"到"中国哲学"

这里面所谓的"智慧"并没有特殊的含义。修昔底德书中伯利克勒斯所说的"热爱智慧"也只是指雅典人的好学、求知欲强。问题是赫拉克利特所说的这句话如何理解。赫拉克利特虽然在后世被视为自然哲学家，但他所说的"爱智慧的人们"，同样也没有后来特殊含义中的"哲学"的含义，因为他的另一个"残篇"说，"博闻强识并不能教人理性的谛悟，如果可以的话，毕达哥拉斯、色诺芬尼等已经教给我们了"。正如所知，毕达哥拉斯、色诺芬尼都是前苏格拉底时代的自然哲学家，但赫拉克利特并没有把他们当作哲学家来看待。所以，他在这里所说的"爱智慧"也只是一般含义上的用法。以上这些都说明，在希腊人的早期文献中，一般含义上的好学、求知欲之"philosophia"是被广泛使用的，而其内涵都并不具备后来被我们翻译为"哲学"的，具有特殊含义——"爱智""求真"的本质。

关于特殊含义的使用

最早赋予"philosophia"具有求真精神的含义的是毕达哥拉斯。一般讲到哲学的起源一般都会讲到这个故事，那就是毕达哥拉斯著名的比喻——"奥林匹亚节的比喻"。

毕达哥拉斯在希腊各地游历，正所谓行百里路，读万卷书。毕达哥拉斯有一次到了一个城邦，叫普留斯。城邦的僭主叫勒恩。勒恩问毕达哥拉斯："你既是一个政治家又是一个宗教领袖，然后又是一个诗人，你能不能告诉我，你是怎样一个人？"这个时候，毕达哥拉斯告诉他，我是"philosophos"。"philosophos"是什么意思呢，是指爱智慧的人。"philosophos"是"philosophia"的形容词。在古希腊语里，形容词单数第一人称一般指的是人。所以"philosophos"的意思就是"爱智慧的人"。这个时候勒恩很好奇："你那么有智慧怎么还是个爱智慧的人呢？你能不能跟我说一下爱智慧的人是什么意思？是怎样的一个人？"这个时候，毕达哥拉斯就说："打个比方，在整个希腊的世界，举办一次盛大的奥林匹亚庆典。有三种人会来这个盛大庆典。第一种人，长年累月在锻炼，然后来到这里。这些人是运动员，他们来的目的是夺冠，争得名次，为了名誉而来。第二种人，是来经商的商人。因为这是节日，人比平时多很多，说明这里有巨大的商机，他们就会进各种各样的货物来做生意，商人为了利益而来。即第一种人为了名而来，第二种人为了利而来。第三种人应该最多，他们既不是为了名也不是为了利，他们只是想看运动会，看这个庆典的发展、运动会的情况，他们关注的是这个事情本身。这种人既不为名又不为利，只是想知道这个庆典的过程、结果，只是因为想知道事态的真相而来，想知道本身就是目的，这种人当然是观众。'爱智慧的人'（philosophos）就像是这种人。"

从这个故事可以看出，毕达哥拉斯把人的超越功利的、自由的探索、自由的求知活动置于人的一切活动之上。做哲学研究的人本来都应该是这样超越功利的人，以非常超然的姿态来做学问，这样做学问肯定会做得很好，但是之后的历史中的我们，能超然吗？我们超然不了。所以，很难做好，做不出真正的哲学。真正的哲学追求，需要秉承一种学术精神。哲学诞生于"闲暇"。古希腊城邦的市民们有着大把的"schole"，即闲暇时间，我们后来所说的"school"这个概念，就来自"schole"。他们就可以用这个时间来探索不着边际的问题，这些探索不能当饭吃，也不能挣到钱，因为他们不缺这个东西，从现实的功利追求中超然出来，去探索世界的起源是什么，因为他们有这个条件。毕达哥拉斯以"philosophos"形容自己的存在，其所揭示的"philosophia"就具有了我们后世"哲学"意义上的"philosophia"的内涵。

毕达哥拉斯为什么这样说呢，其实这种思想源于古希腊的文化背景，是古希腊人所秉承的古训，那就是只有神才是真正的"有智者"。著名的"七贤人"的故事就是这种思想的体现。毕达哥拉斯的这个故事，与"七贤人"故事拥有同样的内涵。为此，在毕达哥拉斯看来，能称得上"有智慧的人"，必须是全知全能的，而他自觉自己不是全知全能的，所以不可能称自己是"有智慧的人"，只能说自己是"爱智慧的人"，而作为人，不可能是全知全能的存在，只有神才是全知全能的。所以真正的"有智者"只有神，而人的最高的存在只是爱智者。这是古希腊人传统的思想，毕达哥拉斯"奥林匹亚节的比喻"所体现的就是这种思想。这个问题大家读柏拉图哲学时一定要注意，柏拉图在讲"有知"和"无知"的时候，一般不是将人跟人进行比较，而是将人跟神进行比较。讲到人跟人的比较，涉及有知跟无知的时候，只是说人有可能达到"知"，而绝不是人真的有"知"了。"可能达到"跟已经"有了"不是一码事。所以这个一定要注意，千万不能说哲学家是"智者"，这是错误的。哲学家只是"爱智者"。

但是，毕达哥拉斯没有留下任何文献，这个比喻也只是传说，是后世的人们记载的关于"奥林匹亚节的比喻"，说是毕达哥拉斯说的，究竟是不是他说的还不知道。比如说以前有一个意大利的学者写了一本书——《毕达哥拉斯学派》，里面讲到这个故事根本不是毕达哥拉斯讲的，那只是当时的社会上流传着这个比喻。那为什么会把这个放在毕达哥拉斯身上？因为亚里士多德《形而上学》里面有一句"南意大利的爱智慧的人们"，这里指的是"毕达哥拉斯学派"，受这个影响后来的人就把这个故事放到毕达哥拉斯身上了。总之，无论这个比喻是不是毕达哥拉斯讲的，我们都要知道有这个关于哲人的比喻。

不过，在这样一个故事里面，我们需要认识到的是，毕达哥拉斯的这个比喻所揭示的"爱智者"究竟需要怎样的精神这个问题。

一句话，那就是超越功利的追求，求证求真的探索、批判、质疑的精神。这种精神源于哲学的目的。哲学的目的是什么？简单地说，想知道、求知本身就是目的。这样的追求才是哲学的追求。与这个问题相关，大家需要进一步反思，为什么西方哲学起源于泰勒斯而不是更早。泰勒斯之前，希腊有辉煌的神话文明，埃及也有辉煌的数学、医学等文明，哲学为什么不是从那时候开始而是从泰勒斯开始？那是因为，从泰勒斯开始的学问探索，是一种超越现实功利的探索，是一种立足于求证求真之逻各斯精神基础上的探索。所以，泰勒斯成为哲学的始祖。

然而，毕达哥拉斯的比喻也只是揭示了爱智慧究竟需要怎样的精神，没有提供具体的内容。为此，真正赋予"爱智慧"具体内容，并且付诸实践，是从苏格拉底开始的。

苏格拉底究竟怎么赋予"爱智慧"内容，这个过程我就不具体说了，大家去读一读柏拉图的《欧绪弗罗篇》《申辩篇》《克利托篇》《斐多篇》等。特别是《申辩篇》，里面详细介绍了苏格拉底如何达到对于自己之无知的自觉，也就是所谓的"自知其无知"的问题。在这里面，我简单讲讲、归纳结论性内容。

苏格拉底赋予"philosophia"什么样的内涵呢？

第一，他把"爱智者"定位在"自知其无知"认识之上。也就是说"哲人"只是"爱智者"而不是"有智者"。

这里有两个问题一定要注意。其一，柏拉图哲学中所说的"自知其无知"不是小问题，这是哲学的起点。我们往往容易跟孔子说的一句话："知之为知之，不知为不知，是知也"（《论语·为政》）相联系。"自知其无知"与孔子的"不知为不知"不是一样的意思吗？同学们，其实内涵是不一样的。因为《论语》中的这句话有一个前提，那就是人是有知的存在，即所谓"知之为知之"，但在"自知其无知"中所揭示的人，不可能是"有知"的存在，只能是"爱智"的存在。其二，这里还有一个问题需要注意，不能误解。很多与哲学史有关的书上，都会讲到在"自知其无知"的故事里的"神谕事件"，苏格拉底的朋友去德尔菲神庙里问神，神谕的内容是"比苏格拉底有智慧的人一个也没有"。这句话在一般哲学史上经常被解释成"神说苏格拉底是最有智慧的人"。这种理解是错误的，神谕说的不是"苏格拉底是最有智慧的人"。如果说苏格拉底是最有智慧的人，那么肯定还有比苏格拉底差一点的第二有智慧的，还有第三有智慧的……这里面"智慧"只是量的不同，只是苏格拉底比别人更聪明一点，别人比他差一点。这说明人的存在是有智慧的。可是"比苏格拉底聪明的一个也没有"这句话，这里面的"智慧"就是质的不同。因为如果苏格拉底有智慧，那么人就有智慧，苏格拉底没有智慧，那么人就没有智慧。可苏格拉底的智慧是什么？苏格拉底的智慧是我知道自己是无知的，这意味着在神看来，人最智慧的体现就是"意识到自己是无知的"。也就是说，人不可能是有智者。所以，人只能是爱智者，而不是有智者。这种区别一定要注意，不能误读。

　　第二，苏格拉底把人的认识状态做了"臆见"与"知识"的区分。"臆见"的希腊语单词是"doxa"，"真知"的希腊语单词是"episteme"。这个"doxa"在我们国内大多翻译成"意见"，这个翻译不能说有错误，但是不够理想。"doxa"的动词是"dokeo"，即"想"的意思，因此"doxa"有"想当然、自以为是"的含义。如果翻译成"意见"，不了解柏拉图哲学的人，意识不到这个认识状态是有问题的。而把它译成"臆见"，一看就知道这个认识是有问题的。我的书和论文里面都将其翻译成"臆见"，这样一看就知道这个认识存在问题，是猜测的、臆想的。

　　苏格拉底之所以把人的认识的状态进行"臆见"与"真知"的

区分，目的是要提醒人们：人要通过不懈探索，对于各种"臆见"进行不断论驳，不能把"臆见"当作"知识"，不能是本来还不知道却认为已经知道了。"论驳"的单词是"elegchos"，学界有专门研究苏格拉底的"elegchos"问题，即所谓苏格拉底的"论驳法"的。人要通过探索、论驳，让人的认识克服"臆见"，从而逐渐向"真知"靠近。这也是人类有了"思想"，还需要"哲学"的原因所在。

第三，确立了哲学探索的唯一方法"dialogos"。"dialogos"也是个合成词，"dia"是相互之间的意思，"logos"是语言。相互之间的语言是什么意思？当然是对话，一般把这个单词翻译成"问答法"。苏格拉底、柏拉图认为哲学探索的唯一方法是问答法。为什么是问答法？那是因为作为人，谁都不能有真知，那么，除了在问答中不断趋近对于探索对象的认识，谁也不能告诉你探索的对象应该是什么。通过对话的过程，不断进行探索，逐渐向真相认识趋近。这也就是后来在柏拉图哲学里面出现的"dialectice"这个概念，这个概念我们国内往往翻译成"辩证法"。日本学界则翻译成"哲学问答法"，日本的翻译比较合理。"辩证法"有个特点，需要正反合三个契机，它需要对立双方对立统一的辩证过程。但苏格拉底所说的"dialogos"、柏拉图所说的"dialectice"不是这样的，他们所说的只是对于一个个答案（定义），通过对话的过程，揭示出这种答案中存在的矛盾，不自恰，不断从头再来重新探索。所以这不是一个辩证过程，不能译成"辩证法"。当然也有人为了区别，认为那是"朴素的辩证法"，其实这理解也是不合理的。译成"哲学问答法"才是更准确的，它的意思就是问答法。

第四，努力探索对事物的普遍定义，寻求达到人对世界的客观把握，也就是我们经常所说的苏格拉底对"是什么"的探索。苏格拉底批判人们对于探索对象"是怎样"的现象阐述，寻求人的认识必须达到"是什么"的本质把握。

苏格拉底赋予人的哲学追求上述这些根本的内容。而到了他的弟子柏拉图，则进一步丰富了"philosophia"的内涵。研究柏拉图哲学有一个很大的问题，那就是如何区分苏格拉底哲学与柏拉图哲学。其实从探索方法上，可以找到一些界限性的线索。由于时间关系，在这里不展开论述。那么，柏拉图如何丰富哲学的内涵呢？

第一，针对苏格拉底所赋予哲学探索的内涵，柏拉图则进一步阐明，为什么"哲人"只是"爱智者"而不是"有智者"。根据柏拉图对哲学的理解，因为人的灵魂状态所致。人的存在是灵魂跟肉体的结合，人活着的时候，肉体只能待在肉体里面，即所谓"肉体是灵魂的监狱"。这是柏拉图的话。他这个思想来自毕达哥拉斯学派的灵魂思想。毕达哥拉斯学派认为"肉体是灵魂的坟墓"。为什么哲人只能是"爱智者"而不能是"有智者"呢？因为人的灵魂只能被关在肉体之中，人只能通过肉体中的灵魂去探索这个世界。因此，对于本真存在，只能通过理性进行探索，把浮现在逻各斯上的"本真"的倒影，间接地"观照"本真存在，由于不能直接地"观照"本真存在，其所达到的认识只能是"臆见"，最高的认识只可能抵达"正确的臆见"。所以，哲人只能是"爱智者"，不可能成为"有智者"。

第二，"臆见"跟"知识"的区分标准是什么？柏拉图进一步阐述了"臆见"与"知识"的认识对象所存在的区别。根据柏拉图的理解，"臆见"的认识对象是"存在且不存在者"，即"to eimi te kai me einai"，也就是感觉事物。为什么叫"存在且不存在者"？比如说一个人很美，美是存在的，可是随着年龄的增长慢慢地不美了，其所呈现的美会变化。所以感觉世界的所有事物都是处于如此不稳定的状态。在这里，美既存在又不存在。其实这种思想拥有赫拉克利特万物流变思想的元素，是吸收了赫拉克利特思想的认识结果。

因为"臆见"的对象是"存在且不存在者",所以完全认识并把握它,这对于人而言是无法做到的,以感觉事物为对象的探索只能达到"臆见"。而"真知"的认识对象必须是"真实存在"(ontos on),也被称为"本真存在"。正因为这一点,柏拉图哲学出现了"两个世界论",把人所面对的外在现象世界称作"感觉界",这个感觉世界一切现象存在的依据却不在这个世界,超越了这个世界,亚里士多德称之为"离在",它在"真实世界"或"本真世界"中存在。这就把人的认识对象分成了两个世界。那么"真实世界"或"本真世界"的探索对象是什么?柏拉图哲学中主要用了三个概念来表现:idea(理型)、eidos(形相)、ousia(实体)。这些是"知识"的对象,也就是说,要达到"知识",必须以"本真存在"为认识对象,对其把握才是"知识"。

　　第三,因为哲人也是人,由于人的灵魂无法脱离肉体"直接观照"本真世界,那就只能让在肉体中的灵魂运用理性,通过哲学问答法,让"本真世界"中的真实存在从对话中浮现出来,浮现在"逻各斯"层面,在"逻各斯"(logoi)中探索这些浮现出来的本真存在。比如说讲"美"的问题,感觉世界中有很多"美的事物",而"美"这种东西、这种存在,不在感觉世界中,这种东西人是没见过的,那就只能通过对话过程,对在这个过程中浮现出来的"美"是什么进行探索。以这样一种方法把握认识对象,就只能是"间接观照",不断趋近真相但不能完全把握真相。为此,从苏格拉底对"是什么"的探索,发展成为柏拉图著名的"idea论",也就是"理型论",也就是人们常说的"理念论"或者"相论"这种形而上世界的结构。为此,柏拉图明确指出,"哲学问答法"是哲学探索的唯一方法。

　　总之,大家要知道,在早期的希腊知识界,关于"philosophia",存在两种含义同时被使用的现象,也就是说,既存在作为一般含义的"好学""求知欲"的使用现象，又有作为特殊含义之"热爱真知"的"爱智"这种内涵的使用现象。而这种特殊意义的"philosophia"，就是我们后世所理解的"哲学"这门学问。只有在苏格拉底、柏拉图的哲学中，我们后世所使用的"哲学"意义即所谓的"philosophy"才获得具体内容并得以确立。但需要注意的是，正是在这种"哲学"意义"philosophy"中，"哲学"才从"思想"中独立出来，成为人类"思想"金字塔上璀璨的明珠。因为"思想"所对应的是人的"臆见"，是"doxa"，而"哲学"的存在，就是要通过不断的批判性审视、论驳、探索，努力让人的认识逐渐向"真知"靠近，即向柏拉图所说的"episteme"靠近。这就是从苏格拉底、柏拉图开始，古希腊人为西方哲学确立了这门学科的探索精神和探索指向。这也就是西方人衡量"哲学"之有无、衡量是不是"哲学"的最基本的标准。

例如，德里达说，"中国只有思想没有哲学"，中国人觉得不能这样理解。认为哲学一直是没有定论的，没有固定的答案。纵观西方哲学史，每个人都有自己关于"哲学"的理解和答案。其实不然，西方人理解的"哲学"，其潜在的标准就是来自古希腊人的这种哲学认识，其基本思想就在柏拉图这里。如果不是这样，那黑格尔、德里达等凭什么说中国只有思想没有哲学？他们为什么会这么说？那是因为在他们看来，中国古代的那一套话语体系按照苏格拉底、柏拉图哲学的标准就是"臆见"，所以只是"思想"。当然，在这里我不想强调"思想"与"哲学"的高低之分，而是想让大家知道两者存在根本区别。如果不是这样，我们有了"思想"，为什么还要弄出个"哲学"？我想说的是，正是因为有了这种区别，才使"哲学"从"思想"这个领域中脱颖而出，成为一种人类的探索精神，成为"思想"这个领域——这座金字塔上的璀璨明珠。

可是到了亚里士多德，他企图解构柏拉图哲学中作为超越性存在的"理型界"的存在，把"两个世界"的存在划分拉到同一个世界，即感觉界中来把握，即在他的"实体论"中，企图以"质料"与"形相"结合的"个别事物"（感觉事物），即"实体"，作为唯一真实的存在。这里需要注意，亚里士多德所谓的"实体"，其单词也是"ousia"，与柏拉图使用的一样，但其内涵完全不同。他把柏拉图哲学中的"感觉事物"与"形相"之间的两个世界的对立，拉到了"个别事物"，即通过感觉事物外部的质料与内部的形相之间的对立来把握。可是，他最终仍然不得不承认应该存在不与任何质料相结合的"纯粹形相"的存在，其结果又回到了柏拉图哲学的超越性存在的世界中。在他的哲学之"形而上学"的探索中，关于"存在作为存在"或者说"是之为是"的探索，成为他所谓的"神学"或者"第一哲学"，也就是"形而上学"。

第一个问题就讲到这里，下面讲第二个问题，那就是哲学这个概念的翻译以及存在的问题。这部分内容分成三个小部分：第一，西周对"philosophia"的理解与翻译；第二，西周的困境与误读；第三，为什么西周要自创新词"哲学"翻译"philosophy"。

第二个问题："哲学"这个概念的翻译以及存在的问题

西方哲学最初传入日本，与基督教传入日本的时间是大体相同的。根据日本学者的考证，"philosophy"最初在日本出现，应该是在1519年，是当时日本的岛原加津佐印刷出版的《サントス御作業の内抜書》这一文献。"サントス"是"圣人"的意思，翻译成中文

就是"圣人工作之记载"。此文献中多次出现"ヒィロゾフィア"这个单词，这个单词是"philosophia"的片假名写法，还有"ヒィロゾホ"（philosopho），也就是"哲学家"这个概念。目前能够查到比较早的应该是这个文献。而把"philosophia"翻译成"哲学"的是明治初期的启蒙思想家西周，这是大家所熟悉的。

那西周是从什么时候开始注意到"philosohia"这门源于西方的学问呢？目前对于他接触这门学问的确切时间还不明确，但是基本上可以把握其时期。在1861年，西周为他的朋友津田真道的一本书《性理论》写了跋，这个跋里面有一段话，这是第一个文献。1862年他在去荷兰留学之前给他的好友松冈邻的信中也有提及，这是第二个文献。第三个文献，是他为"蕃书调所"准备的哲学讲义草案的残篇。所谓的"蕃书调所"，相当于中国的中央编译局，这是江户幕府时期的一个翻译机构，"蕃书"就是外文书籍。西周是学荷兰文的，当时在日本被称为"兰学"，他在"蕃书调所"里担任讲师一职。此时，他想给学生讲述自己所接触的西方的"philosophie"之学，为此，专门准备了哲学讲义。这个讲义只有草稿的残篇保留了下来，内容也不太长。

上述的三个文献里，都出现了与"philosophy"相关的内容，这说明从这个时候，他就开始注意到了后来被翻译成"哲学"的这门学问。

（1）关于《性理论》跋文，这个是他直接用中文（繁体字）写的，以下为原文：

西土之學，傳之既百年餘，至格物舍密地理器械等諸術，間有窺其室者，特至吾希哲學（ヒロソヒ）一科，則未見其人矣，遂使世人謂，西人論氣則備，論理則未矣，獨有見此者，特自吾友天外如來始。

这段话意思是说，西方的学问传到日本有100多年，如格物（指物理）、舍密（指化学）、地理、器械等东西，偶尔有人会有所涉及，可是只有"希哲学"这一科没有人注意过。引文括弧里的内容是用日文中竖写的小字的标注，即在"希哲学"右边小字注上"ヒロソヒ"（philosophie）。所以，世人总说西方人讲器械挺完备的，而论理，即讲伦理方面就比较差了，对这个学问有所见识的，只有从我的朋友天外如来（即津田真道）开始。这个文献写于1861年。

（2）给松冈邻的信件。其内容如下：

小生最近得以了解西方之性理学、经济学等学问之一端，大为惊叹其乃公平正大之论，而觉悟到与以往所学汉说存在大相径庭之处。只是其所言ヒロソヒ之学，简述性命之理不轶于程朱之学，本于公顺自然之道。（1962年）

这个文献中所出现的信息很重要。一个是他发现"西方之性理学"跟我们的汉学"大相径庭"。这里面的"ヒロソヒ"即"philosophie"，是荷兰语。他所讲的"性命之理不轶于程朱之学"，即说性命之理不亚于程朱之学这样的意思。

（3）在他去荷兰之前，他的西方哲学史讲义是一个手稿，内容如下：

从毕达哥拉斯这个贤人开始使用ヒロソヒ这个词……据说语意为爱好贤明。与此人同时代有苏格拉底这个贤人继承此语。称自己为ヒロソフル，语意为爱好贤德之人，与所谓希贤之意相当。此ヒロソフル 才可谓希哲学的开基之大人物，在彼邦的存在与吾孔夫子并称程度也。（1961年）

这是在日本最早出现的西方哲学史资料。西周在这里面讲到"ヒロソヒ"最早是从毕达哥拉斯开始的，然后苏格拉底继承了这个说法；并指出苏格拉底和我们的孔夫子是同样伟大的人。

从这三个文献可以知道，1862年前后，西周已经注意到了西方的"ヒロソヒ",并准备在蕃书调所给学生讲这个东西。可是1862年他被派到荷兰留学,1865年学成归国。他去荷兰的船上给荷兰的导师写了封信,希望能学"ヒロソヒ"。老师给他找了个专门教哲学的教授指导他,所以他在那边一边学他国家派他出去要学的东西,一边也学了哲学。

我们一般谈到西周最初翻译"哲学",往往都是把明治初年(1870年)他在自己创办的私塾"育英舍"中讲授"百学连环"作为起始,因为在"百学连环"讲义中,出现了西周对"philosophy"解释的内容,然而,最早不是从这个时候开始,前面我介绍的那些文献更早。

1868年发生了日本明治维新,幕府统治的时代结束了。在这种情况之下,1870年西周接受原来所属藩国的建议,开办了一个私塾,取名"育英舍",在私塾里给学生讲一门百科全书式的课程,叫"百学连环"。在这门课的教案里出现了下面这段话("百学连环"这个讲稿在当时并没有出版,真正编成书出版是在1874年,是以书名《百一新论》出版的)。

"philosophy这个词之philo是英文的love(爱),而sophy则为wisdom(智)。其语义为希求热爱贤哲。哲学有时也被称为理学,或者穷理学。作为ヒロソヒ的含义,既如周茂树所言'圣希天、贤希圣、士希贤'之意,故ヒロソヒ直译为希贤学亦可。"

显然西周首先将"philosophy"译成"希哲学",又以"希贤学"来解释"希哲学",这样一种解释来自"philosophy"本来的意思。因为西周所掌握的荷兰语有两种翻译,一种直接使用外来语"philosophie",还有另外一种译为"wijsbegeerte",意思是"爱智学"。西周的翻译显然首先是受到"爱智学"荷兰语翻译的影响,同时也是受周茂树的"圣希天、贤希圣、士希贤"这一句话启发的结果。

其实，西周对"philosophy"的理解存在着认识上的不一致。也可以说，西周并未真正把握"philosophy"的内涵，所以在对"philosophy"认识上出现前后矛盾现象。比如：

（1）"与以往所学汉说存在大相径庭之处。只是其所言ヒロソヒ之学，简述性命之理不轶于程朱之学，本于公顺自然之道。"（给松冈邻的信）

（2）"大概孔孟之道与西之哲学相比大同小异，犹如东西彼此不相因袭而彼此相符合。"（《复某氏书》）

（3）"东土谓之儒学，西洲谓之斐卤苏比（philosophie），皆明天道而立人极，其实一也。"（《开题门》）

上述第一个文献："觉悟到与以往所学汉说存在大相径庭之处。只是其所言ヒロソヒ之学，简述性命之理不轶于程朱之学，本于公顺自然之道。"第二个文献则说："大概孔孟之道与西之哲学相比大同小异，犹如东西彼此不相因袭而彼此相符合。"第三个文献更进一步，认为"东土谓之儒学，西洲谓之斐卤苏比，皆明天道而立人极，其实一也。"可以说，西周在翻译这个概念的时候，遇到了东西方相关学术对应性认识的理论困境，一方面觉得"大相径庭"，另一方面又认为"大同小异""其实一也"，这是因为他并没有完全从本质上真正把握"philosophia"的内涵。正因为如此，他在翻译初期出现了把"philosophia"与"理学""儒学"混淆理解的现象。然而，他为什么没有用"理学"翻译"philosophy"，而是自己创造了新词"哲学"呢？据他说明："尽管可以采取直译的方式将之翻译成理学、理论之类，但是由此会过多地引发与他者之间的混淆，故而如今翻译为哲学，与东洲之儒学一分为二。"也就是说，他是为了区别西方的"斐卤苏比"与东方的"儒学"而自创新词。

那么，为什么西周翻译时会出现上述理解的不到位呢？其原因其一是，西周混淆了周敦颐所揭示的"志学"三种阶段的不同对象与境界。士者仰慕的对象是贤者，即所谓"见贤思齐"，贤者的追求目标是成圣，而只有圣人之"希天"，才能达到通天地之理。正如荀子所说，"所谓大圣者，知通乎大道，应变而不穷，辨乎万物之情性者也"（《荀子·哀公》），这是圣人之境。而西周只是摘取"士希贤"这一种阶段涵盖了人的"志学"三个阶段，忽视了"志学"三个阶段所追求（爱）的对象的不一样。其二是，"sophia"与"贤"或"哲"也是不能对应的。古希腊哲学中所说的"爱智慧"中所爱的对象"sophia"，如前所述，除了一般意义上的"人的智慧"之外，更为重要的是具有"真知"之义，而只有"真知之爱"，才是"philosophy"得以确立的根本。如果按照苏格拉底、柏拉图对"philosophia"的界定，宋学中所谓的"希贤"或者"希圣"，都只是"臆见之爱"，只有"希天"之圣人，才是"真知之爱"，所以，只有"圣人"才能与西方之"哲人"境界相当。然而，儒学中的圣人，即所谓的"希天者"是"有智者"，即所谓的"圣人生而知之"。而"philosophia"之"哲人"（philosophos），永远只是"爱智者"。"有智者"已经有智慧了不需要"爱智"，"爱智者"则不是"有智者"。显然，两者也是不能对应的。之所以产生这种不对应性，是因为东西方两大学术体系对于"知"的理解存在根本不同。如前所述，就思想的特征而言，苏格拉底把人的认识分为"臆见"和"真知（知识）"，臆见乃至"正确臆见"都是人可以达到的认识状态，但都不是"真知"。"真知"永远存在于探索的前方，是可望而不可及的真理之境。所以才需要哲学的存在，需要不断求知、求证、求真，这才诞生了"哲学"。所以，把"真知"和"臆见"明确区分开来就是从苏格拉底和柏拉图开始的。中国传统的学问只有"知"与"不知"的区分，没有把"知"再分为"真知"和"臆见"，"知"与"不知"的中间状态是"臆见"，这里存在三分法而不是二分法。这就产生了"圣人生而知之"的说法。古希腊哲学正是对"知"与"不知"的中间状态"臆见"问题的发现，才凸显了"哲学"存在的根本意义，才把人的最高存在确立在"哲人"的境界，而不是"圣人"的境界。西周在翻译"philosophia"的时候，并没有把握"philosophy"这种真正的含义，也就是说，他没有触及到哲学与理学、儒学最根本的区别之关于"知"的不同理解传统，从而混淆了"真知"与"臆见"的概念，无法真正意识到"philosophy"侧重的智慧是真知，与日常意义上的所谓智慧是不一样的。

当然，这是我最初的疑问与推测，但推测必须有依据。为此，我在西周的知识论中找到了可以证实自己所怀疑的依据。西周认为"知之源自五官感知所发，是由外及内的东西"。这种认识显然是混淆了"臆见"与"真知"的概念。根据柏拉图哲学，通过五官感觉所捕捉到的事物，只能产生"臆见"。通过人的理性在逻各斯中观照探索对象，触及并把握到的"本真存在"所达到的知识才可能是"真知"；而人的感觉器官所把握的对象，所达到的认识都只是"臆见"。这个问题我在第一部分已经分析过了。然而，西周所理解的"知识"却来自于"五官感知"，这里显然存在着对"philosophy"中所追求的"知识"的理解不足，对于"philosophy"所说的"知"，在本质认识上存在着明显的误读。

那么，回到前面的问题，那就是为什么西周不采用"理学"而自创"哲学"一词翻译"philosophy"的问题。也就是说，他既然认为西方的"ヒロソヒ之学"与东方的"儒学"大同小异，其实一也，为什么不直接用"理学"对应"philosophy"，却独创新词来翻

十三 从"哲学"到"中国哲学"

译呢？

至今为止的日本学术界，一般都认为，西周是为了区别东西方的两套学问体系而自创新词"哲学"替代"理学"，以此来翻译"philosophy"。这种看法是学术界的共识。其依据就是下面所引的一段话：

尽管可以采取直译的方式将之翻译成理学、理论之类，但是由此会过多地引发与他者之间的混淆，故而如今翻译为哲学，与东洲之儒学一分为二。

这句来自西周的自我说明，成为学术界最重要的判断与认识依据。然而，事实并非如此，只要仔细考察西周的言论与思想倾向，就会发现这种认为是为了"区别"而选择自创新词"哲学"的说法只是西周的表面说辞，其中深藏着西周更为宏大的追求，只是其意图是不能直说而已。因为他如果说出来了，估计中国人就不用"哲学"了，那他的宏大意图就不能实现了。从结论来看，西周的这种翻译，潜藏着他企图通过创造一些学术新词，改变东亚传统的学术主导权格局，让东亚近代社会通过近代西学东渐的历史契机，实现由日本人主导东亚学术话语权的目的。为什么可以这么说？我从以下几个方面提供这种结论的依据。

依据一： 西周对于日本继续使用汉字、传统中引进汉学的看法。明治初期，日本有一个杂志叫《明六杂志》，这是明治六年（1873年）创办的，是明治初期具有先进思想的一拨知识分子组织创办的发表新思想的杂志（有点像中国的《新青年》）。《明六杂志》的第一期只有两篇文章：第一篇就是西周的文章，讨论在日文中要不要废除汉字的问题。第二篇是西村茂树的文章，其观点与西周的论点不同，甚至在有些问题上是对立的。西周的文章认为应该"减少汉字，确定其数量，曰仅用和字制书，制作和文典"，甚至可以废除汉字和日文假名，采用西方的文字。他的论点是："我国文字，先王始取之汉土而用之。彼时文献以及一切皆取之汉土。今逢世运，文献既取之于欧洲。採彼之长用彼文字本可。然而天下遽难学之，子当如何？或曰，用彼之文字本可，遂不如用英语或者法语。……我谓不然。盖人民之言语，本于天性，与风土、寒热、人种之源由相合而生，必不可变。昔，我国学汉土之音。沿袭至久，失其真，谓之吴音。及中叶再学汉音，沿袭至久，再失其真，谓之汉音。故生别于今之唐音的东西，遂传此二音之不真，又至不得不除。且王朝古之官府还用汉语之故，其文化、局于海内而不得布，遂变成候文。和语亦然，奉、致、为、如等置于其上。凡此等废天性之言语，欲用他之言语之弊，非殷鉴之然乎？"

以上两段文字，是西周在明治初年提倡减少甚至废除汉字的论说。一方面提出在日语中减少、限定汉字的数量；另一方面则回顾日本传统中吸收汉字的原因、过程，进而提出"今逢世运"，应该使用"和字"（日语）、"制作和文典"（日语文献），这样才能跟日本人的"天性"相吻合，并指出过去日本采用汉语，使日本文化仅能"局于海内而不得布"。

依据二：西周认为，日本的许多传统学术思想已经不亚于中国了。其言下之意，当然就是不要再以汉学为宗了。他说："况如本邦，虽如前所述长于模仿短于思索发明，非必然确定之事。既亦有教法如亲鸾，脱离支那传来旧法，开创了恐怕释氏亦能驾轶之大见识之人；又儒学亦有如白石，不甘徒雕虫小技之人；又亦有如徂徕，虽说文章蹈袭王李，至于经学直与孟子比肩，且其考据学着清儒之先鞭之人。"

这个文献，显然是在强调日本早已经不亚于中国了，甚至在学术上蕴含着比中国更为先进的观点。以上这些文献，可以帮助我们进一步认识西周为什么不采用"理学"而自创"哲学"翻译

"philosophy"的原因以及意图之所在，那就是我在上面谈到的结论：在近代日本"今逢世运"，正是日本人去中国化的良机，他要利用西学强势东渐的历史契机，通过日本人独创的崭新学术译语，在东亚世界逐渐实现主导学术话语权的目的。而这种追求，与日本人自江户时代开始就出现的知识分子企图颠覆"华夷秩序"的论调一脉相承。

依据三：在江户时代开始，日本知识分子就出现企图颠覆"华夷秩序"的追求。（1）熊泽蕃山把日本放在仅次于华夏的地位来认识。他指出："南曰蛮像虫，西曰戎像犬，北曰狄像兽，东曰夷像人，四海之内为优。九夷之内朝鲜、琉球、日本为优，三国之内日本为优。然中夏之外，四海之内，无及日本之国。"（2）荻生徂徕把孔子之后的中国儒学全盘否定，指出反而"东夷之人"自己最初把"圣人之道"说清楚了。他自诩："中华圣人之邦，孔子殁后垂两千年，犹且莫有尔。""呜呼，自孔子没千有余年，道至今日始明焉。岂非不佞之力哉，天之命之也，不佞籍是死而不朽矣。"（3）山鹿素行企图颠覆传统的华夷关系，他说："知仁勇三者圣人之德也。今以此三德让本朝与异朝一一立其示而较量，本朝远胜，诚正当谓中国之所分明也。"（4）荻生徂徕的弟子太宰春台则通过把中华之"圣人之道"普遍化，在逻辑上解构"华夷秩序"。他说："中国名曰四夷为夷狄，比中华卑贱，因无礼仪之故也。就中华人而言若无礼仪，与夷狄同，四夷之人若有礼仪，与中华之人无异。"（5）本居宣长论述"皇国之道"优于"圣人之道"，他认为在中国的圣人就是统治者，而"圣人之道"就是统治之道。然而"圣人之道"也只是为了把自己利益的正当化需要提出来，"异性革命"就是有人自己想当皇帝，将其行为正当化的思想。与此相比，日本的"皇国之道"则是"古之道"，是人类共通的"神之道"，犹如人类社会只是存在一个太阳，天照大神就是太阳，道也只有一个，所以日本"皇国之道"

千古一系，没有异姓革命，这显然比"圣人之道"来得优秀。以此论证日本早就超过了中国。

显然，上述的西周思想跟这样的论点是一脉相承的。由此看来，他自创"哲学"替代"理学"的目的就不难理解了。"理学"属于以中华文明为核心的东亚话语体系的核心概念，东亚社会数千年来以这种话语体系为主导，建构起所谓"华夷秩序"之东亚世界的国际关系。而从江户时代中后期开始，在日本知识界就有许多人努力从各种角度解构这种秩序，企图在思想意识中确立日本在东亚世界的主体性，甚至优越性的地位。当历史进入近代，恰逢中华文明衰落，日本人通过明治维新得以崛起，日本人以此为契机，随着其采用汉语翻译的西方学术概念在东亚学界的传播，自然地在东亚近代社会获得了学术主导的地位。

需要进一步指出的是，在这套近代话语体系中，源于中国的"理学"并没有被放弃，而是全部转为二级学科的概念继续被使用，如"伦理学"、"论理学"（逻辑学）、"心理学"、"法理学"、"天上理学"（天文学）、"无形理学"（形上学）等，而日本人翻译的"哲学"则居于这些学科之上，作为一级学科的概念。"理学"就屈居于二级地位，我认为这也是一种矮化中国、去中国化的潜在表现。

根据以上第二部分的全部内容，我的结论如下：西周翻译"philosophy"的时候，并没有真正把握其本质意蕴，没有理解"philosophy"所"爱"之"智慧"具有特殊的内涵，认为"知识"源于人的"五官感觉"，混淆了"臆见"与"真知"的概念，从而使"思想"与"哲学"的界限模糊，这对后世东亚学术界理解西方哲学造成了不可忽视的影响。西周一方面觉得东西方学术存在不同，另一方面却说"儒学"与"philosophy"之学，其实是一样的。他说本来可以用"理学"来翻译这个概念，但为了区别东西方的学术，所以自创"哲学"来翻译这个概念。然而，他这种解释只是一种表面上的自圆其说，而其内在潜藏着更为宏大的学术追求，那就是通过自创概念"哲学"，达到日本人主导东亚近代学术话语权的真正目的。

当然，随着日本学术界对于西方哲学，特别是古希腊哲学研究的深入，西周对"philosophy"的误读，在后来基本得到了纠正，即慎重区分"哲学"与"思想"的不同。例如，学术界一般把江户以前的日本学术当作"思想"来认识，因此一般只有"日本思想史"之说，而对于近代以后的日本学术，才有了"日本哲学"这个概念，特别是以西田几多郎为代表的"京都学派"哲学的出现，成为日本学术界研究"日本哲学"的学理依据，这也成为世界学术界承认"日本哲学"的理论前提。不过，也有例外，如井上哲次郎，他则不管那么多，认为东方跟西方一样都有哲学，"中国哲学"这个概念就是他搞出来的。那么，接下来我要讲的第三个问题，即"中国哲学"的诞生与"合法性"质疑的根源，中国哲学就是在这样的背景下诞生的。

第三个问题："中国哲学"的诞生与"合法性"质疑的根源

"中国哲学"是如何诞生的？为什么会存在"合法性"质疑？我想分成三个部分讲述，第一部分内容是西方传教士与"中国哲学"概念的诞生，讲述西方传教士介绍中国哲学的情况。"中国哲学"的说法最早不是在东方出现，而是在西方学术界出现。第二部分内容是井上哲次郎与"中国哲学"概念的诞生，这部分内容学术界研究还很不足，很多情况都不清晰。第三部分内容是回顾：关于"中国哲学"，井上哲次郎与西方传教士的不同及其影响。

1. 西方传教士与"中国哲学"概念的诞生

学术界一般认为，在中国，"哲学"这个概念最初出现在意大利耶稣会传教士艾儒略所写的《西学凡》里面，里面讲到"斐录所费亚"，当时被翻译成"理科"或"理学"。他说："理学者，义理之学也。人以义理超于万物而为万物之灵。格物穷理，则于人全而于天近。然物之理藏于物中，如金砂，如玉在璞，须淘之剖之以斐录所费亚之学。"

一般都认为这是中国最早出现的"philosophia"概念。但我查找了相关文献，发现这种看法不一定准确，因为在这之前，有更早的文献。

同样是意大利传教士的高一志，当时写了一本小册子《童幼教育》，里面也出现了"斐罗所非亚"这种介绍。这本书在1620年出版，而《西学凡》则是1623年出版，明显早它几年。据说《童幼教育》在1615年就写完了，里面有一篇《西学》，跟《西学凡》内容很相似，但两者的关系如何我并不清楚。其中如是说："斐罗所非亚者，译言格物穷理之道，名号最尊。"

为此，根据我目前查的资料，"哲学"这个概念最早应该出现在《童幼教育》中而不是《西学凡》中。前述的"哲学"起源于西方，而"中国哲学"这个概念，最早也诞生于西方世界，出现在耶稣会传教士的一些文献中。这种巧合似乎预示着中国近代的命运，那就是世界学术话语权与政治话语权，近代以后都被西方所主导。

例如，利玛窦认为，孔子是"圣哲"，是"中国哲学家"，他的《中国札记》最初被翻译成德语，1615年在德国出版。在这里面出现了"中国哲学家孔子"的说法。又如马勒伯朗士《一个基督教哲学家与一个中国哲学家的对话》，还有大家熟悉的哲学家莱布尼茨的《致德雷蒙先生的信：论中国哲学》，这个文献中除了使用"中国哲学"概念之外,还指出了中国古代的一些"哲学"文献。而最著名的则是狄德罗,他专门为《百科全书》撰写了一节"中国哲学",其中勾勒了"中国哲学"简史。

在西方人关于"中国哲学"的文献中,早期最具有代表性并产生过重要影响的有两部著作:(1)《中国人的宗教诸问题》,其作者是龙华民,1701年以法语出版。(2)《中国哲学家孔子·用拉丁文解释中国人的智慧》(以下简称《中国哲学家孔子》),这本书不是一个人写的,主要作者是殷铎泽,1687年以拉丁语出版。这两部著作对西方世界了解"中国哲学"产生了巨大影响,莱布尼茨以及狄德罗等人对"中国哲学"的理解与把握,都是受其影响的产物。例如,莱布尼茨还专门为《中国人的宗教诸问题》做了注释,其注本收入他的全集。这两本书大概情况是这样的。

(1)《中国人的宗教诸问题》这本书的作者是意大利传教士尼可拉斯·朗格巴尔迪,他的中文名字叫龙华民,1597年他作为耶稣会传教士来中国传教,1610年利玛窦去世后,由他接任中国地区的传教长,在位12年指导着耶稣会在中国的传教。他在中国居住58年,1654年95岁在北京去世。这本书的写作缘由是为了回答中国·日本管区长维伦奇诺·卡尔巴略神父关于中国的学问中是否存在与基督教共通的东西的提问而写的。

这本书完稿于1623年,是用拉丁文写的,全名是《关于对上帝、天神、灵魂(即中国所谓的天之王、天使、理性魂)及其他中国的名词与用语的论争,为了决定其中哪些可以在基督徒中使用,对此调查后向澳门巡察使汇报其看法而面向中国国内住院神父们的简短报告》。在1676年被翻译成西班牙语出版。而到了1701年则出版了法语版。这是路易·朵·西塞受命于巴黎外国传教会,将此文献译成法语出版时,改名为《中国人的宗教诸问题》。莱布尼茨对此书的加注本，收入杜坦最初编选的《莱布尼茨全集·第四卷》。《中国人的宗教诸问题》的内容，则是探讨如何理解"上帝""天神""灵魂"等问题，主要回答中国传统思想中"上帝"对应天主教中的是什么？天主还是耶稣？是人格神还是理性神？进而探索中国哲学（宋学）的根本原理究竟是什么等问题。显然，这是为了传教的需要而将中国传统学术进行与西方概念相对应的解读，从而展开对"中国哲学"的理解与研究。

（2）《中国哲学家孔子》并非一人所著，在1687年正式出版时所署的编译者是柏应理、殷铎泽、恩理格和鲁日满这些耶稣会会士。主要作者是殷铎泽。殷铎泽也是意大利传教士，1659年来华，在杭州传教，1674年被耶稣会任命为中国日本耶稣会的会务视察员，1696年在杭州去世，享年72岁。主要贡献是他与郭纳爵一起把《大学》翻译成拉丁文介绍到欧洲，取名《中国的智慧》，在1662年刻于江西建昌，之后他又翻译《中庸》，取名《中国政治道德学》，于1667年和1669年，分别刻于广州和印度卧亚，同时《论语》的拉丁语最早译本也是出自他之手。附有菲利普·克卜勒解说内容而出版的著作则是《中国哲学家孔子》。

1687年，这本书在法国巴黎出版，为拉丁语版，全书由献辞、导言、孔子传记和《大学》《中庸》《论语》的译文组成。以此书拉丁文版为底本，法国人西蒙·富歇和让·德拉布吕纳在1688年分别出版了法文版的《关于孔子道德的信札》和《中国哲人孔子的道德》。这本书对欧洲学术界了解中国影响很大。

以上两本书主要解决天主教思想与中国传统思想概念的对应问题。相对罗明坚在《新编天主实录》中把新教中的"deus"译成"天主"的概念，利玛窦则在《天主实义》中以《诗经》《尚书》中可以见到的概念"上帝"这个词来把握"天主"，即所谓"吾天主，乃古经书所称上帝也"。出现了"天主即上帝"的理解,由此为中国人天主教观的形成确定了一种方向性的理解。在此后的十多年,利玛窦的这种方针被传教士们继承,"天主即上帝"的表现在中文版的天主教义中经常出现。而从《新编天主实录》1584年出版,到《天主实义》1603年出版,教义中出现天主降生人间,道成肉身成了耶稣基督,因此又出现了"天主为耶稣"的学说。在此,根据两个不同定义,自然成了"上帝=天主=耶稣"的理解逻辑。最初罗明坚编写《新编天主实录》时,使用了佛教、道教思想相关的文献对应天主教中相关的概念内容来传播。然而,由于《新编天主实录》的中文比较难懂,又是借用佛教的传教路线,接受的人并不多。书中有科学的内容、哲学的内容、天主教义的内容。利玛窦最初协助罗明坚,而1588年罗明坚回欧洲,利玛窦就接替了他的工作,就在罗明坚《新编天主实录》的基础上,抛弃了佛教路线而采用儒学,在其中加入了中国"四书"的内容,希望在士大夫之间被接受。为此,就开始从中国传统经书寻找对应概念来传播福音书。

天主教在阐明教义上需要解决与明确如下一些问题。第一,天主如果降生地上(耶稣),天上的主宰者是否还存在?第二,根据宋学理论,天就是理,上帝、帝也只是指这种天或者理的主宰性质。那么,理,也就是太极就拥有了意志,给予人以赏罚,进一步又降生到人间,成为耶稣,成为人而教化人们,这种关系逻辑如何成立?第三,如果把天主与上帝相等同,而关于上帝,本来就是中国传统中的信仰性存在,那就没有必要再引入新的基督教学说,传教如何得以可能?等等。

这里面最主要的问题是什么呢?首先,罗明坚把"deus"翻译成"天主",而利玛窦则在古典中找到"上帝"概念,以此替代"天主"的翻译(在《天主实义》中,天主概念出现了350多次,而上帝概念也出现了94次）。那么，这个"上帝"究竟是怎样的存在？与"deus"的存在是否一样？其次，在中国传统思想中，"天""上帝"究竟是不是西方意义上的"神"？是人格神还是理性神？再次，"神"是创世主，那么，对于这种创世性质的存在，在中国传统思想中应该对应怎样的概念？这些就是《中国人的宗教诸问题》《中国哲学家孔子》必须要面对的问题。对此，传教士的观点出现分歧，体现在三个方面：第一，《五经》与上帝的关系；第二，"理""太极"是否可以与"神"完全重合；第三，中国传统是"有神论"还是"无神论"？针对这些问题的理解，两本书采用了不同的解释方向，出现了不同的观点。

第一种解释方向：《中国哲学家孔子》继承了利玛窦"天主即上帝"的把握路线；并且认为，如果就先秦五经的经文而言，显然"上帝"具有人格神的意味。例如，"天丧予！天丧予！"（《论语·先进》），"天之未丧斯文也，匡人其如予何？"（《论语·子罕》），"天将降大任于斯人也，必先苦其心志，劳其筋骨，饿其体肤，空乏其身……"（《孟子·告子下》）等，为此，必须继承利玛窦对中国经书的解读路径，利用中国传统中关于"上帝"的思想，赋予基督教之耶稣以天主的性质。

第二种解释方向：在《中国人的宗教诸问题》中，龙华民认为必须参考《五经大全》《四书大全》《四书集注》等新注的经书，并且需要遵从这种新注的经书解释。如果不这样，就会与当时在中国成为正统的解释相乖离而出现错误。然而，如果认为"天主即上帝"，按照新注，上帝相当于"太极""理"这样的存在，那就不是人格神。并且，如果把上帝当作神灵的一种，"太极""理"等就不是创世性存在，就会降为低一等的二等层次，那其存在性质就不能与"deus"等同。因此，要在中国传教，必须确立天主教的独立性理论。

那么"太极""理"与"神"是什么样的关系？对此，利玛窦、殷铎泽与龙华民之间，显然存在着一些观点上的不同与变化。利玛窦认为："化生万类者，即吾天主也。""天主则无始无终，而为万物始焉。为万物根底焉。无天主则无物矣。物由天主生，天主无所由生。"然而，他认为"太极""理"非万物之源，反对宋学的观点。他说，"中士曰：太极非他物，乃理而已。如全理为无理，尚有何理之可谓？西士曰：若太极者，止解之以所谓理，则不能为天地万物之原矣"。为此，他认为"上帝"与"太极"是不同的存在，指出："古先君子敬恭于天地之上帝，未闻有尊太极者。如太极为上帝，万物之祖，古圣何隐其说乎？"以上这些都是《天主实义》中的内容。

然而，遵从宋学的龙华民与殷铎泽等不同，他认为中国传统思想中的"上帝"就是"太极"，就是"理"。宋学创始人周敦颐只讲"太极"，不谈"理"，而到了二程及朱熹则是把"太极"与"理"等同起来理解。如《朱子语类》曰："有此理便有此天地，若无此理，便亦无天地、无人、无物，都无该载了。""总天地万物之理，便是太极。"

那么，从利玛窦所说的"物由天主生，天主无所由生"，结合《易经》的内容："《易》有太极，是生两仪，两仪生四象，四象生八卦"（《易传·系辞上·第十一章》），他们的结论显然是：如果创世者"deus"（神）等同于天主，则等同于上帝，也等同于太极，等同于理。不过，殷铎泽等与龙华民在理解这种作为原初创造者的存在性质上，却又出现了分歧。

《中国哲学家孔子》认为："与我们的哲学家同样，在中国以纯粹第一质料这个词来理解的东西，中国人除了太极的命名，还可以看到被称为'理'的那种存在。这个词在中国与'道'同样，几乎跟拉丁语的'ratio'（理性）一样广为人知。而论述这个名称时，他们进一步把事物的本质性差异以一种理性而展开，就那样说明太极这个词。而关于理性，也就是如此被哲学化，即认为存在某种普遍的东西来决定事物。这件事情，说的是同一的东西贯穿诸事物的种、个而深入其中。而值得称赞的是，正如他们以通过太极正确理解第一质料那样，通过道理正确理解某种理性，或构成诸事物的形相以及被其它事物区别的形相。"

也就是说，《中国哲学家孔子》把"太极"当作亚里士多德的"第一质料"那样的存在来把握，进而肯定"理"与"太极"具有重合的一面，但"理"比"太极"具有更强的理型性、形相性的倾向。为此，他们认为"理"是一种最值得称赞的存在。这充分体现了殷铎泽等人认为，在中国哲学的根本原理即"太极"中，存在着与理性即神的逻各斯能够重合的要素。正因为如此，他们与宋学新注有共鸣的一面。

与此不同，龙华民《中国人的宗教诸问题》则认为，殷铎泽等人所说的"太极""理"，属于与"神""天主"相对应的存在，其实这种思想在中国哲学中完全不存在。他与殷铎泽等不同的是，他极力强调"理"所具有质料性的侧面。他说，"为了探索可视的世界如何从第一原理或被称为'理'之混沌，即chaos中产生，他们采用的方法是这样的：一方面思考着可视的事物中必须存在某种永恒的原因，另一方面又认为，本质上不存在能够产生其必然生成之效力或活动的原因。还有，根据日常经验，热（阳）与冷（阴）是生成与毁灭的原理，也被认为是作用因。由此，中国人努力探索从第一质料，即'理'，如何形成了一切所有的二次性质料的事物，以及万物的源泉、起源之热与冷是怎样被生成的问题"。

在此认识基础上，《中国人的宗教诸问题》进一步认为："由于

（中国人）认为宗教性仪式只要把目光朝向眼睛看得到的事物，所以在中国，礼拜'太极''理'，却没有一个人对此供奉牺牲。因此，中国读书人不仅不会由此给内心带来什么，在这种只是表面上装作敬神的情况下，必然能得出他们的理性极其欠缺的结论。也就是说，如果按照他们那样，不把'理'或者'太极'当作神，当然'太极'的产物之天也不会是神。更进一步，因为天之王（上帝）只是引起天的作用的能力，那就更不会是（神）那样的存在。还有，依存于山、川、世界的各个部分之神灵，下等的诸神，都比上述的存在更不可能是神。"

龙华民就这样完全从宋学出发，按照宋学对"太极""理"的理解来把握这种原理性存在。宋学对"太极""理"等的把握都是一元性的方法，例如，宋学中"万物之理，便是太极""性即理""理一分殊"等思想，都体现了中国哲学"一元性"的认识倾向。那么，对应于西方"神"的概念之所谓的"太极"，也只是一种像"第一质料"那样的存在，由此可见，在龙华民看来，中国传统思想显然具有"无神论"的性质。

与龙华民相比，殷铎泽等人的《中国哲学家孔子》虽然也重视宋学，并且其对"太极""理"的解释也接受宋学的解释，但在论述神的概念时，与其说他们局限于宋学的解释，不如说回到了古典经书的记载。根据他们的理解，宋学其实也是以这些古典为依据的，那么其重要性显然应该不如宋学以前的古典思想。如果宋学中没有明确揭示"神"的观念，那么其直接记载的文献就可以回到古典中寻找依据。所以，其结论是："我想说，在古代中国人中，表现真的神的名称是上帝。这个名称之古老通过民族的始祖伏羲得以表现，这是与第三代君主黄帝统治时，仓颉通过正确规则，明瞭说明其工作而想起的文字之最初的尝试一样古老的东西……可以确认，在比被deus这个拉丁语翻译之希腊语theos名称还要更早以前,上帝这个名称在中国就被记载的事实。"

他们就是如此理解中国古典的,认为古典文献中的上帝等与西方的神属于同样信仰性质的存在。殷铎泽等人的这种观点,一般认为,这是对认为中国古代哲学属于有神论思想(利玛窦的立场)的继承。也就是说,他们认为,在"至高之天的支配者"即"上帝"或者"天"之命名中,古代中国人确实存在着有真的神存在的认识。

那么,针对以上这部分介绍的内容,我的结论如下:"中国哲学"这个概念,最初是在西方耶稣会传教士中使用,他们从传教的目的出发,需要在中国古代思想中找到他们需要的、能够与其教义相对应的概念,以便于他们在当时的中国社会,特别是在士大夫中传播福音教义。而其中首当其冲的当然是关乎"神",即"deus"这种存在所对应的概念应该是什么的问题。由此,在解释"太极""理"的对应性概念中,出现了龙华民与殷铎泽等人两种完全不同的路径,从而出现了关于中国传统思想之"有神论"与"无神论"的不同立场。

但是,我们应该注意,他们在理解、把握中国传统思想中的"太极""理"等概念时,并非仅仅停留在文献资料的堆积、梳理、阐发,而是深入这些概念的本质内涵进行西方哲学性的辨析,以哲学的批判性方法,对这些概念的本质属性是什么进行了分析、探索与阐释,这种研究方法属于西方哲学的方法。

如果从西方哲学的范式出发,这种方法对中国传统经学思想进行近代学术转化,即"哲学"转型,以此建构"中国哲学"而言应该是有效的。然而,早于东亚学术界近200年的这种"中国哲学"的阐释路径,并没有对中国近代学术界产生什么影响,也许是语言的原因,中国近代学术界出现的对"中国哲学"的建构,来自日本近代的建构路径,是日本人最初开创的"中国哲学史"的建构,直接影响了近代中国学术界"中国哲学"概念的诞生。

2. 井上哲次郎与"中国哲学"概念的诞生

这部分内容也分成三个部分:"东洋哲学史"与"支那哲学",《东洋哲学史》讲稿的诞生,井上哲次郎的"哲学"立场及其影响。

在中国最早出版的《中国哲学史》著作大家应该都知道,那就是谢无量的《中国哲学史》,1916出版。在这本书出版之前,陈黼宸、陈汉章等人已在北京大学讲授"中国哲学史"课程。陈汉章《中国哲学史·叙》里面有一段话,虽然很短,但提供了重要信息。他说,"中国哲学……前有日本人,今有四川谢君,各为之史,尚未及倾群之沥液,发潜德之幽光"。因此他也着手纂述,"亦所以进德修业也"。

根据陈汉章的这句话,显然,"中国哲学"这个概念,在东亚最初诞生于近代日本,这是日本学术界在近代接受"哲学"概念与范式的结果,当时在日本则被称为"支那哲学"。我国学术界有的学者认为,在日本最初出现的"中国哲学"是由中村正直、岛田重礼担任东京大学哲学科教授时开设"支那哲学"课程开始的。这是桑兵教授的观点。然而,我在中村正直、岛田重礼的相关文献中,并没有查到他们在当时使用了所谓的"中国哲学"或者"支那哲学"这样的概念。虽然可能当时(1881年)的东京大学开始设置了"支那哲学"这门课,但是当时这两位教授是否讲授了这门课,根据我目前所查考的资料,似乎是没有。

根据我目前所查到的相关资料,基本可以断定,井上哲次郎是明治初期在东京大学真正意义上讲授"支那哲学"即中国哲学的第一人。岛田重礼在井上哲次郎前往德国留学之际,于1885年开始接替井上哲次郎为哲学科的学生讲授"东洋哲学史"这门课。那么显然，岛田重礼所谓"支那哲学"之说，则是在井上哲次郎之后才出现的事情。

（1）"东洋哲学史"与"支那哲学"。

根据流传下来的学生笔记文献，井上哲次郎最初在东京大学的哲学科讲授"东洋哲学史"时，似乎只讲了"支那哲学"。当然，在日本是否是井上哲次郎第一个采用了"支那哲学"这个概念，我不敢断言，但在大学里真正意义上讲授"支那哲学"，即"中国哲学"显然是从井上哲次郎开始的。可以说，近代以后，在东亚学术界陆续出现的"中国哲学"这个学科，井上哲次郎在大学讲授的"支那哲学"是其开端。

井上哲次郎作为东京大学的第一届学生，他在大学里接受了由美国人费诺萨讲授的"西方哲学史"教育的洗礼，所以他按照西方哲学的范式，开始着手他的"东洋哲学史"的建构。他所讲的"支那哲学"，也就是我们后来的"中国哲学"。因为当时还没有"中国"这个国名的概念，只有"清朝""大清"等说法，为此，当时中国学者，如宋恕，偶尔就采用"禹域"称呼当时的"中国"。在日本出现的"支那"这一名称，最初并没有贬义内涵，为此当时中国人的一些文章、著作中，也采用"支那"这个说法。例如，梁启超的笔名之一则是"支那少年"，李鸿章称之为"支那之怪杰"，黄兴还创办了题名为《二十世纪之支那》的杂志等。这些都说明，"支那"最初不是一种对当时中国的蔑称。只是到了中日甲午战争前后，"支那"的意思就逐渐变味了，逐渐成为日本人蔑视大清帝国，蔑视当时的中国的代名词了。到了20世纪30年代，由于当时中华民国政府的抗议，日本政府以及后来的日本学术界才逐渐不再使用"支那"这个概念，采用"中国"这个名称。

根据《回顾八十八年》《井上哲次郎自传》《巽轩年谱》这三个

文献，井上哲次郎于明治十六年（1883年），在东京大学开始讲授"东洋哲学史"。不过，台湾大学的佐藤将之教授近年的研究发现，其实这门课程最初于明治十五年，即1882年底就已经开始了，"明治十六年"是井上哲次郎晚年记忆的错误。

然而，井上哲次郎并没有正式出版过这部讲稿，学术界至今也没有找到井上哲次郎在当年所使用的讲稿。目前学术界要了解该讲稿的内容，只能通过当时的东京大学学生井上圆了和高岭三吉等人所留下的课堂笔记，而从这两位所留下来的课堂笔记中可以看到的关于"东洋哲学史"讲义，其实只有"支那哲学"的内容，且并不全面，除了"概论"性内容之外，只有先秦诸子的思想介绍。也就是说，他所开的课程虽然名称是"东洋哲学史"，但所讲的内容只有"支那哲学"，也可以说，他的"东洋哲学史"这门课，就讲"支那哲学"。

（2）《东洋哲学史》讲稿的诞生。

根据井上哲次郎的"回顾"与"自传"以及其他相关文献不难发现，他的《东洋哲学史》讲稿的诞生，至少是三个要素相互作用的结果，且三者皆不可或缺。这三个要素是：第一，第一任东京大学总理（总长）加藤弘之的存在是《东洋哲学史》最初讲稿诞生的直接原因。第二，少年时代所接受的汉学教育对井上哲次郎的深刻影响。第三，西方学术界对中国传统思想的认识对他编写《东洋哲学史》讲稿的影响。由于时间关系，在此不再一一展开讲述，我的结论是：井上哲次郎《东洋哲学史》讲稿的诞生，是基于他自己从少年时代对汉学经书的学习，结合他在东京大学接受哲学教育所形成的对于"哲学"的理解等，在当时的大学总理加藤弘之的建议和帮助下，利用自己的汉学知识基础，以及参考欧洲哲学史界对东方传统思想的哲学话语阐述，通过2年左右的努力初步完成了《东洋哲学史》讲稿，并在东京大学授课，从此开创性地揭开了东方学术界把传统的佛学、经学思想与近代引进的哲学范式对接，拉开了近代学术范式转换的序幕。

（3）井上哲次郎的"哲学"立场及其影响。

那么，井上哲次郎的"哲学"立场究竟怎么样呢？如果不知道他的哲学立场，就难以把握他所建构的"中国哲学"。就结论而言，他所建构的"中国哲学"，主要体现在两个方面：泛哲学化立场和比较哲学倾向。

第一，泛哲学化立场。泛哲学化立场体现在他对东西方哲学存在的差异的忽视上。

其实，从西周开始就已经注意到东西方哲学的差异问题。西周在翻译"philosophy"时指出了东方儒学的"泥古"性、"祖述"性，与西方"philosophy"的"推陈出新"之间的差异之所在。虽然西周并没有真正认识到中国传统思想与西方哲学之间对于"知"的把握存在着本质不同，但他仍然指出了两者之间存在的差异。

然而，无论是井上哲次郎早期的著作还是其晚年的"自传"，都表明他对"哲学"的理解体现着一种对学问的极为宽泛性的把握，即泛哲学化的倾向，他并不在意东西方在学问探索上的本质区别，而把所有的思想史资料都当作"哲学"来认识。

例如，他指出，在西方人的"哲学概论"中，除极个别人提及印度哲学的内容之外，基本没有涉及中国哲学的内容。他在《明志哲学界的回顾》中指出："西方哲学家只是把希腊以来的哲学当作哲学看待是错误的，也必须思考印度、支那的哲学。……与西洋哲学比较对照而研究东洋哲学，且进一步构建哲学思想的这种工作，作为东方人这是最得当的方法。……因此，自己在研究西洋的哲学同时，不懈怠研究东洋的哲学，努力以融合统一两者的企图为己任。""讲授哲学概论，这（仅限于西方）是一种偏颇的态度。……在东方两千数百年来拥有优秀的哲学。其中既有西方所没有的哲学思想，也有与西方哲学自身相吻合的主义主张。为此，相信从某种意义而言，作为东方人更应该努力研究东方的哲学。"

正因为此，他在东京大学最后的十年任职中讲授"哲学概论"时，则"不区别东西方，广泛讲述东西方的哲学"，他认为："讲授哲学概论必须广泛比较对照东西方的哲学。"

以上这些观点显然揭示了他的泛哲学化的学术倾向，无论东方还是西方，过去都有哲学，传统的东方思想，西方的"哲学"，都是"哲学"，所以研究哲学，不能仅限于西方，东方的也要讲，东方人更应该研究东方哲学。

第二，比较哲学倾向。由于井上哲次郎秉承着上述泛哲学化立场，所以他并不在意应该如何对东西方的思想与哲学所存在的根本差异进行比较与分析，而只是把视角放在两者的相同点或相似点上进行比较性把握，并且主要是针对两者所探索的问题以及针对该问题的立场的相同或相似之处，进行比较性考察，在此基础上阐述他所理解的"哲学"。这种倾向主要表现为相同点与相似点两个方面的比较。

相同点比较：他认为哲学的起源不是只有西方，在西方是希腊，而在东方则是中国和印度，并且中国和印度比希腊还要早一些。例如，他指出哲学在希腊是起源于公元前7世纪的泰勒斯，而在印度公元前8世纪似乎就已经开始，在中国也是在与印度相近时期出现相同的探索。就泰勒斯所提出的"水本原说"而言，在印度则有原水说，不仅仅如此，还有火论师的原火说等，这些都比泰勒斯的时代更早些。而中国也早有提倡原水说的文献，如《春秋元命苞》以及《管子·水地》等，而管子死后21年泰勒斯才出生。

显然，这些观点是就东西方最早所探索的问题中存在的相同性而言。而从世界观而论，如一元论的唯心论思想，西方到了费希特、黑格尔时期才出现，而在东方，公元12世纪的陆象山就提倡"心即理"，而在约200年之后，王阳明更是以"致良知"学说，主张彻底的一元论的唯心论。这些都是在费希特之前的300多年就发生的事情。与中国不同，印度则在更早以前就提出了唯心论思想，其中最显著的是马鸣的《大乘起信论》，这些至少超过西方世界千年时间。

相似点比较： 他认为康德哲学一般被视为先验性唯心论，那是统合大陆哲学之笛卡儿以来的合理主义与英国的经验主义思想系统而建构起来的一种唯心论哲学。但由于提出"物自体"概念，并把其视为不可知的存在，康德哲学终究没有到达彻底的唯心论。就这一点而言，与中国的朱子立场甚似。朱子虽然继承了北宋以来的哲学思想，同时吸收了佛教思想，并与先秦的儒家思想进行对照，建构起崭新的哲学体系，但是最后他仍然陷入二元论，无法避免其不彻底性。而识破朱子这种不彻底性，提倡一元论唯心论的则是陆象山哲学。井上哲次郎认为："康德的哲学也陷入不彻底性，朱子的思想亦以不彻底而终结。两者同在不彻底处而结束反而具有意义。正因为不彻底，才出现了撤回康德的物自体而提倡一元论唯心论的费希特；在中国识破朱子的不彻底之处，提倡一元论唯心论的则是陆象山。在这里认识到东西方哲学史上极为相似的事实具有很深的意味。"

以上这些观点是井上哲次郎在晚年的"自传"中呈现的内容，如果仅就这些，当然不能作为他关于哲学的全部的认识。然而，只要我们查阅井上哲次郎早年的文献资料，就可以看到与其晚年基本一致的观点，也就是说，他的这种哲学立场似乎一直没有改变，从最初开始，他对于哲学的理解就是这样的。他认为："哲学又有分为思考哲学和实践哲学，或者根据地区又能分为东洋哲学及西洋哲学……实际上，时不问古今，洋不论东西，千古卓绝的学士而不成为哲学者殆为稀少，即如希腊的苏格拉底、柏拉图……东洋亦然，如孔丘老聃释迦等。"

在这里，显然他把东西方古代的哲学与思想都统一当作"哲学"来把握，把古代的哲人与先贤都当作"哲学家"来理解。而几乎同时期完稿的《东洋哲学史》讲稿中，也随处可见他对于东西方的"比较哲学"观点。正因为此，他还在讲稿的重要部分，专门设置了"比对"（比较）的小节，把中国哲学与西方哲学进行比较性对应阐述。这些现象充分说明，在井上哲次郎的学术视域中，思想与哲学是没有区别的，至于东西方之间所存在的差异，那只是认识与立场的不同，并不存在本质上的区别。就这个意义而言，井上哲次郎的哲学立场具有一种泛哲学化的倾向。他只是接受并借用了明治初期在日本引进的西方"哲学"概念，重新梳理、审视东方传统思想，并对其进行近代学术范式转换的建构性尝试。

3. 回顾：关于"中国哲学"，井上哲次郎与西方传教士的不同及其影响

根据上面讲述的内容，在此我们需要比较性把握，井上哲次郎与西方传教士对"中国哲学"理解的异同问题。

（1）欧洲传教士与井上哲次郎的相同点。

1）都以西方的"哲学"来把握中国的传统思想，不涉及对"哲学"与"思想"之间所存在的不同的思考，更没有对东西方两种学问之本质区别的探索。

2）都具有比较研究倾向。也就是说，都在中国传统思想中，寻求与西方神学或哲学中的对应性概念并进行比较性把握。

3）都把中国传统思想纳入区别于中国传统学术之"西方哲学"

的崭新视角进行阐释，赋予中国传统思想崭新的意义。

（2）欧洲传教士与井上哲次郎的不同点。

1）阐述的目的不同：欧洲传教士是为了在中国乃至东亚世界传教，在中国的传统思想中寻找适合其教义的内容，以便于宣扬他们的福音思想。而井上哲次郎则是为了重新建构中国传统的学问体系，把中国传统思想纳入西方学术范式所主导的学术世界。

2）诠释方式不同：欧洲传教士从中国传统思想中寻找与天主教相适应的概念，进行内涵与意义的辨析，进而揭示中国传统思想的本质。为此，注重对微观的、个别概念的分析与阐释。而井上哲次郎则从更为宏观的视角进行哲学史的建构，不注重微观的、深入的差异性辨析研究。

3）影响范围与对象不同：欧洲传教士的中国哲学理解，主要影响了西方宗教界传教士们如何理解与把握中国传统思想。而井上哲次郎的"中国哲学史"建构，则推动了东亚近代学术界对于中国传统思想进行近代转型的探索。

结论

东亚学术界在近代接受了来自西方的"哲学"概念，在接受"哲学"的过程中，存在着对"哲学"理解的偏颇，这是从西周翻译"philosophy"这个概念开始的。其中最重要的是存在着把"思想"与"哲学"混淆的问题。而这个问题，直接影响了东亚近代学术的转换，"中国哲学"这个概念就是在这个过程中应运而生的。虽然早于日本人近200年，耶稣会传教士就已经在欧洲使用"中国哲学"这个概念，但是，对于东亚学术界似乎没有什么影响。在中国学术

十三 从"哲学"到"中国哲学"

界出现的"中国哲学"这个学科，则来自近代日本。而日本人西周最初对"哲学"的理解存在的误读，即思想与哲学的混淆，在井上哲次郎建构"支那哲学史"时得到了进一步强化，甚至出现了极端的泛哲学化倾向。这些倾向直接或间接影响了当时的中国学术界。

中国学术界自从接受了"哲学"这个概念以来，在对传统经学进行近代学术转型的过程中，也一直延续日本学术界最初存在的诸问题。例如：谢无量在《中国哲学史·绪言》中说，"述自哲学变迁之大势，因其世以论其人，摄学说之要删，考思想之异同"。这里明显出现对"哲学"与"思想"的并列理解。胡适对哲学的定义是"凡研究人生切要的问题，从根本上着想，要寻一个根本的解决，这种学问叫作哲学"。显然他把哲学限定在实践哲学，特别是伦理学的范畴。从他说明哲学史的目的中更容易把握他对哲学的理解。他认为哲学史的目的是"明变""求因""评判"三个方面："明变"，是哲学首先之任务，"在于使学者知道古今思想沿革变迁的线索"；"求因"则是"指出哲学思想沿革史变迁的线索……原因"；"评判"当然是要"使学者知道各家学说的价值"。从这些表述中，不难看出他同样把哲学史，理解为"思想沿革史"，在这里"哲学"与"思想"也是没有区别的。

而对后来中国学术界的"中国哲学史"建构影响最大的冯友兰所理解的"哲学"也一样。他说，"哲学是对人生系统的反思……一个梦想家总要进行哲学思考，这就是说，他必须对人生进行反思，并把自己的思想系统地表达出来"，"思考本身就是知识，知识论就是由此而兴起的"等。冯友兰的这些表达，与西方的哲学相去甚远。首先他认为"哲学是对人生系统的反思"，"把自己的思想系统地表达出来"就是哲学。这里所说的"系统的反思"究竟何意并不明确。其次，他认为"思考本身就是知识"，把人的思考与知识画等号，显然他对于西方哲学中的"知识"含义并没有真正理解,体现了他在混淆"哲学"与"思想"区别上更进一步,所以才把人的"思考"当作"知识",认为"知识论就是由此而兴起的"。从这样的哲学观、知识观出发,自然所有的"思想"都可被拉入"哲学"的范畴,把"思想"都当作"哲学"来看待。在这种理解的前提下构建的中国哲学史理论,只能是一些与西方意义的哲学貌合神离的内容。关于中国哲学"合法性"的问题,一直被西方学术界所质疑,其原因也就来源于这里。我们要反思这种批判的原因,这里就是源头。

不过,话说回来,西周对"哲学"的翻译,井上哲次郎对于"中国哲学"的建构,其贡献也是不可否定的。虽然西周选择"哲学"而不是"理学"这一翻译,可能潜藏着日本人主导东亚学术话语权的企图。但是,正是他的"哲学"翻译,使汉字在近代重新焕发出生命力。正因为如此,之后的井上哲次郎才能把中国传统思想,以"中国哲学史"的形式再发展,并把其纳入近代以后的世界哲学领域进行新的阐发,让中国的传统从此与世界接轨,这个意义应该更大。

期待与展望

第一,在21世纪重新审视东亚学术传统,近代之初所存在的问题是不可忽视的。我们的学术,不能只是停留在如何借鉴日本的近代经验,或者研究日本近代学术,应该更进一步,分析、审视、研究日本人在近代最初接受"哲学"并开创了"中国哲学"这个近代学科的过程中,其中所存在的问题及其根源,从而找到我们的崭新起点。

第二,被冯友兰称为"北京大学讲授中国哲学第一人"的陈黼宸，最初并不接受"哲学"这种翻译，认为应该译成"理学"，可是，当他接受北京大学聘任而成为哲学门的教授时，却开始讲"中国哲学史"，也就是说，他接受了以"哲学"概念梳理中国传统经学、诸子学思想的新学术范式，这是为什么？这也是非常值得研究的问题。

第三，能够走向世界的学问，一定是立足于本国传统的学问。那么，为了克服"哲学"翻译中所存在的问题，我们应该回到近代的起点，重新寻找中国传统思想的近代转型之路。既能体现中国传统特点，又能接轨世界学术的"中国哲学史"应该是怎样的近代学术？这是我们作为学术研究者必须重新探索的重大问题，也是我们作为当代学者、把学术作为一种职业的人应该追求的学术目标。

总之，要走向世界，就要立足于本国的传统，这才能真正走向世界而保持独立自主。做学问是需要良知的，不要知道了一点点东西就觉得自己了不起了，其实没有什么了不起。自己知道的那一点点并不一定是对的。我们的先贤有一句话，"仰之弥高，钻之弥坚"（《论语·子罕》）。自己所研究的那个领域一定要弄清楚，并且立足点一定要在中国，一定不能忘记要把中国传统的思想当作自己学术的思考基础。而要做好某个领域的研究，一定要先了解该领域的学术史，这样才能知道自己站立的位置。

我们近代以来用西方的学术范式梳理中国的传统思想，那是近代中国走向弱势以后，那是我们不得不面对民族文化图存的一种选择，这是一种"苦肉计"般的选择。但是，今天，我们已经站立起来了，应在不自夸自大的前提下，重建我们自己的学术自信。在这种情况之下，我们必须重新回到近代的起点，思考我们还有没有可能找到重新建构中国传统学术思想的近代转型之路，这是我们最需要思考的问题。做学问不是一天两天的事，需要滴水穿石、积水成渊的功夫。希望大家都能够以这种学术精神来对待自己所从事的学术工作。

（葛诗嫣整理，林美茂校阅）

十四 晚年恩格斯正义观的实践逻辑

◎ 臧峰宇

时间：2020 年 12 月 22 日 18：00—20：00
地点：中国人民大学公共教学三楼 3102

  臧峰宇，中国人民大学哲学院院长、教授、博士生导师，入选国家"万人计划"哲学社会科学领军人才、全国文化名家暨"四个一批"人才、中国人民大学"杰出学者"特聘教授。兼任中国辩证唯物主义研究会副会长、中国马哲史学会马克思恩格斯哲学思想研究会副会长等。出版专著《马克思政治哲学引论》《晚年恩格斯哲学经典文本的内在逻辑研究》《通往智慧之路》，译著《不同的路径》《恩格斯传》。发表论文 120 余篇。

2020年是恩格斯诞辰200周年,世界各地的马克思主义者都在纪念这位伟大的"第二小提琴手"。恩格斯晚年是在英国伦敦北部的汉普斯泰德度过的,在普利姆罗斯山摄政花园路他故居的墙上可以看到伦敦议会制作的一块铜牌,上面写着"弗里德里希·恩格斯,1820—1895,政治哲学家,1870—1894年曾在此居住"。"政治哲学家"是伦敦议会对恩格斯这位长期居住者的身份确认,而晚年恩格斯的经典文本几乎都是在这里写作的,其中包括很多关于平等和正义的政治哲学阐述。

20世纪70年代著名哲学家罗尔斯出版《正义论》以来,政治哲学日益成为一门"显学"。就是在这本著作出版的第二年春天,德国古典哲学研究专家艾伦·伍德在《哲学与公共事务》杂志发表《马克思对正义的批判》一文,提出了后来为学界所称的"伍德命题",即"马克思不认为资本主义不正义"。学界围绕这个命题几乎讨论了半个世纪,我将这长达半个世纪的讨论所关涉的问题称作"正义论视域中的卡尔·马克思问题"。当论及马克思正义论的内在逻辑时,人们时常将恩格斯关于正义的阐述作为佐证。这不仅因为恩格斯这位"第二小提琴手"是"第一小提琴手"思想的合作者和重要解读者,而且因为恩格斯有着比马克思更多的关于"正义"的论述,有利于人们更好地理解他和马克思共同的正义主张。因而,重读《反杜林论》《〈反杜林论〉的准备材料》《论住宅问题》《做一天公平的工作,得一天公平的工资》《英国北方社会主义联盟纲领的修正》《马克思和洛贝尔图斯》等晚年恩格斯文本中对"正义"的历史性规定,理解恩格斯充分阐述的作为正义表现的平等以及社会的公平与正义的实践原则,归纳这些思想的内在逻辑,对深入理解马克思主义正义论的要义及时代精神具有重要的启示意义。讨论这个问题,我们应首先重审"伍德命题"及其引发的学术争鸣。

一、马克思正义论的历史唯物主义底蕴

伍德认为支撑他观点的最重要的一段马克思的表述来自《资本论》第三卷,马克思这样评述银行家吉尔巴特关于"自然正义"的观点:"生产当事人之间进行的交易的正义性在于:这种交易是从生产关系中作为自然结果产生出来的。这种经济交易作为当事人的意志行为,作为他们的共同意志的表示,作为可以由国家强加给立约双方的契约,表现在法律形式上,这些法律形式作为单纯的形式,是不能决定这个内容本身的。这些形式只是表示这个内容。这个内容,只要与生产方式相适应,相一致,就是正义的;只要与生产方式相矛盾,就是非正义的。在资本主义生产方式的基础上,奴隶制是非正义的;在商品质量上弄虚作假也是非正义的。"① 马克思在这段话中从历史的角度强调"交易的正义性"的现实基础,表明作为法律形式的正义是由生产方式决定的,正义的观念总是与一定时代的生产方式相适应。

法律是社会有机体中的重要一环。在黑格尔看来,"整个立法和它的各种特别规定不应孤立地、抽象地来看,而应把它们看作是一个整体中依赖的环节,这个环节是与构成一个民族和一个时代特性的其他一切特点相联系的"②。"交易的正义性"归根结底体现了一定时代的经济关系。马克思认为,资产阶级强调自身为社会普遍利益代言是没有根据的,资本主义社会的分配正义也并非自然正义或永

---

① 马克思,恩格斯.马克思恩格斯全集:第46卷.2版.北京:人民出版社,2003:379.

② 黑格尔.法哲学原理.范扬,张企泰,译.北京:商务印书馆,2018:5-6.

恒正义。普遍利益和正义规范是社会的、历史的，并在现实社会的建构中随着历史发展而变迁。马克思强调要"超出资产阶级法权的狭隘眼界"①，关于正义问题的答案只能通过对一定时代的经济利益和经济关系进行分析才能找到。正如恩格斯指出的："社会的公平或不公平，只能用一种科学来断定，那就是研究生产和交换的物质事实的科学——政治经济学。"②历史唯物主义从创立伊始就与这门研究生产和交换的物质事实的科学结合在一起，并为其提供哲学基础。

马克思几乎没有对"正义"做过一般规定，而且多次对超历史的正义观念提出深切的批判，因为这些观念并不能解决任何实际问题。他从历史必然性角度提出的正义主张超越了纯粹道德正义观念，在具体的历史语境中确认正义的实现路径。在他看来，实现实质正义，必须首先改变不正义的社会环境，并为正义的社会氛围提供坚实的物质基础。为此，必须探究马克思关于社会差别和社会冲突的看法。正如布坎南所指出的："只有我们理解了马克思关于冲突的根源的观点，即休谟和其他人所说的正义环境，马克思对法权观念和法权实践批判的激进品格才能被充分地领会。"③应当看到，在马克思使用"正义"一词的实际情形中，"正义"主要是一种法权话语，等价交换原则是符合资本主义生产方式的正义的体现，它符合资本主义的法律形式。改变不正义的社会环境，扬弃旧的法权观念，建立体现正义的经济关系，才能使实质正义充溢在人们的日常生活中。

马克思之所以从否定性角度论及超历史的正义观念，是因为它已经被资产阶级意识形态家用作没有现实内容的"陈词滥调"，因而几乎没有道德营养。马克思力图避免工人在实际斗争中受到诉求

---

① 马克思，恩格斯.马克思恩格斯全集：第19卷.北京：人民出版社，1963：23.
② 同①273.
③ 布坎南.马克思与正义.林进平，译.北京：人民出版社，2013：5.

十四 晚年恩格斯正义观的实践逻辑

"正义"之类成见的误导,他认为资本主义的内在矛盾使这种社会制度正在走向终结,这种趋势绝不是通过使之更符合社会正义之类的道德举措能够改变的。换言之,正义并不能从根本上改变利益冲突和阶级冲突。工人和资本家之间的交换关系是"正义"的,但其间存在着奴役与被奴役的阶级关系,工人遭到资本家剥削,被迫失去了剩余价值。在生产之外单纯讨论分配正义是没有什么意义的,因为生产与分配是互为因果的范畴,在生产不正义的前提下,所有关于分配正义的争论都是一种浅薄的认知。只有通过革命,消除工人和资本家之间的对抗性关系,无产阶级才能实现社会正义的有效需求。

在这个意义上,马克思否定的"正义"主要是一种超历史的意识形态概念,或缺乏现实可能性的某种道德呓语。即使他在为国际工人运动协会起草"成立宣言"和"共同章程"时从道德角度使用过"正义"话语,也做出明确限定,以使之不会被泛化。如果"正义"主要是为经济基础所决定的法权概念,那么倡导革命的政治首先不是要实现社会正义,而是要变革社会的经济关系和政治制度,并在社会形态更迭的过程中确立与生产方式相适应的正义的基础。正如胡萨米所说:"通过废除生产资料的私人所有制,社会主义废除了不对称的权力关系,废除了与社会地位和特权相关的不平等,从而建立起平等权利原则。"[①]此后,联合起来的生产者努力创造社会财富,满足社会的共同需要,由此建构新的社会正义原则。

在上面谈到的《资本论》第三卷那段重要表述中,马克思明确了等价交换原则的正义性,资本家以支付工资的方式购买工人的劳动力,是等价物之间的对等交换。不能因为劳动力是一种特殊商品,就否定等价交换原则的正义性。至于劳动力商品本身能创造出多于

[①] Ziyad Husami. Marx on Distributive Justice. Philosophy and Public Affairs,1978,8(1).

工资的剩余价值，也是在等价交换之后产生的，这不应从"不正义"的角度加以道德谴责，只能说这是资本主义社会形态赋予资本家的"幸运"。换句话说，当马克思在历史科学中揭示资本主义衰亡的必然性时，他所建构的未来理想社会不是以正义为根本价值目标的。

马克思摒弃了从正义角度批判资本主义制度的非历史主义思维方式，他看到"正义"作为资产阶级意识形态话语所具有的流行意义，因而以相当有限的含义使用这个概念。他不是致力于谴责单个资本家的伦理学家，而是要彻底摧毁工人与资本家之间的对抗性关系，使无产阶级在政治实践中获得整个世界的革命家。这个命题表明，作为权利的正义"决不能超出社会的经济结构以及由经济结构制约的社会的文化发展"[①]。它也表明，马克思不诉求"被限制在一个资产阶级的框框里"[②]的权利，也明确反对资产阶级道德说教。由此我们方能理解马克思对某些意识形态家设定的空泛远景的否定，他要塑造的是为人类谋解放的生成着的现实。在他看来，"工人阶级不是要实现什么理想，而只是要解放那些由旧的正在崩溃的资产阶级社会本身孕育着的新社会因素"[③]。

由此可见，马克思的正义论具有历史唯物主义底蕴。试图将历史唯物主义剥离出马克思正义论的思路必然意味着对马克思哲学实质的重释：如果历史唯物主义不是马克思哲学的实质，而只是其中的一个组成部分，那么马克思正义论或可成为外在于历史唯物主义的研究。在这个意义上，探讨历史唯物主义与正义论的关系，成为确认马克思有没有正义论以及马克思有何种正义论的关键问题。这一问题引发多重争鸣，总体上形成历史主义与道德哲学两种进路。

---

① 马克思,恩格斯.马克思恩格斯选集:第3卷.3版.北京:人民出版社,2012:364.

② 同①304.

③ 同①103.

以其中一种进路反对另一种进路,固然各有道理,但也忽视了马克思正义论所体现的辩证的转化,忽视了马克思正义论的实践逻辑。

二、基于生产方式的公平正义及其历史性规定

讨论这个问题,人们不仅"回到马克思",而且经常"回到恩格斯"。晚年恩格斯进一步阐述了基于生产方式的公平正义,驳斥了关于永恒公平的怪想。我们知道,公平正义是自古以来人们建构社会秩序的重要标准,也是在现代经济运行过程中为人们普遍接受的价值原则,但公平正义的理想能否成为现实以及如何成为现实,进而是否应当坚守公平正义原则以及如何坚守这种原则,始终是考量政治哲学家的实践智慧的关键问题。正如恩格斯在《论住宅问题》中指出的,"在法学家和盲目相信他们的人们眼中,法的发展就只不过是使获得法的表现的人类生活状态一再接近于公平理想,即接近于永恒公平。而这个公平则始终只是现存经济关系的或者反映其保守方面,或者反映其革命方面的观念化的神圣化的表现。古希腊人和古罗马人的公平认为奴隶制度是公平的;1789年资产者的公平要求废除封建制度,因为据说它不公平。在普鲁士的容克看来,甚至可怜的专区法也是对永恒公平的破坏。所以,关于永恒公平的观念不仅因时因地而变,甚至也因人而异"[①]。从中可见,现实的正义是对经济关系的真实反映,在不同的社会形态中有不同的表现形式,它不应当是观念化的神圣化的规定,而实际地体现为一种历史性规定。

因为正义观念是一种历史性规定,所以在古希腊人和古罗马人看来,奴隶制是公平的;而多年后在法国资产阶级看来,不仅奴隶

---

① 马克思,恩格斯.马克思恩格斯选集:第3卷.3版.北京,人民出版社,2012:261.

制是不公平的,取代奴隶制的封建制也是不公平的。公平正义观念是因时因地因人而异的,作为观念上层建筑,它是由一定社会的经济基础所决定的。在这个意义上,脱离一定社会的历史条件,空洞地讨论什么是公平的报酬或什么是正义的分配,与问题的解决毫无关系。解决具体的公平正义问题,需要在一定的生产制度和现实语境中探寻答案,否则,人们只能陷于对违背自己道德感的事件的伦理谴责,却不能从根本上走出非正义的困境。因而,问题的关键是从生产力与生产关系的矛盾运动与社会发展必然趋势的角度把握正义的现实存在及其超越现存的必然性,在具体的历史条件下确认何谓正义与谁之正义。

面对将公平正义原则视为自然公理的非现实性论说,晚年恩格斯探讨了公平正义原则的形成过程,认为它最早源自约束人们的生产和交换的习惯性规则,后来规则形成了法律,进而形成了以维护法律为职责的权力机关,当法律通过立法得到发展的时候,似乎就不是从经济生产生活,"而是从自身的内在根据中,可以说,从'意志概念'中,获得它存在的理由和继续发展的根据"①。后来,新的社会分工产生了法学家群体,法学家将法的体系中多少相似的东西称为自然法,"而衡量什么算自然法和什么不算自然法的尺度,则是法本身的最抽象的表现,**即公平**"②。当公平进入永恒视域,就不再是因时因地考量的尺度,而成为观念化神圣化的标准。

这些《论住宅问题》中的论述让我们将目光转向140多年前的德国:因获得法国为普法战争失败而支付的几十亿法郎赔款,当时的德国成为有能力参与世界市场的工业国家。工业的发展使大量农村工人涌向柏林等大城市,造成了城市住房短缺问题。与一路高歌猛进的工业化相伴随的是迅速铺开的城市化进程。19世纪后半期,

---

①② 马克思,恩格斯.马克思恩格斯选集:第3卷.3版.北京:人民出版社,2012:261.

德国的城市数量明显增加,城市规模也不断扩大,一些城市如柏林、慕尼黑、汉堡、法兰克福、莱比锡发展成为地区性乃至全国性经济中心。工业革命推动了城市的迅速崛起,同时也扭动了人口结构,改变了城乡人口的比例。农村剩余人口大量涌入城市,使城市人口大幅度增加。以柏林为例,1820年时的人口数约为20万,到了1870年则猛增到77.4万,增幅为近三倍。与之对应的是农村人口不断下降,生产过度膨胀,人口、资源过度集中,这必然带来一系列社会问题,如工业污染、资源紧张、交通拥堵、住宅短缺、失业、贫富差距加大等。这些问题在当时的伦敦、巴黎和维也纳也很常见。为此,埃·萨克斯和阿·米尔柏格分别在《各劳动阶级的居住条件及其改良》和《住宅问题》中提出了解决问题的设想,其中体现的蒲鲁东主义的观点遭到恩格斯的质疑。恩格斯分别在《人民国家报》连续发表了两篇批评文章《蒲鲁东怎样解决住宅问题》和《资产阶级怎样解决住宅问题》,米尔伯格稍后在《人民国家报》上对恩格斯的批评加以反驳,恩格斯为此又以《再论蒲鲁东和住宅问题》为题在《人民国家报》上做出了回应。

《人民国家报》编辑部在1872年底至1873年初分别将恩格斯的上述三篇文章作为单行本在莱比锡出版,其中第二篇文章的单行本曾被德国政府列为查禁书籍[①],但这道禁令使该书"销路大增"。三篇文章的合订本于1887年3月在霍廷根-苏黎世出版,恩格斯为此撰写了序言并做了增补和注释,阐明了三篇文章的写作缘由与历史语境。恩格斯的立论基于国际工人运动的发展,当时多数工人已从接受蒲鲁东主义而改为阅读《资本论》和《共产党宣言》等"马克思学派"的著作,从而提高了政治实践的效果。因而,恩格斯的批评

---

① 参见《德意志帝国通报和普鲁士国国家通报》(柏林)第302号,1878-11-06,第2页。

主要指向蒲鲁东主义，对讲坛社会主义者和小资产阶级社会主义者等少数仍然信奉蒲鲁东主义的人加以警示，同时对解决住宅问题的各种不合理或不现实的思路分别做出批评，这些在他对住宅问题解决方案的分析中可以获得清晰的理解。

为了理解晚年恩格斯住宅理论中浸润的实质正义观念，我们要借助对其他文本的解读。首先应回到青年恩格斯的《国民经济学批判大纲》，正如科尔纽所指出的，这部文本"使马克思确信：和资产阶级经济学家不同，不应当把经济关系看成是某种永恒的、自在自为的东西，而应当看成是历史的产物；经济关系必然包括在历史过程中并为历史过程所扬弃；必须从资本主义经济制度的矛盾性来批判这一制度；应当把这一制度的消灭看成是它本身辩证发展的结果"[1]。青年恩格斯对经济领域中永恒公平的否定深刻影响了马克思，以解决现实问题的实质公平正义观念驳斥空洞的公平道德说教，是他们此后从未改变的原则。这在《反杜林论》及其准备材料中体现得尤为清楚，恩格斯在这里申明实践先于原则的历史唯物主义立场："原则不是研究的出发点，而是它的最终结果；这些原则不是被应用于自然界和人类历史，而是从它们中抽象出来的；不是自然界和人类去适应原则，而是原则只有在符合自然界和历史的情况下才是正确的"[2]。有实际效用的理论原则通常都是在现实经济生产生活的基础上设定的，而平等的理想在社会现实中更具有正义的正当性。这时的正义不再停留在真空中，而作为实践原则日益走向社会生活。

在恩格斯如下论证中我们可以看到平等和正义原则的现实性："平等仅仅存在于同不平等的对立中，正义仅仅存在于同非正义的对立中，因此，它们还摆脱不了同以往旧历史的对立，就是说摆脱不

---

[1] 科尔纽. 马克思恩格斯传：第2卷. 樊集，译. 北京：三联书店，1965：138.
[2] 马克思，恩格斯. 马克思恩格斯选集：第3卷.3版.北京：人民出版社，2012：410.

了旧社会本身。""这就已经使得它们不能成为**永恒的**正义和真理。在共产主义制度下和资源日益增多的情况下，经过不多几代的社会发展，人们就一定会认识到：侈谈平等和权利，如同今天侈谈贵族等等的世袭特权一样，是可笑的；对旧的不平等和旧的实在法的对立，甚至对新的暂行法的对立，都要从现实生活中消失；谁如果坚持要人丝毫不差地给他平等的、公正的一份产品，别人就会给他两份以资嘲笑。"①正义和平等当然是我们赞同的社会理想，但如果将其抽象为脱离现实的理论应当，就会因缺乏任何现实内容而让深怀期望的人们一无所获。

如果在公平正义的形式规定性与现实规定性之间选择，人们更看重的往往是后者，其中体现的乃是坚守理想的实然逻辑。我们从晚年恩格斯为《哲学的贫困》德文第一版撰写的序言中可以更清楚地看到这种逻辑的现实内涵："按照资产阶级经济学的规律，产品的绝大部分**不是**属于生产这些产品的工人。如果我们说：这是不公平的，不应该这样，那末这句话同经济学没有什么直接的关系。我们不过是说，这些经济事实同我们的道德感有矛盾。……但是，在经济学的形式上是错误的东西，在世界历史上却可以是正确的。如果群众的道德意识宣布某一经济事实，如当年的奴隶制或徭役制，是不公正的，这就证明这一经济事实本身已经过时，其他经济事实已经出现，因而原来的事实已经变得不能忍受和不能维持了。"②公平原则不能只是一种形式规定，问题在于以之改变人们的现实生活境遇是否可能，基于政治经济学批判的实质正义原则因而成为人们在现代社会理应接受的政治哲学观念。

现在我们将目光转向晚年恩格斯论住宅问题的历史语境，当时

---

① 马克思，恩格斯.马克思恩格斯全集：第20卷.北京：人民出版社，1971：670.
② 马克思，恩格斯.马克思恩格斯全集：第21卷.北京：人民出版社，1965：209.

资产阶级解决住宅问题方案的核心是工人应拥有住宅所有权,但对如何获得这种权利提出了很多缺乏普遍适用性的方案。"恩格斯的祖父在十八世纪创立了他们家的产业,据说他是第一个成立工厂社区盖房子给工人住的工厂老板,房子所有权归工人,然后从他们的工资中扣除房子贷款。"[1]这是艾德蒙·威尔森在《到芬兰车站:马克思主义的起源及发展》一书中谈到的。曼·克利姆则认为,恩格斯的"曾祖父早就在谷地修建了不少工人住房,让一批技术高超的工人骨干居住。……恩格斯的祖父继续修建工人住宅,因而谷地发展成了下巴门的一个特殊地区。1796年,他为工人的子女在布鲁赫街区(后来的布鲁赫街10号)修建了一所小学"[2]。也就是说,恩格斯的曾祖父就已经给工人修建住房了。这种做法确实是缓解城市住宅问题的一种出路,在工业不发达的德国不失为一种良策,但在德国工业化和城市化进程中,其严重的弊端在于加大了资本的获利空间,即更多地剥夺了工人劳动的剩余价值,且让工人被束缚在某个工厂而在思想上和政治上毫无作为。恩格斯对住宅问题的论述开始于对上述思路的批判,其主旨并非将工人束缚在工厂主建造的住宅中,而是促进作为德国古典哲学继承者的德国工人运动走向更广阔的地域,进而取得普遍的胜利。

恩格斯在这里的思路显然源自马克思在《资本论》中的阐述,实则是关于住宅问题的政治经济学批判,其中呈现的政治哲学内涵具有典型的历史唯物主义特质。确实,德国城市化进程恶化了工人的住宅条件,不仅使很多工人居住在狭小的空间,甚至居无定所,而且大幅度提高了房租,霍乱、伤寒等流行病因住宅条件的恶化而

---

[1] 威尔森.到芬兰车站:马克思主义的起源及发展.刘森尧,译.台北:麦田出版社,2000:155.

[2] 克利姆.恩格斯文献传记.中央编译局,译.长沙:湖南人民出版社,1986:30-31.

迅速在城市蔓延。另外，城市中心原有的低廉住宅被拆毁，改建为昂贵的住宅，进一步恶化了工人的居住条件。恩格斯曾在《英国工人阶级状况》中详细描述过这个现象。关于《论住宅问题》的一组书信的译者也对此做出简要说明，其中的数据可以让我们直观地感受到当时德国的住宅状况。"从1871年柏林的住宅统计资料来看，当时柏林的工人、小生意人和小手工业者的住宅是非常拥挤的。住在最多只有两个房间的住宅里的大约有六十万人。挤在只有一间卧室的小住宅里的有十六万人，平均要住七口人以上。这些住宅多半是地下室，对居住者的健康危害极大。另外，还有九万人居住条件更加恶劣。不仅如此，从1870年起，房租平均上涨大约百分之五点五到六。"①为了解决这个严峻的社会问题，参与德国社会民主运动的年轻知识分子米尔柏格在25岁时发表了《住宅问题》一文，迷恋蒲鲁东主义的他在这篇文章中指出，消除住宅租赁制是工人获得解放的最主要方式，这里既涉及政治经济学论证和具体计算，也涉及从法的观念角度确认的"永恒公平"原则。恩格斯对此进行了双重批判，并明确提出解决当时德国城市住宅问题的根本方法，从而确立了指向政治实践的住宅理论。

首先，米尔柏格将承租人与房主的关系混同为雇佣工人与资本家的关系。租房的实质是承租人"购买一定期限内的房屋用益权"，因而是一般的商品交易行为，与资本家占有工人的剩余价值不同。为了说明这种商品交易行为，恩格斯还分析了租金的构成——主要包括地租、建筑资本的利息、修缮费和保险费以及建筑资本折旧费四个部分。按照蒲鲁东主义的观点，将租金折换为部分购房款并累计起来获得住宅，就解决了城市住宅短缺问题。这个愿望固然有其

---

① 威廉·李卜克内西等人在《论住宅问题》写作时期写给恩格斯的一批未发表的书信·译者说明.马列主义研究资料，1983（3）.

合理性，但其中有很多现实难题。例如，房主是否愿意以多期收款的方式出售自己的住宅？工人能否在保障基本生存条件的前提下按期交付部分购房款？如果工人在搬迁过程中陷入"蚁居"状态或通过借高利贷等方式交付部分购房款，那么是否加重了生活负担？

其次，米尔柏格阐释住宅问题的理论原则是"永恒公平"和法的权利观念。这里触及了上面谈到的恩格斯理解正义问题的根本立场。蒲鲁东主义的策略是"逃到法的领域中去求助于**永恒公平**"，将全部学说"建立在从经济现实向法学空话的这种救命的跳跃上"[1]。此举将对现代无产者的同情寄托在法理感上，这与市场经济规律颇不一致，其思路基本停留在前工业时代的平等交换上。将这种解决办法当作"革命思想母腹中产生的最富有成果的和最辉煌的追求之一"，在恩格斯看来，显然是舍本逐末之举。从实际情况看，只要合理并充分地使用当时德国城市已有的住宅，让没有房子或住房拥挤的工人住进城市闲置的住宅，消灭城乡对立，就可以让工人享受根本的公共福利，如此解决当时这种棘手的社会问题显然更实际。

因而，恩格斯提出了根本的解决方案："要消除**这种**住房短缺，只有**一个**方法：消灭统治阶级对劳动阶级的一切剥削和压迫。"[2] 较之遭受资本家的剥削而言，城市住宅短缺并非现代资本主义生产方式的首恶，而无产者在当时被置于法律实际保护之外。基于历史唯物主义的现实策略是，在经济领域进一步推动工业革命的进程，使工人切实感受到自己的生活处境以及造成这种处境的现实原因，从而"获得精神解放的最首要的条件"[3]。对此，晚年恩格斯充满德意志民族的理论自信，他认为德国工人不会受到蒲鲁东主义的影响，因为

---

[1] 马克思，恩格斯.马克思恩格斯选集：第3卷.3版.北京：人民出版社，2012：196.
[2] 同[1] 191–192.
[3] 同[1] 198.

他们比这位"第二帝国的社会主义者"的理论"先进了50年",而其他国家的工人也将陆续走出蒲鲁东主义的思想笼罩。在这个意义上,重读马克思的《哲学的贫困》,可以看清工人运动的出路,而马克思在《资本论》中所做的政治经济学批判是确立现实的住宅理论的思想支点。

在恩格斯看来,资产阶级关心工人住宅问题,固然有解决工业化进程中城市住宅短缺问题的愿望,但其出发点无疑是自身的利益和生活处境。为了清晰地阐明当时资产阶级解决城市住宅问题的利己性,恩格斯特别分析了埃·萨克斯反映一切资产阶级论述住宅问题文献的著作《各劳动阶级的居住条件及其改良》,认为其中引证的文献几乎充满了虚伪慈善主义的空话。埃·萨克斯试图运用政治经济学研究社会问题,以他所谓的社会经济学广泛改善各劳动阶级的住宅条件,将无产者提升为有产者,从而抹杀工人和资本家之间的雇佣关系,实现资产阶级社会主义。恩格斯尖锐地指出这种思路立足于道德说教,忽视现存的城市住宅条件,他们对投机活动的道德指责与对工人不知道保持健全生存之所的批评乃是源于无知。

自诩为社会精英的资本家为工人的居住条件之差感到惋惜,认为主要原因是工人酗酒和无聊娱乐,如果他们懂得节俭,认识到放弃政治活动并努力工作的重要性,就会过上舒适的生活。工人拼命工作、攒钱以改善住房条件,听起来似乎是一种务实的选择,但事实是很多人拼命工作、攒钱之后并不能改善生活状况,他们的房奴身份与持续上涨的房价保持在同一水平上。更有甚者,由此导致的工人内部的竞争会造成工资降低,出现工人越节俭就越贫穷的状况。恩格斯通过介绍资产阶级制定的工人住宅制度——小宅子制和营房制——来说明这只是"理想领域"里的观念,在现实中支配工人拥有住宅的是高利贷者、律师和法警,资本主义生产体系使工人很难拥有自己的住宅，工人更不会因为加倍劳动和节俭而成为资本家。

在这里，资本家和工人之间围绕住宅问题而产生的关系十分特别，并非市场经济中住宅商品的买卖关系。资本家可以帮助工人获得住宅，甚至在工人移民区建造各种福利设施，表达不乏温情的人道主义关怀，原因是这样可以获得丰厚的收入，这不仅体现为对工人剩余价值的无偿占有，而且体现为对房屋价格的垄断。对此，恩格斯在青年时代写作的《英国工人阶级状况》中就做过精彩的描述：修建工人住房的投资会获得很好的收益。一旦双方达成交易，工人就必须放弃罢工而接受资本家提出的一切条件，否则立刻就会无家可归。换句话说，工人的住房没有什么保障可言，利益的变化可以让资本家随时做出使工人离开原有住宅的决定。所以，对工人的欺骗以及"根深蒂固的自我欺骗"是资产阶级解决住宅问题的秘密。

至于像伦敦建筑协会这样的社会组织，通过收取会费构成基金，以贷款给工人购房的方式解决住宅问题的做法，恩格斯同样深表怀疑。因为这种建筑协会或建筑协作社不仅因此获得不菲的利息，而且实际上是一种投机组织，因之受益的工人基本上是报酬最优者和监工，其他工人则没有条件享受这种"自助"的福利，因而从整个社会来看并没有明显的效果。此外，当时在英国以国家立法等方式帮助工人拥有住宅的思路也收效甚微，因建筑费用便宜而造成房屋倒塌的情况并不少见，亦有不少官员在其中以权谋私，公共工程贷款法案或如一纸空文，或落实的程度极低。而从步入城市化进程的德国来看，几十亿战争赔款几乎没有一文被用来修建工人住宅，而力图改变城市住宅状况的"欧斯曼计划"基本上属于维护市容的权宜之计，貌似解决问题，实则引发很多新问题，并进一步恶化了城市住宅问题。

《论住宅问题》之所以被视为《哲学的贫困》的姊妹篇，原因在于蒲鲁东主义是这两个文本的作者共同的批评对象,前者实则是运用后者的基本思路在住宅问题上所做的进一步发挥。从恩格斯极富现实感的政治经济学批判中,我们可以看到,他提出解决城市住宅问题的根本方案是废除资本主义生产方式。仅仅致力于解决工人住宅问题的蒲鲁东主义方案无助于解决社会问题,甚至连工人住宅问题本身也解决不了,因为这些方案都没有触及造成城市住宅问题的根本原因。这些方案或许曾经"激动人心",但基本上是无视资本逻辑的臆想,不能构成解决住宅问题的实践原则。恩格斯从工人的实际需要出发,试图清除旧社会阻碍发展的因素,在工人的政治即社会革命中实现包括住宅问题在内的全部社会问题的解决。

之所以批判蒲鲁东主义解决住宅问题的"原则",是因为其本质上是小资产阶级社会主义的改良思路,其中有很多对资本主义的模糊认识。蒲鲁东主义者喜欢探究工人和小资产阶级乃至社会中间阶级的共同问题,很多解决问题的方案实际上都满足了小资产阶级和社会中间阶级的利益,面对工人的社会改良计划实则转化为面对小资产阶级。支持这种思路的是"永恒的权利根据",而消除住宅"不公平"现象的途径就是废除租赁制,鼓励工人通过努力变为小资产阶级,对资本家进行道德说教,这些与历史唯物主义无疑是背道而驰的。"永恒公平"一旦面对现实的经济关系和经济规律就立即显得空洞乏力,用这种在任何社会中都难以起到实际调节作用的至高无上的原则来解决在德国城市化进程中的住宅问题,效用极为微弱,而当时的德国工人如果以这种原则选择自己的生活道路,实际上就是受到了误导。

现实的利益与永恒的公平,谁是调节社会经济政治生活的根本?这是不言而喻的。从永恒公平原则出发制定利益分配原则,还是从现实的利益关系出发制定实质正义原则，是理解历史唯物主义公平正义观与永恒公平原则之间差别的关键。恩格斯以"德国的唯物史观"和"德国科学社会主义"的理论自信，运用《资本论》的政治经济学批判方法，在批判蒲鲁东主义和资产阶级住宅理论的过程中指出工人运动是解决住宅问题的根本途径。解决住宅问题，是处理城市生活危机和改善工人居住状况的实际需要，也是工业生产和农业生产的实际需要。达此愿望，既不能寄托于资本家信奉永恒公平的道德醒悟，也不能通过一系列改造工人适应资本逻辑的错误导向，而应促使联合的劳动者摆脱住宅的枷锁，消除资本主义生产方式，在社会革命这种推陈出新的政治实践中使工人成为社会的主人。

晚年恩格斯的住宅理论以及其中呈现的实质正义原则具有重要的理论价值和现实意义。在德国实现工业化和城市化的19世纪下半叶，德国工人运动是解决包括住宅问题在内的一切社会问题的总途径。恩格斯以历史唯物主义思路审视当时社会发展走势，以此批判蒲鲁东主义和资产阶级的住宅理论具有合理性根据，而在新的时代条件下灵活运用恩格斯的住宅理论仍具有一定的可能性和现实性。相关论述提示我们，看重平等是马克思主义正义论的明显优势，而实现平等的路径要到政治经济学中去寻找，在此基础上确定的正义原则应当符合生活实际。基于永恒公平原则的住宅理论除了误导人们的选择之外鲜有价值可言。审视当今时代的全球正义问题，应走出"永恒正义"的思想笼罩，进一步完善实质正义原则，为此不仅要考虑最小受惠者的最大利益，而且要使之成为社会现实。

这种对正义的历史性规定是唯物史观的要求，一定社会的公平正义观念总是取决于占支配地位的生产方式，总是受制于一定社会的经济关系。在恩格斯看来，是否以这种思路衡量社会事件正义与否，表明相关判断是否来自"科学研究"："在日常生活中，需要加以判断的各种情况很简单，公正、不公正、公平、法理感这一类说法甚至应用于社会事物也不致引起什么误会，可是在经济关系方面的科学研究中，如我们所看到的，这些说法却会造成一种不可救药的混乱，就好像在现代化学中试图保留燃素说的术语会引起混乱一样。如果人们像蒲鲁东那样相信这种社会燃素即所谓'公平'，或者像米尔伯格那样硬说燃素同氧气一样是十分确实的，这种混乱还会更加厉害。"①公平正义并非社会生活中的"燃素"，或其他来自纯粹道德意识的"术语"，而是一定的社会的经济状况的产物，是从实际的生产和交换关系中形成的代表人们的现实利益与未来利益的观念。

正是从唯物史观出发，恩格斯认为正义观念不是一种超历史的意识，这种代表其现实利益与未来利益的观念在现实生活中体现为一种实践原则。正义观念不是从天上掉下来的，而是人们在实践探索中追寻的。正如恩格斯所说："如果我们确信现代劳动产品分配方式以及它造成的赤贫和豪富、饥饿和穷奢极欲尖锐对立的状况一定会发生变革，只是基于一种意识，即认为这种分配方式是非正义的，而正义总有一天一定要胜利，那就糟了，我们就得长久等待下去。"②可以说，任何从凭空想象或过时的事实出发诉诸永恒正义，只能停留于道义上的愤怒，而不能汇聚科学证据，因而不能实现政治哲学的证成，也没有政治经济学结论作为进一步研究的基础。

恩格斯在历史语境中分析了生产方式的变迁对人们的物质生活以及分配观念的影响，认为进步的生产和交换方式总是为人们所欢

---

① 马克思，恩格斯.马克思恩格斯选集：第3卷.3版.北京：人民出版社，2012：261–262.

② 同①536.

迎，而确立新的生产和交换方式虽然要经过很长时间，但总会形成与其相适应的分配观念和社会心理。历史表明，当一种生产方式处于上升时期的时候，总是令人期待，甚至当与之相适应的分配方式使一些人吃亏，他们也还是期待处于上升期的生产方式。在恩格斯看来，当大工业在英国兴起的时候，工人就是这样。当然，在一个社会的生产方式内部，满意于与之相适应的分配方式的社会情绪是占支配地位的。即使对这种生产方式不满，或试图调整分配方式，也只是从统治阶级中发出的声音。空想社会主义思想家有社会平等和公平分配的愿望，但并不代表被剥削的群众的利益，因而也得不到他们的响应。[①]在这个意义上，正义观念往往与阶级利益相一致，而当新的分配方式确立之后，反过来也影响生产和交换方式，从中可见正义观念对经济关系的反作用。

在这里，恩格斯对"正义"的规定不仅是与一定社会的生产方式相适应的事实判断，而且是一种基于事实判断的道德评价。群众关于某一经济事实不公正的道德意识，来自与生产方式相适应的事实判断，来自对自己实际生活处境的感受，表明其已经不能忍受和维持原来的经济关系，这种经济关系已经不适应生产力的发展，这时为追求正义而付诸的行动在世界历史上就是正确的。

与马克思的正义观念相同，恩格斯同样做出了历史主义阐释，也展现了道德合理性进路，从而呈现了马克思主义正义论的实践逻辑。一方面，要充分认识历史唯物主义前提下的正义观念与一定社会的生产方式相一致的特征；另一方面，要深刻理解马克思主义正义论蕴含的道德立场。正义的逻辑不仅要符合一定社会的生产关系和历史事实，还应当体现超越不适应生产力发展的经济关系的必然

[①] 马克思，恩格斯.马克思恩格斯选集：第3卷.3版.北京：人民出版社，2012：527-528.

趋势，对资本逻辑笼罩下的工人而言，摆脱与人性生成相背离的劳动困境，超越一个实质上严重不平等的"交易的正义性"，必然在一种现实的运动中使已然严重失序的劳资关系重回正轨，这必然要诉诸现实的平等，超越永恒公平的神话，以平等的权利从事生产、分配、交换、消费，这种现实的平等是正义的表现。

三、作为正义表现的平等是历史的产物

在马克思和恩格斯看来，严重的社会不平等是实现实质正义的障碍，在一个缺乏实质平等的社会环境里讨论正义与否的问题是没有什么内容可言的。工人在资本主义生产过程中的劳动所得低于其所应得，这并非其能力和才智导致的结果，而主要是资本逻辑使然。因而，在一种形式平等的背后，隐藏着若干不平等的现实内容，这正是工人在资本逻辑面前不能实际感到交易的正义性并因而产生"了不起的觉悟"的原因。富人在投资决策时面临的风险与穷人在从事艰辛工作时面临的风险在道德价值上并不一致，因而必须形成一种现实而规范的实现平等的思路，实际地解决资本主义生产方式内蕴的贫困的社会问题。

晚年恩格斯在《反杜林论》哲学编"十 道德和法。平等"中批判杜林"对平等观念的浅薄而拙劣的论述"时深刻论述了作为正义表现的平等，他认为平等观念是一种历史的产物，这不仅因为其形成需要一定的历史条件，而且因为任何历史条件都是在长期的历史过程中形成的。所以，平等观念总是带有时代的特征，绝不是什么永恒的真理，或者说从来不存在永恒正义或永恒平等，平等观念总是在不同的历史阶段为历史的剧中人所理解和认同的。"如果它现在

对广大公众来说——在这种或那种意义上——是不言而喻的,如果它像马克思所说的,'已经成为国民的牢固的成见',那么这不是由于它具有公理式的真理性,而是由于18世纪的思想得到普遍传播和仍然合乎时宜。"① 在这个意义上,一定的平等观念总是与一定社会的生产方式相适应,或者说不同时代的人具有不同的平等观念,从而在不同的历史时期体现为观念差别。

恩格斯为此举例说明,在古希腊和古罗马时代,"如果认为希腊人和野蛮人、自由民和奴隶、公民和被保护民、罗马的公民和罗马的臣民(该词是在广义上使用的),都可以要求平等的政治地位,那么这在古代人看来必定是发了疯"②。在封建的中世纪,"基督教只承认一切人的**一种**平等,即原罪的平等,这同它曾经作为奴隶和被压迫者的宗教的性质是完全适合的"③。后来,在西欧横行的日耳曼人"逐渐建立了空前复杂的社会的和政治的等级制度,从而在几个世纪内消除了一切平等观念,但是同时使西欧和中欧卷入了历史的运动,在那里第一次创造了一个牢固的文化区域,并在这个区域内第一次建立了一个由互相影响和互相防范的、主要是民族国家所组成的体系"④。由此可见,平等观念在历史上不同时代有不同的主要体现形式,这种差别主要来自不同时代的生产方式以及由此决定的法权观念,是自然而然的。

在《〈反杜林论〉的准备材料》中,恩格斯阐明作为正义表现的平等是历史的产物,是一种在历史中形成并反映不同历史阶段的经济基础的政治观念。正如他指出的:"平等是正义的表现,是完善的政治制度或社会制度的原则,这一观念完全是历史地产生的。"⑤作

---

① 马克思,恩格斯.马克思恩格斯选集:第3卷.3版.北京:人民出版社,2012:485.
②③④ 同①481.
⑤ 马克思,恩格斯.马克思恩格斯全集:第20卷.北京:人民出版社,1971:668.

为正义表现的平等观念是一种现代的发明,是在法国大革命中得到提倡的,但也体现了深厚的历史积淀。"为了得出'平等=正义'这个命题,几乎用了以往的全部历史,而这只有在有了资产阶级和无产阶级的时候才能做到。"[①]作为历史产物的平等和正义观念,不是永恒真理或最高的原则,是在现代社会的生产关系和交往关系中呈现的。因而,既不能一概地否定过去,更不能使现代平等观念成为一种新的故步自封的体系,而应随着历史发展增添新的积极内容,并在现实语境中确认其实质内涵。

在这个意义上,恩格斯深入分析了"现代的平等要求",这种要求是古人所难以理解的。因为它不是一种关于作为人的共同点的平等的自然观念,在现代社会,作为正义的表现的平等观念是一种政治观念,是为在封建的中世纪孕育的市民等级所倡导的,体现了市民等级摆脱封建桎梏,以消除封建不平等的方式确立现代权利平等的愿望。在恩格斯看来,"大规模的贸易,特别是国际贸易,尤其是世界贸易,要求有自由的、在行动上不受限制的商品占有者,他们作为商品占有者是有平等权利的,他们根据对他们所有人来说都平等的、至少在当地是平等的权利进行交换"[②]。因而,在世界贸易中的交换和更广泛的交往中,平等就成为现代人自然的要求,获得普遍规定,成为一种现代权利范畴。

这种现代权利观念否定一切特权,在批判杜林平等观的谬误时,恩格斯举例说明:任何两个人的意志都不可能是完全平等的,因为两个人的天资禀赋就不可能一样,如果他们的性别不同,也天然就有不平等因素。设想两个人尽可能地平等是一种没有现实性的观念,社会的最简单的要素,以生产为目的的社会结合的最简单的和最初

---

① 马克思,恩格斯.马克思恩格斯全集:第20卷.北京:人民出版社,1971:669.
② 马克思,恩格斯.马克思恩格斯选集:第3卷.3版.北京:人民出版社,2012:482.

的形式也不可能绝对平等，在非现实的语境中试图证明平等必然忽视个体差异，因而这种证明很可能走向自己的反面：这不能够证明人的平等，这种证明只是表明妇女在家庭中处于从属地位，以及证明家长是平等的。①这种形式上的证明不仅不能为实质平等代言，甚至会加重现实中的不平等，对天资禀赋和性别不同的人提出同样的要求。所以，平等和正义观念不能只是一种形式规定，它们承载着在国家和社会领域中的实际内容。在诉求现代平等的过程中，无产阶级像影子一样伴随着资产阶级，提出自己的平等要求，并从形式平等逐渐上升到社会和经济上平等的要求。

这种平等要求当然需要一定的历史条件，是在长期社会发展过程中演进而来的，不是永恒真理的表现。在不同的历史语境中，不同的人对平等的要求固然有一定的相似之处，但在平等的具体内容与具体实现方式上有明显的差异，因而必须以历史的方式理解现代平等观念。在恩格斯看来，在资产阶级诉求现代平等的同时，无产阶级也提出了平等要求。这种要求具有双重意义：一方面，它是对富人和穷人之间、主人和奴隶之间、骄奢淫逸者和饥饿者之间的明显的不平等甚至对立所做的反应，早期在农民战争的时候就是这种情况。这种反应是自发的，体现了革命的本能，它只是在这里找到被提出的理由。另一方面，它体现了对资产阶级平等要求的反应，这种平等要求有一定的正当性，也有待进一步发展，其正当性和进一步发展的要求为这种反应所吸取，成为工人反对资本家的合理主张，成为一种鼓动手段。可以说，资产阶级的平等要求与无产阶级的平等诉求在一定程度上是共存的。②现代平等要求所具有的双重意义及其体现的两种情况表明，无产阶级要求实现的平等以消灭阶级

---

① 马克思，恩格斯.马克思恩格斯选集：第3卷.3版.北京：人民出版社，2012：474.
② 同①484.

为实际内容，这种平等观念是正义的表现，任何超出这个范围的平等观念都将流于荒谬。

无产阶级固然指责资本家个体的骄奢淫逸或鄙吝刻薄，但无产阶级的平等要求所反对的主要是资本主义制度，而不主要体现为反对单个资本家的道德情操。正如晚年恩格斯在《弗·恩格斯对英国北方社会主义联盟纲领的修正》中指出的："现今的制度使寄生虫安逸和奢侈，让工人劳动和贫困，并且使所有的人退化；这种制度按其实质来说是不公正的，是应该被消灭的。"①消灭资本主义制度，必然要以新的生产方式取代资本主义生产方式，而这种平等和正义的要求也反映了他们的伦理观念，当然是在实际的经济关系中产生的。在这个意义上，道德观念的差异性体现了阶级差别。在恩格斯看来，在现代社会，封建贵族、资产阶级和无产阶级都有各自特殊的道德，这种特殊性是由阶级利益所决定的。所以，人们总是自觉或不自觉地从其阶级地位所依据的实际关系中确认其所认同的平等观念与正义观念。②因而，着眼于人类解放的"现实的运动"，要在实现正义的过程中满足无产阶级的平等要求，或者说作为正义表现的平等观念应当是批判的、革命的。

这种批判的、革命的平等观念旨在变革旧的经济关系，从中实现符合新的经济关系的正义主张，而非泛泛而言地谴责社会的和政治的不平等。正是基于对现实问题的深刻洞察，晚年恩格斯强调了平等要求的现实性内涵。资本主义经济关系不仅造成工人所得低于其所应得，而且间接地造成了工人的失业，这是资本主义基本矛盾使然。在旧的经济关系中得到认同的不是天才和美德，而是例外和幸运。历史地看，实现作为永恒真理的平等和正义观念是不可能的，

---

① 马克思，恩格斯.马克思恩格斯全集：第21卷.北京：人民出版社，1965：570.
② 马克思，恩格斯.马克思恩格斯选集：第3卷.3版.北京：人民出版社，2012：470.

因为不同国家、不同地区的人在生活条件上的不平等是一种客观存在，只能将一般意义上的不平等降到最低限度，而不可能消除。所以，不能将未来理想社会设想成完全平等的王国，这是一种非历史的现象，现实的具体的平等只有在一定的社会发展阶段才能实现。实现符合新的经济关系的平等和正义，不应当也不可能消除个体差异，而应当遵循社会的公平与正义的实践原则，倡导实现每个人的自由与全面发展。

四、社会的公平与正义的实践原则

任何时代的正义观念固然都与其所处时代的生产方式相适应，但正义的诉求具有现实的反作用，应当成为无产阶级的自觉。在晚年恩格斯看来，关于公平的理解，要从经济现实出发，而不是求助于永恒公平，问题的实质是废除资本主义生产方式。在变革旧的生产关系的过程中，正义的诉求不能停留于意识层面，而应成为一种现实的运动，成为一种有原则高度的实践，在发展新的经济关系的同时实现社会的公平。

探究如何实现社会的公平，不能从所谓"永恒公平"出发，而应以研究现实的经济关系为解决问题的出发点。晚年恩格斯在《做一天公平的工作，得一天公平的工资》中深入分析了在英国工人运动中流行了近半个世纪的这句口号，认为这句口号在政治经济学上指的"不过是雇主和雇工在自由市场上的竞争所决定的工资额和一天工作的长度和强度"[①]。这只是表明，在工人与资本家之间的交易中，工人将自己一天的全部劳动力都交给资本家，资本家支付双方

---

① 马克思，恩格斯.马克思恩格斯全集：第19卷.北京：人民出版社，1963：273.

约定的工资,这份工资只够工人用来购买每天的生活必需品,这在法权的意义上是公平的,或者说在法律上是无可争议的,但问题是,这种法权意义上的公平真的是一种社会的公平吗?

现实的生活境遇必然使工人对这种公平产生怀疑,对"何谓公平"感到茫然。一方面,恩格斯指出,资产阶级法学家力图实现"永恒公平",而这种公平只是现存的经济关系在保守方面或革命方面的观念化、神圣化的表现,其实缺乏现实的根基。真实的情况是,在不同历史时期不同的人对何谓"永恒公平"都有自己的理解。另一方面,资产阶级经济学家认为,关于工资和工作的时间、地点和条件,是工人和资本家在平等条件下以公平为起点谈妥的,因而不仅不妨碍正义的实现,而且是公平的最高典范。对此,恩格斯愤怒地质问:"资本用来支付这笔极其公平的工资的钱,究竟是从哪儿来的呢?当然是从资本中来的。但是资本并不产生价值。除土地以外,劳动是财富的唯一来源,资本本身不过是积累起来的劳动产品而已。所以劳动工资是由劳动支付的,工人的报酬是从他自己的产品中支取的。按照我们通常所说的公平,工人的工资应该相当于他的劳动产品。"[1]因此,这种看似公平的交易实际上是不公平的,工人将全部劳动力交给资本家,而自己只得到生活必需品。实际情形恰如,"遍身罗绮者,不是养蚕人"。工人的劳动产品为资本家占有,遭到奴役和摧残。所以,在法律上抑或在道德上是公平的交易,在社会上则可能是很不公平的。

当然,关于社会的公平不能只是资产者的一种断言,这种具有历史正当性的看法应当以政治经济学为依据。恩格斯为此明确指出:"社会的公平或不公平,只能用一种科学来断定,那就是研究生产和

---

[1] 马克思,恩格斯.马克思恩格斯全集:第19卷.北京:人民出版社,1963:275.

交换的物质事实的科学——政治经济学。"①正是基于对政治经济学的深刻理解，可以看到"做一天公平的工作，得一天公平的工资"这句口号不符合工人的生产生活实际，无疑是偏向于资本一边的。因此，恩格斯强调以新的口号——"劳动资料——原料、工厂、机器——归工人自己所有！"②——取代这个旧口号。新口号其实不只是一句口号，而具有关于实质正义的明确内容，反映了工人对劳动资料的自我所有权的一种"了不起的觉悟"。

由此可见，晚年恩格斯阐述了"正义"的实践逻辑，它既非永恒与普适的美德或真理，也并非纯然的法权观念或道义主张，而是一种旨在解决不平等与不正义的社会现实的实践原则。这种对正义的实践原则的阐发与马克思的正义论异曲同工，都是"从古典政治经济学向我们提供的事实出发揭示它的理论矛盾，进而揭示资本主义本身的矛盾，再进而说明资本主义的非正义性和社会主义的正义性"③，体现了明确的问题意识与问题导向。这种阐发以实践的思维方式完成了对自柏拉图以来的西方传统正义论的"颠倒"，不将正义作为绝对善或纯粹的应得，而将其作为一种与一定社会的生产方式相适应的法权观念和道义主张。在这里，马克思和恩格斯既强调"正义由生产方式所决定"，又强调"正义同样由阶级利益所决定"④。在这种双重决定的语境中，正义在超越旧的生产关系的过程中体现了一种"辩证的转化"，以一种彰显社会发展趋势的道义力量召唤人们变革旧的生产关系，进而建构适应新的生产关系和社会结构的正义论。

---

① 马克思，恩格斯.马克思恩格斯全集：第19卷.北京：人民出版社，1963：273.
② 同①276.
③ 王新生.马克思政治哲学研究.北京：科学出版社，2018：240.
④ Ziyad Husami. Marx on Distributive Justice. Philosophy and Public Affairs，1978，8（1）.

正是循着一种实践的路向，我们可以在一种"新正义论"的意义上理解马克思主义正义论的实践逻辑，而不必将其削足适履地论证为一种与传统正义论的核心观念相似的理论主张。晚年恩格斯对"正义"规定的两种进路并非自相矛盾，而恰恰体现了新正义论的一种基于历史唯物主义且具有道德合理性的内在结构。尽管不够确定，但罗尔斯意识到这种思路的可能性，"一旦我们从一种更为宽广的角度——即把正义运用于社会的基本结构及作为背景正义的制度——来思考政治正义概念，那么，马克思可能就会持有（至少是潜在地持有）某种广义的政治正义概念。如果这被证明是真的，则前面的悖论就将可以被消除"[①]。研究社会公平或实质正义，需要将公平正义观念运用于社会基本结构和制度环境中来考虑具体问题，这不是一种悖论，而是将正义观念在一定的社会环境中现实化的必需，是分析各种不正义的社会现实的前提。

五、马克思正义论的隐性思路

从上面的分析我们可以看到，晚年恩格斯的正义论与马克思的正义论一样，首先是强调与生产方式相适应的正义观念，是一种历史性范畴。但其中确实也伴随着认为资本主义制度不公正，工人认识到这种不公正是一种"了不起的觉悟"的看法，为此我们需要回到马克思的文本，对马克思和恩格斯的正义论做综合解读。从马克思正义论的实践逻辑出发可见，即使确认马克思正义论的历史唯物主义底蕴，仍要认真面对马克思在其政治哲学文本中时常闪现的对

[①] 罗尔斯.政治哲学史讲义.杨通进，李丽丽，林航，译.北京：中国社会科学出版社，2011：350.

资本主义的道德谴责以及偶尔对道德正义的肯定,也要回答马克思正义论与其对资本主义的批判之间的关系这一关键问题。例如,马克思在《资本论》及其手稿中说,"资本来到世间,从头到脚,每个毛孔都滴着血和肮脏的东西"①。"资本家是窃取了工人为社会创造的**自由时间**"②。"资本是死劳动,它像吸血鬼一样,只有吮吸活劳动才有生命,吮吸的活劳动越多,它的生命就越旺盛。"③这样的话语在马克思政治哲学文本中时常闪现,正是这些话语让我们极易感到资本主义是一个不正义的制度,这样的感觉纯系误解,还是基于对马克思正义论的常识性认识?变革旧的社会关系,使无产阶级砸碎旧世界的锁链,实现人类解放,是马克思革命理论的主线,但其间是否也存在着诉求实质正义的隐性思路?

马克思在多数情况下使用的"正义"是一种法权概念,符合一定时代的法律形式。在阅读马克思描述资本主义社会现实的段落时,我们极易感受到马克思对无产阶级的同情。他将资本家占有工人剩余价值的行为表述为"抢劫""窃取""篡夺""盗用""榨取""抢夺""盗窃"等,这样的行为当然令人质疑,但它与资本主义生产方式相适应,符合资本主义的法律形式,因而是"正义"的。这种"正义"是一种合法性评价。也就是说,当我们认为工人和资本家之间的等价交换是"正义"的,这表明它符合与生产方式相适应的法律和意识形态,与资产阶级认可的道德在一定程度上也不冲突。但是,资本家这种占有剩余价值的行为伤害了无产阶级的道德情感,无疑与同情无产阶级的马克思的道德情感是相悖的。因而,被马克

---

① 马克思,恩格斯.马克思恩格斯全集:第44卷.2版.北京:人民出版社,2001:871.

② 马克思,恩格斯.马克思恩格斯全集:第31卷.2版.北京:人民出版社,1998:23.

③ 同①269.

思认为是欺骗无产阶级的"诡计"和"戏法"。

因此，从马克思的道德情感或道德立场出发，可以发现马克思正义论的另一向度。人们关于资本主义"不正义"的本能的意识来自对马克思指责资本家无视无产者的疾苦之类表述的阅读，而且读出了马克思力图实现符合无产阶级道德情感的正义诉求，这种"正义"与马克思所处时代的生产方式并不符合，体现了后资本主义社会的道德原则。从形式正义层面看，评价资本主义"正义"与否并不涉及道德价值，只是表明工人与资本家之间等价交换的行为是否合乎资产阶级法律，而且在《资本论》第三卷那段重要表述中，马克思主要为了说明还借款一定要付利息的所谓"自然正义"原则实际上很可能是无效的，或者说其是否有效要具体考虑借贷双方约定的实际情形，在现实中发挥作用的不是超历史的正义原则。从实质正义层面看，资本家"窃取"剩余价值的行为显然是有悖道德的，它虽然合乎资产阶级法律和意识形态，但只是符合将要被取代的旧的生产方式和社会关系。在这个意义上，诉求实质正义成为马克思革命理论的隐性思路，它表明这场颠覆旧制度的革命是正义的。这鼓舞更多的无产阶级投身于革命实践，令人们坚信正义的革命必然胜利。

马克思意识到要让无产阶级把握这一正义的逻辑，他在《1857—1858年经济学手稿》中指出，"认识到产品是劳动能力自己的产品，并断定劳动同自己的实现条件的分离是不公平的、强制的，这是了不起的觉悟，这种觉悟是以资本为基础的生产方式的产物，而且也正是为这种生产方式送葬的丧钟"[①]。无产阶级意识到被剥削的事实在马克思看来是"了不起的觉悟"，从中可见马克思对工人被迫出卖劳动力这一社会现实所持的道德主张和道德立场。资本主义在

---

① 马克思，恩格斯.马克思恩格斯全集：第46卷（上）.北京：人民出版社，1979：460.

他的笔端是一个不人道的制度，他反对资本主义分配安排，相关阐述浸润着同情无产阶级的道德温度，是站在道义制高点上的历史科学探索，是对颠覆不人道的社会制度的科学论证。所以，人们对马克思批判资本主义"不正义"不是一种本能的错觉，而反映了对马克思革命理论的隐性思路的合理理解。

这一隐性思路与从合乎法律形式的角度呈现的显性思路并不矛盾，实则完整地表明马克思谈论正义问题时所持的基本态度，体现了"事实-价值"的辩证法。人们之所以本能地认为资本主义是不正义的，正是马克思在以"盗窃""掠夺""窃取"等话语指责资本家占有工人剩余价值的行径时，给人们留下了一种深刻的道德谴责的印象。应当注意的是，这些词语正是马克思熟悉的苏格兰启蒙思想家论述"不正义"时的基本表述。当这种"盗窃""抢劫""掠夺"的行为在资本主义社会被正常化、合法化的时候，这种行为在资本主义意识形态家看来就不属于"盗窃""抢劫""掠夺"，而是体现资本家"幸运"的等价交换，资本家占有的剩余价值也就不是"赃物"，而是合法所得，也符合资本主义道德的要求。当马克思使用这些话语评价这种所谓"无过失的不当得利"[①]的情况的时候，无疑蕴含着道德谴责的意味。在这个意义上，"马克思对其思想的任何规范尺度的断然批判，可以而且应该得到尊重，而不应指责他自我矛盾"[②]。这并非马克思的自我矛盾，而是其历史辩证法的合理体现。

同样需要注意的是，马克思强调"正义"与生产方式相适应的逻辑，但这是在形式上就一个社会的生产方式内部的交换领域而言的。"在对劳动力的购买中，资本主义不违反'平等交换'原则，在

[①] Cary Young. Justice and Capitalist Production: Marx and Bourgeois Ideology. Canadian Journal of Philosophy, 1978, 8 (3): 432-433.

[②] Joseph McCarney. Social Theory and the Crisis of Marxism. London and New York: Verso, 1990: 172.

对劳动力的使用中,却违反了这一规则。"①在这种形式正义背后存在着大量的工人被资本家"无偿占有"的"无酬"劳动。更重要的是,在社会形式发生转变的过程中,存在着无产阶级诉求社会正义的自觉,构成向往未来的温暖感召,激励人们变革旧的生产关系,建设新的社会形态。所以,马克思在《资本论》中指出:"和其他商品不同,劳动力的价值规定包含着一个历史的和道德的要素。"②在社会制度更迭的过程中,"正义"不仅不与旧的生产方式相一致,而且致力于变革旧的生产方式,更新旧的道德意识,从而绽放出价值的光芒。

正是这种价值的光芒让人们清晰地看到与人性生成相背离的劳动与一个严重不平等世界的道德困境,看到变革旧世界的理念和行动内蕴的正义的力量。"马克思主义者所做的特殊判断表明了正义的存在,而且他们做出那些判断时代走向的强烈情感也表明了正义的存在。"③因而,正义的力量并非可有可无,它在推动社会进步的过程中具有现实性。它不仅表明无产阶级在现实的运动中所做的道德选择具有正当性,而且表明在历史唯物主义前提下探究正义观念的道德有效性。在变革旧制度的实践中扬弃旧的经济关系和社会关系,建构实现正义的社会环境,反映了马克思正义论的实践逻辑。

以实践逻辑审视马克思正义论可见,当资本家和工人的交易与资本主义生产方式相适应时,它适应的只是一种将被扬弃的旧的经济关系。这种"交易的正义性"是历史的、暂时的,在马克思看来只是名义上的。从实质层面看,这种现实恰恰是面向未来的正义的实践所要否定的。从中我们可以进一步理解马克思的道德观念以及

---

① Alan Ryan. The Making of Modern Liberalism. New Jersey: Princeton University Press, 2012: 610.

② 马克思,恩格斯.马克思恩格斯全集:第44卷.2版.北京:人民出版社,2001: 199.

③ G.A.Cohen. Freedom, Justice and Capitalism. New Left Review, 1981(126): 12.

他"对一个已然失序但可以重回正轨的世界的解释"[①]。由此可以展现马克思对存在于资本主义社会的作为法律形式的正义观念的现有表达以及关于工人与资本家之间的交换关系实质不正义的应有表达之间的辩证关系,从而对马克思正义论做一种整体性理解。

在这个意义上,晚年恩格斯对"正义"的规定及其实践原则符合马克思正义论的内在逻辑,既强调公平正义观念与一定社会的生产方式相适应的特征,又强调其与阶级利益相一致的特征,从而彰显了社会的公平所具有的现实性与道义力量,呈现了实现实质正义的实践原则。正是基于对正义观念的现实性的把握,晚年恩格斯在社会基本结构和制度环境中理解实现正义的可能性,将平等作为正义的表现,论证了实现无产阶级现实的平等要求的正当性。晚年恩格斯的这些论证开启了"新正义论"的实践视域,体现了马克思主义正义论的要义,对我们建构符合时代需要的公平正义观念、把握实现公平正义的合理路径具有重要的方法论启示。

六、建构马克思主义正义论的问题域

最后,我想将问题引向现实领域,因为马克思主义哲学具有强烈的现实关怀,体现了实践观点的思维方式,强调哲学研究的现实性。在全面建设社会主义现代化国家的进程中,公平正义已经成为全面深化改革的出发点和落脚点。在社会主义社会,社会公平正义观念当然是社会主义生产方式的反映,它所体现的经济关系是现实的,它本身也是社会主义核心价值观的要素之一。在这个意义上,建构与时代发展要求相适应的马克思主义正义论是必要的,也是可

[①] 韦尔.作为道德哲学家的马克思:马克思的道德观探析.臧峰宇,译.社会科学辑刊,2016(5).

十四　晚年恩格斯正义观的实践逻辑

能的。为此，需要进一步思考如下问题。

　　第一个问题是，马克思对资本主义的批判是否蕴含着道德评价？马克思显然不认同资本主义道德评价原则，也从历史的角度指出这种原则不切实际，道德谴责不是历史唯物主义理论的主要工作方式。但我们能否因此认为，与生产方式相适应的道德评价在历史唯物主义理论中没有一席之地？马克思在批判与借鉴斯密、李嘉图等启蒙国民经济学家的著述的过程中，无疑接触到启蒙国民经济学家谈到的"盗窃""抢劫""掠夺"等道德谴责话语。当他用这些话语批判资本家无偿占有工人剩余价值的行为，认为剩余价值是"侵占者"的"赃物"的时候，我们能否认为，在马克思看来，资本家"窃取"了工人剩余劳动所得是"正义"的？尽管在他看来，评价的首要的原则应符合历史科学，作为权利的正义要符合经济关系而不是相反，但道德评价是否可以被理解为马克思历史评价之后的又一标准？

　　如果道德评价在历史唯物主义理论中有一席之地，那么就有必要进行一种基于历史必然性的道德论证，发挥"正义"的观念体系对经济基础的反作用。在这个意义上，重要的在于从现实性角度做出对资本主义交换原则的道德谴责，让无产者意识到自己的实际处境，"让受现实压迫的人意识到压迫，从而使现实的压迫更加沉重；应当公开耻辱，从而使耻辱更加耻辱"①。还在于要在社会主义现代化建设中弘扬"正义"的价值主题。实现社会公平正义，是践行社会主义核心价值观的基本要求，也是社会主义道德建设的重要内容。如果说正义论是马克思革命理论的隐性思路，因为消灭资本主义制度不以实现正义为最终目的，那么这一思路在马克思社会建设理论

---

① 马克思，恩格斯.马克思恩格斯全集：第3卷.2版.北京：人民出版社，2002：203.

中更为凸显，因为社会主义社会应当是一个满足大多数社会成员需要的体现实质正义的社会。与资本主义制度相比，社会主义社会应当处于正义诉求的高阶状态。

第二个问题是，是否可以建构一种马克思主义分配正义论？因为马克思深切批判过蒲鲁东和拉萨尔的分配正义论。当历史语境发生变化，分配领域的问题更凸显的时候，马克思主义分配正义论的逻辑可否以与马克思的基本观念不同的方式展开？毋庸置疑，不能在违背马克思思想本意的情况下建构马克思主义分配正义论。当然，首先要明晰马克思关于分配正义的思想本意是什么。蒲鲁东和拉萨尔在生产正义问题没有解决的前提下讨论分配正义问题，显然是不切实际的。因为"分配的结构完全决定于生产的结构。分配本身是生产的产物，不仅就对象说是如此，而且就形式说也是如此。就对象说，能分配的只是生产的成果，就形式说，参与生产的一定方式决定分配的特殊形式，决定参与分配的形式"[①]。因而，关于资本主义是否"正义"的抽象或具体的讨论都不应以"分配"为出发点，在资本家和工人之间的交易逻辑没有得到根本解决的前提下，资本主义分配的正义性就只能停留在法权范围，体现为一种形式正义，而与无产者的实际需求和道德情感相悖。在社会主义社会，当生产正义的问题得到基本解决，随着生产力水平不断提高，分配正义的问题日益得到人们的重视，建构合乎实际的马克思主义分配正义论就变得十分重要。

马克思当然意识到他所肯定的资本主义"正义"的形式特征，正如恩格斯所指出的："劳动决定商品价值，劳动产品按照这个价值尺度在权利平等的商品所有者之间自由交换，这些——正如马克思

[①] 马克思，恩格斯.马克思恩格斯全集：第30卷.2版.北京：人民出版社，1995：36.

已经证明的——就是现代资产阶级全部政治的、法律的和哲学的意识形态建立于其上的现实基础。劳动是商品价值的尺度，这个认识一经确立，善良的资产者必然会因世界的邪恶而感到自己最高尚的感情深受伤害，这个世界，虽然名义上承认公平原则，但是事实上时时刻刻都在肆无忌惮地抛弃公平原则。"[1]这可以说是对马克思主义正义观所做的最好注脚。资本主义生产领域的公平原则是"名义上"的，资本主义分配领域的公平原则更是"名义上"的。关键是在揭示资本家占有工人剩余价值是符合资本主义法律的同时，消灭资本主义经济关系，从根本上实现公平正义原则。为此，要实现"按劳分配"原则，并考虑到按生产要素分配的实际情形，进而在未来理想社会实现"按需分配"原则。

　　第三个问题是，具体实现教育、医疗、住宅等领域的正义，要遵循哪些马克思主义原则？马克思和恩格斯对"正义"所做的法权的、意识形态意义上的使用在解析资本主义生产关系和分配关系时是有效的，尽管人们对马克思和恩格斯是否存在对资本主义的道德谴责有不同意见，但这似乎并不妨碍我们对马克思和恩格斯肯定社会主义道德的积极评价。如果说人们以往讨论的问题主要是马克思和恩格斯认为资本主义是不是"正义"的，那么在讨论社会主义公平正义问题时，应使马克思主义正义论的现实性更加具体化。在马克思和恩格斯看来，社会主义社会仍存在它脱胎出来的旧社会的弊端，扬弃这种弊端，需要进一步解放和发展生产力，进一步完善与生产力相适应的生产关系，在加强物质文明建设的同时，加强精神文明、政治文明、生态文明和社会文明建设，提高人们的道德素养和文化素质，使人们的生产、交换、消费和分配符合正义的要求。

---

　　[1] 马克思，恩格斯.马克思恩格斯全集：第21卷.北京：人民出版社，1965：210-211.

因而，问题的关键就不是马克思和恩格斯认为社会主义是不是"正义"的，而是在社会主义现代化进程中如何更好地实现公平正义。为此，要遵循以下原则：

首先，要遵循平等原则。在资本主义生产方式内部，无产者和资本家之间存在着诸多实际的不平等。正是因为不平等，无产者在日常生活中即使要实现与资本家同样的愿望，有时要付出更多的努力和更大的代价，这使得贫穷者愈加贫穷。社会主义的优越性之一就是比资本主义社会更好地实现社会平等，无产者成为社会的主人翁，通过劳动共同占有社会全部生产资料。关于马克思和恩格斯认为资本主义"不正义"的看法，其主要所指是马克思和恩格斯认为资本主义"不平等"，因为它让资本家"幸运"地获得了工人创造的剩余价值。也就是说，形式上的等价交换实际上蕴含着不平等的内容，这正是恩格斯指出的马克思的两大发现之一，是资本主义社会运行的秘密所在。变革旧的生产关系，当然要实现面向无产者的社会平等，实现共同富裕，这正是社会主义的本质要求。

其次，要遵循共享原则。如果说平等原则是实现分配正义所要遵循的原则，是马克思主义正义论实际体现的初级范畴的话，那么共享原则是一种更高的正义原则，是马克思主义正义论所要体现的高级范畴。从这个高级范畴回视初级范畴的时候，可能发现平等不仅以量为标准，它也是社会主义的本质规定。相比而言，平等更多地体现为个体之间的权利、机会和竞争规则的一致，共享则体现了公共生活的价值理想，即不仅要实现公共利益，而且要形成共同的价值观念和道德风尚。正如科恩所看到的："社会主义者的志向是将共享和正义扩展到我们整个经济生活。"[1]这个看法是具有启发性的，共享的正义原则倡导人们互利合作，打破零和博弈的束缚，增强经

---

[1] G A 科恩.为什么不要社会主义？.段忠桥，译.北京：人民出版社，2011：75.

济生活的包容性，避免在经济发展过程中形成收入差距过大的鸿沟，实际地推动人们构建追寻和创造美好生活的共同体。

此外，要遵循历史唯物主义方法论原则。建构马克思主义正义论，不是要强化一种超历史的正义观念，而要在明晰马克思主义正义论的内在逻辑和理论实质的基础上，以当今实际存在的公平正义问题为导向，回应人们的利益关切和社会心理，完善与其理论实质相统一的实践逻辑。换言之，马克思主义正义论不是一种应然的理论设定，而是一种现实的社会主张，它要解决的问题是现实的，解决问题的思路是现实的，所要达成的愿景也具有明显的现实性。因此，在历史唯物主义框架内建构的体现道德有效性的马克思主义正义论既要与社会主义生产方式相适应，也要对经济基础发挥反作用，并随着时代条件的变化而变化。当社会生产力水平不能满足人们实际需要的时候，首先要提高劳动生产率，注重效率优先、兼顾公平；当生产力水平稳步提高，人们的生活水平逐渐得到改善的时候，要在持续提高劳动生产率的同时，更加注重分配正义和社会公平，真正实现物质生活不断丰裕基础上的社会正义。这是解决当今社会公平正义问题的必要探索，也是完善马克思主义正义论的现实路径。

以上就是我关于晚年恩格斯正义观的实践逻辑及现实意义的基本看法。

（史海默整理）

编后记

2020年9月，因新冠肺炎疫情离开校园8个多月的同学们返校了，这时我们开启了"哲学的星空——中国人民大学哲学前沿讲座系列"第一季。讲座采取线上线下相结合的形式，时间确定在每周二晚上6点开始，先后由人大哲学院十多位知名教授与同学们一起仰望哲学的星空，在领悟和反思中更好地理解哲学前沿问题。每当讲座结束后走出教学楼，同学们还在思考讲座中的话题，抬头可见璀璨的星空，星空在思想与自然之间转换，这些夜晚是令人难忘的。

黑格尔说过，一个民族有一群仰望星空的人，他们才有希望。哲学家是仰望星空的人，哲学研究是一项仰望星空的事业，闪烁在思想星空中的都是赋予生命意义的大问题，因而这项事业是严肃的。它强调思想的意义，因为正是思想决定了人们认识世界的深度和广度，决定了人们对什么是好生活、什么是重要的事情、什么是关键的选择以及如何选择、什么是公平正义以及如何实现、什么是值得相信乃至坚守的价值理念等一系列问题的理解。这些问题指向我们应当如何生活的根本，不是无足轻重的，不是可有可无甚或可以消解的。当然，仰望星空的人应当是脚踏实地的，哲学研究不应陷入空洞的玄思，而应以问题为导向，运用实践的思维方式，探求改变世界的合理路径。或许只有脚踏实地，才能理解星空深处的存在，一如现实应当趋向思想，思想亦应当趋向现实。哲学家在仰望星空的时候书写了思想的星空，创作了构成人类进步阶梯的经典文本，这些星空也为后来的思想者们所仰望。

在这个系列讲座第一讲开始之前，有三位美学专业的研究生在教室的黑板上画了一幅《星空》，基本构图来自凡·高的《星空》，颇有印象派风格，给大家带来了很多遐想。蓝绿色的色调蕴含着连续的、波浪般的急速动感，黄色的星星和橘色的月亮构成旋涡，星空和树木燃烧着，村庄中的房屋似已入睡，某种强烈的情愫浸润其中。哲学之思是深沉的，适于静谧的环境，与嘈杂的氛围是不相宜的，看似波澜不惊，但很多激越的理念可能从中生成。哲学的星空可以源自某种意境，但从根本上说是由各种哲学问题交织而成的画面，其中既有人们新发现的哲学问题，也有对哲学史上重要问题的重新理解，而跃入人们眼帘的往往是具有时代质感的哲学前沿问题。

"哲学的星空——中国人民大学哲学前沿讲座系列"是在人大哲学院的研究生课程"哲学前沿与研究方法"的基础上策划的。这门课是面向全院博士生的必选课，2014年以来由我负责设计安排，起初邀请每个哲学二级学科的著名学者，为博士生讲授学术前沿问题，后来有很多感兴趣的硕士生选课，选课人数一度达到近200人。后来，考虑到刚登上讲台的新教师正在从事的研究多属前沿领域，我也邀请年轻的同事们分享他们新近的研究成果。这门课的教学内容因而体现了较强的综合性与前沿性，而且主讲者注重介绍研究哲学前沿问题的重要方法。从听课的角度而言，学生们可能形成带有一定总体性特质的认知。哲学研究领域往往是相互交织的，当我们深思某个领域的前沿问题，有时发现自己已经涉足另一个领域。从不同角度探究"哲学前沿与研究方法",不仅聚焦某个二级学科的前沿问题,而且对其他二级学科的研究可能也是有益的。当我们了解其他领域的前沿问题与方法之后,也许能更好地深化自己的专门研究。所以,这门课有助于开阔学生的学术视野,也有助于推进必要的交叉领域的研究。

"哲学的星空——中国人民大学哲学前沿讲座系列"第一季主讲的十多位学者,分别阐述了阅读《资本论》的难度和门槛、斯金纳的"技治术"、实验哲学的兴起及其哲学意义、批判性阅读和写作、道家的"自然"观念、生命复制的两种含义、罗尔斯的"公平的机会平等"思想、《民法典》与中国社会的伦理走向、"格义"之广狭二义及其在佛教中国化中的历史作用、中国哲学形上学、身份政治时代的社会正义、先秦法家的历史际遇与价值重估、从"哲学"到"中国哲学"、晚年恩格斯正义观的实践逻辑等。各位学者或深入分析了新的哲学问题,或对经典文本和经典命题做出新阐释。讲座反响颇佳,每次讲座结束后,主讲者既要回答现场学生们的提问,也要回答腾讯会议观众们的提问,有时讲座的时间也因主讲者和提问者的互动而延长。也有很多观众在腾讯会议聊天区留言,在最后一讲即将结束的时候,负责录制课程的年轻同事李京徽记下了一位观众在聊天区的留言:"人大哲学院是在今年疫情期间为社会公众免费开放讲座最多的哲学院,人大哲学院是人民的哲学院。"这个评价令我们很感动,我们也希望这个系列讲座越办越好。

这个大型学术系列讲座是由我们策划团队合力完成的。在讲座策划阶段,聂敏里教授提出了一些有价值的建议。张霄副院长和雷思温副教授负责申请每次讲座的腾讯会议室,并在现场做了很多协调工作。杨淑华老师在课程安排方面做了大量准备并布置了讲座文稿的整理工作。杨澜洁博士设计了讲座海报并使之在第一时间呈现于学院网站和微信公众号。哲学院学科秘书卫一帆老师汇总了讲座文稿初稿并做了初步编辑。在此对大家的辛勤付出表示感谢。最后,感谢中国人民大学出版社副社长郭晓明先生等对这部讲座文稿的重视,他们做了大量耐心细致的工作。这部文稿再现了讲座的主体内容,希望它对在生活中仰望星空的朋友们有所启迪。

臧峰宇
2021年仲春
于中国人民大学人文楼

图书在版编目（CIP）数据

哲学的星空：前沿问题与研究方法 / 中国人民大学哲学院组编；臧峰宇主编. ——北京：中国人民大学出版社，2022.1
ISBN 978-7-300-29993-8

Ⅰ.①哲… Ⅱ.①中…②臧… Ⅲ.①哲学-文集 Ⅳ.①B-53

中国版本图书馆CIP数据核字（2021）第219954号

哲学的星空
前沿问题与研究方法
中国人民大学哲学院　组编
臧峰宇　主编
Zhexue de Xingkong

出版发行	中国人民大学出版社		
社　　址	北京中关村大街31号	邮政编码	100080
电　　话	010-62511242（总编室）	010-62511770（质管部）	
	010-82501766（邮购部）	010-62514148（门市部）	
	010-62515195（发行公司）	010-62515275（盗版举报）	
网　　址	http://www.crup.com.cn		
经　　销	新华书店		
印　　刷	涿州市星河印刷有限公司		
规　　格	165mm×230mm　16开本	版　次	2022年1月第1版
印　　张	25 插页2	印　次	2022年1月第1次印刷
字　　数	299 000	定　价	88.00元

版权所有　侵权必究　印装差错　负责调换